閩海人物年譜叢書

徐興公年譜長編

叁

陳慶元 著

廣陵書社
江蘇 揚州

天啓三年癸亥（一六二三）　五十四歲

謝肇淛五十七歲，曹學佺五十歲，林古度四十四歲，徐鍾震十四歲，徐延壽十歲

正月，元夕，與俞善長、陳鴻、李姬宴萬歲寺。

作《元夕，同俞善長、陳叔度宴萬歲寺》（詩佚，題筆者所擬）。

陳鴻有《元夕，同俞善長、徐興公宴萬歲寺，代李姬作》：『嫋嫋東風紺殿飄，祇園翻作可憐宵。數聲金鏤隨歌曲，萬片銀花逐步摇。座上敢辭頻捧硯，臺前誰伴共吹簫。多情楊柳枝頭白，子夜還來照舞腰。』（《秋室編》卷六）

二月，法雲寺重修，爲作《募緣疏》。

作《重修法雲寺募緣疏》：『榕城三山，惟鼇峰最爲紆曠，登者無崎嶇之勞，又足窮眺望之勝。古人取平遠名臺，良有深意。臺上法雲禪寺，故號名刹。國朝成化間，鎮守内使創建樓臺殿閣，稱偉觀矣。迄今將二百載，圮者圮，壞者壞，東西廊廡半屬民舍，惟毗盧一殿及閣尚存，而風侵雨蝕，頽塌過半……所祈十方檀施，共成斯果，毋曰豐干長於饒舌也。天啓三年，歲在癸亥，春二月吉旦。』（《文集》册九，《上圖稿本》第四十四册，第三一一—三一二頁）

春，陳衎夕庵落成，與陳仲溱、王宇過訪，各有題詩。

作《夕庵初落成，與陳維秦、王永啓過訪，各題詩》（詩佚，題筆者所擬）。

陳衎有《陳維秦、徐興公、王永啓枉過，各題夕庵詩，賦答》：『一庵初托處，幽静見閑心。豈必分朝暮，因之怨古今。烟雲緣不偶，花鳥意堪尋。自覺塵囂静，空庭散夕陰。』（《玄冰集》卷五）

按：維秦，通常作「惟秦」，即陳仲溱。

又按：四月，曹學佺啓程往西粤，五月，於途中作《偶懷陳磐生，寄題其夕庵》：『行行入章貢，兩川合成文。奈何吾與子，常患在離群。臨岐云慷慨，匪爲兒女仁。津途既回複，寤寐胡其勤。予征日以邁，子歸不逾晨。素室異華榱，文史紛然陳。誦讀以自適，肯念風波民。』（《湘西紀行》上）

四月，曹學佺往湘桂，陳鴻、吴拭、鄭邦祥隨往，興公送至邵武而别。十一日，興公與鄭邦祥、吴拭、喻子奮、陳有美等先期于芋原待曹學佺。十二日，學佺與其飲於驛亭。十三日，至白沙驛。十四日，抵大目溪口。十五日，抵困關。十七日，在水口驛。十八日，至黄田驛。十九日，抵茶陽驛。二十日，抵延平。二十二日，至王臺驛。二十三日，抵順昌。二十五日，夜抵富屯。二十六日，抵拿口。二十七日，抵邵武；學佺贈以詩。二十九日，學佺就其寓舍談宿。三十日，于邵武作詩送别學佺，學佺作《次韻别興公》詩；别後，由邵武往建陽。

曹學佺《湘西紀行》上：『四月十二日，自吾家至芋原登舟纔五里。徐興公、鄭孟麐、吴去塵、喻子奮、陳有美已先一日待。祭江畢，放舟之桐口，省視橋工，車馬已通行矣。意甚樂之。午後，同興公及諸送客飲於驛亭。』

按：十三日至二十七日行程，均據曹學佺《湘西紀行》上。

曹學佺《湘西紀行》上：『（四月）二十七日，抵邵武府……順昌縣尹張公，永嘉人，有書樓在積穀山。俯瞰池水，傳即謝公池也。因名之曰「池上樓」。何无咎入城時，嘗憩宿焉。張公屬余咏之。到樵川，徐興公將遊玉華，取道順昌。余因題一律寄之云：「昔感謝公夢，茲爲佳士樓。草生迷故處，穀積見斯丘。水木動清興，雲山兼勝遊。時聞何次道，過此一淹留。」』

曹學佺《湘西紀行》上：『（四月）二十九日，在邵武。值溪漲不得渡，就徐興公寓舍談宿。』

曹學佺《湘西紀行》上：『（四月）三十日，發邵武。興公有詩見別，云：「薄遊一路喜隨君，雙袂俄從此地分。留戀却逢三日雨，追攀偏歷十程雲。聯床宿別情難盡，剪燭論心話可聞。行過潯陽官况及，琵琶亭畔泣羅裙。」余步韻云：「棲遲十載共夫君，追送情深詎忍分。路指衡陽難計日，心期樵水逐歸雲。不堪强出逢多難，衹可探奇廣異聞。此去麻姑應有約，寧須惆悵石榴裙。」』

按：此詩又見《桂林集》上，題作《次韻徐興公》；又見曹岱華所編《石倉詩稿》卷二十二《湘西紀遊》，題作《和徐興公見別韻》。

夏，社集平遠臺。爲成化間林景清《竹窗小稿》作《跋》。

作《值社集平遠臺》（詩佚，題筆者所擬）。

陳衎有《徐興公社集平遠臺，得十四鹽》：『携得詩筒與酒籤，登臨消夏勝情添。忽驚驟雨争移榻，爲看殘雲獨捲簾。暑氣乍沉山氣出，松聲却有水聲兼。別將幽澹酬風物，可是閑遊興未厭。』（《玄冰集》卷八）

作《〈竹窗小稿〉跋》：『林景清，號竹窗，連江人。隸籍府庠，食廪餼，五試不第，援例入太學。成化間，授湖廣興國州判官。雅善草書，吾鄉自永樂中王太史孟揚工於八法，繼孟揚者，竹窗也。少年遊金陵，與名妓(邵)〔楊〕玉香狎，賦有《一清軒詩》，多艷詞情語，手書一卷，向藏余家。謝在杭喜其風流韻致，字法精工，從余索去。陳汝翔採其詩于《晋安逸志》，而先生全稿無從得也。憶予少時，有老學究持先生手稿欲售之先君，因其索價高，未之購。歷三十餘年，偶與友人倪柯古談及，柯古乃尋學究而購之，重加裝潢。詩雖未甚奇警，而書法之妙不減吴興，予乃選其雅馴者録爲一帙，以見先生之高標逸韻未泯於今也。天啓三年夏日，後學徐𤊹敬題。』(曹學佺《石倉十二代詩選·明詩次集》卷七十八李叔玉《梅庵集》附林景清《竹窗小稿》；又馬泰來整理《新輯紅雨樓題記　徐氏家藏書目》，第一五四頁)

按：《竹窗小稿》，林景清撰。天啓徐𤊹鈔本。

又按：林景清，閩縣人。成化七年(一四七一)歲貢，官興國州通判。

又按：陳鳴鶴《晋安逸志》：『林景清，閩縣人。成化己亥冬以鄉貢北上，歸過金陵。金陵楊玉香者，娼家女也。年十五，色藝絶群，性喜讀書，不與俗人偶，獨居一室……景清以邵三爲介，盛飾訪之……』(《榕陰新檢》卷十五『玉香清妓』條引)馮夢龍《情史》卷十《楊玉香》文字同《榕陰新檢》，而未注明出處。錢謙益《列朝詩集小傳》閏集『楊玉香』條亦載林景清與楊玉清倡和事。

曹學佺《李梅庵、陳蔗軒、林竹窗詩跋》：『右李梅庵、陳蔗軒、林竹窗三君，皆予郡人，亦同時也。梅庵、蔗軒詩不多見，興公孫茂才器之於《鳴春微響》内手録數十篇，竹窗則有全集。興公既裒選

之，予再加删潤，合爲一帙，庶見闡幽之意云。能始氏。』（《石倉十二代詩選·明詩次集》卷七十八李叔玉《梅庵集》附）

六月，至邵武，得宋王安石《臨川王先生荆公文集》，題之。

題《臨川王先生荆公文集》：『天啓癸亥夏六月，余至樵川，訪劉司理，臨别友人李公美貽此集。公美名思讓，善丹青，亦工寫照。興公識。』（嚴紹璗《日本内閣文庫的宋本與明人識文》引，詳下；又馬泰來整理《新輯紅雨樓題記　徐氏家藏書目》，第一二八頁）。

按：《臨川王先生荆公文集》，宋王安石撰。明刊本。

又按：劉司理，即劉紹光。紹光，廣西桂林人。舉人，邵武府推官。

又按：嚴紹璗《日本内閣文庫的宋本與明人識文》：『徐𤊹的手識文另見於明初刊本《臨川王先生荆公文集》殘本六十四卷。此本卷首元人吴澄《序》文後，有徐𤊹楷書三行。其文曰（慶元按：即上文）。此本卷内的末葉，還有日本江户時代著名的儒學家龜田鵬齋所書行書手識文字九行，其文曰：「元刻《王半山集》十卷，明徐興公所藏本也，興公自題於前。按此本吴草廬有《序》而集中諱淵聖之名，則翻南宋刊本者無疑矣。往歲我得之書肆而三卷失傳爲恨耳。嗚呼，此《集》與公縹囊中物，而流落海外歸於我，實不勝百六飆回之感也。官醫丹波永世見此《集》而懇求焉，因識其事而與之。亡佚三卷永世行問于不知何人之手，則神物豈得不合耶！癸亥之夏鵬齋龜田。」……此本原爲明代畫家李思讓舊藏，天啓癸亥年間（一六二三）贈予徐𤊹，後流入海外，爲江户時代儒者龜田鵬齋所有。光格天皇享和癸亥（一八〇三），即恰好徐𤊹得書後兩個甲子，此書成爲了江户時代儒醫丹波永世的藏物。丹波永世爲名醫丹波康賴之後，稱「盛方院」。今卷中每册有「盛方院」朱文印記，即丹波永世所鈐之印。光格天皇文化十一年（一八一四），此本收藏於昌平坂學問所，明治年間入藏於内閣文庫。惟龜田氏手識文中稱此本爲「元刻」云云，皆係誤斷。』（《共立女子大學、北京大學共同研究叢書·漢籍部門·藝術部門》日本共立女子大學綜合文化研究所，二〇〇一年版）

又按：參見萬曆三十年（一六〇二）、四十年（一六一二）。

八月，觀倪范所蓄法帖，考顔真卿《東方朔廟碑》，並有題記。

題《東方朔廟碑》：『顔魯公爲平原守時立三碑，一記平原自古賢守，一記顔氏典兹郡者，一爲《東方朔廟碑》……柯古倪君好蓄古人法帖，出以示余，因憶《封氏見聞録》談此甚詳，遂考其始末以歸之。天啓三年中秋日，徐惟起題。』（沈文倬《紅雨樓序跋》卷二，第六九頁）

按：《東方朔廟碑》，唐顔真卿書，倪范藏。此則爲倪范題。

九月，九日，與林寵、陳鴻、李岳、陳衎展閲倪柯古藏《彭將軍忠義堂記》，並有題記。

題《彭將軍忠義堂記》：『當文皇定鼎時，吾閩彭伯輝從龍有功，授金吾衛侯。其勳伐載籍無所考鏡，觀同時諸公爲詩若文，則將軍之忠義，藹然見於詞章矣……宜柯君寶之若夜光也。偶與林子寵、陳子鴻、李子岳、陳子衎展閲，時天啓癸亥重九日，徐𤊹題。』（沈文倬《紅雨樓序跋》卷二，第八八—八九頁）

按：《彭將軍忠義堂記》，倪范藏。此則爲倪范題。

又按：王恭有《題彭韞玉秋山行旅圖》，高棅有《題彭指揮書》。

秋，題謝承舉《謝子象詩》。

題《謝子象詩》：『《金陵瑣事》載子（像）象《遊寺》云……然子象佳句甚多，不特《瑣事》所載耳。時天啓癸亥秋日題。』（馬泰來整理《新輯紅雨樓題記　徐氏家藏書目》第一五六頁）

按：《謝子象詩》，明謝承舉撰。明刊本。

又按：謝承舉，字子象，號野泉先生。

又按：參見天啓四年（一六二四）。

十月，重裝林古度所贈《偶記》。

題《偶記》：『□□□□［夏］寓金陵，林茂之見惠。天啓癸亥冬十月重裝，興公識。』（馬泰來整理《新輯紅雨樓題記　徐氏家藏書目》，第一〇七頁）

按：《偶記》，明佘翹撰。明鈔本。此本林古度贈。

又按：佘翹（一五六七—一六一二），字聿雲，號燕南，池州銅陵（今屬安徽）人。萬曆十九年（一五九一）舉人，會試落第歸里，遍訪名勝，潛心著述。有《浮齋百韻》《秋浦吟》《量江記》等。

閏十月，二十六日，跋史仲彬撰《致身録》。

作《〈致身録〉跋》：『予少時便喜積書。讀《革除遺事》及《革除編年》《遜國記》等書，每嘆死節諸臣多亡其姓名爵里，無從考證……焦太史乃於茅山道士房中拾得史仲彬《致身録》，危失矣，旋復得之……斯録爲葉相冢孫君錫所藏，予從鄭［汝］交處得睹，遂借而録之，以備革朝遺事之一種云。天

啓癸亥閏十月二十六日，三山徐𤊹興公識。』（馬泰來整理《新輯紅雨樓題記　徐氏家藏書目》，第七九頁）

按：《致身録》，明史仲彬撰。天啓徐𤊹鈔本。

又按：焦太史，即焦竑。葉向，即葉向高，長孫益番，字君錫，福清人。鄭邦泰，字汝交，亦福清人。

又按：徐氏荔奴軒鈔本藏福建省圖書館。

又按：徐𤊹又題《革除編年》：『《革除編年》一册，鈔本，不載姓名。』（馬泰來整理《新輯紅雨樓題記　徐氏家藏書目》第七九頁），作年不詳。《革除編年》爲『備革朝遺事之一種』，附繫於此。

十一月，陳鴻在桂林有詩懷徐𤊹。

陳鴻《桂林至日，有懷興公》：『它鄉逢至日，客思轉悠悠。陽氣升葭管，陰雲積桂州。敝衣殘歲怯，旅食半生愁。此地梅花早，何因寄隴頭。』（《秋室編》卷四）

冬，有書致邵武何望海，言明年往粤西訪謝肇淛、曹學佺（後未行成）。

作《答何金陽》：『投分有年，如膠入漆中，牢不可解……計此時潘縣桃花爛然如錦矣，有唐韓子過化之地，至今侈爲美譚……弟落魄無似，夏間彈鋏樵陽，辱劉司理公不以白眼相視，乃與星軺咫尺相失，有孤良晤……明歲將之粤西訪謝、曹二藩伯，道經貴治，爾時獲瞻色笑。』（《文集》册七，《上圖稿本》第四四册，第四〇一—四〇二頁）

按：何望海，字金陽，又字若士，號樵陽，邵武人。天啓二年（一六二二）進士，授揭陽（今屬廣東）令。曾校訂嚴羽《滄浪詩話》。

又按：遊邵武（樵川）見四月。

又按：謝，謝肇淛；曹，曹學佺。

是歲，購《國史補遺》，並有題記。有書答吴汝鳴。張燮來書，此時張燮輯《七十二家集》，與公與之討論《建安七子集》。

題《國史補遺》：『建文事（集）［跡］，近秀水屠叔方著《朝野彙編》，極爲詳悉，然亦有遺漏處……此本補遺，尤爲建文諸臣闡幽，使起屠侍御於九原，當百拜而受之矣。天啓三年購於三山舊肆，喜而不寐。鼇峰徐惟起興公識。』（馬泰來整理《新輯紅雨樓題記　徐氏家藏書目》，第七八頁）

按：《國史補遺》，明孫交撰。此本購於書肆，喜而不寐。

又按：孫交（一四五三—一五三三），初名蛟，字志同，號九峰。成化十七年（一四八一）進士。歷成化、弘治、正德、嘉靖四朝，官至户部尚書。卒，謚『榮僖』。

是歲，致書吴汝鳴，言母喪，惟藉三年守制，不可奪情做官。

作《答吴汝鳴》：『奉别色笑，倏忽三春。虔水閩山，遠隔千里……尊堂棄世……爾時見子瑞令兄，深爲足下扼腕，時之不遭也如是。然知有督糧之役，勢難急急奔歸，必了公家事，而後披麻衣如雪也。頃者，尊家傳云：托名承繼，奪情做官。不佞聞之，爲之一駭。夫郡幕，散秩也；汝鳴，丈夫也……況罔極之恩，無所報效，惟藉三年守制，稍酬萬一，可令默默已耶！恐尊公在天之靈，亦抱憤惋不平耳。邇日，城中喧傳以爲笑柄。不佞與林異卿、王元直、倪柯古，獨持不可。而鄭孟麐則曰：「此禮安可責之汝鳴？」噫，孟麐視汝鳴爲何如人哉！足下年富力强，有經世才，安知服闋再補，不得善地、可爲菟裘計乎？安知今日不有拾足下之過、爲當道所鄙、反因此而敗乎？倘執此説，苟免指摘，宦成，因而置田造宅，更何面目復見江東父老乎？光陰迅速，轉盼則小祥，又轉盼則大祥矣。願足下更慮焉。夫然後足下既不失爲孝子，而不佞亦不失爲諍友……足下廣交遊，且陳四游、曹能始皆推轂甚力，緩急可恃者，他日仕路，必不作乘車戴笠，漠不相關。人品既正，官職自超。逆耳之譚，幸恕狂悖。』（《文集》册七，《上圖稿本》第四四册，第四二一—四五頁）

按：吴汝鳴，吴應泰之子，侯官人。

又按：吴汝鳴以母卒不奔喪，徐𤊹亟責之。並以爲人品既正，官階自超。

是歲，張燮來書，答之，此時張燮輯《七十二家集》，興公與之討論《建安七子集》。

作《答張紹和》：『李玄同歸，得手教足慰契闊之懷，而所寄莆人書則浮沉矣。聞開府公折節論交，且欲爲丈梓行諸著述，甚善。集兩漢六朝全篇，則向浙中所梓《漢魏名家》已蒐羅三十餘種。世代既遐，得其全者蓋寡。多於各處採輯成帙，斷金殘璧，亦足爲寶。弟雖家有藏書，而求宋玉以下七十二家，則寥寥不可問也。第陳孔璋有賦六首，書檄七篇。應德璉有賦十首，雜文四篇。阮元瑜有賦四首，書論二篇。王仲宣有賦廿一首，雜文十六篇。劉公幹有賦五首，文一篇。而詩皆在《詩紀》中，亦先輩掇拾湊成《建安七子文集》。想丈《七十二家》中所有者，若少一二篇，倘欲補入，當以目録相示。卷帙重，不便行人挈帶耳。《清異録》、《説郛》中不是全書。此板久不傳，三山蓄書家亦無之。

丈當抄一副留之案頭，原本仍付還爲感。謝元戎時時道高雅，以未識面甚歉，兹行尚當造廬，把臂入林。弟貧日甚，家食無計，浪遊無依，仁兄能爲我謀乎否？』（《文集》册七，《上圖稿本》第四四册，第四六—四七頁）

按：李同，字玄同，萬曆福州中衛人。蔭襲千户。李同宅梅塢（今福州倉山）。

又按：開府公，即周起元，蘇松巡撫。周起元在南京爲張燮刻此集，後魏璫追捕張氏，張倉遑離開蘇州，南京刻書事遂寢。《七十二家集》餘下部分刻于建陽。

又按：是歲張燮兩致書南居益，言《七十二家集》已在謄寫中，次歲六月，張燮往蘇州依周起元，起元有意爲之刊刻。

又按：『陳孔璋』以下，爲興公搜集建安七子文之大要。

張燮《寄徐興公》：『春間便筒，曾附意林奉返記室，度不至浮沉。曾從省報，見兄詣謝都護招飲，知非遠出也。弟骨肉彫零，鬼王見撼，即同類中有夙受弟培植者，亦作梟獍見向。弟惟低頭甘之，徙跡避之，唾面自乾，及今信然。所幸道心人遠近見憐，不以形睽致淡，是可自慰者耳。短褐科頭，稀復衣冠見客。而南大中丞忽命八騶見訪，不得不曳裾應之，差覺映帶鷗鳥，點綴烟霞。然造物見忌，又其一端矣。莆中黄子目捧丁亨文、蘇弘家書，寓弟齋頭者數月，今赴章司李之招，於其行也，草率附訊，兄晤子目，應悉紹和近况也。子目傳神名家，而墨苑琴心，事事韶令，正亦何辭插翮乎！』（《群玉樓集》卷六十五）

按：此書即所言『所寄莆人書則浮沉』者。

是歲，鍾惺父卒，作合郡縉紳《祭鍾封君文》。

作《祭鍾封君文代合郡縉紳》：『郢山嵯峨，沔水澄澈，川岳孕靈，寔生賢喆。惟翁特立，經明行修，鑽研四始，沉酣九丘……帝曰爾嘉，督閩學政，人倫楷模，文章司命。翁居梓里，靈壽逍遥，歌徵郢曲，茗戰雁橋。』（《文集》册二，《上圖稿本》第四二册，第二五八——二五九頁）

按：《明史·文苑·鍾惺傳》：『惺，字伯敬，竟陵人。萬曆三十八年進士。授行人，稍遷工部主事，尋改南京禮部，進郎中。擢福建提學僉事，以父憂歸，卒於家。』

又按：據《鍾惺簡明年表》（李先耕、崔重慶《隱秀軒集》附録二，上海古籍出版社，一九九二年版），鍾惺天啓元年（一六二一）爲福建提學僉事，次年四月入閩，三年（一六二三）丁父憂去職。

又按：此篇眉批：『不。』即將來編集，不録此文。

是歲，袁中道卒，年五十四。

按：據錢伯城點校《珂雪齋集·前言》（上海古籍出版社，一九八九年版）。

是歲，屠本畯卒。

張燮有《聞屠田叔訃詩以哭之》（《群玉樓集》卷二十三）。

是歲，六月至八月不雨。

周之夔《太守潘公祖禱雨詩跋》：『歲在癸亥，夏六月至於秋八月不雨，野禾將焦。』（《棄草文集》卷二）

天啓四年甲子（一六二四） 五十五歲

謝肇淛五十八歲，曹學佺五十一歲，林古度四十五歲，徐鍾震十五歲，徐延壽十一歲

春，有書詩致何望海，言陳一元賫捧過家。馬欻自楚歸，商梅將之金陵，有詩道別。

作《題扇頭寄何金陽》（詩佚，題筆者所擬）。

按：詳下條。

作《答何金陽》：『客冬荷遠念，拜瑶函兼金之賜，盛戢之私，刻之五衷……敝鄉有陳四游尚賓，前江右直指諱一元，偶賫捧過家，不日有開府之擢，此公乃葉相公姻家，聲名著於朝野，最喜游揚善類，不肖弟與尚賓稱莫逆，亦雅聞大賢，倘便修一函先施，弟爲介紹，尤能爲台丈廣鴻譽於京師……詩扇聊表寸衷，情見乎詞。』（《文集》册七，《上圖稿本》第四四册，第四八—四九頁）

按：去冬有書致何望海，何有復函，此又答之。參見去歲。

又按：商梅《馬季聲楚歸過訪》：『嘆息如君萬事艱，今朝方得挂冠還。』（《彙選那菴全集》卷三十《歸鴻草》）

又按：商梅《將從白下過楚，許玉史以詩贈行賦答》：『三春別路吴天遠，一水懷人楚澤微。』又《送春日留別諸友》：『春光欲盡客遲遲，客去春歸偶一時。』（《彙選那菴全集》卷三十《歸鴻草》）

四月，題黄逢祺藏《聽竹軒卷》。

題《聽竹軒卷》：『永樂中，鼓山黃景洙先生高隱不仕，築舍村居，有迎潮亭、聽竹軒，國初名公，咸有咏題。八世孫逢祺保守，已二百餘年，珍若拱璧……天啓甲子初夏之望，鼇峰居士徐惟起興公題。』（沈文倬《紅雨樓序跋》卷二，第七八頁）

按：《聽竹軒卷》，明黃逢祺藏。此則爲黃逢祺題。

又按：黃逢祺，字貞吉，閩縣人。家住鼓山之陽。

六月，爲友人馬欻題《下雉纂》。

題《下雉纂》：『「……（元按：原書有缺頁）有《下雉纂》一卷，宦囊在是矣。他人席捲地方之皮，吾則紀述地方之山水古跡；他人囷載地方之物産，吾則評騭地方之人物風俗；他人貧而吾實富矣。君何哂爲。」予受而讀之，宛然身遊滄浪烟雨間，聽江歌聲[一]與江流互答也。因序其簡端，庶幾爲子雲解嘲。天啓甲子歲季夏友人徐𤊹興公撰。』（福建省圖書館藏本《下雉纂》卷首，馬泰來整理《新輯紅雨樓題記　徐氏家藏書目》，第八六—八七頁）

按：《下雉纂》，馬欻撰。徐𤊹抄本。

又按：馬欻，萬曆間選貢，任湖廣興國州（今湖北陽新）判官。下雉，興國別稱。此書記載該地山水古跡。

夏，上海潘雲樞贈《詩韻輯略》，作題記。

[一]『聽江歌聲』，『江』字《新輯紅雨樓題記　徐氏家藏書目》缺，據福建省圖書館藏徐𤊹抄本補。

題《詩韻輯略》：『《詩韻輯略》，汝一所貽也。後以大計去，不久而卒，後昆斬然，惜哉！天啓甲子夏日，興公識。』（馬泰來整理《新輯紅雨樓題記 徐氏家藏書目》，第七五頁）

按：《詩韻輯略》，明潘雲樞撰。隆慶刊本

又按：參見萬曆三十五年（一六〇七）。

五月，致書林古度，憶漳南、秦淮同遊，感嘆人生速老。古度索宋硯，興公言閩中少完好者，即有之，亦無錢可購。

作《寄林茂之》：『與兄不相聞問者十年矣，每於王永啓處見兄遠信，客自秣陵歸者悉能述動止，踪跡雖疎而精神未嘗不相聯絡也。弟自喪長子之後無意人世，撫孤孫、幼兒，株守一室。夢想舊都風物，倏忽將二十年，人生安得不速老哉！迴思同遊漳南，共寢食者兩月；而秦淮聚首亦踰半載，無言不合，無倡不酬。一旦疏曠至此，蘇屬國所謂「昔者常相近，邈若胡與秦」，正吾兩人是也。兄聲名日著，詞賦日佳，不脛而走四裔，且掌上明珠，光能照乘，足慰遠懷。永啓、孟和在都下，想時時把臂，必能道徐生近狀。今倪柯古就試南畿，聊附八行問無恙。向年承示索宋硯，此物年來閩中少完好者，即有之，弟無錢可購。近日，林異卿橐中所携皆真，孟和皆贋，仁兄毋爲其魚目混也。見孟和以弟此語詼之，渠必罵我耳。草草布候，不盡衷曲。』（《文集》册七，《上图稿本》第四四册，第五〇—五一頁）

按：徐㶿前一書致林古度在萬曆四十三年（一六一五）。參見該歲。故曰『不相聞問者十年』；上次遊金陵，在萬曆三十四年（一六〇六），故曰『倏忽將二十年』。同遊漳南，詳萬曆三十一年（一六〇三）；『秦淮聚首』，在萬曆三十四年（一六〇六）。

又按：此書作於是月，詳秋冬間《寄林茂之》。

七月間，張燮應蘇松巡撫周起元之邀，携幼子于壘由漳州往吴門，過會城，留十餘日。興公招崔世召、陳一元等集緑玉齋，賦詩。馬欻又招興公與張燮、于壘、崔世召、陳一元、鄭與交、陳鴻、高景等飲醉書軒；興公詩今佚。二十六日，南居益中丞生辰，招同汪元範、崔世召、鄭以交、張燮、張于壘等飲署中。二十七日，崔世召初度。又於于山與鄭以交、張燮等集；雍伯興招同張燮登于山平遠臺。張燮離會城後，有書致興公，言駐榕城十餘日，未把興公臂者僅二日，而無一日不相聞。

作《同崔徵仲、陳泰始、張紹和、凱甫集緑玉齋，偕賦用平字》（詩佚，題筆者所擬）。

張燮有《徐興公招同崔徵仲、陳泰始集緑玉齋，壘兒偕賦，用平字》：『護徑青嵐帚，高低屐轉清。忽疑披小酉，兼許及長庚。燒葉山爐沸，編荷野製成。慚無機石至，何以問君平。』（《群玉樓集》卷十）

崔世召有《同張紹和、陳泰始、張凱甫集徐興公緑玉齋，共得平字，限五言近體》：『忽然離溽暑，復此慰交盟。倩得一林緑，譚消十載情。風翻書幌富，雲擁石床平，了不關人事，茶功戰水聲。』（《問月樓詩二集》）

作《馬季聲招飲醉書軒，同崔徵仲、陳泰始、鄭與交、陳叔度、高景倩、張紹和、凱甫，用開、簣二字》（詩佚，題筆者所擬）。

張燮《馬季聲招飲醉書軒，同徐興公、崔徵仲、陳泰始、鄭與交、陳叔度、高景倩及壘兒在坐，同用開、簣二字》，其一：『徑仄壺中入，翳然林水隈。携將新釀熟，傳得賜書來。芟以焚枯折，花因夢筆開。相期酣韻事，漫遺玉山頽。』其二：『諸馬眉皆白，如君定最良。一官貧小草，有賦盛長楊。岸幘臨高樹，移杯近衆芳。何煩絲與竹，墳典自笙簧。』（《群玉樓集》卷十）

崔世召有《再集馬季聲醉書軒，共得開、簧二字，限五言律》二首，其一：『小徑穿花暗，芳筵倚石開。知君沉醉意，携我宿酲來。細草皆書帶，幽雲泊酒杯。詩篇太狼藉，未免木爲灾。』其二：『爲官嗟偃蹇，愛客倍尋常。賦久傳鸜鵒，貧應典鷫霜。清言高舉屐，韻事足浮觴。咄咄休書字，新蟬到晚簧。』（《問月樓詩二集》）

作《南中丞初度招飲衙齋，同汪明生、徐興公、崔徵仲、鄭以交、張紹和、凱甫，用中丞韻》（詩佚，題筆者所擬）。

按：南居益（一五七二—一六四三），字思受，渭南（今屬陝西）人。萬曆辛丑（一六〇一）進士，天啓三年（一六二三）官福建巡撫，五年，升工部右侍郎，纍遷户部尚書。崇禎十六年（一六四三）李自成入關，逼受官，不食死，年七十二。有《青箱堂集》等。

又按：汪元範，字明生，休寧（今屬安徽）人。萬曆間諸生。建不二齋，儲古今圖書。有《汪明生詩鈔》。

南居益有《甲子生朝，紹和世兄以詩見贈，是日招集署中，作此奉酬》，其《序》云：『伊余初度，届此清秋，紹和世兄爰携令器，命駕清漳，眷言致頌。屬明生既至，徵仲、與交方臨，並邀興公入坐。會海警之告，沉飲兼至而命爵。蓬桑借色，鐃吹增雄，諸公有作，勉爲酬謝。雖詞慚和雪，而誼托揚風，不知其形之穢矣。』詩云：『大火馳西陸，浮生降此辰。蒲零秋月署，桑挂海天振。萬里違鄉國，頻年去懿親。不圖三益友，還㓚四筵賓。命醴分清濯，充庖足細鱗。豆兼秦味遠，聲變越吟新。明月飛霜夜，流商度雪春。石花聊點綴，松竹亦紛綸。舞劍軍中樂，投戈化外馴。但驅烟島鰐，敢望海山神。嘉頌非吾有，深衷締友真。鐃歌勞鮑孟，雅會集陳荀。小友看文若，頳顏媿丈人。縣知太史奏，星聚日南垠。』（張燮《南中丞初度，招飲衙署，同汪明生、徐興公、崔徵仲、鄭以交及壘兒在坐，用中丞韻》附，《群玉樓集》卷二十三）

張燮有《南中丞初度招飲衙齋，同汪明生、徐興公、崔徵仲、鄭以交及壘兒在坐，用中丞韻》：『由庚逢勝序，雄甲及佳辰。寶露秋明閣，香風曉度振。斗牛占倍朗，笙鶴奏還親。却笑扶筇者，何當入幕賓。摩空收勁翮，傾海出潛鱗。徼外霜戈奮，軍前露布新。松峰朝遠翠，花塢駐長春。士氣温如纊，王言出似綸。玉鷄行受瑞，蠟鳳早還馴。杯到清皆聖，劍於合有神。興文元整暇，愛士自清真。所以舟同郭，因之御到荀。行觴移法從，起舞盡騷人。忽漫逢青鳥，來從何處垠。』（《群玉樓集》卷二十三）

崔世召有《南中丞七月初度，承招同張紹和、凱甫、徐興公、鄭與交、汪明生宴集衙齋，賜扇頭，因步韻賦》：『乍乘秋爽至，恰喜拜佳辰。蓂莢輪千紀，扶桑曜兩振。海明鯨浪息，嵩祝蟻杯親。下榻淹詞客，當筵答戲賓。奇書充虎帳，老樹舞龍鱗。世套都忘貴，形神一味新。觴籌編卦氣，釘蠟逗陽春。宴擬蓬山侶，才横渭水綸。椎牛閑合樂，放鶴較温馴。穆禮歡中聖，巴吟媿賞神。素紈頒拂拭，朱履覺清真。化日烘三島，賢星溷八荀。漫賡生甫頌，疑近上皇人。豐績何能罄，鐃歌遍海垠。』（《問月樓詩二集》）

崔世召有《壽大中丞南二太翁誕辰有引》，《引》云：『神仙骨法，受帝命以度人寰；伊吕勳名，掃妖氛而清世宙。乾龍夾日，天許長生；兑德正秋，星臨初度。時維念六，慶滿呼三。瞻嵩臺南極之輝煌，正小子北征之偪仄。知篚筐不腆，仰無當於高深；或追琢其章，俯有懷乎讚頌。粗裁二律，庸祝千齡。』詩其一：『貔貅百萬擁崇班，棨戟如霜控制間。閲世歲星天上老，駐顔仙藥海中還。南流渭水饒汪澤，東近蓬萊作壽山。最喜騷壇招赤幟，龍門千尺許躋攀。』其二：『海氛初溥玉露莖，瑶天争拜極星明。申秋月應生申甫，甲帳人傳富甲兵。絶島紅鯢驚遁逸，雄圖白澤識威名。稱觴好獻尚書履，早晚君王聽此聲。』（《問月樓詩二集》）

按：崔世召《客三山初度》，自注：『七月廿七日也，先一日爲南中丞壽辰招飲，時余將北上。』（《問月樓詩二集》）

作《鄭以交携酌于山，偕崔徵仲、張紹和》（詩佚，題筆者所擬）。

張燮有《鄭以交携酌于山，偕徐興公、崔徵仲二首》，其一：『海色入山樽，秋聲當午供。日日款衣裾，惟偕求羊仲。』其二：『爲續焚枯約，微聞伐木丁。征雲遲客意，隨葉逗孤亭。』（《群玉樓集》卷二十六）

作《雍伯興招登平遠臺，同張紹和賦》（詩佚，題筆者所擬）。

張燮《雍伯興招登平遠臺，同徐興公賦》：『將軍愛客集衣裾，却對平臺遠望舒。亭榭半窺雲影出，杉松斜帶岫光餘。長宵度雁杯方駛，岐路催人鬢未疏。此地登臨元數數，與君纔是入林初。』（《群玉樓集》卷十八）

按：南居益詩『大火馳西陸』，知在七月。又，八月十五日，張燮已到信安。

張燮《簡徐興公》：『駐榕城者旬日餘，所不把興公臂者僅二日耳，却無一日不相聞。此生如許邂逅絶少，故是一勝緣也。世上嗜書如賤父子，可謂與興公同癖，惜無從朝夕相對，罄此榷揚耳。近作二篇，寄呈清覽。《耆舊傳》幸爲覓傭書人代抄一册，弟歸當償直，然後領去。未知可無相忘否？黄若木晤問，望爲寄聲。』（《群玉樓集》卷六十七）

按：此書作於離榕不久。

七、八月間，有書詩致謝元戎。

作《謝元戎初度》（詩佚，題筆者所擬）。

按：詳下條。

作《寄謝元戎》：『霓旌南指，滄溟瞻望台光，渺隔雲漢，近聞夷舶遠遁，鯨海波恬……謝彦安歸省試，知華誕届期。草野寒畯，無以爲稱觴之侑，僅賦小詩題之扇頭，聊表賀私，不足爲禮，兼録春間小作求正，幸乞教削。不肖辱開府南公邀飲幕府，韋布微賤，一旦見重于王公，莫非老公祖齒牙餘論所及，并此致謝！』（《文集》册七，《上圖稿本》第四四册，第五一—五二頁）

按：謝元戎，即謝國。國，又名弘儀、弘義，字簡之，號痦雲，又號鏡湖釣碣，會稽（今浙江紹興）人。萬曆三十八年（一六一〇）庚戌科武狀元。崇禎年間，在福建任鎮守總兵官。有《乘桴吟》《和陶詩》

又按：謝彦安省試，在是歲七月，故知此書作於省試前後。『南公』即南居益，『邀飲』倡和，見七月。

九月，再題《謝子象詩》。爲《林初文先生文集》撰序；又作《林初文傳》，詳下。

題《謝子象詩》：『謝子(像)[象]名承舉，號野全先生。八歲能詩，長自放于山水文酒間，詞鋒飈發，有所賦述，引筆疾書，輒盡數紙。子少南，傳其家學，由春坊司直爲河南參政。天啓甲子重陽後又題。』(馬泰來整理《新輯紅雨樓題記　徐氏家藏書目》，第一五六頁)

按：參見天啓三年。

作《〈林初文先生文集〉序》：『吾鄉林初文先生，十歲能詩，稱奇童。賦性豪宕，不拘拘于繩墨。十七以《毛詩》冠諸生。神宗即位之初年，又以《春秋》魁鄉薦。天才宏贍，文賦詩歌，援筆立成。其所爲應舉文，率多師心匠意，奇險不經人道語，以故履上春官，履不第。既而歸家秣陵，著作日富，竟流落偃蹇而終……盧次楩、徐文長，生前淹抑，九原可作，咸願執鞭，豈必遭時遇主，而後垂聲異代？先生雖舉孝廉乎，而牢騷不平，與次楩、文長誠無軒輊。然次楩、文長身後寥落不可問，先生二雛英英，能世其業，是先生屈于生前，而伸于身後，豈盧、徐二先輩所可幾耶！先生既不得志于有司，乃著《蛾眉篇》以自解，海内争傳誦之。邇年子丘、茂之爲梓《詩選》，但窺先生一斑，兹復彙次《全集》以行于世，不獨張閩赤幟，抑亦足以稱霸中原矣。至于先生負經濟才，感憤上疏，有封狼居胥之想。古人云：有才如此，而使之流落不偶，宰相之過。况時宰既知先生才，復庾先生至死，寧不令人長太息哉……予小子不及識先生，誦其詩，讀其書，想其爲人，乃爲之論次如此，聊自托於《招魂》《九辨》之誼云爾。天啓甲子菊月，通家子徐𤊹興公敬撰。』(《文集》册一，《上圖稿本》第四二册，第二三——二

五頁）

按：林初文，即林章，古度父，福清人。孝廉。

又按：稿本眉批：『不』，又於題下注：『《集》不刻必删。』『集』，即《林初文詩文全集》；《林初文詩文全集》不刊此文，㷊自編文集時决定删去此文，態度堅定。《林初文詩文全集》卷首載《林初文傳》，天啓四年（一六二四）刊本，内容部分相同；初文子古度《家集成拜墓告親文》：『社友徐惟起不遠寄傳。』（《林初文詩文全集》卷首）

冬，有書致林古度，言王宇去年病甚，勸其勿出山不見聽，遂殞身他鄉。論林章《觀燈記》勘破世態，又促林章全集梓成後速寄。稱贊所撰《白鹿賦》，並搜要他賦。

作《答林茂之》：『仲夏，倪柯古就試南都，草草修一函奉候。使者歸閩，得手教殷殷，知尚未見弟書。彼此留情，始見吾兩人心之同也。王永啓去年病甚，弟屢勸其勿出山，終不見聽，遂致殞身他鄉，豈非數不可逃耶！失此良友，吾閩之衰也。讀來教，聞尊公《全集》業已授梓，此不朽盛事。蔡心翁首序，足爲玄晏先生，乃索及于弟，不無愧恧，然嚮往之。私積有卅餘年，不自揣量，僭題數言，雖不足揄揚先哲，亦通家小子誼不容委耳。惟兄教削之，得附名千古，弟之幸也。《觀燈記》勘破世態，自是醒眼醒心之書，非傳奇瑣猥之比。《全集》梓成，速速寄示，尤望，尤望！弟久别金陵，夢想欲到。昔王永啓、曾儆玄皆弟莫逆，知其畏客，故不敢以口腹累之。今陳泰始作京兆，弟必尾其後而至，約兄爲栖霞、牛首之遊，定不作空言如剡溪興盡耳。兄云生平交厚者多不得力，弟心知之。弟所交遊比兄更廣，至老無一人得力。齒髮既衰，猶然有俯仰之累，無一寧歲。足見弟之不干人，而交遊至親之不可干也。人心不古，世變江河，祗付一慨而已。蔣二守聞有風雅足師，弟素慕之，藉兄一吹嘘。弟無二頃之田，不愁爲門户計。且弟、姪皆青衿，足以支持，惟是小孫年十五，頗能文章，他日爲考試薦引之地。老人喪子，鍾愛孤孫，見間爲弟道之，倘有八行相聞，可陸續覓便鴻寄我爲慰。康仙客書已致去矣。《白鹿賦》蒐採淹博，詞僞而工，更他賦不全寄我，令人悵悵。《先墓録》一册呈上，求一詩以闡幽光。至願，至願！使旋，草草不盡！』（《文集》册七，《上圖稿本》第四四册，第五二—五五頁）

按：孫鍾震生於萬曆三十八年（一六一〇），今歲年十五。

十二月，初七日，陳鴻母姚氏卒，作祭文。與同社友修香醴，致奠于陳鴻之母姚孺人靈前，並作《祭陳母姚孺人文》，文中附帶記叙陳鴻擅四聲深六義。除夕前一日，南居益招集薛老莊，疑亦預集並有詩。

作《祭陳母姚孺人文》：『天啓四年，歲次甲子，冬十二月辛巳朔，越六日，乃陳母姚孺人虞祭終期。孺人令子叔度同社友某等，薄修香醴，致奠於靈次，而侑以文曰：古云深山大澤，必生龍蛇，揆厥所由，則母生賢子之義也。三山修詞之家，擅四聲而深六義者，吾黨咸推叔度。叔度故貧，奉母以居，一室如斗，筆床茶竈，書卷琴尊之屬，羅列左右。客至輒留，而母輒爲供具，脱不給，即解簪珥爲取酒貲。』（《文集》册二，《上圖稿本》第四二册，第二四一—二四二頁）

按：十二月朔，公曆一六二五年一月九日。

作《除夕前一日，南思受中丞招集薛老莊，送陳京兆之任陪都》（詩佚，題筆者所擬）。

陳一元有《除夕前一日，南思受中丞招集薛老莊，惠予以〈漱石山房詩〉，予將之金陵，賦此留别》（《漱石山房集》卷五）。

是歲，南居益《瀑園四十六景記》，興公爲作賦；曹學佺爲作序及五律，邵捷春作歌行，崔世召則隱括其意爲作長篇七古。

作《瀑園賦》，其《序》：『大中丞南公，家本渭濱，園臨湭水。買山得瀑，築館開林，種樹蒔花，看雲聽鳥。地多靈勝，泉極蜿蜒。輞水不足狀其淪漣，渼陂詎能擬其滉瀁。公方結志巖廊，馳神藪澤。寫圖作記，托興抒懷。爰屬操觚，敢辭獻賦。』（《鼇峰集》卷一）

曹學佺有《瀑園記序》：『豐原東西有二，相距里許，湭水行乎其中，迂迴以入渭。湭中望兩原如繚垣，望豐門山如户外障矣。玄象、石鼓二山之間，有飛瀑數十尋，從樹杪灑落，匯而潭，堤而沼激之。由梁上行，引自南而之北，亭臺樓館，位置相因，物象意態，不能殫述。隱括而名之曰「瀑園」，則惟瀑主人南中丞思受有之。余固未之前聞，亦圖經、志乘所不載也。大凡瀑之源遠而蓄厚，迨其溢也，不得不下，下而觸大石，散喬林，憑空而擲于壑，故不可以尋尺計。然往往在窮厓灌莽之間，與人境迴絶，輒爲山僧羽客之所棲止，樵夫牧豎之所睨視，而欲其受知于高人韻士，收拾爲籬壁間物，亦惟瀑主人思受有之……余頃量移秦中，乃爲桂所挽留，不能入函關而問渭南之瀑，以廣予所未聞見；又不能亟歸泥首瀑主人階下，而聆玉屑以浣塵胃。聊書數行於《園記》之後，爲他日補此闕事一券耳。瀑主人其然之否？』（《石倉三稿·文部》卷一）

作《題南思受中丞渭南瀑園》四首（詩佚，題筆者所擬）。

按：參見次歲致《復詹鼎卿司馬》。

曹學佺有《寄題南思受中丞渭南瀑園四首》，其一：『讀君泉石記，佳境似經過。俯仰諸山盡，迂迴受水多。曲欄行藥返，高閣聽松歌。詎得辭軒冕，安然卧薜蘿。』其二：『登臺何所見，渭水遶中原。樹古新豐道，山高半日村。息陰同漢圃，濺瀑類河源。目送飛鴻度，迢遥自塞垣。』其三：『輞川久湮没，渭上若重興。僻性耽名理，爲官恰右丞。曼殊同一室，空有悟三乘。華子岡頭月，依稀尚可登。』其四：『余得關西報，征途出渭南。川環秦苑八，峰壓華陰三。桂管仍拘縶，嵇生重不堪。何時離苦海，林下接清談。』（《桂林集》卷二）

按：曹學佺在粤西，故題有『寄』字。

邵捷春有《瀑園行》：『名園佳境過六六，屈指數之難更僕。致爽堂前開素襟，儘是奇花與珍木。百道泉流赴澗中，千盤徑路通林麓。約客尋芳坐樹陰，興來每就陶巖宿。餘酲初解半日閑，渭水湭川聊寓目。高情久已遠塵囂，時傍文殊證天竺。掃將柿葉坐題詩，來往時時和樵牧。我有小山倘可移，願繼園中幾椽屋。』（《劍津集》卷三）

陳一元有《題南思受中丞瀑園四首》，其一：『新開別墅俯湭川，萬壑争流日夜泉。瀉比建瓴趨渭水，光疑飛練掛吴天。輕雷却震三秋後，晴雪難消六月先。好似盧山峰頂望，詩成不數李青蓮。』其二：『嶺松亭柏緑回環，流水長橋路幾灣。采菊秋深成栗里，種桃春早似綏山。四時載酒人皆醉，竟日敲門客未閑。好鳥亂啼香不斷，誰知仙境在人間。』其三：『虚臺百尺接層霄，小渭臺前縱目遥。秦地山川烟漠漠，漢家宫殿草蕭蕭。風吹古道看歸牧，日落遺墟問野樵。最是大夫能作賦，登臨何必憶前朝。』其四：『節鉞桓桓鎮海邦，夢魂嘗繞瀑淙淙。輞川勝蹟今應兩，緑野嘉名世豈雙。華岳東西通綺陌，豐原左右夾雕窗。它時倒載相尋處，何似當年醉曲江。』（《漱石山房集》卷

五）

按：陳一元時在福州，兩詩均應南居益所請而作。

崔世召有《南中丞公家有瀑園四十六景，自製一〈記〉，文境雙絶，命予作賦，聊隱括若此》：『鳥鼠山前水南迸，太華千巖秀争競。中藏奇勝瀑爲園，天與南公供嘯咏。瀑園之奇奇處處，登堂爽氣時來去。山川點綴亦經綸，總借留侯一雙箸。曰亭曰臺樓與閣。長廊窅徑難測度。桐松竹柏蔭川原，花實離離堪喜悦。柿葉庵前楊柳灣，芙蓉堤畔芍藥欄。池沼度橋穿塢嶼，山泉界道下岡巒。四時暝霽分醒醉，菊英蘭露香幽邃。却步獨吟坐息機，晞髮濯纓隨所至。霞畦烟渚雉澤深，鶯谷枳柴九折尋。多少精思勞位置，肯教俗物來氛侵。有時巖壑一懷古，坐與古人迭賓主。秦女峰頭攬玉奩，胡公陂上拖松麈。多情問圃復問農，千古周南賡豳風。山莊石澗娱春飲，樵牧牛羊落日同。此中玄韻孰與許，澡潔池痕紫光貯。綏山桃發杳欲仙，古洞雲生堪共語。行吟載入郎公村，贏得半日閑掩門。曼殊十笏停龕火，居士三生離垢園。日日開襟延真理，心即澄潭任起止。玉林清磬偶然聲，拜向蒲團證如是。可見南公天上人，功名蓋世逸其身。早知鐘鼎尋常事，别有山川不老春。自慚草茆沐明德，何時追步瀑園側。題詩醉挩南渭流，玄鶴叫破青天色。』（《問月樓詩二集》）

按：此詩隱括南居益《瀑園四十六景記》，文雖稍長，可見《記》之大要。以上諸詩賦，當據此記敷衍成篇。

是歲，有書致張師繹，論是科閩縣科舉，並薦周之夔。

作《復張夢澤使君送硯》：『去歲辱惠瑶函……今歲敝省取士，自解首至鎖榜，盡皆名流，而《禮經》

俱出敝郡，咸射鵰手也。闈中硃卷，藩司例有全刻。今歲獨缺此典，只坊肆小板者，今覓寄上。更《禮經大社稿》一部，順附賢郎寓目。有周生之夔者，京闈魁薦，其人温然如玉，讀書半豹，不肖所最莫逆。更有閩榜第十八名顔茂猷，場中五經俱撰，當以違式貼出，乃喬直指公憐其才，但録本經以進，遂因得雋，此亦曠世異事。□是洪武二十二年，長泰貢生黄文史，應試南畿，五經兼作，有司以違式取旨。太祖讀其《天下一家論》，大異之。御批，特寘第一，免會試，直授刑部主事。茂猷是其鄉人，效而爲之。直指亦爲之疏，請援此例也。承問，敢私布之。』（《文集》册八，《上圖稿本》第四四册，第一六五—一六六頁）

按：閩省是科解元爲程祥會，龍溪（今漳州）人。

又按：此書言科場逸聞逸事。顔茂猷，平和人。

又按：周之夔，是歲天順中式，見（乾隆）《福州府志》卷四十《選舉》五。

是歲，致書某公，贈宋硯一方，硯名曰『宫式』。

作致某公札（殘缺）：『聞變曷勝痛悼，其文集并雜著甚富，尚未梓行，不肖方議殺青，徐有以報耳……附真宋硯一方，奉供清玩，此硯名曰「宫式」，外緑端石而中嵌以紫，在敝地亦所難得，而小楷者尤難，聊表鴻毛之私。』（《文集》册八，《上圖稿本》第四四册，第一六七頁）

是歲，致書邵武司理劉紹光。

作《復劉司理》：『日者敬修小啓，奉候台安，正切瞻企，而華翰遠頒，兼辱腆貺，愧感交集，始知有藩傳之轉，大爲扼腕。以老公祖冰操自持，公門如水，且膺按臺薦剡，而撫臺□司無不刮目，皆注上考。

何銓曹混淆，一至於此，令□莫揣其故，抑銓部該吏有所覬覦，而未遂其欲乎！宦海風波，世途荆棘，可勝浩嘆！』(《文集》册八，《上圖稿本》第四四册，第一六七—一六八頁)

按：天啓三年(一六二三)夏六月，徐𤊹至樵川，訪司理劉紹光。

又按：此書殘缺。

是歲，神光寺建鐘鼓樓，爲作《疏》。

作《神光寺建鐘鼓樓募杉木疏》：『神光，古刹也。予曾募千金重爲修復，六年於兹，成偉觀矣，獨有鐘鼓二樓尚未創構。譬如爲山，未成一簣，則不能增其高。然聞汀、邵之間，厥産杉木，厥人好善，捨財物如土苴。不揣令如嵩上人，越境募化，或施一椽，或捐一棟，聚毛成裘，納流成海。但破慳心，誰是貧，誰是富，共完勝果；不嫌少，不嫌多，漫詑宰官，勸緣敢效豐干饒舌。天啓甲子年。』(《文集》册九，《上圖稿本》第四四册，第三二〇頁)

按：神光寺，在福州烏山南麓。

又按：參見萬曆四十七年(一六一九)。

是歲，羅源知縣唐體允考績最，興公代人作《贈序》。

作《[贈羅川侯]唐公奏績序代》：『方今聖天子初臨寶位，圖治維新，邑大夫之蒞政三載者，率由舊章，奏其績於朝膺擢。惟命羅川唐侯業已届期，屬當報政……蓋羅川爲省會屬邑，界萬山中，地瘠、民貧、原隰之區，僅如甌脱。侯自綰墨綬以來，爲民酌緩急……侯産於粤之全州，湘山灕水，清碧如練，輒有異人瑰士，鍾孕其間。侯系出簪纓望族，早魁多士，不難一日而千里。今且屈而爲令，又最不腆如羅川，未能盡吐平昔之所蘊抱，譬之神龍威鳳，霖九垓，翔千仞，而其蜿蜒偃戢之處，則蹄涔叢薄，固不可忘也。』（《文集》册二，《上圖稿本》第四二册，第二二五—二二八頁）

按：唐體允，廣西全州人。舉人。羅源知縣，升臨江府同知。

又按：據〔道光〕《羅源縣志》卷十五《職官志》，天啓元年（一六二一）任羅源知縣，三年考績，則在是歲。

是歲，浦城覺浪禪師之父張某訪於鼇峰之麓，贈詩（今佚），成莫逆。

作《録前詩贈覺浪禪師》（詩佚，題筆者所擬）。

按：《寄覺浪禪師》：『憶天啓甲子之歲，〔尊〕大人訪我於鼇峰之麓，對酒談諧，遂成莫逆。回首舊事，不無存没之感。㶿與大師有通家契誼，不獨今日始通姓名也。偶檢舊稿，録出前詩，乃知㶿非謬言耳。』（《文集》册五，《上圖稿本》第四三册，第二七七頁）

又按：此書作於崇禎十四年（一六四一）。參見該年。

是歲，作《亡兒行狀》。

作《亡兒行狀》：『嗚乎！予兒之亡將十易星霜矣。』（《荆山徐氏譜》）

按：徐陸卒於萬曆四十四年（一六一六），至本年爲第九年，故曰『將十易星霜』。徐陸亡及《亡兒行狀》參見萬曆四十四年（一六一六）。

是歲或稍晚，沈有容母卒，爲作祭文。

作《祭沈太夫人文》：『今上初年，台衡握柄。人紀將傾，朝綱靡定。潰川勢急，孰障狂瀾。言路漸塞，國是匪安。曰司馬公，爰陳讜議。欲遏將萌。侃侃論事，誰浚厥源，誰衍厥川。緊惟太母，賢訓是傳……司馬終養，暫返東山。浣腧滫垢，舞彩戲斑。奕奕孫枝，詞林嗣響。芝馥琅玕，階庭競爽。胡天不吊，倏届崦嵫。婺輝忽殞，萱色俄委。白葉乍吟，風木隨慟。』（《文集》，《上圖稿本》第四五册，第一〇〇—一〇一頁）

按：沈有容天啓四年（一六二四）歸鄉，天啓七年（一六二七）卒；太夫人之卒在有容『返東山』之後。

是歲，謝肇淛卒。

按：《中奉大夫廣西左布政使武林謝公行狀》：『甲子……十月二十三日至萍鄉，遂卒於官邸……享年五十有八。』（《小草齋文集》附録）

又按：《謝在杭像贊》：『彼美丈夫，龍之駒，鳳之雛，而文采甚都。既腹堪爲經笥，復腕善乎操觚。視軒冕其若棄，惟竹素之與俱。覺芳蘭兮竟體，悦静女兮其姝。洵謝庭之玉樹，真得父之膏腴者乎！』（《文集》册十二，《上圖稿本》第四五册，第二七九—二八〇頁）

又按：《像贊》作年不詳，附於此。

是歲，鄭邦祥卒。

陳鴻有《哭鄭孟麟》：『近日風人盡，君今復喪亡。撫棺惟有哭，求藥竟無方。一夢哀青鬢，千言惜繡腸。年衰同調絶，莫怪易凄凉。』（《秋室編》卷四）

按：《答李子述》：『孟（鱗）［麟］甲子五月已長逝矣。』（《文集》册八，《上圖稿本》第四四册，

第二〇八頁）

又按：陳衎《又得鄭孟麟凶》：『行年將四十，與汝適同庚。』（《玄冰集》卷五，又《大江集》卷四）

又按：陳衎生於萬曆十四年（一五八六），至今歲年三十九，邦祥與之同庚，亦三十九，即『行年將四十』。又按：陳衎此詩前《風雷》題注：『時天啓四年，長安邸中。』故知邦祥卒於是歲。

又按：鄭方坤《全閩詩話》卷八『先曾祖孟麐公』條引《劍虹續稿》：『在杭先生時方伯粤西，遂往依之。凡所游歷，無不於詩焉發之。天啓癸亥除日，韶陽溪上忽得句云：「五千歸路纔過半，四十行年尚待三。」語亦無大沈痛，而不知其爲讖也。』

又按：鄭邦祥隨曹學佺至粤西依謝肇淛，去歲歸。

是歲，王宇卒。

天啓四年甲子（一六二四）　五十五歲

天啓五年乙丑（一六二五） 五十六歲

曹學佺五十二歲，林古度四十六歲，徐鍾震十六歲，徐延壽十二歲

正月，爲謝肇淛撰《行狀》。

作《中奉大夫廣西左布政使武林謝公行狀》：『乙丑正月十七，櫬返三山，厥孤棨等衰絰造予曰：「先大夫生諸孤也，晚不幸奄然棄諸孤而逝。含斂不及視，遺言不及聞。而大夫筮仕三十餘年，其生平懿行與夫揚歷之忠勤，半屬諸孤未生前事，未嘗耳而目之，烏能殫述？惟是長者與大夫骨肉聯屬，幼同學，長同社，老而情誼彌篤。非長者孰能核大夫之真而狀大夫之詳也？」予哀而許之。』（《小草齋文集》附録）

按：謝公，即謝肇淛。

二月，陳一元之金陵，與倪范、陳鴻送至芧原水驛，宿舟而別。

作《與柯古、軒伯送陳泰始，宿江舟言别》（詩佚，題筆者所擬）。

陳一元有《惟起、柯古、軒伯宿江舟言别，再贈〈詩册〉，賦謝》：『桃夭杏艷柳初垂，可奈分襟春半時。螺女洲明江森森，芧原驛古雨絲絲。畫船已盡通宵酌，彩筆重吟惜别詩。嶺樹山雲遮遠目，褰帷何地不相思。』（《漱石山房集》卷五）

按：陳一元此詩之前，尚有《將之金陵留别漱石山房》《留别諸同社》《仝社贈詩並分袂江上賦謝》(《漱石山房集》卷五),疑興公亦有相應之作。

陳衎有《送陳京兆之任陪京》:『天上徵書次第來,離亭詞客共銜杯。江空採石風濤壯,山盡鍾陵王氣開。國事如今堪報主,人文此地好憐才。漢家舊有張京兆,霍氏封書手自裁。』(《玄冰集》卷九)

商梅有《送陳京兆》:『新條初緑遍江天,送子之官亦可憐。馬首忽嘶紅雨下,我心先在白門前。行藏每憶言詩日,憂患偏當學易年。自是政閑情自好,蛾眉肯試蔣山烟。』(《彙選那菴全集》卷三十二《秋氣篇》)

三月,送謝國將軍之澳門。

按:詳七月。

四月,題南居益爲汪元範書詩卷。

題南中丞爲汪明生書詩卷:『明生入閩,爲南中丞公重客。一唱一和,于喁互響。明生言旋東郡,中丞手書年來贈答之詩,詞翰雙美。語云:「一貴一賤,交情乃見。」三復此詩,不無忻慕。天啓乙丑朱明之月,三山徐𤊹書於荔奴軒。』(沈文倬《紅雨樓序跋》卷二,第八五頁)

按:南中丞爲汪明生書詩卷,明南居益、汪元範撰,南居益書。

又按:正、二月間,商梅作《答汪明生二首》,其一有云:『蓬蒿未掃除,蕭寂閉門居。高韻偶來至,清風應穆如。』(《彙選那菴全集》卷三十二《秋氣篇》)約在五月,汪明生離閩,商梅作《送汪明生還東都》,有云:『丹荔正香偏遠道,白駒欲秣永今朝。』(《彙選那菴全集》卷三十二《秋氣

篇》)

按：嫂卒，詳五、六月間《答曹能始》。

五月，嫂(熥婦)卒。

五、六月間，致書詩李埈，痛悼屠本畯卒；附贈畫一幅，雜刻六種。又致曹學佺。言孫鍾震年十六已厠青衿。又言謝肇淛、王宇，宦情最濃，鄭邦祥功名心最切；爲謝肇淛作《行狀》，於睦族、結客、佈施行好事，錙銖未能割捨，此三件事未敢曲筆。陳鴻、弟長生及子孟嘉往粵西，有書致曹學佺。又在書、畫及詩贈李埈。

作《次韻答李公起》、《寄茅孝若》(兩詩均佚，題筆者所擬)。

按：詳下條。

作《答李公起》：『不佞向遊四明，獲交賢豪長者甚衆，獨恨未識李先生面目……邇者，令親家王廣文至自三山，儼然拜手教殷殷，近海舶至閩，又承慰問。自揣譾陋疏狂，何足辱高明勤渠至此。扇頭佳什，珠玉先投，渢渢大雅，深愧下里微吟，不堪奉酬白雪，聊次嚴韻，用申嚮往之懷……《延慶寺志》，蒐羅悉備，可爲沙門公案……所痛悼者，田叔老公祖遊岱，近始得耗，尚缺炙絮之禮。明歲過虎林，當一拜宿草耳。所寄曹能始書，偶有便鴻，已附往粵西，嗣當報命。陳叔度承遠念，謹附詩扇奉酬，值有内艱，再辱華翰，未遑裁答，托弟致聲，徐當布候也。象山學博趙君起屏，以孝廉署事，與弟鄰居，最稱契厚，倘有瓊瑤之寄，請以趙君爲魚鴻，不至浮沉耳。外小畫一幅附請正，雜刻六種并往。臨楮曷任神馳。又附答孝若丈詩扇一把，希轉致。』(《文集》册八，《上圖稿本》第四四册，第一七〇—

一七二頁）

按：李公起，即李埈。詳隆慶四年（一五七〇）。

又按：李埈有書請致曹學佺，與《答曹能始》一書同時送達粵西。

作《答曹能始》：『齊周以五月之望抵舍，先嫂以月朔棄世，不能少待，亦天數也。幸粵裝頗裕，稍稍成禮，而周身之具，弟先爲備之矣。拜手書之及兼惠腆貺，感不可言。謝謝！初擬今春訪何若士于揭陽，便赴謝大將軍之約，有興則遊桂林山水，乃因周宗師□誡。小孫十六，頗能文章，望之進取。及四月案發，僥倖進身閩庠。亡兒早喪，孤孫得厠青衿，差慰目前。然又尚費束脩，應酬之禮，苦無所措耳。兹秋涼送過南中丞出境，然後束裝粵遊，弟恐兄復美擢他邦，未必遂所願也。弟生平「簡約」二字行之終身，兄仕宦三十年，未嘗彈鋏相訪。中丞公折節下交，並不以關節干瀆，今且移鎮矣。中丞重弟過隆，安可自輕，以故食貧，借貸不辭耳。且年已垂老，焉能逐逐爲子孫計，惟是尚有先兄并亡兒、亡妻未葬，力所弗及，中夜思之，不勝感愴。將來日短，得一日過一日，足矣。在杭、永啓，宦情最濃，孟麟功名心最切，今何如哉！在杭行狀，弟爲之，生平心地極好，儘淹博可師。但于睦族、結客、布施行好事，錙銖未能割捨，故弟備述其概，而此三件事，未敢曲筆也。兄以爲何如？今諸孤請大筆作志銘，幸乞留神。《兩粵志勝》並妙筆，俱領訖。』（《文集》册八，《上圖稿本》第四四册，第三〇四—三〇五頁）

七月，送南居益中丞至建州；於建州開元寺購得楊讓（榮子）所藏宋淳熙本《春秋經傳集解》，並作題記。在建陽訪鄭之藩別駕，與建陽諸友詹玉鉉、丘文舉、鄭僑也、徐試可、江仲譽、江毅甫、李君寔、李培之、傅希丙、蕭飛卿、僧自西往來。時龍溪張于壘寓福山寺。

按：參見崇禎八年（一六三五）所作《予以天啓乙丑之秋客潭陽訪鄭别駕，時潭友詹鼎卿、丘文舉、鄭僑也、徐試可、江仲譽、江毅甫、李君寔、李培之、傅希丙、蕭飛卿、僧自西相款歡甚，而清漳張凱甫寓福山寺中，俛仰纔踰一紀，故人凋謝殆盡，追感往事，不勝愴然》（鈔本《鼇峰集》第三册）。

作《李培之贊》：『建溪之靈，大潭雲谷。彼其之子，落落穆穆。筆有斯之篆，架有泌之蓄，飲有白之豪，書有邕之熟。溯而源流，是爲振振之公族。』（《文集》册十二，《上圖稿本》第四五册，第三〇二頁）

謝肇淛有《李培之像贊》：『白皙清揚，眉疏頤張。被服鮮好，荷芰爲裳。吾但見其精神之映發，而未能窺其中之所藏。况形貌之近似，徒蹁躚以徜徉。彼皮相者，又安足識爾之驪黄也耶？』（《小草齋文集》卷二十三）

按：謝肇淛《像贊》作年不詳，附於此。

作《蕭飛卿贊》：『美無度，貌魁然。擅子雲之墨妙，挾弄玉而俱仙。人見之也，誰不憐？是爲蕭郎之少年。』（《文集》册十二，《上圖稿本》第四五册，第二九七—二九八頁）

按：興公初識蕭飛卿，飛卿方年少。

謝肇淛有《蕭飛卿像贊》：『孰不少年而體不嫚？孰無頎皙而骨不妍？彼貌爾者，所謂眸若點漆，膚如凝脂，尚未能彷佛其十一，而况神明内潤，不可以形傳。吾獨笑從爾遊者，不自覺其形穢，又安知珠玉之在前。』（《小草齋文集》卷二十三）

按：謝肇淛卒於天啓四年（一六二四），飛卿年少，此《像贊》定當作於此前一二年。

題《春秋經傳集解》：『建安楊讓，字允謙，文敏公之仲子也。少從（潛）［錢］習禮，李時勉遊，造詣甚深，所著有《澹庵集》。此書前有印章「謙卦」，余得之建州書肆，知爲讓家所存也……古本書不易得，卷首又有《春秋諸國地理圖》《世次圖》《名號歸一圖》《傳授次序圖》，皆古本所無者也。天啓乙丑初秋，送南中丞公至建州，購於開元寺，書以志喜。東海徐興公識。』（馬泰來整理《新輯紅雨樓題記　徐氏家藏書目》，第七一頁）

按：《春秋經傳集解》，晋杜預撰。明覆宋淳熙三年（一一七六）刊本。

又按：文敏公，即楊榮。榮（一三七一—一四四〇），初名子榮，字勉仁，建安（今建甌）人。建文二年（一四〇〇）進士，文淵閣大學士。卒，贈太師，謚文敏。家多藏書。

又按：此條言購書之喜。

七、八月間，送南居益，過建陽，刻《鼇峰集》前四册，滯留兩月。與翁壽承、馬欻、張燮小集凝真觀。張燮來訪，並訪馬欻。同張燮、馬欻遊武夷山，宿天遊觀。有卜居武夷之意，張燮、張于壘以詩決之。南居益致書張燮，請其爲《鼇峰集》作序，並言及《鼇峰集》草本多訛字。致書趙起屏廣文，言四明舊遊地，而今故交凋謝。又致書詩李埈，謝爲所作《三友墓銘》，附畫一幅。

作《翁壽承移酌凝真觀，偕馬季聲、張紹和小集，雍伯輿携妓後至》（詩佚，題筆者所擬）。

張燮有《翁壽承移酌凝真觀，偕馬季聲、徐興公小集，雍伯輿携妓後至》：『促席清都去，幽棲枕簟宜。大都賒禮法，强半叙襟期。渡豈疑桃葉，辭仍按竹枝。碧筒持送酒，菡萏未殘時。』（《群玉樓

集》卷十一)

作《旅次張紹和見訪，留酌》(詩佚，題筆者所擬)。

張燮有《訪馬季聲、徐興公，旅次留酌》：『小艇橫波去，斜陽一半西。但揮松際麈，且辨露棲鷄。佩擁荷香入，樽開野色齊。漸時盤瓦屋，因以字青溪。』(《群玉樓集》卷十一)

按：張燮此二詩在《歸宗寺》(在建甌)及《南中丞留宿署中》之後。

張燮有《將之玉華，南中丞已贈符矣，適徐興公抵建安，壘兒貪與數日周旋，遂輟山遊之興，志慨二首》，其一：『問津滿擬采真遊，邂逅高人若爲留。疑莫山靈謝逋客，無緣便上七層樓。』其二：『燃炬中間景物奢，朋情偏遣阻烟霞。夢中猶赴盤崖道，遥指峰頭日未斜。』(《群玉樓集》卷二十九)

作《陪南司空遊武夷，夜宿天遊觀，同張紹和、馬季聲》(詩佚，題筆者所擬)。

南居益有《遊武夷宿天遊閣，同紹和、季聲、興公三君子》：『老去風塵倦欲休，征途初遂武夷遊。纔通五曲三三半，忽到兹峰六六收。玉笛關山流皓月，仙人樓閣敞清秋。何當萬里歸河漢，已覺星槎近斗牛。』(張燮《陪南司空遊武夷，夜宿天遊觀，同張紹和、馬季聲，用韻四首》附，《群玉樓集》卷十九)

張燮有《陪南司空遊武夷，夜宿天遊觀，用韻四首》，其一：『多少簪裾候未休，屏騶翻逐野人遊。連雲樹色峰腰起，貫月溪痕檻外收。鳥報殘更香散曉，歌分廣樂幔含秋。後車少日慚同載，白石何關寗戚牛。』其二：『繫舸沙灣石上休，鷗盟翻是鶴驂遊。瑶華自長參差見，碧岫争妍次第收。竈問燒丹頻九轉，巖從獻墨倍千秋。吾生已付藏山老，書就函來笑汗牛。』其三：『勝情無計戀歸休，十乘紆將九曲遊。絶磴粘天梯倒峙，前林灑道雨初收。兜鍪峰擁旌疑晚，粧鏡臺鸞鬢早秋。節約山厨惟茗椀，從前饗士費椎牛。』其四：『胡牀坐起步仍休，重向疏櫺秉燭遊。曲塢撞鐘浮沫去，長蘿着帽辟塵收。星文霽後催兼晝，竹勢風多欲傲秋。明發搜幽隨鼓枻，牧童岸笛任驅牛。』（《群玉樓集》卷十九）

作《將卜居武夷，答張紹和、凱甫》（詩佚，題筆者所擬）。

張燮有《徐興公將卜居武夷，詩以決之》：『我與仙山隔，而君一水連。有巖容獻墨，架壑定維船。取食隨鷗後，停驂倩鶴先。但携宗澗障，已了尚平緣。興即持竿去，慵乃枕石眠。賣文無恙否，約略買山錢。』（《群玉樓集》卷二十三）

張于壘有《徐興公欲卜居武夷，以詩贈之》：『六六之間有夙因，幔亭遲爾結爲鄰。五千言就非常道，十二仙班降後身。在澗在阿隨去住，一瓢一粒佐清真。莫忘此日尋源興，孤負桃花片片春。』（郭柏蒼《全閩明詩傳》卷四十一）

南居益《答書》：『興公《鼇峰集》若干卷，付來草本，多訛字，似未經較閱者。款制亦復不佳，今付鄭別駕使散刻坊間，敢煩名筆代摛一序，以文貌質，知仁丈重興公，不難諾不肖也。其刻款、較閱，嘗托之詹先生耳。』（張燮《寄南中丞》附，《群玉樓集》卷六十九）

作《寄趙起屏》：『奉別色笑，忽爾逾年……蛟門補陀，近在眉睫間，横經之暇，時一遊眺，亦足以發舒偉抱，苜蓿闌干，想不久借大才耳。弟閑居無似，邇者小孫僥倖入泮，聊慰目前……四明弟舊遊之地，故交凋謝。近有李君字公起，久托神交，時時以書札見及，茲附答一書，煩使者便間轉致。』（《文

集》册八，《上圖稿本》第四四册，第一八五頁）

按：趙起屏，孝廉，興公近鄰。浙江象山縣學博。

又按：答李垵書，詳下。

作《答孝則徐丈》（詩佚，題筆者所擬）。

按：詳下條。

作《答李公起》：『敝鄉陳君歸，得手教遠貽，且承大筆爲先人作《三友墓銘》，百年松楸，大爲生色。此情此誼，如何可諼，正謀續梓，未就。徐當寄上。又得孝則徐丈錫以珠玉，千里神交，如同晤語，聊答一詩，幸乞轉致……玉生遠遊江右，叔度作客粤東，二書尚留齋頭，俟其歸，致之。二君踪跡無定，一時未能報命耳。弟閑居杜門，且老且拙，邇者小孫僥倖遊泮，差慰目前，餘況不足爲知己道也。小畫一幅侑緘，祇博一粲。趙廣文役便，附此。』（《文集》册八，《上圖稿本》第四四册，第一八六頁）

按：五、六月間，有《答李公起》，李垵有答書，此書又答之。作《答李公起》時陳鴻值有内艱，作此書時陳鴻已前往粤西曹學佺處。

八月，有書致崇仁知縣崔世召，言《鼇峰集》二十册，五十萬言，南居益發之書坊校梓，南氏去職，建州通判鄭之藩僅爲刻四册，餘十六册付之空言；又言四月徐鍾震入泮，年十六，筆下不俗。又致江西鄭游戎。又致澳門謝國將軍，言徐鍾震頗能文章。又致書詩蔡宣遠，言王宇卒，失一良友。又致書詩詹玉鉉司馬，言《瀑園賦》已單刻成帙。關中南居益爲興公《鼇峰集》作序，此序實出自張燮手筆。

作《寄崔徵仲崇仁》：『夏間得兄京師手札，且悉雅情。林異卿歸，述動定詳細。中秋，於建溪逢陳四游。知雙舄以中秋後蒞任。此時懸銅墨，稱神君矣。崇仁善地，又得兄烹鮮之手，鸞鳳暫栖，驄馬有待耳。弟受南中丞公知遇極厚，屢索弟所著拙稿五十萬言，發之書坊校梓，值建缺令，而別駕鄭署印，乃廣西人，初以撫公注意，十分催趲，要承上人之歡。及弟送撫公至武夷歸，而別駕遂無意終局。弟留建溪者兩月，僅刻四册，更十六册付之空言，世情冷暖，可發一笑。雖覆瓿之具，無足重輕，然負中丞一片盛心，不無扼腕。建溪去江右甚近，初擬從鉛山至南昌，訪張夢澤廉訪，隨訪瑞州二守吴仲聲，然後取道從撫州回，尋兄一彈短鋏。偶山陰興盡，且返棹抵三山卒歲。明春有興，當作豫章之遊，以口腹累安邑也。張廉訪詞苑名公，向守武陵時，弟一把臂，便已投合。後轉台州巡道，兩以書見招，弟未之赴，而餽遺之禮，時時不絕。且大參陳季琳先生亦與弟爲三十年之交，明春謁此二公，便爲兄作文字藝壇之謀，不獨私爲潤橐計也。若明年二三月出門，則從邵武、[光]澤，先到貴治一面，而後抵豫章，未審得遂此行否……小孫今年四月僥倖入泮，年纔十六，筆下頗不庸俗，書香有托，私心甚慰，恃知己敢以相聞。兄素有學望于詞壇，一行作吏，人人皆思就食。仁祖母論相知之深者，垂涎食魚；即交一臂者，亦皆想望丰采，譬若佳麗美姝，無不人人願結綢繆。建谿滄洲社楊生叔照，曾於溪上識崔先生，雖踪跡睽違，而神情未嘗不耑往。辰下走光澤，謁翁令公，去臨川一水之便，敬持刺奉謁，知初政戒嚴，必有謝客榜文，循新官套數，然楊生温恭馴雅，而丹青之手，足爲吾閩第一流。兄簿書之暇，令其作各體山水，或長條小幅，片楮尺縑，無不入神。他日張之問月樓中，亦一段清玩。若楊君爲人狂躁如李玄同輩，弟必不薦也。惟兄知弟，敢以相囑。此君恬澹，亦無甚過望于長者耳。』（《文集》册八，《上圖稿本》第四四册，第一八七—一九〇頁）

按：鄭别駕，即鄭之藩，全州（今屬廣西）人。天啓三年（一六二三）任建州通判。

又按：是歲所作書信，多提及徐鍾震入泮之事，而此書喜色最溢於言表，大抵世召爲知己，故敢以相聞。

又按：明代官府，親友就食者衆，『相知之深者，垂涎食魚，即一交臂者，亦皆望丰采』，徐㶿深知其弊端，不得已，又薦建溪楊叔照于崔氏門下。

又按：回程過建陽，刻集，參見十二月。

又按：次歲春，徐㶿未作江右之行。訪崔遲至次歲十一月，參見該歲。

陳鴻有《送崔徵仲明府之西江》：『明時何必隱，墨綬又之官。父老待應久，賓朋留實難。蒸車粳稻熟，充饌荔支丹。西去秋江月，清琴再一彈。』（《秋室編》卷四）

作《與鄭游戎》：『鯫生無寸長，年來過辱台臺式廬召宴……霓旌熊軾，竟指西江，令人依依，有雲樹之嘆。昨承厚貺下頒，摳衣趨謝，未獲晤言，復蒙左顧，又失迎候，歉也如何！知撫院移鎮在邇……不肖明春欲抵豫章，爾時伏謁棨戟之下，或爲滕閣龍沙之會，罄此積衷耳。』（《文集》册四，《上圖稿本》第四三册，第一一一——一一二頁）

按：此書言次歲春將遊豫章，故繫于《寄崔徵仲崇仁》之後。

作《復謝寤雲大將軍》：『節鉞鎮閩未滿兩載，而海上崇勳堪與銅標並美……春杪送役，過承存問。兹復瑶翰遠頒，嘉貺隆渥，此情此誼，何日可諼。側聞澳門之捷，千古奇功……某落拓無事，小孫年十六，頗能文章，近試倖遊芹泮，差慰目前，餘無足道者。辰下候送南中丞出境，秋凉將爲桂林之遊，便道趨鈴閣下，一叙舊歡，未審得遂所願否……中丞公《勒凱》《瀑園》，想有奉寄，無用兩呈。』（《文集》册八，《上圖稿本》第四四册，第一七五—一七六頁）

按：秋，與公未作桂林遊（訪曹學佺）。

又按：《勒凱》，《瀑園》，參見去歲。

作《懷蔡宣遠》二首（詩佚，題筆者所擬）。

按：詳下條。

作《寄蔡宣遠平陰》：『别顔色數年，都未修一札奉候……于孟和齋頭得《懷祖》詩帖，向者兄委，久負諸責，兹勉成二律，用申通家追慕之誼，并賦小詩寄懷，題之扇頭請正。簿書之暇，能答我一篇乎？引玉之念，不能無也。永啓病竟不起，失一良友，堪爲短氣。弟碌碌無似，閉門與蠹魚爲伍。舍弟仍坐皋比如故。』（《文集》册八，《上圖稿本》第四四册，第一九〇—一九一頁）

作《復詹鼎卿司馬》：『道駕數入三山，不肖僅再奉耿光……廿年舊誼，且荷新茗佳醖之惠，一飲一啜，敢忘明德哉！陳京兆近有書見及，欲引台翁與中丞公結爲知交，甚盛心也。中丞海量汪宏，雅重詞翰，即淺劣如不肖，亦蒙虚左。則他日台翁把臂入林，豈不歡若平生耶……《瀑園》，不肖漫成一賦，已刻成帙，想機仲丈能致左右；《勒凱》尚未梓成，拙作四章附呈教正。』（《文集》册八，《上圖稿本》第四四册，第一九一—一九二頁）

按：『拙詩四章』，參見去歲。

南居益《〈鼇峰集〉序》：『徐興公，名𤊹，初字惟起，後乃更字興公。故壇苑人之稱徐興公獨著。

然余聞：君貧無兼日之糧，而性喜蓄書，常聚書至數萬卷。每見異本，典衣購之。或道旁小肆，蠹簡半殘，觸目輒翻檢鬻去，就中有一二名篇在焉，排沙揀金，容獲瑰寶，世不知其自來也。所居鼇峰下，客從竹間入，環堵蕭然，而牙籤四圍，恍遊群玉。興公雖祭酒布衣乎，縹緗之富，侯卿不能敵矣。君壯而好遊，輒與其高壇酬酢；晚乃簡出，日手一編。問奇之屨，恒滿里中。事無大小，人人願得君一言爲榮。君亦多與少拒，故生平之撰述獨多。胸中既已富有，考據精核，故自爲題識亦侈。詩自樂府、歌行，迨古、近體；文自序、記、碑、銘、頌、贊、論、説、題跋、談叢，無所不備，非止小才者之僅一長焉。余仗鉞兹土，籌海小暇，邀君集署中者再。見君如冥鴻獨舉，浣水流沙。鷹鷙自有他稻粱，而君不屑也。君《鼇峰集》凡若干卷，未及梓行，余爲授之副墨氏。因嘆徐氏之先有二人爲孺子，南州高士陳仲舉爲特設一榻，去則懸之。今試爲興公特設一榻，其懸也不既多乎？偉長懷文抱質，恬淡寡欲，有箕山之志，著論二十余篇，成一家之業，辭義典雅，足傳於後。興公是編，行可與偉長並稱彬彬君子矣。天啓乙丑仲秋，關中南居益撰。』（崇禎本《鼇峰集》卷首）

按：此文又見張燮《群玉樓集》卷四十三，爲張代作。

九月，自建州歸，應曹學佺之邀，擬赴粵西幕，抱疴，未成行。

按：《答傅希丙》：『去秋客潭城……抵舍即抱疴伏枕。』（《文集》册八，《上圖稿本》第四四册，第二一二頁）

又按：此書作於次歲。

又按：參見七、八月《復謝寤雲大將軍》。

十月，爲友人作《水仙》畫並題五古詩一首。此畫清道光間爲長樂梁章鉅所得，存佚不明。

梁章鉅《退庵金石書畫跋》卷十五：『徐㶿，字維起，又字興公。閩縣人。此畫水仙襯以奇石。款署：「天啓乙丑孟冬爲雲谷尊兄燭前命畫。」徐維起，蓋以字行。前有自題五古一首，其右有白毫庵主題七律一首。即張二水也。按：興公爲萬曆間布衣，與兄維和孝廉熥齊名。《明史·文苑傳》，與其兄維和附見《鄭善夫傳》末。《藝文志》有《徐氏筆精》八卷，《八閩鹺政志》十六卷，《蔡端明別紀》十卷，《蔡志（元按：當作忠）惠年譜》一卷，《閩畫記》一卷，《堪輿辨惑》一卷，《鼇峰集》二十六卷。《福建通志》又有《紅雨樓集》無卷數。今著録《四庫》者有：《筆精》八卷，《榕陰新檢》八卷，《閩南唐雅》十一卷。《明史·文苑傳》稱：㶿博聞多識，善草隸，積書鼇峰書舍至數萬卷。並不言其工畫，而各畫家著録亦不及維起之名者。此幅殆偶然寫意，而吉光片羽，彌足珍矣。按：徐興公以字行，各著録家皆未之及。此幅款署徐維起，下有徐維起印，而余曾于福州得一鏤板隸書楹聯，亦署徐維起款，則當時實以字行，且足爲善隸之證。今此聯板懸東園藤花吟館中。而載筆者不能詳也。此幅又有石農書畫一印，知興公又字石農，爲著録家所未及，而其兼工六法，益信有徵矣。』

按：『維起』通常作『惟起』。

十一月，陳鴻于桂林曹學佺署中懷興公。長至，二十二日，與吳潛玉集齋中分韻賦詩。

陳鴻有《桂林至日有懷興公》：『它鄉逢至日，客思轉悠悠。陽氣升葭管，陰雲積桂州。敝衣殘歲怯，旅食半生愁。此地梅花早，何因寄隴頭。』（《秋室編》卷四）

作《長至日，吳潛玉集小齋分韻》（詩佚，題筆者所擬）。

按：長至，十一月二十二日。

又按：《答李子述》：『吴潛玉抵三山……長至、除夕咸集小齋，分韻賦詩，而同社相招，不減仁兄向年之遊三山也。』（《文集》册八，《上圖稿本》第四四册，第二〇六—二〇八頁）

又按：此詩作於次歲。詳次歲。

十二月，有書致邵武同知朱懷吾，討論訴訟之事，附林雪畫扇一握，書五種。又有書答何望海知縣，論新刻邵武嚴羽《滄浪集》、黄鎮成《秋聲集》。爲《滄浪詩集》作序，附《鼇峰集》四册、《群談採餘》一部。又致邵武朱玄水，言謝肇淛擬刻《李忠定公文集》，謝卒，今已不可能。除夕，與吴潛玉集齋中分韻。

作《寄邵武朱二守》：『客歲鍾山，恭覿光儀，獲杯酒之歡……敝友趙有光廣文始蒙覆庇，終荷玉成，業已預臺薦，美擢可期，仰惟俯垂青盼，俾寒毡生色，㘞亦榮施矣。更有順昌貢士廖有暉，與某交誼不薄，爲其徒鄭道南所訐，前後訟牒。倒案如山，既兩得其平矣。不意道南近復控告按司，托送台臺，則倍師喜訟之情，想莫避明鑑，乞杪延平，招報按司，爲息訟端……外附林雪畫扇一握，拙刻五種。』（《文集》册八，《上圖稿本》第四四册，第一九二—一九三頁）

按：朱二守，即朱懷吾。天啓間任邵武同知。

作《答何金陽明府》：『今春得台丈揭陽手教……及六月間，有傳言台丈歸在樵川，弟不之信，豈縣令可得閑暇過家哉？七月中，送南中丞至武夷，回過建陽，因刻小稿，留滯兩月。始知投牒真消息，即欲裁書奉候，苦無雙鯉寄將，未能申此區區。頃拜瑶函，則鴻飛冥冥，弋人何慕？然以命世宏才，隨試輒效，嶺東百里，不足展驥，以退爲進，諒台丈素籌之，熱商總制，舊日知己，情誼不薄，題疏一上，而新命旦夕可期也。謹洗耳以竢。嚴滄浪、黄秋聲二集，梨棗朽蠹，殊爲缺典，乃台丈合梓，允爲盛事。然以不肖拙文弁於其首，不令人汗且下哉！偶檢《嚴集》，尚有舊序數篇，皆出名筆，與黄公紹序一式付梓，亦以見昔人崇重之意。但公紹乃咸淳元年進士，今作四年，誤，宜改正。又四言古詩《平寇上王使君》，首句治平改元，須改作端平改元，弟《序》中已説明，不然與《序》言不相符矣。又七言絶句《咏燕》一首，題下注云「三體」，當作「三休」。蓋「三休」者，嚴參號也。并宜改正。至于《秋聲》，黄先生有元人危素《墓碑》一篇，亦宜附刻《集》末，以見黄先生平生行誼。舊本更有雜文三十餘篇，先輩遺文，譬之鳳毛麟角，若今日重梓而不收，後來必至泯泯無傳矣。可不惜哉！又有元人鄧灊一《跋》及先生子鈞一《跋》，亦宜附在《集》後，恐台丈所藏本未得其全，便當寄示，弟抄舊本送上，不難耳。愚者一得，惟台丈裁奪之。臨楮曷任瞻注。外附小稿四册，《群談採餘》一部侑函。臘月初四日。』（《文集》册八，《上圖稿本》第四四册一九三——一九六頁）

又按：此書極推崇邵武何望海刻合刻嚴羽、黄鎮成二先賢集之事，『允爲盛事』。同時指出舊本之訛數處，以爲必須改正，此一；前人諸序，當一并收入集中，此二；凡有佚文，當盡數收入，以免後世泯滅，此三。大體反映徐𤊹整理古籍的意見。

作《寄朱玄水》：『去冬王璞山過樵川，弟附尺一問老丈起居……弟别樵川，忽復兩載，至今夢寐時時在熙春、丹臺間也。近得何金老書，并惠新梓嚴、黄二先生集，足爲樵川樵水增色，戔戔小言，弁之首簡，不勝汗之下耳。《李忠定公文集》三十卷，嚮年謝武林抄之秘閣，武林亦擬爲之梓行，而今不可作矣。老丈能謀之金陽，若一首倡，則當道有司亦必捐助刻資，果爾，弟借謝氏藏本寄上也。弟碌碌無營，清閑度日。小孫年十六，今春蒙周宗師考取入泮，差爲可喜，恃在通家，敢一相聞。』（《文集》册八，《上圖稿本》第四四册，第一九六—一九七頁）

按：天啓三年（一六二三）三月，送曹學佺往粤西，行至邵武爲别。詳該歲。

又按：刻嚴羽、黄鎮成集事，參見上條。

作《除夕，吴潛玉集小齋分韻》（詩佚，題筆者所擬）。

按：參見十一月。

是歲，爲宋嚴羽《嚴滄浪集》撰序。

作《〈嚴滄浪集〉序》：『邑人黄公紹始序而傳之。厥後正德間淮陽憲伯胡公岳、吴郡吏部都公穆先後授梓。萬曆間予友鄧學憲汝高又梓之。兹樵陽何若士先生博雅窮詩，敬恭維桑，復校訂精詳，欲壽諸梓。余因考其歲月地里，庶幾得先生之大都矣。莒溪先生有嚴粲者，工于《毛詩》箋注，嘗著《嚴氏詩緝》，朱文公《詩傳》多采其説。然則先生之論詩，夫有所受之也。三山徐𤊹興公撰。』（馬泰來整理《新輯紅雨樓題記　徐氏家藏書目》，第一三五頁）

按：宋嚴羽撰。明刊本。

又按：何若士，即何望海，見上條。此序落款無作年。上條所引《答何金陽明府》，叙是歲送南中丞至武夷，又言『以不肖拙文弁於其首』，知此序作於是歲。

又按：徐𤊹序，郭紹虞先生《滄浪詩話校釋》（人民文學出版社，一九八三年第二版）失收。

鄧原岳《〈嚴氏詩話〉序》：『詩話之流，莫盛于宋，由晚唐而五季，間亦有之。宋人布侯于杜陵，議論爲宗。差之毫釐，謬以千里。迨宋之將社也，衣冠之裔，十九化於腥膻，鴃舌侏離，於正聲何有。蓋國統垂絶，而詩統亦亡矣。獨甌閩之間有嚴儀卿者，别具心腎，嘐嘐反古，禘漢唐而祖初盛，慶曆而下禁勿譚，從最上乘，具正法眼，其斯爲先覺也乎哉？儀卿之言曰：「詩有别才，非關書也；詩有别趣，非關理也。」論詩者未嘗不沐浴其言。夫昌穀之爲《談》也，奥而奇；元美之爲《卮》也，辯而核；元瑞之爲《藪》也，博而麗。自三子之書出，而嚴氏若左次矣。要以功在反正，延如綫之脉，以俟後人。如一葦西來，玄風大鬯，亦安能竟廢之。吾故并其集爲序次而行於世，角謂予閩人，知管宴而已。』（《西樓全集》卷十二）

是歲，爲某公代作甌寧縣吉祥禪寺《募緣疏》。

作《重興吉祥禪寺募緣疏代》：『吾郡附郭兩邑，城内外有十大禪寺，甌寧朝天門外蛟湖之北，吉祥古刹，則肇始於南唐保大八年，開山十相祖師所規創者。僞閩王公審知子延政節鎮建州，施田以充香積，廣布金地，燈稻相承。元季遭祝融之灾，國朝洪武初年住山守中戒公重興殿宇，寶林增勝，金像輝煌。至於弘治中，豪有力者變寶塹而爲佳城，遂移創正殿於左，法堂、僧舍一一更新。繇是覩佛日之重光，聞鐘梵于晨夕矣。至萬曆癸未歲，重加修葺；己酉，復爲洪水衝嚙。金剛就圮，又募衆緣而增飾之。歲月既遥，梁棟漸以朽蠹，瓦石漸以崩頽，金容漸以剥落，經行廊廡，不無陵谷滄桑之感。主衲普銓，爲宋先儒童公之裔，矢志出家……不慧每履斯地，便發菩提片心，乃謀之主衲，協用重構。』（《文集》冊九，《上圖稿本》第四四冊，第三二二一—三二二三頁）

按：〔康熙〕《建寧府志》卷十六《祀典》下《寺觀》『甌寧縣』：『吉祥禪院，在朝天門外太平坊蛟湖之北……今毀。』

又按：萬曆三十七年己酉（一六〇九）大水，吉祥禪院重修，迄今年歲已遥，禪院崩壞，故需重修。是歲在建州滯留兩月，此《疏》當在此時代某公作。

是歲，有書詩致前古田令李一軒，言及弟徐熛尚守青衿；孫鍾震年已十六，頗能文章，可繼家聲；幼兒延壽十二齡，亦不愚鈍；徐熥子年逾四十，稍能自立。

作《寄李芾泉明府》（詩佚，題筆者所擬）。

按：詳下條。

作《寄李芾泉明府》：『自萬曆庚子歲奉别台光，屈指星霜已踰二十五載。粤閩雖云接壤，而道里迢遥，鱗鴻鮮絶，中間消息杳然莫通。然玉田山邑，甘棠日長，老父母遺愛尚在黎庶之口……不肖年已五旬有五，頭顱漸已老大，落拓猶然故吾。惟揚舍弟，纍科不第，今文字不入時眼，尚守青衿。不肖長兒連試前茅，服青衿七載，至丙辰年，不幸短命死矣。不肖罹此大變，幾至喪明。幸有孤孫一人，年已十六，頗能文章，可能繼志。而次兒纔十二齡，亦不愚鈍，將來之事，未知所税駕也。幔亭先兄所生舍姪，年踰四旬，稍能自立，已生二姪孫。而舍弟亦生三子，長者已遊黌序，次者亦習舉業，皆已舉孫。寒門祚薄，青紫之事不敢殷望，惟是先人積德積學，而孫枝差不零替，足慰地下耳。恃在通家，久未聞問，敢備陳之。表兄陳茹谷長逝數載，後昆斬然矣……並附小詩，用申鄙意。』自注：『乙丑。』（《文集》册七，《上圖稿本》第四四册，第五五—五七頁）

按：李一軒，字芾泉，號抑箴，潮陽人。萬曆間古田教諭，多有建樹，去後，邑人思之，立碑以志不忘。〔乾隆〕《福州府志》卷四十八有傳。

按：孫鍾震年十六、兒延壽年十二，則徐㶿年五十六。『五旬有五』，大約而言之。

是歲，致書張大光之子，擬贖回徐熥售予大光之宋硯，囊空未果。

作《寄張公子書叔弢之子》：『尊翁仙逝，忽爾三秋，歲月易遷，而墓草已宿。每一念及，不覺淚之霑臆也。足下神情開朗，繼志揚芳不日可俟，尊堂晚福想益增常。不佞踪跡疏遠，未獲時時問起居，徒有此心而已。向者尊翁曾以三金購得先兄宋硯一方，用之三十餘年。戊午之冬，不佞過秦川，尊翁出此硯相示。爾時歲暮，欲令不佞買回，囊空未敢許也，言猶在耳。尊翁往矣，不知此物尚存否？若自留用則已，倘欲售人，則不佞備價贖回，一以存尊翁手澤，朝夕見硯，如見尊翁也。』（《文集》册七，《上圖稿本》第四四册，第五八—五九頁）

按：大光卒於天啓三年（一六二三）。參見該歲。

又按：『戊午之冬』，應作『丙辰之冬』。萬曆四十六年戊午（一六一八）歲暮，㶿送謝肇淛至南昌；過秦川在萬曆四十五年丁巳（一六一七）冬。參見此二歲。『戊午之冬』，係作者誤記。

是歲，葛一龍爲福州司理，作啓迎之；又致書，憶及萬曆三十四年（一六〇六）遊金陵梅下調鶴，飽噉麪餅事。

作《〔迎〕葛震甫藩理啓》：『恭惟老祖台臺，秀挺三吴，才雄八斗。胸藏鑪冶，鑄詞字字〔咸〕金；腹〔笥〕昆岡，染翰篇篇皆玉。《上林》賦就，寧誇黄絹之章；太學名高，何啻青錢之選。乃承恩于五位，遂司理于三山。丹殿宣綸，寵命焕芙蓉之色；紫薇贊政，雄封生竹棘之光。見晚彌蘇，徯來深慰。某久瞻芳懿，夙企高標。白下聽烏，廿年前曾承投［轄］；碧霄斷雁，數載内莫罄摇旌。聞隼旟以昭臨，曷燕私之歡躍！聊致書于光範，作趨賀於喬林。』(《文集》册二，《上圖稿本》第四二册，第一四九頁)

按：葛震甫，即葛一龍。詳隆慶四年(一五七〇)。時爲福州司理。

作《寄葛震甫司理》：『憶自先皇丙午之歲，薄遊秣陵，得與老公祖叙通家之誼，朝夕追隨，至于姚伯叟梅下調鶴，清明招我於安隱寺，同河南二張、莆中三郭，飽噉麵餅，光陰荏苒，不覺二十星霜……天啓初年，偶有貴鄉巨商採藍于敝地，詢及老公祖動定，應對甚詳，於其歸也，業附一緘、裁一詩問起居，嗣後不得瓊瑶之報……邇者，天假良緣，不腆閩藩，借大才而展驥……佐理之暇，俾不肖弟與元直二三同社，一續舊盟，飲領大誨，何幸如之……不肖老且賤，近况無足道，惟是小孫年十六，近厠青衿，差慰目前。』(《文集》册八，《上圖稿本》第四四册，第一六九—一七〇頁)

按：萬曆三十四年(一六〇六)與公遊金陵結識一龍，至今二十年，與孫是歲年十六合。

又按：『清明招我於安隱寺』，有詩《清明日，葛震父招遊安隱寺慈雲上人房，同張後之、張林宗、陳幼謙、顔任夫、周喬卿、郭聖僕、聖胎、聖真分賦》(《鼇峰集》卷十六)可證。

是歲，福清翁鴻漸卒。有唁文，言與翁氏結交已有十七年。

作《吊翁君》(詩佚，題筆者所擬)。

按：詳下條。

作《唁翁鴻漸》：『不佞與尊君之論交，屈指星霜十有七載，雖地有二百里之隔，而精神意氣，無一日不相通；詩筒往復，殆無虚歲。尊君年未五十……不佞昨晚始自玉融吊葉夫人歸，若早聞尊君之訃，即趨哭寢門，一展故人之私，亦甚順便。兹因初歸，未能再越鄉而執孝子手，宿草之哭，終不敢負……先附束芻之儀，並挽詩一軸，爲不佞陳之靈前，是所望矣！尊君年來詩篇大有唐響，不佞屢從臾殺青，而尊君尚謙讓，有所待。而今已矣，可祕篋中而不廣之同好乎？苫次之暇，當一一搜出，令人謄寫一帙，不佞爲删定，付之剞劂，亦不負生平苦吟之功耳！』（《文集》册八，《上圖稿本》第四四册，第一七二—一七四頁）

按：翁漸鴻，福清人。

又按：葉向高夫人卒於是歲。詳下。

是歲，趙宧光寄《寒山彈雅》，答之，並附扇頭詩。

作《題扇頭寄趙凡夫》（詩佚，題筆者所擬）。

按：詳下條。

作《寄趙凡夫》：『十年前繡水徐仲芳入閩，曾拜台丈遠訊，并《寒山彙草》之惠……客自金閶歸，獲覩《寒山彈雅》，下上千古，獨杼卓識，開卷便已驚詫，不待終篇而魄褫。不肖本不知詩，得聞所未聞，益惶懼恂慄，無所措手矣。敢以四聲奏之大方之前哉！然不自揆度，勉成一律，題之扇頭，以見遠意。吴閩相隔不遠，而魚鴻未甚乏絶。惟是《彈雅》一書，坊肆所弗售，兼雁所弗列，夢想彌深，難於購庋，伏乞慨然見教。不肖雖鈍，冀得奉爲法程，若不寶若夜光者，非夫也……外付竹鎖一柄、水晶印四枚、《先墓録》一種伴函。』（《文集》册八，《上圖稿本》第四四册，第一七四—一七五頁）

按：趙宧光，字凡夫，吴人。有《寒山雜著》。在興公所推獎的詩人中，似以趙宧光爲最，一曰

「獨杼卓識」，二曰「聞所未聞」，三曰「惶懼恂栗」。四曰「奉爲法程」，五曰「寶若夜光」。

又按：繡水徐仲芳入閩及《寒山彙草》之惠，在萬曆四十三年（一六一五）。參見該歲。此云「十年前」，殆舉成數而言之。

是歲，弟徐熛遊苕川，便道過西湖。兩致書張蔚然，言《福建通志》板毁於火，擬開局重修，故向張蔚然借已參修之《福安縣志》（時《縣志》尚未刻）副本。

作《寄張（惟成）[維誠]》：「敝省《通志》板，藩司發火，盡付煨燼，年來議欲重修，無任載筆者。近聞□葉師相有纂修之意，期在明春開局。惟是福安一邑，僻在一偶，舊《志》苟簡，文獻無徵。憶庚申冬，不肖辱召，款留衙齋，共成新《志》，未遑授梓。然蒐羅畢具，而老父母興建祠宇，創造橋梁，開鑿巉洞，諸德政無從考核，此《志》在閩中爲一部典故，藏之鄴架，第爲冗書。記得老父母曾令書手録有副本，幸以副者寄下，以備參考，亦不負向年搜採……倘不吝寄舍弟來，事竣仍送還也。貴郡有何新刻、秘册，幸一相聞，指引舍弟携歸。爲囑。」（《文集》册八，《上圖稿本》第四四册，第一七七—一七八頁）

按：「閏正」二字係傍注，恐誤。萬曆四十八年庚申（一六二〇）之後至崇禎十三年（一六四〇）二十年間，只有崇禎十三年爲閏正月，而葉向高崇禎二年（一六二九）已故去。是歲向高歸家，故有修《通志》之議。

又按：弟熛過武林，參見上書。

作《寄張維誠》：「自雙烏之别長溪也，不覺五易星霜。王玉生、周章甫、劉薦叔先後過虎林，多承厚款……不肖且老且拙、且貧且懶，不比向時雄心未衰，數欲作書通問故人，而心腕俱不相涉，樗朽無用，不問可知已。今春小孫一試有司，倖遊芹泮，稍慰目前，餘無足道者。舍弟自括蒼訪友，便道至苕川，因有西湖之遊，特令其叩謁門下，以申通家之好。舍弟樸茂無華，錢唐雖繁盛，而薄遊乏地主，弗便久住，但一候顔色，即返棹矣……薄附水晶印池一方，牙箱棕竹筯十雙，牙梳一付、小刻四册，聊引鴻毛之意。』（《文集》册八，《上圖稿本》第四四册，第一七八—一八〇頁）

按：萬曆四十八年（一六二〇），興公在福安修志，修畢後歸家。

是歲，有書致吴興道士潘致虚，言弟徐熛樸茂無華，過苕當借玄宫爲居停之所。

作《致潘致虚羽士》（詩，題筆者所擬）。

按：詳下條。

作《寄潘致虚羽士》：『不佞别苕川二十年，緬懷舊事，恍然黄粱一夢……舍弟偶爲苕遊，今烏程令君寔同筆硯密友，此行必下孺子之榻。舍弟樸茂無華，必借玄宫爲居停，或車魚未稱意，道兄幸爲周旋，弟之感無彼此也。耑托，耑托！芮穉初、沈完真二位道兄無恙否？王敬之久不通問，詩畫入神，恒夢思之，并爲申意。小詩書扇頭求正。』（《文集》册八，《上圖稿本》第四四册，第一八〇—一八一頁）

按：興公遊苕川，詳萬曆三十四年（一六〇六）。

是歲，在書致張睿卿，索要《峴山》《道場》二志。

作《寄張穉通》：『林元達官倉曹日，時時得老丈手教，雖地隔二千里，而聞問弗絶……緬想仁丈今年政七十，當神益王，而著作日益工。《峴山》《道場》二志，既已授劂，何不寄我一篇，令我神遊五湖烟水間耶？弟愈老愈懶，杜門無所事事，小豚不幸早世，獨遺孤孫一人，今歲忝服子衿，差慰目前。餘不足爲故人道也。舍弟惟揚，入莒訪馬令君，特令其造謁，修通家之誼。舍弟樸茂無華，與令君交不薄，惟老丈有以教之。』（《文集》册八，《上圖稿本》第四四册，第二〇三—二〇四頁）

是歲，在書致松溪葉樞，言《鼇峰集》在建州刻四帙，以南居益調任，鄭之藩別駕無意終局。

作《寄松溪葉機仲》：『自去秋駕至榕城，把臂歡甚。一歲之間，無一事不商度，無一言不印證。弟自揣生平肝膽之交，莫仁兄若也。不擬變出意外，遂令武闈愆期，令人扼腕。想故物自在，京師方用人選將之秋，仁兄操三寸管，挾五石弓而往，必有知遇……弟寓建溪兩月而歸，小稿但梓四帙，鄭別駕無意終局，言之可嘆。舍姪事深感仁兄償城，不至累弟爲妙。惟是林友一券，弟亦當竭力爲兄先償之，異日乘車戴笠，惟毋相忘，則弟幸矣。舍弟偶有龍泉訪友之行，道經松溪，令其造長者之庭，一候顏色，面致殷勤。』（《文集》册八，《上圖稿本》第四四册，第一八一—一八三頁）

按：鄭別駕，即鄭之藩。全州（今屬廣西）人。天啓三年（一六二三）爲建州府通判。

又按：以上四書，徐熛爲書郵者。

是歲，陳价夫原配周孺人卒，爲作《祭文》。伯孺孫及女孫俱以痘殤。十載之間，迭遭變故，憂來傷心。

作《祭陳伯孺元配周孺人文》：『昔愚兄弟之與伯孺昆季結社談詩也，誼雖友朋，情實骨血，既而予與伯孺締爲姻好，不獨味洽芝蘭，且親聯瓜葛矣。孺人以廷尉孫女作配文士，鷄鳴勖勤，鹿車親挽，即古之所稱淑媛，無以踰之。義谿自僉憲中丞，世以清白貽後，伯孺幼孤食貧，奉太母惟謹……昊天不吊，伯孺壽不滿德，溘先朝露。無何，長君公白又以病殞，且予兒忝爲門婿，先一年亦弗禄。今歲孺人長孫及女孫俱以痘殤。十載之間，迭遭變故，憂來傷心，而膏肓之疾未必不由是起矣。嗟嗟！天何奪孺人之速耶？長君已矣，次君學業方純，正當振采揚芳以繼伯孺未究之志，乃孺人弗待，竟淹然長往，可不痛哉！』（《文集》册二，《上圖稿本》第四二册，第二五二——二五三頁）

按：徐爀子陸爲价夫婿，卒於萬曆四十四年（一六一六），越十年周孺人卒，爲此歲。參見萬曆四十四年。

是歲，葉向高夫人俞氏卒，前往福清吊唁，並作《祭福唐葉夫人文》。

作《祭福唐葉夫人文》：『煌煌婺宿，伉儷台星。珈冠翟茀，早拜虞廷。寵受三朝，恩榮九錫。相彼夔龍，爲國柱石。京陵家範，東海壼儀。當今懿軌，疇能匹之。昔當神廟，相國秉軸。夫人慫慂，同侍輦轂。相國再召，夫人秉家。故鄉逸豫，坐聽宣麻。相國賦歸，龐眉隨倡。景醉桑榆，愈益神王。何期倏忽，奄爾上仙。琳宫璇室，霞帔高騫。朝宁訃聞，百僚嗟嘖。』（《文集》册十，《上圖稿本》第四五册，第八二一——八二三頁）

按：前往福清吊唁，參見前《唁翁鴻漸》一書。

又按：據冷東《葉向高與晚明政壇》第一章第二節《葉向高生平概述》（汕頭大學出版社，一九九六年版），俞氏卒於是歲。

是歲，鍾惺卒。

按：《明史·文苑·鍾惺傳》：『惺，字伯敬，竟陵人。萬曆三十八年進士。授行人，稍遷工部主事，尋改南京禮部，進郎中。擢福建提學僉事，以父憂歸，卒於家。』

又按：據《鍾惺簡明年表》（李先耕、崔重慶《隱秀軒集》附録二，上海古籍出版社，一九九二年版），鍾惺天啓元年（一六二一）爲福建提學僉事，次年四月入閩；三年冬，丁父憂去職；四年春，離閩，商梅送至吴。天啓五年（一六二五）六月二十一日卒於家，年五十二。閩人與鍾惺交往，林古度或較早，而商梅最久，意最深。商梅應鍾惺邀往竟陵，陪其入京，同遊吴地；鍾惺入閩，商梅追隨左右，除夕則入其署守歲。『文爲骨肉親』，閩人而稱爲竟陵派者，商梅當之無愧。商梅有《香草十首，哭鍾子伯敬也》，其二：『知己一生中，今朝忽不同。浮雲滿天地，與爾共虚空。夙志其何極，流言果有終。聊將古人意，酹酒向東風。』其三：『吴楚與燕閩，依然共此身。千秋情可見，一旦跡俱陳。魄且林泉落，文爲骨肉親。哀哉君涉世，所遇但清真。』（《彙選那菴全集》卷三十四《寤言》）

是歲，蔡復一卒。

張燮《祭總督少司馬蔡敬夫文》：『乙丑孟冬，總督貴州少司馬大中丞敬夫蔡先生薨于平越。』（《群玉樓集》卷五十六）

蔡獻臣有《挽蔡敬夫總督三首丙寅》（《清白堂稿》卷十二下）。

是歲，意大利艾儒略應葉向高之邀由杭州入閩，贈詩者九十六人，興公亦在其中。

鄭麗生《閩廣記》卷三『艾儒略輯刊閩中諸公贈詩』條：『（林泉）《明末閩中與西教士晋接往來及其酬唱之盛》，略云：「天啓五年，相國福清葉向高致仕歸里，從杭州邀意人艾儒略至閩，是爲明季西教士入閩之始。艾氏先蟄居延平，因懼地方官告發魏閹忠賢，不敢公然露面，既見縉紳士庶樂與相從，始移居省垣。又得葉相國吹噓，一時名流學者，亦相與晋接往來，間有詩詞投贈者，刻有專書，曰《閩中諸公贈詩》，巴黎圖書館有藏本，編目爲中文一〇六六號。其書題『晋江天學堂輯』，書中共收六十九人作品，其名氏如下：葉向高、張瑞圖、何喬遠、張繼樞、林欲楫、曾楚卿、黄鳴喬、莊際昌、彭憲範、柯昶、徐景濂、陳玄藻、周之夔、陳天定、周廷鑨、柯憲世、徐燉、黄文炤、林淑學、林光元、鄭玉京、鄧材、劉履丁、林焌、陳宏己、蔡國鋌、李文龍、陳維遠、陳訓、薛瑞遠、王一錡、李世英、張開芳、薛馨、朱之元、林世芳、林紹祖、林宗彝、李師侗、陳燿、鄭璟、方向來、潘師孔、謝懋明、薛鳳苞、林登瀛、王標、翁際盛、林傳衮、蘇貞英、鄭之玄、賈允元、吴士偉、池顯方、林一儁、鄭鳳來、許日昇、郭焻、林侗、黄鳴晋、金嘉會、王標、林伯春、陳鴻、吴維新、黄雲龍、陳衎、柯而鉉、林珣。以上除吴士偉、金嘉會二人，標寓賢；賈允元，標無錫外，餘皆閩人。」』(《鄭麗生文史叢稿》，第六五—六六頁)

天啓六年丙寅(一六二六) 五十七歲

曹學佺五十三歲,林古度四十七歲,徐鍾震十七歲,徐延壽十三歲

正、二月間,曹學佺寄書、詩重邀遊粵西,興公作《寄曹能始》答之,言及貧日益甚,至鬻《二十一史》爲饔餐之費;又言邀其往粵西,或與林寵同行(後粵西終未能成行);又言石倉園臺榭傾欹,或可賦《歸去來》。

曹學佺有《寄徐興公》云:『屢言遊粵西,使至但空返。覺爾近日來,離家不能遠。余年差伯仲,一官猶偃蹇。豈獨夷獠邦,有緣長繾綣。念彼山中薇,采采未盈卷。』(《桂林集》卷下)

按:『屢言』,則所邀已非首次。又云:『不復重致辭,前書已敦懇。』知此前學佺已有書致興公,書今佚。

作《寄曹能始》:『子興歸,接手書及明貺,足仞存念,而見懷詩情詞宛至,弟豈不欲爲西粵之行?但一出門,便有許多牽絓。又聞粵中食客雲集,望風而至,遂趦趄而止耳。林異卿秋仲有奉訪之意,又爲遺女事絆,大都候兄高擢後乃與弟同伴而行也。叔度何不歸?城中雅道寥寥,弟思之甚,且喜其得男,雖貧而不孤耳。當今世態變幻,朝廷之事,固非草野人所宜談,然衹恐此身未死,不能老太平也。弟生計無聊,貧日益甚。近鬻《廿一史》爲饔餐之費。書爲吾之所愛,肯割捨而換阿堵,景况不足問矣。大龍驛丞徐大順雖非弟同宗,而其人曾拜碧天會下,亦是佛門中人,今拜官冷職,全丈兄念桑梓,一提挈之。如此等官，不過多得錢，始酬其一生勞苦，粵西瘠地，驛宰恐不能自給，唯上司肯照顧，方討得飯吃也。近至石倉園，臺榭傾欹，而池塘盡生春草。陶淵明「三徑就荒」，遂有《歸去來》之賦，兄得無念及此乎？此言不可與子興聞也。一笑。』（《紅雨樓集》册八，《上圖稿本》第四四册，第二一五—二一七頁）

按：曹孟嘉，字子興，曹學佺長子，侯官人。天啓七年（一六二七）舉人，崇禎二年（一六二九）卒。孟嘉去歲往粵西，今歲二月歸。

正、二月間，有書致崇仁知縣崔世召，復崔氏邀遊江西崇仁之事。

作《答崔徵仲》：『近日次君過三山……差役來，得手書殷殷，辱承雅貺，足仞記存，謝非言喻。復蒙惓惓見招，尤見仁丈知我貧，欲爲我餬口計。第車生兩耳，出門有礙，委蛇班竹林中，箕踞磐石上，閑則展古人書，倦則卧藜牀紙帳，頗覺自適。閩溪高灘，小艇跼蹐，不堪坐此，逗遛不決耳。况曹能始屢屢招弟爲桂林之遊，且三載矣，竟不果行。非自負清高，不肯干人，但得一日過一日而已。張夢澤廉訪，與弟以文字知交，承其惓惓寄聲，弟非有胸無心者，亦當一訪之。第四月欲爲小孫送聘，過此或買櫂西行，又慮天氣炎蒸，不耐馳驅耳。弟未敢堅訂何日出門也。所囑代買諸物，東香此時頗貴，且不甚佳。碎者更好，以爲羔雁送人，祇宜如此。要選上品者，價愈高矣。《禮經制藝》，弟去歲以一部送廉訪公，吾郡《禮記》名手盡在是。今再購二部，并《新科窗稿》數種，葛公所選《三山問業》，而兄丈亦有一首在内耳。棕節亦可送人。頗有剩銀，爲兄購之。但弟習見居官者，每逢上司郡伯有喜事，下屬俱用上儀，開呈二三十件。吾鄉亦有漳州物件，可以伴禮。計兄一歲間，亦須二三十金之物，何僅僅衹買此微，勾用不勾用乎？真金扇偶缺，遍覓始得此物。江西省城甚多，價比三山，每把更減二三分，後次買扇，須遣人至省爲便也。泰始朝夕聚首，今在烏石山園起居。所教郭中丞先容，弟謂做官自有地方清議，百姓口碑，況泰始在今日爲不合時人，東林一脉，摧折殆盡，當局者畏「東林」二字如虎，愚意不必托之，即有先容，反敗乃公事也。何如，何如？唯再示之。鉛具製成二件，附往。此照式爲之者，第費藥物煆煉，頗多耳。南中丞《瀑園志》二册附覽。尊作發刊時，弟僭爲改竄數語，比前稿稍叶和，毋訝其爲大匠斲也。』（《文集》册八，《上圖稿本》第四四册，第一九九—二〇二頁）

按：次君，疑指崔㞷。

又按：去歲，《寄崔徵仲崇仁》書言及今春遊江右，此書云不果行，四月將爲孫鍾震送聘，出行之日另訂。

又按：天啓三年（一六二三）三月曹學佺往西粤，至此時『且三載』。

又按：此書推算知縣（如崔世召），一年送往迎來，單單物件花費當在二三十金之間，採購亦頗費心思。

又按：『吾鄉亦有漳州物件，可以伴禮』，疑其時省城有禮品『專賣店』，其物件均來自漳州。

三月，爲謝肇淛之子叔子、叔茹所藏《鍾隱七賢圖》跋。

題《鍾隱七賢圖》：『按鍾隱天台人，五代變姓名，師郭乾暉，畫譜載其姓名，而畫不多見也。七賢度關，世傳粉本頗多，然小説家考核其人，各逞臆説……千載之下，未有定説，幾成聚訟。謝在杭曾出示余，今屬叔子、叔茹收藏，爲題其後。丙寅暮春之初，徐惟起興公跋。』（沈文倬《紅雨樓序跋》卷二，

第七四—七五頁）

按：《鍾隱七賢圖》，五代鍾隱畫，謝肇淛藏。謝肇淛卒後，歸其子。此則爲謝肇淛二子題。

又按：叔子、叔茹，謝肇淛子。

春，有書詩致東甌劉長孫參戎。

作《詩一首寄孫戎》（詩佚，題筆者所擬）。

按：詳下條。

作《寄劉長孫參戎》：『東甌與閩接壤，峰無廻雁，乃兩載不得通殷勤於左右……弟生與明公同庚，漸老漸衰，杜門無營，日課兒孫作制藝。去歲，小孫幸列膠庠，王右軍所謂「差慰目前」而已。久欽无咎先生向歲曾至閩中，竟不得把臂入林，然時時展讀《汲古堂集》，不勝天際真人想也。小稿乃南中丞授梓，尚未竣工，先呈四册求正。玆舍親高生士行之便，附此申候。高生善虎頭之技，薄遊永嘉，借明公齒牙嘘咈，幸進而教之。弟欲乞无咎先生草書四幀，爲蓬蓽之光，惟明公轉求，付高生携歸，不啻南金之賜耳。小扇書近作，總附一粲。』（《文集》册八，《上圖稿本》第四四册，第一九七—一九九頁）

按：東甌，浙江温州别稱。

又按：萬曆四十四年（一六一六），何白遊閩中，徐𤊹作有《寄贈何无咎》。參見該歲。

春、夏間，翁元春正來訪，請删定其文集。彼此有書牘往返。是秋，翁氏卒，其集未刻。

作《復翁宗伯公》：『台翁文魁天下，不肖某忝附世誼，素切韓斗之仰，自揣才疏名賤，未遑日侍龍門，乃辱高軒先臨，禮意稠叠，後生小子何幸如之！又承佳篇垂教，言言合道，字字匠心，誠經國之大業，不朽之良圖也。小子何知，敢爲鉅公追琢？惟是焚香盥誦，擊節再三，定當懸之國門，廣之來學。第千里黄河，不無一曲。中間或有纇句冗字，僭爲標出，庶幾蕘言可採，愚得足憑，統惟台翁詳審之，何如？且蒙厚儀屢頒，捫心增愧，本不敢靦顔拜領，然長者有賜，禮合稽首而受，惟有中心藏之，永矢弗諼矣。』（《文集》册八，《上圖稿本》第四四册，第二六九—二七〇頁）

按：翁正春（一五五二—一六二六），字兆震，號青陽，侯官人。萬曆二十年（一五九二）廷試第一。授修撰，纍遷少詹事、禮部左侍郎。天啓間歷官禮部尚書兼翰林院學士，乞歸，加太子少保。崇禎間謚文簡。

作《又［復翁宗伯公］》：『承發序稿三帙，數日捧誦，悦目快心，如錦軸贈送之文，或有繁語，僭爲芟乙。如文集之《序》，與夫興建之《記》，業已冠之縹緗，勒之琰琬，海内無不耳而目之，傳而誦之，弗敢妄加損益，以招異同之疑。况集序碑記諸作，尤典實豐贍，無庸贅一詞。惟校魚魯，用復台命。寔匪諛也。贈序分二卷，集序分二卷，碑記一卷。統唯裁奪。』（《文集》册八，《上圖稿本》第四四册，第二七〇—二七一頁）

按：翁正春今歲時時枉顧，請興公删定其集，繕寫未半，則病已劇，遂於九月廿一日卒。詳今歲冬所作《寄鄧道協》。此書定作於此前。

四月，重裝裱《空江秋笛卷》《賓月樓卷》，並分别爲之題記。兄徐熥生前曾題此二卷。

題《空江秋笛卷》：『吾鄉鄭浮邱先生字孟宣，善擊劍，工古篆草書，陳友定辟爲記室，友定敗，亡命交、廣間，久之，還居長樂。高皇帝末年，徵授延平訓導、國子助教。著詩數卷曰《澹齋集》，多軼弗傳。《空江秋笛卷》則官助教時、乞諸名公所咏題者也……向余兄惟和得之，以陳伯煒《賓月樓》合爲一卷，作歌題其殿。又逾三十餘秋，裝潢未善，余今分而爲二，正所謂離則雙美者也。天啓六年丙寅初夏，三山徐𤊹興公識于汗竹巢。』（沈文倬《紅雨樓序跋》卷二，第七五—七六頁）

按：《空江秋笛卷》，明徐熥藏。徐熥卒，歸徐𤊹。

又按：曹學佺《鄭定傳》：『鄭定者，閩縣人也，字孟宣。善擊劍，工古篆、行書。陳友定辟爲記室。友定敗，鄭定浮海亡，在交、廣間。久之稍還，遂居長樂。高皇帝末年，徵授延平訓導，歷齊府紀善、國子助教。著詩數卷，號曰《澹齋集》，今軼不傳。』（《石倉十二代詩選·明詩一集》卷之十九陳亮《儲玉齋集》卷首附）

又按：徐熥《晋安風雅·詩人爵里詳節》：『陳輝，字伯煒，閩縣人。永樂十三年進士。官至廣東副使。有《存庵集》《琴邊清唱》。』（《晋安風雅》卷首）

題《賓月樓卷》：『陳伯煒先生名輝，爲宋儒北山先生孔碩、忠肅公韡之裔也。登永樂乙未進士，官廣東按察副使。有詩名，尤善草書。家在于山之麓。忠肅有園，居法海寺左，至今名花園。有樓曰「賓月」，國初名公多爲咏題……蓋國初吾鄉諸公多工四聲，稱才子，伯煒先生稍後，與子羽、浮邱、二玄輩俱不相及，惟漫士卒于永樂癸酉，猶有詩翰往返耳。嗟夫，歲月不留，滄桑易變，北山以道學鳴，忠肅以勛業著，伯煒恢宏家聲，擅名騷雅，豈不赫奕當代，師表一時！歷今二百餘年，故居易主，試問先代遺迹，誰有俯而吊之者？而斷箋遺墨，猶令人愛慕若此，善夫摩詰輞川之詩曰：「來者復爲誰？空悲昔人有。」至哉言也！天啓丙寅初夏，重爲裝褫，漫識于後。』（沈文倬《紅雨樓序跋》卷二，第七

七頁）

按：《賓月樓卷》，明徐熥藏。徐熥卒，歸徐𤊹。徐熥有《題〈賓月樓〉〈空江秋笛〉二卷後》，其《序》云：『余偶得前輩陳伯煒、鄭孟宣家藏二卷，皆洪、永中海内名公之筆，剥落者過半矣。然殘金斷璧自足爲寶，乃合裝一卷，而作此歌。』歌有云：『嗟呼！奇物顯晦自有數，豈但柯亭之竹嶧山桐？』（《幔亭集》卷三）謝肇淛有《〈賓月樓卷〉跋》：『吾鄉先輩陳伯煒作《賓月樓》，一時名士後先題咏，彙成卷帙。數傳之後，蠹蝕過半。徐唯和從市肆購得之，喜不自勝，爲作歌紀其事。唯和没，卷歸興公。每與諸同好展閲，先輩典刑宛然在目也。國初至今二百餘載，即樓臺歌舞皆屬烏有，而殘編遺墨乃令人寶若拱璧，信知不朽之事不在彼而在此。居諸悠悠，良堪嘆息。』（《小草齋文集》卷二十四）

按：謝肇淛《跋》作于徐熥卒後，具體作年不詳。

四月，爲孫鍾震送聘。

按：詳正、二月間《答崔徵仲》及下條《答張紹和》。

五月，與陳衎、薛君和、林寵由海路往連江，拜謁董應舉，宿梅花閣，信宿盤桓。窮百洞諸勝。作《同陳磐生、薛君和、林異卿展謁董崇相夫子，宿營梅花閣》（詩佚，題筆者所擬）。

按：董應舉《寄題梅花閣》：『梅嶼突然，峙於海上。孟溪飛練，挾千嶂以疏靈；滄海送潮，薄三門而舞雪。收天地於明鏡之中，挽江河於狂瀾之喙。宜施一柱，以會群真。孰使玉繩碧落，忽在地以平鋪。金闕璚樓，不移時而矗立。倚檻而千江帆影，天際縱横；流目而萬壑霞光，空中變現。長鯨跋浪，鼇極坐致於尊前；素月流輝，龍宮直騰於水表。神女捧珠而出，徘徊雪裏之瑶華；馮夷擊鼓而來，飛舞風前之鐵幹。洪流匯白，引入紫氣之庭；曉笛生春，吹徹羅浮之夢。潮生潮落，乾坤之消息非遥；聲寂聲喧，宇宙之風波已細。不有斯閣，曷酬夙心？宜題數語以旌能，應待仙人之命駕。』（《崇相集·表啓》）

陳衎有《同徐興公、薛君和、林異卿展謁董崇相夫子，宿營梅花閣有序》，其《序》：『閣臨海喙，海色手可撫。左有奇石數峰，錯趾潮水上。石狀如梅花，因名「梅樹」，故以題閣。閣右爲大溪，溪海相接處，復有石方丈，綦佈置隔其中，因其勢爲梁，可通行。溪高海下，溪水作短瀑，從石隙穿梁，縣流入海。聲細者如琴築，大者如奔雷。閣前對岸，即龍城也。洲渚蜿蜒之勢，如蟠龍。掌上烟雲，壺中蓬島，師之家在焉。閣後有崇岡，方整如臺，登之可望外洋。雪浪風帆，日夕在目。老樹亭亭，蔭覆臺上。而凡爲海、爲溪、爲洲渚、爲臺，去閣皆不數武，若與閣爲拱衛者。蓋一閣而天下不可兼得之景畢集，此天之所以享吾師也。余何幸得信宿盤桓。詩成，不工，可罪也夫！』詩云：『共載輕帆趁夜潮，川程信宿未全遥。烟光雨氣開三徑，海色溪聲隔一橋。驚出魚龍從浪起，夢回鷗鷺向人驕。江城玉笛吹何處，五月梅花落此宵。』（《玄冰集》卷九）

作《上董夫子》（詩佚，題筆者所擬）。

陳衎有《又和興公上董夫子作》：『江山是處市朝非，蓑笠居然逐拂衣。水土玉圭神禹跡，風雷金匱我師歸。懶疏白髮長憂國，卧看青山不掩扉。門下生徒尚無志，乘槎同載海雲飛。』（《玄冰集》卷九）

作《梅花閣喜晴，與異卿窮百洞諸勝》（詩佚，題筆者所擬）。

按：曹學佺按：《北遊記》：『百洞，洞在孟溪之上，離公（董應舉）居不三四里，而環塘諸山，皆其中峰所推演者。洞以百數，志多也。然崖石不甚露削，而腹多玲瓏，故無嶧孔之稱。而不以洞之頂者，亦自有徑，可輿而遊者，必繇洞之頂，則洞爲徑矣，爲户牖矣。』（《石倉三稿·文部》卷六）陳衎有《梅花閣喜晴，時興公、異卿欲窮百洞諸勝》：『夢裏驚聞海色開，披衣寧待坐相催。一天霞彩日初出，半夜濤聲潮正來。行到深林仍戴笠，時當縟暑莫銜杯。舊遊處處吾能記，辜負成章未可裁。』（《玄冰集》卷九）

作《虎洞石上産茶，從者有成得採焙法，製就共啜，却賦》（詩佚，題筆者所擬）。

按：虎洞，爲百洞山之一洞。虎洞爲董應舉所闢。洞有韓仲雍詩刻石：『虎洞爲董見龍廷尉所闢治……』見龍，應舉之字。

又按：從者有成，即㘯僕王有成，自㘯年少時即隨侍之。

陳衎有《虎洞石上産茶，興公從者有成得採焙法，製就共啜，却賦》：『山多洞壑勝能兼，更有崖茶煮乳泉。採自石心知味好，帶將雲氣得香全。未經隔宿烹如法，若待來春飲可仙。却笑昔人迂闊甚，小龍團餅價三千。』（《玄冰集》卷九）

四、五月間，患痢。致書漳州謝應璠。有書詩寄漳州高克正之子元濬。又致書張燮，討論漢魏諸刻事。

作《寄謝公璵》：『高君鼎過三山，值弟有武夷之行。君鼎橐中出瑶函及扇頭，留我山齋，竟去矣。不肖冬初歸自武夷，始得展誦尺牘，吟諷聲詩，把玩繪圖，欣賞篆籀……祇少一識眉宇，轉盼槐花黃候，想馬蹄駸駸，逐舉子忙。爾時掃鼇峰片石，以待吟眺，把臂［入］林，共訂千秋之業，未爲晚也。不肖且老且病，君鼎［浙］歸，又適在呻吟枕上，只於卧榻前一相對而别，不能捉筆作報章，徒有此心而已。兹因孝翼丈便，附候興居，並次答嚴韻，題之扇頭，請正。』（《文集》册四，《上圖稿本》第四三册，第五三—五四頁）

按：謝應璠，字公璵，漳州人。

又按：高元濬，字君鼎，太史高克正子，劉履丁内弟，海澄（今龍海）人。高克正，字朝憲，號衷荎。萬曆二十年（一五九二）進士，有《木天遺草》。

又按：黄以陞，鰲伯（伯纘）子，字孝翼，龍溪人。有《黄孝翼集》，張燮爲之序。

又按：去歲初秋往建州，越兩月，自武夷歸，當在九月。『冬歸自武夷』，不很準確。此類含混載述，尺牘中或偶可見，《寄黄宇珍》：『弟初夏始從漳歸，科頭竹陰中，差足愉快。』（《文集》册五，《上圖稿本》第四三册，第一五四頁）崇禎十三年（一六四〇）三月初六日，自漳歸至家，『初夏自漳歸』，也屬此類。

作《次答高君鼎原韻，題扇頭》（詩佚，題筆者所擬）。

按：詳下條。

作《寄高君鼎》：『文旆過三山，弟伏枕羸憊，草草酬答，莫罄積悰……孝翼丈至，又值弟患痢，力疾相對，差足愉快。弟且老且病，無所用於世，虚度景光。如仁兄風氣遒上，文日有名，邇者文宗校藝，想膺首選。槐秋轉盼，幸努力應時之業，以取世資，恢弘太史公未竟之事，吾之願也……孝翼丈意氣千古，冒暑走萬里，道遭三厄而得生還，此其平日爲善之報，於其歸也，附候興居。』（《文集》册四，《上圖稿本》第四三册，第五四—五五頁）

作《寄張紹和》：『數月不得仁兄片札……弟擬初夏爲江右之遊，以小孫六禮未成，故遲遲未出門。及納幣，則暑氣蒸人，孱軀不耐勞苦，遂輒其轍。兄所寄張夢澤書，已托崔徵仲轉致，但漢魏諸刻，此遊一時未及索出，祇以空書寄去。近始蒐之笥中，留之弟處，以待秋冬間弟行則［容］餽之耳。孝翼至三山，值弟患痢，勉强相對，談京邸事……晋宋集，邇來更梓有數家否？便間示教爲望。病中口授，小孫代腕奉候，并致意凱甫郎君。』（《文集》册四，《上圖稿本》第四三册，第五五—五六頁）

按：小孫成六禮在四月。

夏，憶購建安楊榮書頗多，題宋葉夢得《避暑録話》、王楙《野客叢書》。李埈（公起）來書，贈詩扇、墨刻、名香；有書致李封君、李埈，言《鼇峰集》僅刻近體四册，擬自鬻汙萊數畝以竣劂事。又有書致李子述並畫扇，言高景喪妻，僅有一孫，又言鄭邦泰卒於甲子五月。又致徐申幹並詩，謝其撰《三友傳》。謝國鎮廣州，興公致書並題詩扇頭，言其任職閩地，紅夷遁跡，鯨海無波。又致建州詹調宇郡丞，附牙骰一付、鮴魚二礶。又致建陽傅希丙，言去秋客建陽，抵舍即抱痾伏枕；附畫二幅。

題《避暑録話》：『此亦建安楊氏抄本也。與《春秋繁露》《野客叢書》一式繕寫，吏部公家藏者。天啓丙寅夏日，徐惟起。』（馬泰來整理《新輯紅雨樓題記　徐氏家藏書目》，第一〇四—一〇五頁）

按：《避暑録話》，宋葉夢得撰。明正德楊旦抄本。

又按：『吏部公』即楊旦。旦，字晋叔，楊榮曾孫，建安（今建甌）人。弘治三年（一四九〇）進士，纍擢南京吏部尚書。有《偲庵詩集》。

題《野客叢書》：『建安楊文敏公曾孫名旦，官南京吏部尚書致仕，家多藏書。斯本購之建安，末有「少宗伯」印，又有「楊氏家藏之書」印，乃吏部公爲少宗伯時所抄者也。公操履方正，不事華靡，居家坦然自適，不知其位至通顯。觀其積書之富，已覘其所尚矣。余購此書已［三］十年，前後經過，得楊氏本頗多，萬曆己酉，大水浸城，楊氏之書不復得矣。天啓丙寅夏日，三山徐惟起。』（馬泰來整理《新輯紅雨樓題記　徐氏家藏書目》第一〇八頁）

按：《野客叢書》，宋王楙撰。明正德楊旦鈔本。

又按：參見萬曆二十三年（一五九五）。

又按：此條言得建安楊氏書頗多，大水之後，楊氏藏書不可復得。

作《漫和李封君》（詩佚，題筆者所擬）。

按：詳下條。

作《答李封君》：『吴潛玉入閩，到日即傳芳訊并畫幅、新詩之惠，懸之齋頭，四壁頓生雲霧……不肖跼蹐山澤，而不敢作今時遊客行徑，一壑一丘，自謂過之。仁丈言言藥石，以道義相勖，實先獲我心。即此便是千秋知己，虞仲翔所謂死而不恨者，是不肖今日之謂矣。漫和佳篇用答［明］德，侑以拙畫，不足報瓊瑶之重。奈何！豐考功草書直逼二王，然有放于準繩之外者，錫爲我覓一單條學晋人書者，不啻百朋之餉。不肖當以他玩奉酬也，何如，何如？』（《文集》冊八，《上圖稿本》第四四冊，第二〇四—二〇五頁）

按：李封君，李埈父。

又按：李埈父來札，似對㶿『遊客行徑』有微詞，故㶿及之。

作《題畫贈李公起》（詩佚，題筆者所擬）。

按：詳下條。

作《答李公起》：『去歲長至前數日，吴潛玉入閩，不得仁丈片札爲恨。近盧君於方伯公署中傳出尊翰并詩扇、墨刻、名香之惠，足徵遠意殷勤，且知令郎曾面舍親趙廣文。又有繡佛之寄趙君，尚未有人還閩，而華函猶未達也。然感念之私，已先銘之肺腑矣。去歲南中丞爲弟梓小集，行建州書坊，值署印别駕不知雅道，又值中丞公奪爵之耗，别駕遂怠厥心，僅刻近體四册，今附往請正。然弟亦自鬻汙萊數畝以竣劂事，完日始得奉教耳。曹能始遊宦粤西，隔敝省七十餘日，鴻雁傳書，歲不一二至，且公事旁午，無暇作竿牘報問故人贈言之寄，想遷轉過家時始得報命。叔度久客粤西，俟歸日，用致雅念也。豐考功書能爲致一幀，何啻百朋之餉。小畫題一詩求正，幸笑置之。臨楮馳戀，畫扇附還。』（《文集》册八，《上圖稿本》第四四册，第二〇五—二〇六頁）

按：《明史·南居益傳》：『（天啓）五年，遷工部右侍郎，總督河道。魏忠賢銜居益叙功不及己，格其賞。給事中黄承昊復論居益倚傍門户，躐躋通顯，遂削籍去。』去歲，南居益過建州爲刻集，此書作於是歲。

作《題畫扇次韻李子述》（詩佚，題筆者所擬）。

按：詳下條。

作《答李子述》：『吴潛玉抵三山，辱手札遠貽……且《見懷》佳篇泠泠□金石之著，不揣次韻奉酬，題之小畫請政，竟成三拙。仁兄書來見索，得無嗜瘡痂如鰒魚耶？讀《隱學山梅箋》，彷彿入羅浮夢中，暗香疏影，擅名千古，視此有慚沮矣。弟老懶交集，得潛玉把臂，足散人懷……而同社相招，不減仁兄向年之遊三山也。今往泉南又爲重客矣……軒伯爲曹能始招往粵西，景倩近罹西河之變，僅有一孫。孟（鱗）［麟］甲子五月已長逝矣。玉生尚康健無恙。弟則猶然故吾，小孫去歲入泮，差慰目前也。承問，敢并及之。』（《文集》册八，《上圖稿本》第四四册，第二〇六—二〇八頁）

作《奉和徐孝則嚴韻》（詩佚，題筆者所擬）。

按：詳下條。

作《答徐孝則》：『吴潛玉橐中携仁兄遠訊，開函展讀，情溢毫楮……况同裔出東海其初一人之身者乎！先曾大父□荷表揚，百世之感，又□以《三友》佳傳垂之不朽。每春秋伏臘，一拜松楸，輒□仁兄高情厚誼如山岳之重耳。謝豈言喻哉！見懷新詩，泠泠環珮之響，漫次嚴韻奉和，請正……吴潛玉尚遊泉南，秋時始得返櫂，鴻便，先此布謝。』（《文集》册八，《上圖稿本》第四四册，第二〇八—二〇九頁）

按：徐申幹《三友傳》，收入徐㘵所編《三友墓詩集詞文》（《荆山徐氏譜》）。

又按：吴潛玉尚在泉南，秋始返會城，以上數詩當在夏間借便鴻達四明。

作《題扇贈予謝元戎》（詩佚，題筆者所擬）。

按：詳下條。

天啓六年丙寅（一六二六）　五十七歲

作《寄謝元戎》:『自節鉞之鎮五羊,星霜兩易,先後三拜華翰,兼荷雅貺。高情厚誼,永矢弗諼。粤江閩海,雖鄰封接壤,而魚鴻迢遞,未能時通尺素於左右。脉脉私衷,不無離群索居之嘆耳。紅夷遁跡,鯨海無波,七閩從此安枕,老公祖去後之思,尤在士庶口碑。不獨某一人感念知己也。緬惟老公祖澳門大捷,豐功偉烈,直與伏波並駕……不肖且老且懶,敝友曹能始屢招爲桂林之遊,苦於車生兩耳,出門有礙……茲因敝郡保福寺僧真度有粤西之行,道經南海,附此一候興居。真度與曹、潘二觀察交善,欲重興古刹,不遠數千里,望宰官布施,以成勝□。老公祖能留玉帶心鎮山門乎?然非不肖所敢請也。小詩題之扇頭,求正。』(《文集》册八,《上圖稿本》第四四册,第二〇九—二一一頁)

按:謝國鎮守五羊在天啓四年(一六二四),故曰『星霜兩易』。

作《答詹調宇郡丞》:『去秋客建溪,落落無似,辱長者盛情有加……聞夏杪駕蒞三山,當掃平臺片石,專候車音之轔轔也。薄附牙骰一付、鮹魚二礶侑函。今歲海上多警,此魚不恒得,幸毋訝其褻耳。』(《文集》册八,《上圖稿本》第四四册,第二一一—二一二頁)

按:客建溪,詳去歲七月。

作《答傅希丙》:『去秋客潭城,朝夕承厚款……一抵舍即抱疴伏枕,俗務鞅掌,無暇裁書報問知己,此中脉脉可知也。詹使至三山,得手教惓惓,足仞存注。小畫二幅附上。天堂扁字,已求敝友林異卿作劈窠書,偶林君往福清謁葉相公,來人行迫,弗及并致。』(《文集》册八,《上圖稿本》第四四册,第二一二頁)

按:此書及上書由同一書郵者携至建陽。

九月，二十一日，閩侯洪山翁正春卒，爲作祭文。

作《祭翁大宗伯文》：『嗚呼！洪山之靈，閩海之英。五百名世，應運而生。繄惟唐季，拾遺鵲起。交衍派繁，雲仍嗣美。天篤宗祐，挺鍾我公。大廷對策，獨抒丹衷。首應臚傳，木天載筆。洊歷清華，皇家輔弼。秩宗典禮，曳履三朝。纍膺寵命，將毋逍遥。問寢過家，移忠爲孝。百歲慈顔，板輿親導。萊衣正舞，仙駕忽臨。騎箕不返，文曲星沉。三釜永終，兩楹遽夢……士三不朽，公兼之矣。天上玉樓，人間敝屣。咳唾珠玉，落筆琅玕。勳在社稷，言在名山。某情屬宗盟，誼叨叔侄。枋榆之飛，尚思羽翼。棋休謝墅，會罷阮林。登堂號慟，痛絶人琴。有酒在尊，有肴在俎。仰祈來歆，精靈若覩。尚享！』(《文集》册十，《上圖稿本》第四五册，第三一—三二頁)

按：參見冬《寄鄧道協》一書。

又按：『曳履三朝』，萬曆、泰昌、天啓。

又按：『百歲茲顔』，曹學佺《淑人翁母壽文》(《石倉文稿》卷之《浮山》)作于萬曆四十二年(一六一四)，言沈太夫人年八十有七，至今歲年九十有九，故稱百歲。

又按：『唐季』『拾遺』，即翁承贊。

又按：翁正春曾請與公選其詩，未竣。

秋，致書李埈，言《鼇峰集》無資不能竣事。又致汪其俊，言其入閩，突遭地主逐各之令。

作《答李公起》：『汪士元抵晋安，荷八行遠寄……弟年來愈老愈懶，小集殺青，竟苦無資，不能竣事。人壽幾何，河清難俟……士元寓三山城之極北，而弟居城之極南，未得朝夕握手。正爾相歡，忽聞逐

客之令，遂飄然東還。地主之禮殊缺……秋風薦凉，强飯爲慰。』（《文集》册四，《上圖稿本》第四三册，第五〇—五一頁）

按：汪其俊，字士元，鄞（今浙江寧波）人。

又按：《鼇峰集》不能竣事，參見去歲。

又按：《汪士元像贊名其俊，鄞人》：『美度淵衷，見君之偉器；短咏長吟，識君之六義。湖海躭遊，莫不目君爲畸人；吴越服官，莫不推君爲良吏。四明狂客，是君前身；鑑湖一曲，是君樂地。吾之於君也，有所譽者，其必有所試矣。』（《文集》册十二，《上圖稿本》第四五册，第二八五頁）

又按：士元是歲入閩，《像贊》應作於此時。

作《與汪士元》：『高賢遠臨，山增而高，水增而深，所恨城南城北，稍睽踪跡，猶冀少日周旋，飽領玄論。忽聞當事下逐客之令，客亦何負於秦哉！意外之變，令人扼腕。惟是地主之禮缺然，將何以爲情耶！』（《文集》册四，《上圖稿本》第四三册，第五一—五二頁）

按：徐𤊹住鼇峰，在福州城南；其俊居城北，地主之名俟考。

十一月，應崇仁令崔世召之邀，往江西崇仁。長至，初四日，就道；過邵武，何望海盛情款待。致書李埈，言曹學佺遭璫難，倏爾褫職，將於殘臘或新春抵家。

按：《答張紹和》：『弟去年長至往崇仁，應崔徵仲之招。』（《文集》册八，《上圖稿本》第四四册，第二七七頁）

又按：長至，十一月。

又按：《寄鄭企山都閫》：『偶敝社友促至崇仁，以去歲冬至日匆匆就道。』（《文集》册八，《上圖稿本》第四四册，第二八八頁）

又按：《寄何金陽》：『客冬過樵，迭承厚款，情誼篤摯。』（《文集》册八，《上圖稿本》第四四册，第二九八頁）

又按：此書作於次歲。

作《答李公起》：『近者汪士元返勾章，附一緘奉候興居。士元居閩半載，一旦失意而歸，良可嘆惋……曹能始再起家粤憲，倏爾褫職，誠爲無辜。計殘臘、新春可抵家，爾時當爲仁丈索贈章也。叔度久客粤，想偕能始歸。玉生踪跡無定，曩歲餬口他方，未暇作竿牘奉報，俟其返舍，當爲丈致此意耳。向承繡佛之惠，趙廣文已寄到矣。供之齋頭，朝夕頂禮，敢忘明賜耶！謝謝不盡！小畫容覓便鴻嗣致。外附《禽蟲述》一種、嚴黄二先生輩詩集侑緘。』（《紅雨樓集》册八，《上圖稿本》第四四册，第二六六—二六八頁）

按：陳鴻十月已動身返閩。曹學佺於十一月離開粤西，次年仲春到家。曹學佺《還家雜咏》四首，其一：『仲春始還家，去冬業蒙譴。』（《更生篇》上）

又按：嚴、黄二先生輩詩集，即邵武嚴羽、黄鎮成詩合刻集。

十二月，至江西撫州崇仁，有詩書扇贈崇仁知縣崔世召。二十四日，崔世召邀集躍龍門城樓。

按：《寄張曼胥》：『弟歲盡抵巴陵。』（《文集》册八，《上圖稿本》第四四册，第二八〇頁）

又按：《唁伯堤王孫》：『出門有礙，直至舊臘始抵巴陵。』（《文集》册八，《上圖稿本》第四四

册，第二八七頁）

又按：巴陵，江西崇仁縣别稱。

又按：此書客崇仁事，知書作於次歲。

作《至巴陵，題扇頭贈邑令崔徵仲》（詩佚，題筆者所擬）。

按：巴陵，崇仁縣别稱。按：李賢《大明一統志》卷五十四《撫州府》『崇仁縣』條：『在府城西一百二十里……梁改曰巴山縣，置巴山郡。隋初郡縣俱廢，置崇仁縣，屬撫州，唐、宋、元仍舊。本朝因之。』

崔世召有《臘月新春喜徐興公至巴陵，貽詩扇頭，和韻答之》：『馬匹寒沖六出花，相逢剪燭話三巴。從來下榻唯徐稚，不信鳴巢似伯牙。歲逼辛盤天外酒，夢回子夜枕中家。溪頭梅擁枕中路，待爾摩崖譜太華。』（《秋谷集》下）

按：是歲十二月十九日立春。

作《臘月春後五日，與崔徵仲小集躍龍門城樓，限七言律》（詩佚，題筆者所擬）。

崔世召有《臘月春後五日邀徐興公小集躍龍門城樓，得谿字，限七言律》二首，其一：『雪晴新沐樹尖齊，寶水沙明似剡谿。春過女墻人輻輳，樓鄰仙闕客攀躋。滿城簫鼓催行樂，一日山川重品題。笑指斗邊龍氣旺，酒闌沿路聽銅鞮。』其二：『臘裏東風逐馬蹄，登樓舒嘯萬峰低。提壺亞送呼春鳥，鎮水新横不夜犀。遂有神仙吹玉笛，相將人世度金鑣。穠華仿佛弦歌地，浮拍春流任碧溪。』（《秋谷集》下）

按：春後五日，十二月二十四日。

冬，致書鄧慶寀，言今春翁正春委以删定《木天集》，將付梓，正春亡故，希冀慶寀承先志竣厥工；論傳體與狀體不同，于古度私自改動所作《林孝廉傳》甚爲不滿。又致書林古度，以爲如堅持改動所作《林孝廉傳》，則請削去『弟之名，别署一人姓名』。孫鍾震制藝之外又旁及四聲，長者即席分題，往往有秀句。

作《寄鄧道協》：『去歲林異卿自京邸回，述動定起居甚悉……惟是參軍冷局，不足稱足下豪舉，然秩滿得佐州郡，不患貧也。但令岳宗伯公以九月廿一日仙遊，朝失元老，鄉失典刑，深可痛悼。今年不佞辱宗伯公篤念世誼，時時枉顧。手生平《木天》著述數十卷見委删定，欲授諸梓。方命雷生繕寫未半，則病劇矣。不佞不敢負宗伯公生前之托，想少參君必誠先志，竣厥工也。壬辰同榜四公，一旦凋謝殆盡。謝武林遺稿并雜著計五十餘帙，不佞從臾諸郎君，亦俱刻完矣。今再有宗伯集行，當與尊觀察鼎足而立。不亦值休明之運鍾，此喆人乎！不朽之業，垂之百世，區區生前爵位，又無論已。貴《譜》聞已梓成，何不寄我一部？有便鴻千萬見惠，此尊公未竟之志，而足下成之，何異遷續談《史》乎哉！顒望，顒望！不佞花甲欲週，且老且懶，猶然故吾，去年小孫年十六，已青其衿，爲制業文頗有見解；小兒年十三，亦徼天幸，性資聰穎，弄筆作文，亦自成章，且旁及四聲，與長者即席分題，往往有秀句。晚年藉此，可以解頤。恃在通家，敢私布□，非效福疇作譽兒癖也。不佞向有《廿一史》，藏之三十年，頗經蟲蛀，今歲有客通番，購之以去。家中遂無全史。竊計足下清曹多暇，意欲寄十數金托於國學，代印一部，查其缺落，且勿裁釘，携至閩中自裝之。明歲道圭行，始得相托……林茂之命作其先孝廉《傳》，不佞寄一篇復之，乃中間多增行事，刊行流布。傳體與狀體不（回）［同］，未免冗複，且文中直書沈四明名字，豈宜後輩所當指摘哉？雖曰作傳，其實似辨誣揭帖也。況僕與沈氏諸郎有交，一旦言于四明，將何以自解耶？且諸名公作序，亦未嘗訕及文恭公。僕晚學小子，可如是乎？煩足下告之，速爲改之。且幼年做對做聯等語太繁，有類小說。縣令批其考卷等語，似甚微細，此猶其小者也。至于陳光祖劉，至于直斥其名，錦衣則稱周公家處，黃門則稱于公永清也乎！爲林孝廉罵人辨冤，作文之體當如是乎？星徒知一腔憤激，而不顧載筆者有渾厚隱衷也。況文恭人品亦海内所推，即一事任其己見，此亦宰相之常，詆之過當，決不令人人心服。茂之曉人也，必□吾言爲然耳。吾愛吾鼎，非漫語也。留神，留神！』（《文集》册八，《上圖稿本》第四四册，第二六〇——二六四頁）

按：宗伯公，即翁正春。據此書，卒於是歲九月廿一日。鄧慶寀，正春婿。

又按：『去歲小孫年十六』，鍾震生於萬曆三十八年（一六一〇），去歲年十六；延壽今歲年十三，知此書作於是歲。

又按：另作一篇復林古度，見下條。

又按：『壬辰同榜四公』，鄧原岳、翁正春、李文奎、謝肇淛。文奎，字廷燁，侯官人。官廣東副使。

又按：三公著作鼎足，鄧少參原岳、翁宗伯正春、謝武林肇淛。

作《寄林茂之》：『蔣道圭歸，得見贈詩及香盒，水注之惠，存念之意，溢於筆札間，弟豈有胸無心，而不重知己之誼哉！似孝廉人品之高，詞藻□贍，不惟吾鄉所無，即指海内修詞之家，亦不多見。小子何人，敢揄揚盛美，亟委作傳，恃在通家，掀然搦管。近日寄來刻《傳》，則兄增益大半。孝子欲闡幽光，即纍數百萬言，猶不足以表先德。惟是作傳之體，與行狀稍有繁簡之别，弟向日一篇，雖椎魯不文，而摹寫尊公大節，有關生平者，筆之細行瑣屑悉略弗書。非故闕也，參以細行，則大節爲其所掩耳。見惠數帙，分之之友，皆云幼年作對、作聯等語太多，至於尊公冤抑一事，弟已隱説時相之不憐才矣。今直斥四明相公之名而不避諱，在兄自作《行狀》，則不妨爲親昭雪；在弟作《傳》者，何可乃爾？况沈氏諸群從子姓與弟有交，後生末學可直指先達之名而作斷案，似乎辨誣揭帖，他日傳之四明，不爲識者之所揶揄耶？乞勿頒布以貽譏於藝林，若以此篇冠之集首，祇爲佳集之累耳。如兄必欲與四明相公作難，藉此《傳》以泄生平之憤而不更改，請削弟之名，［别］署一人姓名，無不可也。古之論文者曰：一要見識高，二要筆力古。如兄所增益者，見識弗高矣；中間雜以瑣事，筆力不古矣。兄於詩賦最爲擅場，於文亦所究心，但爲親而載筆，所謂當局而迷者也。弟少習爲文，與鄧翠屏先生刻意商榷，窺見一斑，以故《翠屏集》中無一篇不佳，弟非漫然無所見也。《謝在杭行狀》《志銘》附覽。《行狀》要詳，而《志銘》頗略，此足以見文體矣。兄以爲何如？一得愚衷，幸祈原亮。南鴻不乏，好寄德音。』(《文集》册八，《上圖稿本》第四四册，第二六四—二六六頁)

是歲，鬻田數畝，以竣《鼇峰集》。

是歲，有書致長泰戴燝方伯，言及張燮《漢魏六朝七十二家文集》尚未竣事。

作《寄戴今梁方伯》：『星軺過三山，一再晤言，快讀雄篇，如入武庫。嗣是鱗羽莫附，忽復三秋……明公平蜀膚功，已膺宸眷。今乃養重山林，謝公不出，如蒼生何……張紹和讀禮山中，所詮次《漢魏六朝七十二家文集》不能終局殺青，未免缺陷，當道無好事之人，良可浩嘆！明公能以一臂助乎？建寧翁生陵，善丹青之技，久客三山，素欽明公德望，願一登龍門，用申山斗之仰。』（《文集》册八，《上圖稿本》第四四册，第二一四—二一五頁）

是歲，有書致何喬遠，求《閩書》爲其兄徐熥立傳；並言去歲贈徐熥集一部。

作《題扇贈何匪莪司徒》（詩佚，題筆者所擬）。

按：詳下條。

作《寄何匪莪司徒》：『自台翁起家奉常，及予告歸里，兩過三山。𤍠居僻遠，俱未獲摳衣拜謁……昨歲因陳四游書郵之便，曾致先兄文集一部，想入台覽。先兄生平苦心吟咏，破産結客，中道而殂，其言具在。向承台翁許於《閩書》之中爲立一傳，前歲藩伯游公委修《通志》，獲覩《閩書》，而先兄之傳尚缺然也。三山自洪永以來，功德之士代不乏人，而立言如先兄者，亦頗足采聞。當道方在議梓，仰惟椽筆爲闡幽光，不肖而忘先兄始，始忘老先生之明德耳。不肖無似，猶然故吾，長兒早世，幸遺孤孫，頗能讀父書。去歲忝厠膠庠，王右軍所云「差慰目前」而已，不足爲台翁道也。兹因建州翁陵有清源之便，附問萬福。翁生善丹青之技，素僊山斗之仰，敬爲介紹，幸進而教之。何如，何如？小作題扇頭，情見乎詞。統祈台炤，不宣。』（《文集》册八，《上圖稿本》第四四册，第二一三—二一四頁）

按：《閩書》初竣于萬曆四十四年（一六一六），嗣又補之，萬曆四十八年（一六二〇）告竣。是歲或稍晚梓行。梓行前《徐熥傳》已補入，見卷一二六《英耆志·韋布》『福州府閩縣』。

是歲，致書知府張萱。

作《題扇頭寄張九岳太守》（詩佚，題筆者所擬）。

按：詳下條。

作《寄張九岳太守》：『憶自萬曆丙午之夏，台翁奉使過家，道經秣陵，不肖𤊹方客曹能始署中，招同社雅集秦淮，幸識荆州，賦詩爲別……次年不肖訪歸善令君，客惠陽者數月，逢五羊李肖寰，才通一訊於左右，乃蒙台翁不鄙，見貽腆貺，兼賜扇頭詩……又踰二十餘秋，韶光荏苒，念之於邑，緬惟台翁未老，懸車優遊林澤，羅浮四百峰近在几案，著書立言……不肖碌碌無能，自甘草木同腐，小集殺青未竟，先以近體四册呈正，并小詩題扇頭奉寄，兼侑菲儀，聊申候意，恃在廿年之教，未諒我遐棄耳……兹因陳生奇猷有羅浮之行，附候興居。陳生籍青衿，工制藝，有名于時，不敢不謁見長者。』（《紅雨樓集》册八，《上圖稿本》第四四册，第二四七—二四九頁）

按：張九岳，即張萱，萱，字孟奇。詳萬曆三十四年（一六〇六）。

又按：萬曆三十四年（一六〇六），興公在金陵作《端陽日同吴允兆、臧晋叔、謝友可、湯惟尹、馬弢叔、王太古、梅子馬、吴翁晋、吴皋倩、王季重、曹能始、洪仲韋、林子丘、林茂之、吴明遠、葉尹德集秦淮水閣，送張孟奇奉使歸羅浮，分得令字》（《鼇峰集》卷五）。

又按：此書前云距萬曆三十四年丙午踰二十餘秋，後云廿年之教，『廿年』爲成數，『踰二十餘秋』當在廿一二年。故定此書作於是歲。

又按：萬曆三十五年（一六〇七），興公有惠陽之行。參見該歲。

是歲，兩致書閩縣知縣盛民衡，言其叔祖《秋水吟》已竣工。

作《復盛父母》：『邇者玉體違和，曾一造問台安……令叔祖《秋水吟》業已竣工，原稿四册奉璧。丹筆係某僭抒愚得，而藍色則陳京兆覆閲，悉擇其純全可傳者。餘雖未授劂，皆斷玉碎金，亦足爲寶，留爲傳家之珍可耳。』（《文集》册八，《上圖稿本》第四四册，第二七一頁）

按：盛民衡，號桂海，曲陽（今屬河北）人。天啓二年（一六二二）進士，閩縣知縣。〔乾隆〕《福州府志》卷三十三《職官》六，閩縣知縣盛民衡萬曆間任，誤。《崇禎長編》有丁卯科舉人陳晃、閩縣知縣盛民衡所得士之記載；連江縣青芝寺山嘯餘廬後巖有『天啓丙寅夏仲銀臺履恒董先生招遊虎洞漫題』詩題刻。則盛氏天啓間爲閩縣知縣甚明。

作《又［復盛父母］》（殘缺）：『海濱荒陋，惟有荔子輕紅，稍稱南方佳果，得老父母（下殘）。』（《文集》册八，《上圖稿本》第四四册，第二七一頁）

作《桂海長春頌壽閩邑盛父母》：『按：《山海經》云：西海之上，招摇之山，厥産多桂而花叢生。桂海之名，所繇著也。濠州，我聖祖龍興之地，其山有八公，爲神仙窟宅……吾邑侯盛公生於其間，乃遠慕桂海，取以自號，母亦愛其山光水色，異乎尋常。而居是山，餌桂實者多壽考，且得仙歟！公以名進士起家，領閩邑，下車甫二載，政通人和，黔首愛戴。歲在丙寅花朝之後，爲公覽揆之辰。於時桃李方華，桑麻正長，條風始鬯，遲日新熙，挹滄溟以當壽杯，對南山而懸孤影。』（《文集》册十二，《上圖稿本》第四五册，第三三四——三三六頁）

是歲，曾作《林初文傳》，古度增益大半。説詳前致鄧慶寀、林古度書。

按：天啓本《林初文全集》卷首所載《林初文傳》，文不甚繁，又未指斥四明相公，當爲興公之原文，而非古度所增益者。

是歲，曹學佺罹璫難。

按：曹學佺《至日悼亡·引》：『余以丙寅被璫難，陸續遣家人歸。』（《西峰六二草》）

又按：曹學佺《贈心弘林侍御壽序》：『天啓乙丙之歲，吾郡士夫罹于璫難者有三人，而心弘侍御廷杖，至重；予削職羈留，責追書板，次之；董司空削奪，又次之。』（《西峰六三文》）

天啓七年丁卯（一六二七）　五十八歲

曹學佺五十四歲，林古度四十八歲，徐鍾震十八歲，徐延壽十四歲

正月，在江西崇仁縣，觀懷素《聖母帖》，帖有數字不能辨，爲之釋，並題之。訪雪跡禪師于普安古寺。喻應夔來崇仁訪，歸後，惠茶；致書謝之，請求借兄熥《幔亭集》予彭次嘉《明詩彙韻》采擇。又致書張曼胥，言崔世召自元旦後走撫郡者四次，已空坐廢刹中。又致書朱統鈨宗侯，求購《廿一史》；又言客中無新書可覽，或有新梓詩集，請寄數種；思鄉轉深。又致彭次嘉，言選輯《彙韻》明詩，爲千秋之盛業；《明詩彙韻》選有興公詩。

題懷素《聖母帖》：『天啓丁卯春正月，偶客巴陵，訪雪跡禪師于普安古寺，出懷素《聖母帖》共觀。師善書，工于行楷，而帖有數字不能辨，余因爲之譯（元按：似當作釋）出，頗堪句讀。』（沈文倬《紅雨樓序跋》卷二，第六八頁）

按：懷素《聖母帖》，唐懷素書，江西崇仁普安寺藏。此則爲雪跡禪師題。

作《寄喻宣仲》：『崇役歸，承惠舊茶，譬之醍醐甘露，爐銚俱佳，又可受用一月矣。弟抵崇將兩月日，唯獨坐僧寮，絶無一人相訪。近得泰素先生至，真空谷之足音，大有意趣。崔令君我輩人，同社中於弟獨厚，屢屢相招。不擬自元旦迄今，走撫州者四次，參官多而親民少，弟猶然垂槖，不得不俟之。欲順流抵洪都，與兄一晤，計往返跋涉，而諸舊遊一一相拜，許多應接，山陰之興已盡。若能始抵舍，兄扁舟至吾閩一續舊盟，尤所望也。彭次嘉近有書云選《明詩彙韻》，而弟拙作業已採入，不勝惶愧。弟此回未曾携得家兄《幔亭集》在橐中，記得兄家有先《集》，可借與次嘉一選，生死之感也。囑囑！能始至今無消息，何耶？叔虞在城中否？聞其治屋得白金一窖，今作富翁矣。弟不敢仰視也。幸致聲。』（《文集》册八，《上圖稿本》第四四册，第二七九—二八〇頁）

按：應崇仁令崔世召之邀，興公於天啓六年（一六二六）長至後往崇仁，至此時約兩個月。作《寄張曼胥》：『弟歲盡抵巴陵，即欲通一信於仁兄。客次寒冱，手冷不耐作書，但托安仁丈致意。日者辱承手札，念我良敫。弟初擬此中住月餘，即順流抵洪都，一續舊遊。乃崔令君自元旦至今，走撫郡者四次，親民日少，參官日多。弟空坐廢刹中，恰若雪山面壁，無一對語，山陰之興已盡。且欲回家爲小孫畢婚事，恐不能復作浪遊也。張參戎出鎮莆中路，由敝省相見自有期……李玄同少無鄉曲之譽。去歲以犯法捕之，急逃之江右，有家而不能歸……兄尚未舉子，何又北行？且京師此時戒嚴，詞客閉户，不敢出一語。弟不敢爲兄勸駕也。』（《文集》册八，《上圖稿本》第四四册，第二八〇—二八一頁）

作《寄安仁》：『崇役歸，又得兄札，欲訪我至此，極願與兄痛談心事，但往返不無勞頓、不無靡費，且此中無可駐足處，是以不敢約兄來也。崔令君自元旦至今，走撫州者四次，明後日又將走建昌，參道尊，坐堂皇，視民事之日少。弟枯坐此中，何以爲懷。既來至此，進退維谷。初擬正月歸，爲小孫娶婦，今似不能應吉期，當改爲冬月耳。弟南昌之行，心尚未能恝然……弟初欲至貴省者，要尋買一部《廿一史》，不知有人家舊藏欲售者否？爲我一詢之。有則遣力至也，幸報我。客中無新書可覽，或貴宗有新梓詩集，幸見教數種，消永日也……泰素先生在此，朝夕聚談，甚快。於其歸也，當另有報。弟寓此五十日，無一日晴，亦大怪事。思鄉轉深矣。』（《文集》册八，《上圖稿本》第四四册，第二八一——二八三頁）

按：前歲家貧，忍痛鬻《廿一史》，至江西重新求購。

作《寄彭次嘉》：『憶仁丈載酒邀我於建安藩園，物换星移，已及十稔。言念舊遊，可勝眷戀。鄧泰素先生至崇邑，忽捧教言，知仁丈選輯《彙韻》明詩，此本朝所缺之典，真千秋之盛業，一代之正音也。顧某何人斯，可預作者之列乎？然不勝其内愧耳。崔令君廼敝社中稱文章、意氣兩絶者，一行作吏，此事稍廢，前後著作甚富。此中僅携得《問月樓》一種，今遣役送上記室。令君久熟鴻名，俟有期莅省，當與仁丈把臂入林也。某豫章之遊，尚未敢卜，或追隨泰素先生爲龍沙、滕閣之遊。』（《文集》册八，《上圖稿本》第四四册，第二八三——二八四頁）

按：萬曆四十七年（一六一九）正、二月間，㴸作《春日彭次嘉招遊建安王園林》詩。參見該歲。

正、二月間，登華蓋山。代崇仁縣知縣崔世召纂修《華蓋山志》。

作《登華蓋山》四首，其一：『迢遞真入紫冥，巍然洞府謁仙靈。雲埋萬壑無窮白，雨洗三峰别樣青。曉爇香爐騰宿霧，夜眠紙帳凝寒星。瑶笙吹徹空中過，仿佛緱山月裏聽。』其二：『浮邱仙伯運元功，寶蓋擎天氣鬱葱。丹訣昔傳周太子，詩篇曾授魯申公。紋楸著子留青嶂，廣樂飛聲繞碧空。見説道成沖舉後，盡驅鷄犬入雲中。』其三：『王郭真人學道初，霍童曾占洞天居。名山此地傳靈跡，瑞氣中霄燭太虚。封典久膺丹鳳誥，上昇雙馭紫鸞車。我來莫道仙緣淺，願乞金丹半粒餘。』其四：『崇仙臺觀切層霄，額賜金書自宋朝。印攝天威神遣將，符飛雷令夜驅妖。石函雲笈三千牘，霞佩星冠十八寮。覓取魯公當日記，祝融吹焰字痕銷。』（《華蓋山志·紀咏三》）

按：此四詩爲集中佚詩，亟録之。

作《華蓋山志代》（《文集》册九，《上圖稿本》第四四册，第四三五—四四二頁）。

按：李賢《大明一統志》卷五十四《撫州府》『華蓋山』條：『在崇仁縣南一百里，形如華蓋，又號「江南絶頂」。昔王、郭二仙超昇於此。上有仙祠，下有紫玄洞，傍又有雷洞天。』

又按：《華蓋山志》包括：《靈區志》第一、《傑構志》第二、《仙真志》第三、《顯異志》第四、《棲賢志》第五、《宸翰志》第六、《藝文志》第七、《紀咏志》第八。

又按：《華蓋山志》各志論：《靈區論》《傑構論》《仙真論》《顯異論》《棲賢論》《宸翰論》。詳其《華蓋山志代》（《文集》册九，《上圖稿本》第四四册，第四三五—四四二頁）。

又按：《華蓋山志》署名崔世召，卷首有崔氏序文，序末云：『天啓七年華蓋遊人霍童居士崔世召撰。』霍童，道家稱第一洞天，在寧德；世召寧德人，故以霍童爲號。觀㷷所作諸論，㷷爲《華蓋志》主纂者；時㷷遊崇仁，寄食崔世召之門，故著作權歸崔氏名下。

又按：參見五月《寄崔玉生》。

二月，花朝，在江西撫州崇仁縣。訪崔世召。訪得嘉靖初年版宋吴沆所撰《環溪詩話》，並加以繕録、校讎，作題記。崔世召招同鄧文明知府集署中，觀河陽雜劇。朱統鈘宗侯見訪。有詩書寄陳士業，憶十數年前之遊。有書寄澤弘孝穆諸昆季，哀慟澤弘王孫，並附哭詩。又唁伯隄王孫，哀慟其父之卒。清明後二日，即二十二日，與鄧文明知府及崔世召雨中集。又致寄鄭企山都閫，言所交宗藩最廣，而最稱莫逆而風流文雅者，莫過朱銃鋐王孫。在崇仁致書江禹疏，憶萬曆四十七年（一六一九）過武陵情景。又致書彭次嘉，論當今詩壇，猛烈批評竟陵詩；以爲閩中自隆、萬間，作者如林：林燫、袁表、趙世顯、郭建初、馬熒、鄧原岳、葉向高、陳勳、謝肇淛、陳益祥、陳价夫、陳薦夫、陳一元、孫昌裔、曹學佺、馬欻、徐熥，皆有集，實海岳之精英，人中之麟鳳。

題《環溪詩話》：『余訪崔徵仲大令，至撫之崇仁……知有《吴環溪詩話》三卷，遍求弗得。偶吴生大紘相過，托之尋覓，乃于環溪裔孫處借得一册，乃嘉靖初年刻版，字頗漫漶，板久弗存，而孫支亦僅留此本，不絶如綫矣。余披讀之，賞其拈出多有佳句，足備詩家譚麈，遂令侍史繕録，因爲校讎魚魯。吴氏宋有諸賢，亦彬彬盛矣，傳至今日，其後寖微，而崇仁又無好事者重爲鋟梓，惜哉！天啓丁卯花朝，三山徐惟起興公識于大華藏寺之方丈。』（馬泰來整理《新輯紅雨樓題記　徐氏家藏書目》，第一七三頁）

按：《環溪詩話》，宋吴沆撰。天啓徐𤊹鈔校本。

作《春仲崔徵仲招鄧泰素小集署中，觀河陽雜劇，共得雲字》（詩佚，題筆者所擬）。

崔世召有《春仲招鄧泰素、徐興公小集署中，觀河陽雜劇，共得雲字，而余詩後成，殊媿砂礫》：『揭來空谷足音聞，未許春風與俗分。彩筆座中干象緯，清歌天畔學流雲。豪華邑靳桃花趣，潦倒杯從竹葉醺。到底薄書拈韻澀，驪珠雙顆總輸君。』（《秋谷集》下）

作《仲春安仁宗侯見訪》（詩佚，題筆者所擬）。

崔世召《仲春安仁宗侯以訪徐興公至，貽余詩箋，用韻和答》：『碧桃春水漲臨衕，負却輕舠遠看花。訪舊不論冬泛雪，尋仙應許曉餐霞。囊携白社千秋業，杖倚丹臺九轉砂。正是王孫芳草路，夢殘蕭寺漫思家。』（《秋谷集》下）

作《題扇頭寄陳士業》（詩佚，題筆者所擬）。

按：詳下條。

作《寄陳士業》：『憶華堂接杯酒之歡，苒荏星霜已經十稔。歲月不留，人生易老，不佞弟則皤然一禿翁矣。邇者浪遊巴陵，以口腹累安邑。初擬扁舟章江，與仁兄一續舊遊，乃山陰興盡，言返故廬，而安仁丈遠至見訪，風雨連牀，歷數晨夕……漫成小詩，題之扇頭，稍展區區之懷，幸惟教之……敝友陳道掌素慕仁兄制藝之工，恨未荆識，於弟行時，寄《客草》一種求正。陳生亦奇士也，弟不敢以東家丘而賤之，仁兄以爲何如？崇仁令崔君徵仲，博雅名流，非作吏風塵俗品，近與安仁結爲新知，或至貴省，毋惜把入林之臂也。』（《文集》册八，《上圖稿本》第四四册，第二八五—二八六頁）

按：萬曆四十七年（一六一九）正、二月間，興公作《陳士業招集齋頭賦别》，參見該歲。

作《哭澤弘王孫》（詩佚，題筆者所擬）。

按：詳下條。

作《寄澤弘孝穆諸昆季》：『江閩雖接壤，而傳聞消息往往不真……去臘浪遊崇仁，離南州僅一衣帶水，擬趍吊尊公宿草，以盡馬策叩門之誼，且與賢昆玉一續舊盟，迺旅食既久，淫雨彌月，鄉思轉殷，遂不能扁舟西下，情誼之謂何適？安仁兄不遠數舍，櫛風沐雨，見訪蕭寺，談及尊公往日高情厚誼，不

覺動河山酒壚之悲，敬附哭詩一章、生芻一束。』（《文集》册八，《上圖稿本》第四四册，第二八六—二八七頁）

按：萬曆四十七年（一六一九）正、二月間，𤇆作《題澤弘王孫碧鮮亭》，參見該歲。

作《唁伯隍王孫》（詩佚，題筆者所擬）。

按：詳下條。

作《唁伯隍王孫》：『去歲辱瑶函遠寄，始知尊公先生厭世而仙。爾時方束裝爲巴陵之遊，擬過南州一哭尊公靈次，乃車生兩耳，出門有礙，直至舊臘始抵巴陵。方圖買舟西下，而淫雨彌月，鄉思轉深，既孤磨鏡之行，復負訪戴之約。適安仁丈不遠三百里，冒雨相訪，談及舊事，輒慨老成之凋謝……兹附哭詩一章、生芻一束，聊表哀衷。』（《文集》册八，《上圖稿本》第四四册，第二八七—二八八頁）

按：萬曆四十六年（一六一八）臘月，興公作《臘月以昭宗侯招集古雪齋，同辟疆、嘉祐、夷庚、伯隍、貢父諸君，共用寒字》。參見該歲。

作《寄鄭企山都閫》：『自霓旌霜鉞鎮我閩中，過辱盛情有加……偶敝社友促至崇仁，以去冬至日匆匆就道，弗及躬送。尚擬順流下豫章，一瞻顏色，侍教青油幕中，投壺爲樂，適得家信，又以俗事促歸……不肖嚮客南州，所交宗藩最廣，而最稱莫逆而風流文雅者，莫過安仁王孫。近自朱門特至崇邑見訪，歷數晨夕。』（《文集》册八，《上圖稿本》第四四册，第二八八—二八九頁）

作《清明後二日，鄧泰素刺史、吳應今司馬、崔世召大令雨中集燕，時司馬七旬也》（詩佚，題筆者所擬）。

按：是歲二月二十日清明。

崔世召有《清明後二日，鄧泰素刺史、吴應今司馬、徐興公雨中集燕，分得肴字，時司馬七旬也》：『風雨連宵濕燕巢，人家插柳尚新梢。座延杖國三千壽，地有行仙六甲庖。曲度深杯容懶嫚，詩□險韻費推敲。對君世味真堪斷，玄屑霏霏足酒肴。』（《秋谷集》下）

作《致江伯通》（詩佚，題筆者所擬）。

按：詳下條。

作《寄江伯通》：『辛酉歲，舍親陳生自武陵歸，荷華札遠寄，并扇頭珠玉，帕中奇繡…… 廻思雪滿鏡湖，下我一榻，分題剪燭，不覺九易星霜…… 向承尊公佳集，閩楚路遥，僅弟獲一部，素仰尊公名德者，借録傳觀，寔無寧歲。偶遊江右之崇仁邑，令爲弟之社友，乃臨川令、貴鄉王先生同僚，特借其使者爲郵…… 倘有《雪濤集》，仍附臨川以達崇仁，可朝發而夕至，寧道之云遠哉！舍甥謝在杭倏然遊岱，不獨弟抱骨肉之痛，亦海内之所同悲，九原有知，當與尊公先生同遊天上玉樓耳。鴻便，草草修候，外小詩題扇頭求正。』（《文集》册八，《上圖稿本》第四四册，第一八三—一八四頁）

按：萬曆四十七年（一六一九）訪雪滿鏡湖江伯通，勃作《雪夜訪江伯通小鏡湖，留宿書齋，同黄岡王孟侯及郎君茂弘，共限羅字》，至今九載。參見該歲。

又按：《雪濤集》，江禹疏父盈科著。

作《復彭次嘉》：『巴陵役歸，再捧手教，即與崔令君共讀之，則知老丈論詩之嚴，其所選必精也。但我朝之詩，超宋軼唐，二百五十年間，海内作者，不啻汗牛充棟，若非卓見定力，誰能甲乙雌黄？前輩名公，率有定評。至於今日，楚派聿興，競新鬥巧，體不必漢魏六朝，句不必高岑王孟，一篇之中，則之乎也者，字眼已居其半；牛鬼蛇神，令人見之縮項咋舌，詩道如此，世風可知。今吴人從風而靡，皆效新體，反嗤歷下、琅玡爲陳腐。總之，學識不高，便爲之蠱惑。獨敝郡人稍稍立定脚根，畢竟以唐人爲法。近亦有後進習新體者，衆擯斥之，所以去詩道不遠矣。他郡不具論，福州自隆、萬間，作者如林，先輩則有林文恪公燫、袁舍人表、趙司理世顯、郭布衣建初、馬參軍熒，皆有刻集，最富。若不肖所交遊稱同社者則有：鄧參知原岳、葉相國進卿、陳民部勳、謝方伯肇淛、陳太學益祥、陳茂才价夫、孝廉薦夫、陳京兆一元、孫學憲昌裔、曹廉訪學佺、馬州倅欻，并家孝廉熥，亦皆有刻集，多者二三十册，少者亦七八册，實海岳之精英，人中之麟鳳也。第卷帙繁多，無從致覽。此俱不肖素所推轂者，非齊人但知管、晏比也。邇者鄧泰素先生抵巴陵，不肖出橐中所抄録七言律詩數帙，泰素擇而録之，尚未盡敝鄉之才耳。竊計老丈斯舉千古盛事，梨棗之資出於何地？不亦難於奏功耶！先孝廉有《幔亭集》二十卷，此番未曾携入橐中，俟弟返舍，覓便寄上。拙稿積之三十餘年，稍稍詮次，詩僅十册，第纔梓四册，秖有一部奉與。泰素先生想不爲我藏拙也。崔令君有心人，不久入會城，老丈不妨通一刺，自然傾倒。近者安仁宗侯來，能道其惓惓耳。弟初欲扁舟抵洪都，與老丈會晤，邇者家訊促歸，不能如願……客次寡歡，了無詩興，不能作一律奉寄，容徐圖之。』（《文集》册八，《上圖稿本》第四四册，第二九一——二九四頁）

按：此書與彭嘉次論詩，主要論點：明詩超宋軼唐；楚派聿興，學識不高，吴人爲之蠱惑；閩中詩，以唐人爲法，立定脚根；隆、萬至今，閩中詩人十數輩，皆海岳精英，人中麟鳳。

三月，留别崇仁知縣崔世召。有書告别喻應夔，言朱銃鈼宗侯不遠三百里之程，櫛風沐雨來會，其誼至高；又言初十日之後定南歸，言曹學佺母去歲十二月初七卒。又言孫鍾震、弟徐熛及姪，俱考三等。

作《越暮春言歸，留别崔世召大令》（詩佚，題筆者所擬）。

崔世召有《徐興公自立春至巴陵，越暮春言歸，以詩留别，用韻送返三山》：『少微星野亘天南，方外銓曹信可堪。粘筆烟霞成我癖，滿囊山水笑君貪。閑隨僧磬敲時六，浪泛仙舟度月三。歸去故園生計好，短籬摇玉緑毵毵。』（《秋谷集》下）

按：『度月三』，興公在崇仁三個月。

作《寄喻宣仲》：『弟不能作命駕故事，而安仁不遠三百里之程，櫛風沐雨，其誼至高。所苦者，僧寮逼窄，上漏下濕，絶無登覽之處，辜負遠來至意。惟有崔令君恨把臂之晚，今已結爲相知矣。弟的於初十後南歸，與兄晤對之期了不可卜，念之憮然。茂之未曾至此，當是悮傳也。能始粤中消息茫然，且其太夫人以十二月初七日仙逝。近小孫家信來言，則能始似不能久滯西粤也。小孫、舍弟、舍姪，俱考三等，寒家從來無有大比而不入試者。書來促弟歸，爲遺才之計，不得不爲一料理。小孫才思甚奇，一念望高，亦是少年鋭氣，祇得歸矣。安仁述兄動定甚悉。崇仁令，我輩人，若到省日，兄不可不一把臂也……《南遊草》何不寄我，真咄之怪事。』（《文集》册八，《上圖稿本》第四四册，第二八九—二九一頁）

按：陳鴻去歲十月動身自粤西歸閩，臘盡過邵武，作《樵溪丙寅除夕》（《秋室編》卷六）。曹學佺之母去歲十一月離粤西，十二月初七日卒於途中；學佺今歲二月至家。

三月，歸舟發崇仁，途次，瘡發作苦；泊于邵武北橋，未入城；會鄭心一。此間，曹學佺自粵西歸，過緑玉齋小坐，喜幼郎延壽（存穎）。

作《次鄭玄圃韻》（詩佚，題筆者所擬）。

按：詳下條。

作《答鄭玄圃》：『不佞海濱傖父，無所知識，浪遊巴陵，什九暴風疾雨中，幸登華山，差足愉快。邇者雪跡上人自臨汝來，捧讀瑶函，並貽詩箑，獎許過情……漫次嚴韻，題之扇頭，請正……擬過貴郡，一造長者之廬，望見顔色，詢知豹隱高踪，尚離郡城數里，未能叩訪，徒托神交，不無傾注。』（《文集》册八，《上圖稿本》第四四册，第二九四——二九五頁）

按：華山，即崇仁華蓋山。

又按：臨汝，舊縣名，今江西撫州。

又按：《寄何金陽》：『偶途次瘡痏作苦，不能步入樵城，艤舟北橋，會鄭心一。』（《文集》册八，《上圖稿本》第四四册，第二九八頁）

曹學佺有《徐興公緑玉齋少坐，喜其幼郎存穎》：『余歸已緩在君前，得到齋頭即是仙。字體忘時看薜壁，文機熟處驗花磚。槐生兔目如窺客，月映蛾眉乍上弦。簡點琴書多故物，承家真有季方賢。』（《更生篇》上）

按：曹學佺自桂歸約在春二月（《石倉絶句十首·引》：『余歸之日，春色正舒。』）興公後歸，當在春夏間，荔熟之前。參見下條。

又按：曹氏此詩在《七夕諸子集水閣，各賦四律即景》之後。

四月，初一日，自江西抵家。歸後有詩懷邵捷春。致書閩縣知縣盛民衡，言盛民衡囑其修《曲陽盛氏族譜》事。臂發毒瘡，伏枕閲月。周之夔、崔嵸過集緑玉齋。艾儒略造謁葉向高，適曹學佺在座，相與論學，艾儒略贈《聖經》。後艾儒略撰成《三山論學》一書，詳《曹譜》。

作《還三山，懷邵劍津大行》（詩佚，題筆者所擬）。

崔世召有《徐興公還三山，寄懷邵劍津大行》：『十載交歡恨太遲，豹園遥憶數行詩。林邀使節干雲珥，屐轉仙丘抱月規。白簡久虚簪筆位，青門應及熟瓜期。南州有客能通問，歷亂春山寄夢思。』（《秋谷集》下）

作《復盛父母》：『不肖竄伏草莽，碌碌無能，承明公不棄菅蒯之微，枉駕式閭……令叔祖遺稿，僭爲選梓，編氓往役，分固宜然，曷足重煩齒頰。日者正與陳京兆、邵大行議廣其傳，以志景仰之私，徐有以報。更示貴《譜》纂修，謹如台命。弟學淺識踈，不足爲華宗之辱。敬候發下具稿，拙筆塗鴉，何堪刲大方之目，容書呈正。小孫深荷陶鑄，近日姪輩就試，俱蒙甄拔，此之爲感。』（《文集》册四，《上圖稿本》第四三册，第五二一—五三頁）

按：『令叔祖遺稿』，即《秋水吟》。參見去歲。

又按：『容書』，作於崇仁。

又按：《答鄧道協參軍》：『夏初蔣道圭趨白門，不佞正自江右崇仁初歸，復有瘡痏之苦。』（《文集》册七，《上圖稿本》第四四册，第一三五頁）

又按：《答張紹和》：『應崔徵仲之招，今歲四月抵舍。』（《文集》册八，《上圖稿本》第四四册，第二七七頁）

作《周章甫、崔殿生過集緑玉齋》（詩佚，題箑者所擬）。

按：崔嵸，字殿生，號五竺，世召第四子，寧德人。崇禎間諸生。著作甚富，名列雲間社十八才子中。有《竺庵集》《洞庭》《秋耕集》《衡廬合咏》《西莊集》。

周之夔有《集徐興公緑玉齋，分得初字》：『斗室維摩結净居，倦遊歸自豫章初。日長共坐千竿裏，年少争推七步餘。時崔殿生詩先成。華蓋志成疑宛委，興公爲崔徵仲修志。醮壇杯出勝璠璵。嘉靖窑。一時高會真難再，猶向林稍待望舒。』（《棄草詩集》卷五）

又按：『日長』，夏季；時興公自江西初歸。『華蓋志』，即《華蓋山志》。

五月，李埈贈書《弈評》《酒克》《北窗瑣語》《楞巖玄覽》四種，初十日，有書答之，評其新作《瘞鶴十詩》泠泠有致，較之孫太白《失鶴六章》，尤爲清絶；順言及諸友狀況，以爲王崑仲死期不遠，陳鴻非意表行事人；附贈謝肇淛書《五雜組》《文海披沙》《小草齋續詩》《麈譚》四種。又致崔世召子崔嵸，言生一毒瘡，痛楚難忍，醫藥罔效，呻吟床第間。又有書致葉向高，向高示所作《閩王墓》詩，興公和之。又有書致何望海，言近日海寇殺掠甚慘，附海人民洶洶靡寧，思挈妻兒逃深山。

作《答李公起》：『去歲兩得手書，弟兩奉答，皆不浮沈。汪士元別閩之後，弟遂有臨川之遊。客中卒歲，初夏始抵舍。臂上發一毒瘡，伏枕閲月，方起櫛沐應酬。而仁兄遠書從天而下，喜可知也。且讀《瘞鶴十詩》泠泠有致，較之孫太白《失鶴六章》，尤爲清絶。更《弈評》《酒克》《北窗瑣語》《楞巖玄覽》四種，又益我鄴架之富矣。謝在杭文集刻成，尚未裝刷，今索其《五雜組》一種、《文海披沙》一種、《小草續詩》一種、《麈譚》一種致上。甥孫少年譾學，不敢作書奉復，托弟爲致區區……曹能始先生失意還家，又值有内艱，方在支床之際，未便爲仁兄索報章，容徐圖之。王玉生老態龍鍾，屢索答書，皆漠然不爲意，大抵死期將至矣。叔度非意表行事人，仁兄何必惓惓問之，置之度外可也……丁卯五月十日。』(《文集》册八，《上圖稿本》第四四册，第二九五—二九六頁)

按：李埈請代轉二書，不識其人、不聞其名其號，拒絶之。

作《寄崔玉生》：『客崇仁三閱月，承尊翁厚情有加，一言難盡，中間景況，想石壁丈能詳道之，且尊堂、令弟暨令伯視如至親，俱欣然留款，此情此誼，如何可諼耶！尊公尚留不佞觀刻《華山志》，偶值仁齋公至，遂與同發，途中冒寒，生一便毒，痛楚不可忍，醫藥罔效，日惟呻吟床第間，不知何日可平復耳。偶小力有寧德之行，附上家信，乞查入。伏枕口授小孫代筆。』(《文集》册八，《上圖稿本》第四四册，第二九七頁)

作《和葉相公閩王墓二律》(詩佚，題筆者所擬)。

按：詳下條。

作《復葉相公》：『浪遊還家已及一月，苦病伏枕，未能摳侍，屢承垂問，感何可言！日者稍稍平復，力疾奉謁，又值台駕登山，咫尺河漢，罪甚，歉甚！承示大篇，夜光奪目，謹和《王墓》二律，請正。不自知其固陋也。』(《文集》册八，《上圖稿本》第四四册，第二九七—二九八頁)

作《寄何金陽》：『弟薄遊崇仁，淹留數月，擬歸途再奉色笑，偶途次瘡痏作苦，不能步入樵城。艤舟北橋，會鄭心一，始知尊翁老伯厭世而仙……近日海寇殺掠甚慘，官兵莫可誰何，附海人民洶洶靡寧。弟思挈妻兒逃深山，無處可容此身。奈何，奈何……曹能始先生近丁内艱，聞欲爲尊翁作志銘，不妨具《行狀》寄來。曹君筆札之役，自不靳耳。兹因鄭四友丈還家，薄申尊翁一香之敬。』（《文集》册八，《上圖稿本》第四四册，第二九八—二九九頁）

五、六月間，有書致葉向高，論閩王詩，以爲白帝蜀人可歌，錢鏐越人可碑，閩人何可獨諱閩王？又爲葉向高書亭扁。徐延壽、周之夔亦有和葉向高詩。有書答閩縣知縣盛民衡，孫鍾震經遺才試得以入闈，謝之。又致裴汝申。

作《和葉向公閩王墓六首》（詩佚，題筆者所擬）。

按：詳下條。

作《復葉相公》：『日得傴侍，聞所未聞，便覺沉疴之去體，承示《王墓》六章，結構愈密，鑪錘愈工，匠手匠心，當代鮮兩。不揣僭和如數，瓦缶不敵黄鐘，心自知矣。敬録請正。幸祈斧削，方敢附驥授梓也。小豚學步，并呈一笑。然穉年有志，差可恕耳。亭扁書上，深愧弗佳。惟尊裁之。』（《文集》册八，《上圖稿本》第四四册，第三〇〇頁）

徐延壽有《過忠懿王墓下》二首，其一：『芙蓉峰下吊荒墳，處處啼鵑不可聞。古穴依然騰寶氣，破磚猶見印錢文。松楸歲久樵薪採，荆棘冬深鬼火焚。七百餘年寒食雨，墓門無主鎖秋雲。』其二：『穹碑零落卧斜陽，年月依稀識季唐。閩國璽書傳五代，鼎湖弓劍葬三郎。烏啼杜宇前王恨，土膩臙脂少女妝。昔日曾傳金盌出，魚燈無復夜臺光。閩王自號白馬三郎，墓在臙脂山下。土色深紅，相傳

闖王有少女洗妝于上。』（《尺木堂集·七言律詩》一）

按：是歲延壽年十四，如若此二首爲上書所云『學步』作，則當令葉相刮目相看矣。

周之夔有《奉和葉少師遊蓮花峰胭脂山，觀闖王墳詩二首》，其一：『霸圖銷歇委丹丘，懷古追陪上相遊。精爽更疑騰玉馬，存亡非爲輦金牛。魚燈久暗泉臺夜，龍帳長空海國秋。地下尚誇南面樂，人間徒起北邙愁。』其二：『赤烏黄鳥委芊芊，尚愧錢鏐障海年。五代衣冠孫子在，一門題湊寢園連。雖經旦夕樵人火，不改春秋血貿烟。遺恨妝樓擬銅雀，胭脂山下冷釵鈿。』（《棄草詩集》卷五）

周之夔有《和葉少師重過闖王墳，再用前韻二首》，其一：『偏安未定正孤丘，不及詒謀長慢遊。唐甓再傳歌旨鷊，豐碑重仆泣蝸牛。雲成蒼狗松楸晚，風襲青磷禾黍秋。舊事不堪今竊擬，鯨鯢海上可無愁。』其二：『長林葱鬱草綿芊，峰頂蓮花映歲年。鬼斧幸停門内鬭，靈旗不見海氛連。登墳有客銷閑日，守家無人僅野烟。玉冕髑髏歸幻夢，含珠能復御芳鈿。』（《棄草詩集》卷五）

作《與盛父母》：『⿰火勞客冬薄遊江右，近始抵家，途次受暑抱疴，未獲摳謁，良用瞻注。小孫鍾震過蒙作養，幸預觀場之列，此之爲感，銘之五衷。遊子薄裝，無以爲獻，戔戔微物，聊申一芹。』（《文集》册八，《上圖稿本》第四四册，第三〇〇—三〇一頁）

按：春，⿰火勞孫、舍弟、舍侄，俱考三等，詳《寄喻宣仲》。經遺才試，孫鍾震得以入闈，故謝之。

作《復葉相公》：『曾王父掩骼一丘，荷相公大人錫之琰琬，以闡幽光，白骨可肉，黄壤猶生。不肖某行當勒石墳前，用誌不朽。弗獨二姓雲孫拜松楸讀而增感，即當年三友□且含笑于九泉矣。先此附謝。尚容台駕入省，百拜稽首也。《閩王墓詩》，偶爾遊適，興念無情，既不關朝政，又不觸時諱，司空公以爲不必作，何耶？杜少陵千古詩聖，而白帝、蜀主，往往寫之筆端；蘇東坡一代文宗，而作《表忠觀碑》，後世傳爲盛事。夫白帝稱孤，錢鏐霸□，跡其行事，與閩王忠懿不甚相遠，蜀人可歌，越人可碑，閩人何可獨諱閩王耶？此誠不可解也。司空公一生好持論，然不知其説可以壓服衆心否？伏乞見示。若果頂門一針，則不肖某當退避三舍矣。』（《文集》册八，《上圖稿本》第四四册，第三〇一—三〇二頁）

作《復裴翰卿》：『不奉顏色已歷歲年，弟去冬浪遊江右，訪崔徵仲大令，今年四月始抵舍。歸而抱疴者數旬，近始食新，忽得手教，霍然有起色也。文駕既抵延津，去三山僅一夕之舟，竟孤良晤，奈何？槐黄期迫，不日當將賢郎入試，想把臂不遠耳……扇頭完上，弟久不作此伎倆，偶爲仁兄破格，不堪一笑也。林茂之書寄廖淳之兄，乞爲轉致。《先墓録》一册呈覽，求大篇一華衮之。』（《文集》册八，《上圖稿本》第四四册，第三〇二—三〇三頁）

夏、秋間，鄧慶寀寄紙索書，應其命；有書致鄧慶寀，書言去歲南後街火，鄧原岳《西樓稿》板毁；又言徐熥《幔亭集》，被其子徐莊當于蔣子才家。有書致何望海，言抵家之後，塵事鞅掌，冗者什七，而病者什三。有書致張燮，言得《傅玄集》三卷，並附去《嵇叔夜集》。又致高元濬，言陳肇曾見所梓《禽蟲》《花疏》，恨相識之晚。約於此時，致書閩縣知縣盛民衡，言其叔祖詩已梓成。

作《寄鄧道協參軍》（詩佚，題筆者所擬）。

按：詳下條。

作《答鄧道協參軍》：『夏初，蔣道圭趍白門，不佞正自江右崇仁初歸，復有瘡痏之苦，衹草草作一書與茂之兄，不能及足下，良用歉歉。去冬後街回禄爲灾，不佞在崇仁聞之，知貴宅都付煨燼，不勝嗟惋，亦虞及尊公文集委烈焰中。及歸詢之，則果然矣。愚嘗評海内作者，如尊公之風流藴藉，遺編信自可傳，不但生同其時者所心服，至今日後進能詩之士，莫不推尊《西樓稿》之可咏可歌也。既燬復梓，具見仁人孝子，不朽其親，甚盛舉也。［况］南都刻板更善，尊公地下尤所稱快耳。貴《譜》梓成，竟尊公未竟之業，義例採輯，無不佳者。第王百穀有數詩俱未抄入，今不可得矣，惜哉！先兄文集板，舍侄當在蔣子才家，承示，容印佳紙寄上。拙集前年南撫臺發行書坊授梓，而撫臺遷去，遂不能終局，今衹得五册，第尚無力完厥工，統容印刷請正。……舊年寄來紙索書，偶不在家，今潦草應命，不能佳，奈何，奈何！小孫今歲正考入場，未知得先如何。小詩題扇頭呈正。』（《文集》册七，《上圖稿本》第四四册，第一三五—一三六頁）

按：此書評價鄧原岳詩，又云其集將再刻于金陵。

作《寄何金陽明府》：『夏間鄭四有丈還樵，附小札奉候……自江右抵家，塵事鞅掌，冗者什七，而病者什三。偶金陵僧性炳見訪，言返樵溪，托上人爲書郵，一問興居。上人嫻熟經典，久棲托于拿口之深山，法侣雲集，然以未嘗叩謁宰官爲歉，願台丈假以顔色，借以羽翼，俾一瓶一鉢，穩卧山林，皆台丈布施功德也。』（《文集》册七，《上圖稿本》第四四册，第一三六—一三七頁）

按：拿口，今屬順昌縣。

作《寄張紹和》：『近日使至，得《傅玄集》三卷，業已付梓。隨附《嵇叔夜集》，不知古本較今本亦有異同否？此書未完，終是不了之局。毋論好事者寥寥，無能共成美事，即真讀古人者，亦不少概見矣。吾郡好讀書者，無如陳孝廉昌箕，爲青田奉常公之嫡孫，少年能爲詩，詩有唐風。弟日與遊，恒心折之。且在齋頭每見兄著作之富贍，集評糾繆之淹博，恨結交之晚。兹爲霞城之遊，欲望張先生顏色，且欲遍探鄴架之所藏，想兄丈欲得同調人如渴，必倒中郎之屣也。三山新事，陳君口能道之，臨楮神往。』（《文集》册八，《上圖稿本》第四四册，第二五八—二五九頁）

按：冬，徐興公收到張燮發來的《傅玄集》等，則付梓當在此時。參見次歲春所作《答張紹和孝廉》。

作《寄高君鼎》：『黄孝翼歸漳，附八行問起居，并通謝公璵殷勤。嗣覩文宗試卷，則公璵裒然首薦矣；而仁兄想亦在優等也。敝友陳孝廉昌（基）〔箕〕，少年多才，制業既已脱塵，而詩詞尤泠然有韻。在弟齋頭，每見仁兄所梓《禽蟲》《花疏》諸書，恨相識之晚。兹爲霞城之遊，欲把入林之臂，仁兄見其人、覩其文，必青嗣宗之眼耳。三山近事，可驚可愕，陳君口能述之，臨楮神往。』（《文集》册八，《上圖稿本》第四四册，第二五九頁）

按：此書與前書《寄張紹和》同時作。

作《草書二幅》贈閩縣知縣盛民衡。

按：詳下條。

作《復盛父母》：『令叔祖詩久已梓成，某不自量度，僭爲選其必傳者，分爲□卷。後生小子，安敢有所去取。惟是語云：貴精不貴多。竊附私誼耳。陳、邵二公乃授之梓，第命集何名？幸乞垂示，以便填補。京兆足生毒瘍卧床第者幾兩月矣。前請令叔祖《行實》作序，意甚惓惓，并祈發下，旦夕完此局，便可廣布耳。承委拙書，漫草二幅求正。前奉祝小頌，寔敝社友林生寵氏筆者，兹令其作行楷呈上。塗鴉之手，不敢盡污佳箋耳。』（《文集》册四，《上圖稿本》第四三册，第五六—五七頁）

按：參見三月《與盛父母》。

七、八月間，張燮來書，言幼子于壘病日委頓，答之；又言向寄《武夷遊記》二册，今已有《武夷志》有彙稿，未及謄正，梓後呈送。

作《答張紹和》：『弟去年長至後往崇仁，應崔徵仲之招，今歲四月朔抵舍，未曾得兄片札，而此心寔懸懸也。昨者熞叔到，得手書，方知凱甫病委頓，後生血氣方盛，何乃便作尫羸態？聞勿藥有喜，則垂世應世之業，尚且輟之可耳。擬兄秋間爲三山遊，今已弗果，橋梓相依，未可遠涉也。《傅玄集》久已竣事，無便鴻寄上，今總付熞叔矣。王東老弟久欽仰，然韋布微賤，踈懶應酬，懷中之刺，聽其磨滅也。今春在崇仁，遇鄧泰素，盤桓兩月，寄一書一帛，慰唁兼之遥吊太夫人，今并附去。有回札，則轉托崔徵仲，可達耳。《武夷志》有彙稿，未及謄正，向二册乃遊記也。俟弟成書，并參橋梓新詩入之，總寄斧正，何如？《華陽國志》缺卷，容雇工抄寄。弟歸來百冗，且下足生一便毒，卧枕上者兩月，今尚未平復，勉强酬應。目今八郡交遊聚集，又添一番勞瘁，奈何，奈何！小孫正試入場，大事何敢過望？第稍鬧熱數日而已。草草附復。』（《文集》册八，《上圖稿本》第四四册，第二七七—二七八頁）

按：徐𤊹纂輯《武夷山志》，多方搜求，反復修補，用力亦勤矣！

秋，與曹學佺、馬欻、林叔學、林寵等謀興復福州西禪寺。有書致王鏤鼎（龍光），言偶患腰痛，木僵不能展轉，一時似難解脱。

作《曹能始擬興復西禪寺，余與馬季聲、林懋禮、林異卿、黄三卿諸子力贊其事》（詩佚，題筆者所擬）。曹學佺有《西禪寺創自唐咸通八年，潙山大安禪師主之，頃者續乘上人亦自楚别山來，號别山長老，睹其荒廢，因謀興復，余與馬季聲、徐興公、林懋禮、林異卿、黄三卿諸子力贊其事，因作此以記之》：『江潮日上浦雲邊，荔子陰中接市廛。近郭遊人來避暑，留題詩卷蓄多年。開山衲子唐偏盛，説法禪師楚有緣。今日議當興復始，渠成水到疾如弦。』（《更生篇》上）

作《柬王龍光》：『自月社、菊社至今，無日不領雅教，惟是鋏中之魚不充，遂至典衣鬻畫以爲資斧，愧貧交弗能盡地主之情，一旦言别，黯然如何。擬明日出江干折衰楊而後判袂。昨者偶患腰痛，木僵不能展轉，即寸步猶令兒孫扶持，老病交攻，一時似難解脱。古人云「中年畏與親友别」，況垂老乎！』（《文集》册八，《上圖稿本》第四四册，第二六八——二六九頁）

按：王鏤鼎，字龍光，宣城（今屬安徽）人。

又按：是歲王鏤鼎預閩中詩社，曹學佺於七月作《七夕諸子過集水閣，各賦四律即景，客爲鄭長白、王龍光、程晋孺、曾波臣、翁壽如、黄鳴卿、莊和君、林懋禮、陳叔度，凡九人》（《更生篇》上），詳《曹譜》。王鏤鼎别去，晚於此時。

作《王龍光像贊名鏤鼎，宣城人》：『葛屨履霜，麻衣如雪。展書廢《蓼莪》之篇，行路感風木之切。江左王氏多才，君則能畫能詩，能騁懸河之舌。敬亭洞壑桃花潭，秀色從君所攬結。』（《文集》册十二，《上圖稿本》第四五册，第二八七頁）

冬，有詩書答李層阿廣文，允諾爲其文作序。致書聞仲連，贊其《延慶寺志》。又致李子述，時異勢殊，以爲其兄入闈，得不償失；允爲其作序。又致李埈，言謝肇淛《小草齋集》殺青未竟。又致徐中幹，言崔世召遭漕廠彈劾，變出不測，憂心如擣。又致蔡宣遠，論貶官與詩歌創作，並論海内爲詩多宗楚派；言此科放榜，府學含閩縣五百餘人，祇中一人，福州運否較之乙卯科尤甚。又致鄭龍正，言其鄉試中式，屐齒屢折，顧我蓬門。

作《寄李層阿廣文》（詩佚，題筆者所擬）。

按：詳下條。

作《寄答李層阿廣文》：『不肖草澤廢棄之餘，無所表見，乃辱台翁不鄙，三十年前附名不朽，每一披閱竺乾之書，猶如覩顔色而挹清光也……恸何人斯，敢濫竽作者之林？惟是長者尊命，不辭固陋，勉爾載筆，第恐佛頭着穢，反爲佳刻之累，奈何，奈何！外小詩題之扇頭，請正。』（《文集》册七，《上圖稿本》第四四册，第一三七—一三八頁）

作《答聞仲連》：『憶先皇壬寅之歲，浪跡明州，得交聞先生，杯酒相歡。歲月蹉跎，廿有六載……近覽《延慶寺志》，足覘晚歲筆花奇進。少陵云「老去漸於詩律細」，似爲先生言之矣。不佞弟年已望六，遁跡海濱，一丘一壑，足以終老……子尹抵三山，即逢漳二守憂歸，窮途可念。此時遊道險如羊腸，況閩中老成凋謝，雅道寖衰，較之田叔先生宦閩時不啻河漢，以故子尹意落落而歸，時勢使然也。曹能始稍爲治歸裝，然不能如向年子述光景矣。』（《文集》册七，《上圖稿本》第四四册，第一三八—一三九頁）

按：田叔宧閩，屠本畯爲福建轉運副使。

又按：李子尹，子述之兄。子述遊閩在萬曆四十七、四十八年（一六一九——一六二〇）間。子尹是歲秋還四明。

作《答李子述文學》：『吴潛玉返鄮城，弟值往江右，未能附尺一奉候起居，子尹令兄至，辱手書見貽，足慰數年離索。子尹途窮，難爲歸計，弟乃薦於曹能始，款留園中。能始失意還鄉，較之往年仁兄遊閩日，意興大減，且時異勢殊，當事者乏緇衣之好，不能爲之從臾，弟乃力勸令兄速歸，淹留日久，得不償失也。承委序言，弟安敢當玄宴，容徐圖之。』（《文集》册七，《上圖稿本》第四四册，第一四〇頁）

按：徐㶿遊江右在去冬，今春歸。

又按：曹學佺自粤西失意歸，在是歲春，詳《曹譜》。

作《答李公起》：『今春弟自江右歸，而令親王右仲遺使投書，竟不取回音而去。弟已索謝在杭《五雜組》并雜著，無由遠致。李子尹至，又拜手札，足仞遠念。今將前書并附子尹挈歸，而在杭《全集》殺青未竟，尚容續上也。』（《文集》册七，《上圖稿本》第四四册，第一四〇——一四一頁）

按：王嗣奭，字右仲，鄞縣（今浙江寧波）人。萬曆庚子（一六〇〇）舉人，崇禎初官永福（今永泰縣）知縣，遷涪州知府。有《密娱齋集》。

作《答徐孝則文學》：『李子尹入閩，荷手書遠寄，仁丈誼薄雲霄矣。更承佳篇見懷……偶因社友崔君初令崇仁，漕廠彈劾，變出不測，弟憂心如擣，懷抱作惡，容徐奉復。子尹遠來，不免阮途之哭。乃曹能始假館授粲，僅得資斧而歸。老而食貧，真可念也。』（《文集》册七，《上圖稿本》第四四册，第一

四一—一四二頁）

按：徐中幹，字孝則，鄞縣（今浙江寧波）人。

又按：崔世召是歲忤璫，歸寧德，詳《崔譜》。

作《寄蔡宣遠明府》：『仁兄官聲籍籍，何乃一旦便掛吏議，聞之駭愕。從古高人，未有不遭貶謫者。李白夜郎，樂天江州，子厚龍城，往往寫之詩篇，以抒其拂鬱無聊之態，而詩轉工。仁兄癖耽佳句，今日左遷，正天所以成詩名者也。粤東山水奇勝，足供吟眺，而彼都人士，則有歐子建、馬元赤、區懷年，其人俱稱詩，而弟夙所嚮往者。仁兄蕭閒散秩，正宜與詩人相唱和。見時，當爲弟致區區耳。承示近稿八帖，一一僭爲評閲，翩翩成一家之言，而其中好句層出，皆標識之；而平平看過者，亦非盡瑕。當今海内爲詩，多宗楚派，全用之乎也者入在詩内。伯敬作俑，而效法成風，祇爲識者唾棄。願兄熟覽古人，參閲王、李諸公，自然名世矣。粤中刻板甚善，當合新作共梓一册爲妙。弟拙作承南中丞發行書坊授梓，南公掛冠去，遂不能終局，僅完六册，今往一部求正。公餘之暇，爲弟嚴加彈削，是所願也。舍弟、小孫今年俱入場，俱名落孫山。小孫年少，舍弟老矣，無復望矣。仁兄得無憐之乎！今歲放榜，府學合閩縣五百餘人，祇中一人。福州運否較之乙卯科尤甚，其奈之何！曹尊老乃郎豫薦，差足喜也。』（《文集》册七，《上圖稿本》第四四册，第一四二—一四四頁）

按：乙卯，萬曆四十三年（一六一五）。是科中式，福州府學三人，閩縣一人。

作《答鄭肇（甲）〔中〕孝廉》：『忝附廿載通家，久疏晤對。放榜覩鴻名巍擢，屐齒屢折，又承不鄙，顧我蓬門……計北上過三山，當在冬至前後，幸乞相聞，弟當賦詩爲别，圖少日周旋，萬毋遐棄，是所望

也。』（《文集》册七，《上圖稿本》第四四册，第一四四頁）

按：鄭龍正，字肇（兆）中，懷魁子，龍溪人。天啓七年（一六二七）省試第三人。

又按：萬曆三十一年（一六〇三）神光大社與鄭懷魁結識，迄今二十餘載。

十二月，與曹學佺、林寵遊鼓山，宿白雲廨院，至涌泉寺見無異禪師，憩圓通庵；庵爲徐熥重修。與陳翼飛、林寵、林叔學等集陳衎齋頭看藏書。晋江蘇弘玄搜畫扇絹畫，有書致之。

作《同曹能始、林異卿宿白雲廨院》（詩佚，題筆者所擬）。

曹學佺有《同徐興公、林異卿宿白雲廨院》：『日歸雖屢晤，未及夜深談。况此名山際，他無俗客參。松風吹雨數，溪月出更三。坐卧禪燈映，分明傍佛龕。』（《更生篇》上）

曹學佺有《到涌泉寺呈博山無異大師》《憩圓通庵》（《更生篇》上）。

按：白雲廨院，在鼓山山麓；圓通庵，在半山。張燮《遊鼓山記》：『出東門三十里，抵山麓，白雲廨院在焉。院之外，有橋覆水，而亭其上，水琮琮有聲，名東際橋……歷二里許，爲半山亭，俯瞰下界，已開勢澄豁矣。又里許，爲圓通庵。』（《霏雲居續集》卷三十九）

又按：黄任《鼓山志》卷二《寺院》：『圓通庵……萬曆丙申，郡人徐熥重修。』

作《與陳元朋、林異卿、林懋禮小集陳磐生齋頭，簡閲所藏書畫》（詩佚，題筆者所擬）。

陳衎《陳元朋、徐興公、林異卿、林懋禮小集齋頭，簡閲所藏書畫，用一先韻》：『歲行盡矣獨淒然，忽往高軒此地偏。掃徑政當朝雨後，開尊欲傍古梅邊。詞林佳話如今日，翰墨流風憶昔賢。樂事及時堪共口，狼烽海上漸生烟。』（《玄冰集》卷九）

按：此首之下爲《崇禎元年元日》。

作《答蘇弘玄茂才》：『向侍司農長公之教，文酒相歡，非一日矣，恨未能把次公一臂，奉覿耿光……使者遠來，辱手書存問，鄙人何幸！乃厪長者傾注如此，且承佳貺，愈增顔汗。小技原屬遊戲，何勞奏之大方？然仰承台命，不敢不效塗鴉之手，徒污練練，愧如之何。』（《文集》册七，《上圖稿本》第四四册，第一四六—一四七頁）

按：蘇弘玄，蘇茂相（弘家）之弟，晋江人。

作《又答蘇弘玄》：『不肖落拓野人，才疏名賤。近承雅念，尺素先施……所委四扇，先附使歸。偶清漳陳元朋明府税駕三山，弟有地主之責，且應酬旁午，而素絹尚未暇潑墨，遽使行迫，又不敢以潦草塞命。古云：五日畫一水，十日畫一山。惟高明稍寬假之，容覓便鴻寄上。』（《文集》册七，《上圖稿本》第四四册，第一四七—一四八頁）

冬，足疾，無籃輿難於出行。建寧知府張元圯入覲，爲作送行序。有書致王嗣奭，論《武夷山志》編纂。徐延壽有詩贈曹學佺，學佺答之。

按：《寄徐叔亨茂才》：『弟去冬偶患足疾，無弟子導籃輿以行，惟兀坐空齋。』（《文集》册八，《上圖稿本》第四四册，第二五〇頁）

又按：此書作於次歲二月。參見次歲。

作《贈建寧郡侯張公入覲序》：『聖天子新臨御，獻歲王春，正當大計吏。環海以内二千石，莫不手板牙緋，趨蹌闕下。而建州郡侯張公方驅五馬以北，孝廉陳君國鈺、黄君繼登、黄君大鵬、魏君鎮安，皆今秋舉於鄉，又皆公所造士，乞予言爲祖帳之詞。予孫晃忝與四孝廉稱同籍，因得聞公治建孅績甚悉，即潁川、渤海不啻過也。公早成進士，以北部郎出守嚴陵，甫一周，即調吾閩之建州。』（《文集》册一，《上圖稿本》第四二册，第七九—八二頁）

按：『聖天子新臨御』，明年改元崇禎。

又按：張公，即張元圯，上海人。天啓二年（一六二二）進士，任嚴陵縣知縣、建州知府。

又按：建州陳國鈺、黄繼登、黄大鵬、魏鎮安，皆天啓七年（一六二七）舉人。

又按：徐鍾震今歲亦與鄉試，落第。

作《寄王右仲大令》：『企仰高名廿有餘載，無繇一望顏色、快聆芝譚爲恨。邇者獲侍清光，真若披雲見天，足償生平大願……近聞老公祖徙治崇安，武夷三十六峰，近在眉睫，足供吟眺，著作日益多，奚囊當益富耳。武夷爲閩第一名山，向來《山志》蕪雜，未經名手纂修，殊爲缺典。老公祖爰書之暇，得無意爲籛氏二子標奇乎？明春不肖謹載筆相從，自備登山糗糒，遍歷雲巒烟岫之爲快，不敢以口腹累安邑也。何如，何如？葉機仲投筆從戎，自是我輩人，不肖二十年契誼也。偶過三山，出老公祖手札見示，惓惓垂念，深抱感戢。機仲行便，附候萬福。』（《文集》册七，《上圖稿本》第四四册，第一四四—一四六頁）

按：今春自江右歸，王嗣奭携李埈書過訪，故曰『邇者獲侍清光』。參見十一月《答李公起》。

曹學佺《答徐存穎》：『之子後來秀，躭奇有父風。百城堪自樂，五字復能工。講肆慚盧植，通家羡孔融。但精吹黍術，詎畏律將窮。』（《更生篇》上）

按：徐延壽，字存永，又作存穎。

是歲，翁正春母卒，年百一歲，爲作祭文。

作《祭翁太夫人文》：『人生最難，五福咸備。繄惟夫人，視之孔易……三鳳誕生，聯翩五色。長公振起，言爲世則。文魁天下，丹陛臚傳。木天珥筆，莫之或先。揆厥所由，寔母之訓。歷仕三朝，允符昌運。煌煌紫誥，推本所生……孫枝繞膝，芽茁如蘭。之屏之翰，巴蜀參藩。封典洊加，滿堂金紫。人生至樂，於斯極矣！況享眉壽，年踰大齊。髮垂是鶴，齒長爲鯢。宗伯岱遊，季公□養。日御扳輿，時隨鳩杖。何福弗備，何昌弗全。瑶池召宴，倏爾登仙。某等誼忝朱陳，姻諧秦晉。方事起居，俄聞凶信。薄陳一奠，敢告慈靈。洋洋如在，尚冀鑒臨！』（《文集》册十，《上圖稿本》第四五册，第八七—八八頁）

按：『巴蜀參藩』，翁正春子登彦，字君實。萬曆二十八年（一六〇〇）舉人，知合州，官至四川布政使右參議。

作《祭翁太夫人文代》：『人中之瑞，百齡加一。伯也尊顯，季亦拜恩。樹績西蜀，載有賢孫。名世軼材，惟天所授。貽穀發祥，門德實茂。遐齡全福，人宙稀聞。胡然遘病，遂駕白雲。某誼辱通家，情深執紼。倏聆耗音，曷禁哀鬱。皇恩眷愍，錫祭登壇。泉匪兩露，孔吉且安。何生不死，夫人亦罕。薄注椒漿，獻兹圭瓚。尚享！』（《文集》册十，《上圖稿本》第四五册，第八九—九〇頁）

按：曹學佺《淑人翁母壽文》（《石倉文稿》卷之《浮山》）作于萬曆四十二年（一六一四）（詳《曹譜》），言沈太夫人年八十有七；天啓六年（一六二六）翁正春卒，徐㶿作《祭翁大宗伯文》，翁母年九十有九，『百齡加一』，爲今歲。

是歲，以《龍筋鳳髓判》俾孫鍾震，令其熟讀。

按：徐鍾震《〈龍筋鳳髓判〉跋》：『天啓丁卯，予年十七，試棘闈，家大父簡此部俾予熟讀，以資博洽。中間解釋明備，出于武定劉小隱之手，比他本爲善，便于初學。』（《雪樵文集》）

是歲，友人鄧慶寀携興公所著《筆精》至金陵，交温陵黄居中編定，擬刊刻，慶寀已先溘朝露，遂未竟。

按：邵捷春《徐氏筆精序》：『丁卯歲，友人鄧道協參軍事於陪京，篋笥以行，爲温陵黄明立先生所編定，俾之剞劂，纔繕寫而道協已溘朝露云。』（《筆精》卷首）

又按：《筆精》完成於十多年前，參見崇禎七年（一六三四）。鄧慶寀，字道協，原岳子。

又按：參見崇禎五年（一六三二）。

是歲或稍早，孫國禎擢太僕寺少卿，爲作贈序。

作《贈總憲東署孫公擢太僕少卿序》：『總憲東署孫公，鍾赤堇勾章之英，早以上第，出宰吾閩之長溪，烹鮮之手，遊刃有餘。未幾，調令吾邑，兼侯、懷兩治之，錢穀簿書，較他邑爲最繁……秩滿奏績，今皇帝拜公爲青瑣侍臣……出公爲山東僉憲，未盡展公所藴抱……公以分轄剿賊，有功，超擢吾閩大參，兼巡海副憲。公於閩事，如駕輕就熟，不勞諮諏，悉中窾會。及持憲節，則擘畫海上要害機宜，申飭樓船部伍，井井得當。又值紅夷匪茹，倏然窺闞我腹心，辛螫我肢體，巨艦烈熕，橫行于風濤淼淼中。公職司海務，單車馳赴鷺門。悉心調度，力主帥師渡澎湖，公布攻擊，夷遂拆城霄遁，獻俘闕下。嗣是，計議築城，爲善後長策，酌量分兵水陸，永守汛地，閩賴以安。天子嘉公勞勩，晉公爲閩總憲……今日冏寺馬政之任，正所以待輦轂、待踰次之擢者也。公行矣！吾儕沐公清風，匪伊朝夕，不有述德，何以抒眷戀不捨之懷！』（《文集》册一，《上圖稿本》第四二册，第七四—七八頁）

按：孫國禎，字東署，慈溪（今屬浙江）人。萬曆四十一年（一六一三）進士，歷長溪、侯官知縣，天啓間升任福建按察使，擢太僕寺少卿。

是歲，福寧州知州秦堈榮薦，爲作《賀序》。

作《賀福寧州守儼海秦公榮薦序》：『梁溪儼海秦侯，以名進士守秦川。纔逾期，其政和以平，其民恬以熙。前直指使者周公，疏侯治行第一，如渤海、潁川故事。適予不佞以謁祖祠趨浙之平陽，道經侯治。……而大中丞朱公殿最沿海之賢，有司又□□行薦侯於朝，爲守令冠。鄉之縉紳鄭君洪圖，述侯懿嬂，乞予言彰之。予按：秦川自晉太康置邑，由唐及宋，或升邑爲州，或改州爲邑。千百年來，更置不同，而屬於晉安郡，則無弗同者。迨成化間，始奏請爲州，直隸藩司，不轄郡，割領二邑，虎符熊軾，方駕郡侯，綦貴矣。蓋以地居閩之北，負山憑海，綰轂閩浙，雖曰一州如斗，而洪波絕島，近在眉睫間。曩苦倭夷之獰獷，近而綠林嘯聚之豪，朝夕竊發，四方流寓者盤踞蠶食，征繕孜御，靡有寧日，儼然海濱一重地，殆與劇［郡］埒，始信昔之升州爲直隸者，誠難之也。若非廉明賢守，握符曳組於堂皇之上，蔑以濟矣。侯下車亟搜宿窳，次第鬄剔……不佞敢靳一言，以彰厥美，隨授簡爲秦川縉紳父老子弟，布其區區。』（《文集》册一，《上圖稿本》第四二册，第六五—六八頁）

按：秦堈，字儼海，無錫人。天啓二年（一六二二）進士。天啓間福寧州知州（［民國］《霞浦縣志》卷十三），晉工部。

又按『大中丞朱公』，即朱一馮，字非二。萬曆二十六年（一五九八）進士，天啓間任福建巡撫。

又按：此文除評價秦堈治績之外，于福寧州沿革及海濱重地之描述頗詳，意在州守責任重大，朝廷不輕許以人。

又按：觀文中『不佞以謁祖祠趨浙之平陽，道經侯治』等語，此文當爲代作。

是歲，崔世召忤璫，解至淮上，放歸。

按：崔世召《淮上喜接新詔》：『淮水湯湯浪打渠，江南逐客覓空書。沿街傳寫昇平詔，聞道希夷笑墜驢。』（《秋谷集》下）

又按：詳曹學佺《賀連州守崔徵仲致政歸西谷序》（《西峰六三文》）。

是歲，鄒氏仲姊卒。

作《祭謝氏姊文》：『丁卯，鄒氏仲姊又逝矣。』（《文集》册十，《上圖稿本》第四五册，第一〇三頁）

按：《荆山徐氏譜・世系考》，仲姊名潔，適知縣鄒一麟，有一男，名學閑（又據《祭謝氏姊文》有甥鄒良策之名，疑良策與學閑爲同一人）。鄒氏姊與熥、𤊹、熛俱林氏出。

是歲，葉向高卒。

是歲，張燮子張于壘卒，年十八。［一］

按：張燮《戊辰元日先壘去已六日矣，歌以佐哭三首》，其三：『誰家慟哭倚林阿，簫鼓城中遍

［一］詳拙文《〈列朝詩集・張童子于壘傳〉發微——兼談張燮難以承受之痛》，《中國典籍與文化》二〇一一年第二期；又《龍溪張于壘年譜》，《閩南師範大學學報》二〇一四年第四期。

浩歌。杖即遊仙嫌太早，酒難辟惡奈如何。武夷記後雲皆滿，廬嶽歸來瀑已過。强起辛盤聊共榻，乍疑遺像已微酡。』（《群玉樓集》卷二十一）

是歲或稍晚，王崑仲卒。

按：詳五月《答李公起》一書。

又按：《王玉生贊》：『顧、曹、衛、陸世遠，吾不得而見之矣；荆、范、馬、夏，吾亦鮮睹其素以爲絢矣。古人不作，君能繼而禪之矣；六法三品，君能曲盡其變矣。名不脛而走遍天下矣，目閃閃若巖下電矣。是爲吾友墻東居士之生面矣。』（《文集》册十二，《上圖稿本》第四五册，第三〇〇頁）

又按：此《贊》作年不詳，當是較早的作品，附於此。

天啓七年丁卯（一六二七）　五十八歲

明毅宗朱由檢崇禎元年戊辰(一六二八)　五十九歲

曹學佺五十五歲,林古度四十九歲,徐鍾震十九歲,徐延壽十五歲

正月,病足。元日,主社,崔世召爲權璫所厄,得脱,歸閩,來集山齋。世召擬歸隱寧德秋谷。有書致翁正春婿鄧慶寀,討論翁正春身後家産之事。致書陳元卿,特遣一介前往,請其提携崔世召早日入京補官。

按:病足詳二月。

作《戊辰元日立春,崔徵仲社集山齋,分賦》(詩佚,題筆者所擬)。

崔世召有《戊辰元日立春,是爲今上元年,社集徐二宅,分賦》:『綺日歡呼率海濱,當筵不厭酒千巡。龍飛恰值辰爲歲,鳳曆奇頒朔是春。多難重逢蓮社友,太平歸老竹林人。徐卿有子兼孫慧,剪勝裁詩事事新。』(《秋谷集》下)

按:徐𤊹排行第二,故稱徐二。

又按:『有子兼孫慧』,子延壽,孫鍾震。

曹學佺有《崔徵仲過石倉,以其隱處秋谷要余作序,時徵仲爲權璫所厄,乍得脱歸》:『昔時稱死友,今日乍生還。何必談秋谷,此中皆故山。桃花嬌水態,石氣澹烟鬟。爲問林棲樂,長如鶴夢間。』(《賜環篇》上)

按:興公當亦有詩送之。

作《答鄧道協參軍》：『人日，自令甥處得足下兩札，覩疏草一帙，始知翁少參分業之由。宗伯公厚積有無，僕不能知。然謂其有十四萬之富，恐未必然。嗣子與愛婿，雖一體，而關係重輕，頗有差等。茲因分產之薄，遂形之章奏，欲甘心少參，大類病狂喪心之語。夫宗伯公爲吾鄉山斗重望，天既斬其嗣，幸有猶子如少參，克承先志。宗伯無子，而有子矣。《疏》中欲將七萬助朝廷軍需之費，吾恐少參并合州、蜀藩官囊，未必有此數，胡爲持論之不經，獨不虞爲吾鄉識者之笑柄耶！若以分產之薄，令人從臾于少參君，厚視其妹，則合乎天理，當乎人情；如出惡語相加，竊爲足下不取也。不佞托在令先公異姓兄弟，敢抒胸臆，爲解此紛，令速毀疏草之板，言歸于好。不佞之願也。不佞與少參交不密焉，敢左右其袒？特據理而論之耳。唯足下更慮焉。《正聲續選》，誠爲盛舉，容徐圖之。《荔枝譜》未有新印者，今以舊藏一部附去。足下既爲尊公刻集，冷局安得有此閒錢作雅事乎？倘有好事者助一臂力，則可耳。尊公集，薛祠部家人未曾帶回。《別駕集》，蔣道圭亦未曾付下……茂之去年寄廖淳之書已送明白矣。海寇告警，三山民心洶洶，束手無策，桑梓之慮，不知究竟何如也！』（《文集》册七，《上圖稿本》第四四册，第一四八——一五〇頁）

按：宗伯公，即翁正春。

又按：鄧慶寀，原岳子，翁正春婿。正春卒後，慶寀與登彥爭產，慶寀疏草參登彥。如果就徐𤊹與登彥、慶寀的關係而言，與慶寀密而與登彥疏。登彥子，即慶寀甥持慶寀疏草見徐𤊹，𤊹以爲登彥爲嗣子，嗣子與女婿雖爲一體，嗣子與女婿重輕有差等。即便分產有厚薄，形之章奏，甚爲不妥。若以分產之薄，請人從中調停，令少參厚視其妹，則合乎天理，當乎人情；而『《疏》中欲將七萬助朝廷軍需之費』之類，種種持論不經，甚至惡語相加，只能成爲笑柄，甚不可取。請慶宋『速毁疏草之板，言歸于好』，則是徐𤊹所願也。

又按：《正聲》，即《閩中正聲》，鄧原岳編。

作《寄陳紹鳳憲伯》[一]：『自節鉞遠涖滇南，星分井鬼……然令長君爾繩時時聚首，而令孫爾待又與小孫同庠、同筆硯，爲文字交，纍世通家，如膠入漆，不獨不肖侍大教閲四十寒燠已也。側聞台翁分猷章貢，嘉譽日隆……貴同年崔霍霞，與不肖同社，自少至老，莫逆於心。去歲招入崇仁署中者半載，習見宦聲籍籍，公門如水。即漕兑一節，無端罹禍，令人且駴且懼。幸江右撫按衙門并司道諸公深諒非罪，爲之昭雪，今且暫返三山。惟是聽勘官員，須懇劉按院一疏，始得恢復原職，方令按臺巡歷南贛，與台翁會晤有期，伏乞篤念年誼，賜一提挈，速爲題請，俾早往京補選，寔台翁再造之恩，而崔令君當效涓埃之報也。特遣一介之使抵贛，幸乞留神。其漕兑曲折，崔君業有私稟。』(《文集》册七，《上圖稿本》第四四册，第一五〇頁，一五三—一五四頁)

按：陳元卿，字紹鳳，閩縣人。萬曆四十一年(一六一三)進士。

又按：霍霞，崔世召之號。崔世召天啓六年(一六二六)冬爲崇仁知縣，十二月徐𤊹抵崇仁崔氏署，次歲四月抵家，故云入署中半年。世召去歲秋罹璫難；冬，免罪，歸家。

作《又〔陳紹鳳憲伯〕》：『先君萬曆初年爲吉安府永寧縣令，簿書之暇，略記地理風俗梗概，遺稿尚

[一] 此書原件裝訂錯頁，『爲文字』以上第一五〇頁，『交纍世通家』以下第一五三—一五四頁。

存笥中。近知永寧新修有《志》，路遠無由尋覓，敢籍寵靈行票縣中取之。贛、吉相近，似不難致。愚不肖將補先人未竟之業。』（《文集》册七，《上圖稿本》第四四册，第一五四頁）

按：贛，章貢；吉，吉安。

二月，曹學佺爲徐氏題《三友墓》詩。有書致徐叔亨，言去冬足疾，今春仍舊行動不便。又寄鄭心一、心起，薦鄭瑄之兄鄭賓王。

曹學佺有《題三友墓》：『桑溪流水遶林皋，同穴三君意氣豪。修禊更多人酹酒，采風應有史爲曹。不同秦穆歌黄鳥，詎比齊嬰殺二桃。玉盌珠襦何處所，西風回首戀綈袍。』（《賜環篇》上）

按：三友墓，參見萬曆四十二年（一六一四）。

作《寄徐叔亨茂才》：『去秋快領色笑，寔切停雲，把玩扇頭三絶，清風襲人。弟去冬偶患足疾，無弟子導藍輿以行，惟兀坐空齋。春事闌珊過半，無好懷抱。奈何，奈何！敝通家鄭賓王，乃司理舒軒公之嫡孫，王永啓督學之快婿也……厥弟孝廉先登鳌弧，而賓王尚屈首呫嗶。兹者訪貴郡别駕于君于濉陽，東阿相國乃司理公門下士……并爲引拜朱于一、趙景緯諸兄，俾不落莫。』（《文集》册八，《上圖稿本》第四四册，第二五〇—二五一頁）

按：鄭賓王，字威如，侯官人。王宇之婿。與徐鍾震等結詩社。與兄鄭瑄稱『二難』，清兵入福州之後卒，徐鍾震爲作祭文。

作《寄鄭心一、心起》：『尊大人去歲抵三山，不佞適在病中，未能盡地主之情……敝通家鄭賓王，爲王永啓督學之婿，與貴郡别駕于公有通家之好。兹借賫捧抵樵，别駕公篤於故舊，必下孺子之榻。

鄭君工制藝，名鵲起，與厥弟瑄稱二難，足下能廣其遊道，結爲相知，俾不落莫邸中，亦千秋高誼也。』（《文集》册八，《上圖稿本》第四四册，第二五一—二五二頁）

按：鄭瑄，字全初，號如水，賓王弟，王宇婿，侯官人。天啓四年（一六二四）舉人，崇禎四年（一六三一）進士。唐王時官大理寺卿、工部尚書。清兵入福州之後，退居山林。卒，徐鍾震爲作祭文。有《昨非庵日纂》《撫吴疏草》等。

作《題扇頭，贈李左儀貢元》（詩佚，題筆者所擬）。

按：詳下條。

作《與李左儀貢元》：『數年間闊，音耗杳然，忽辱文駕顧我蓬門……奈日來足疾作痛，寸步不能履地，坐此疎節，罪與歉并。漫成小詩，題之扇頭，薄侑不腆輶儀，聊表賀私。伏望茹納，且祈垂諒病夫不以筋力爲禮，幸矣！』（《文集》册八，《上圖稿本》第四四册，第二五二—二五三頁）

三月，足疾依然，日擁書獨坐。檢點家藏載籍，計七萬餘卷。蔡宣遠贈書《京寓》《枕上》《雙塔》《舟中》《湖上》五種，答之，並論藏書之法：必勿用糊裱皮套，方留久遠。

按：秋間所作《答蔡宣遠》亦言及今春足疾楚楚。

作《答蔡宣遠明府》：『去冬修一緘，僭評佳詩數帖奉復。□人臨發，而遠訊再至，又領教《京寓》《枕上》《雙塔》《舟中》《湖上》五種，才情雙絶，聲調兩高……弟春來足疾作楚。無弟子導藍輿以行，日惟擁書獨坐，頗堪度日。檢點家藏載籍，計七萬餘卷，積貯多年，蠹傷蟫蝕。思惟藏書之法，必勿用糊裱皮套，方留久遠。廣州有一種藤紙，堅而且厚，以之裝潢，妙不可言。彼中每刀百張，只售青蚨百文，弟愛之甚，敢煩仁兄爲我購數刀，覓便寄惠，路遠恐難多挈，不敢奢求。即此當秋風關節也，幸乞留念。予日望之。更有國初孫蕡，字仲衍，詩集二册，羊城近有刻板。此公詩甚佳，并爲覓之。』（《文集》册八，《上圖稿本》第四四册，第二五三—二五四頁）

按：去冬修一緘評詩，即《寄蔡宣遠明府》。參見去歲及今歲《答蔡宣遠》。

春，有書致王嗣奭，喜其榮擢永福知縣。安國賢將軍邀修《衛志》，辭以精力不濟，不能載筆。安氏擬修《衛志》，舉興公與其事，興公以年來多病、神氣衰耗推却之。得張燮來書，答書惋惜張于壘；又言已領到《漢魏六朝七十二家文集》中的《傅玄集》《潘尼集》等三種；又言歲暮將轉上曹學佺《大明一統名勝志》。

作《答王永福令公》：『去冬葉機仲還建州，曾附一緘修候，未識機仲杖履至武夷否？近知老父母榮擢永陽，日望福星照臨，河潤廣被，且得時覲台光，飽聆宏誨，私心之喜，寔百恒情。』（《文集》册八，《上圖稿本》第四四册，第二五五頁）

按：王永福，即王嗣奭。

作《與安蓋卿將軍》：『貴僚諸公雅意，欲修《衛志》，甚盛典也。昨承枉駕下問芻蕘，敢不少效微勞，以報知己。惟是不肖年來多病，加以足疾作楚，自覺神氣衰耗，每一展卷，則頭暈眼花，昏昏欲睡。即應酬一二小詩，亦懶吟咏，惟支床伏枕度日。若修志重事，非精力有餘，不能載筆。况三山博雅之士自不乏人，萬乞矜我不能，别延作者，以輔曹、馬二公。無庸不肖濫竽斯舉，足見平日相愛之意，萬祈轉達子山、慧甫諸丈，勿督方命之罪。』（《文集》册八，《上圖稿本》第四四册，第二五五—二五六頁）

作《答張紹和孝廉》：『客歲，客自漳來，咸云郎君病甚，後又得其手書，索《武夷志》，差爲之喜。近考貢友至，傳云郎君臘月賦玉樓矣。天乎，天乎，何奪才士之速也！自古文人不壽者亦多，然未有不及二十而遂玉折，且婚媾未諧，絶無血胤，尤堪痛悼。昨得手書，開緘展讀，不及終篇，有淚盈掬。弟向年遭西河之變，幾不欲生，今幸有孫長大，稍慰目前。仁兄叠罹此禍，何能爲情！且房無媵婢，孑然若老比丘，尤難排遣。郎君已矣，獨念仁兄老年煢煢，鰥居爲苦，幸觔力尚健，齒髮未衰，且捐刻書之費，多置妾媵，種玉生烟，猶未爲晚。顧非熊再世爲況兒，安知郎君不爲非熊乎！郎君著作奇警，自是必傳之業，《武夷》長記尤見詞采。惜哉，惜哉！欲作挽詩，譬若初喪應、劉，神情惝恍，未能操筆，容徐撰之耳。承寄《傅玄》《潘尼》三種，俱已領入。曹能始歲暮以《名勝》諸刻命弟轉上，苦無便鴻，兹附去，乞查入。《恒》《霍》志此中無有，若《岱史》，則陳泰始處有之也。草草奉唁，不盡所懷。鄧泰素有書郵至，索兄回書，并已刻《七十二家集》，便間裁一函答之，不然恐訝我浮沉其信也。曹介人遊記附往。張維誠者，偶尋不出，容嗣寄耳。』（《文集》册八，《上圖稿本》第四四册，第二四五—二四七頁；又張燮《寄徐興公》附文字稍異，《群玉樓集》卷七十三）

張燮有《寄徐興公》：『《山史》之役，小兒爲政，而僕直佐其事。馬伯龍返旆，借至諸書，兒尚憑几而聆略之，稍倦則使人誦而聽之，定其殿最。詎虞轉盼忽記白玉樓行也。臨訣之日，尚食飲居起如常，衹神稍憊，含笑就瞑，便如睡去。生平謹疾，而疾竟不可起；生平嗜書，而書竟不及就。嗚呼，痛哉！弟十餘年來，父子間自爲酬酢，共爲揚榷，一旦存没路殊，千腸萬緒，誰共展者？今惟取一榻置兒靈前，吃飯看書，都與相對，謂兒睡未醒而已。《武夷記》是脱草于潭陽，及病中點定付梓者，今寄一册與兄共傳之。兒自卧痾，日以武夷爲念，擬今春力疾僦居彼中，此意未踐，忽焉化去。想前身應是幔亭末座間一人耳。渠自還返雲鄉，而我猶爲謝豹之倒啼，然亦何能自割也？差次遺集，直是字字韶秀，人雖無年，想亦來祀，埋没不得。兄能徵諸同志遞作一挽詩乎？望之！望之！佳記奉返，已選入十餘篇。貴郡山川，得兄與在杭而著也。曹介人、張維（城）〔誠〕二集幸以見示。』（《群玉樓集》卷七十三）

四月，浴佛日，無異禪師還博山，社集漱石山房，陳仲溱、陳一元、曹學佺、崔世召、李岳、陳衍諸友有詩送之。

作《浴佛日，社集漱石山房，送無異大師還博山，同用一東韻》（詩佚，題筆者所擬）。

按：疑興公亦有是集並有詩。

陳仲溱有《浴佛日集漱石山房，送無異禪師自涌泉寺歸博山》（《響山集》，《石倉十二代詩選》之《社集》）。

陳一元有《浴佛日社集漱石山房，送無異大師還博山》（《漱石山房集》卷五）。

曹學佺有《浴佛日送無異禪師還博山》（《賜環篇》上）。

崔世召有《浴佛日社集送博山禪師歸，共限東韻，七言律》（《秋谷集》下）。

李岳有《浴佛日集漱石山房，送無異大師還博山，共用一東韻，是日不赴》（《湖草集》，《石倉十二代詩選》之《社集》）。

陳衍有《社集漱石山房送無異大師還博山，同用一東韻》（《大江集》卷六）。

五、六月間，蔡宣遠遞來手書并新梓《枕上》《蘭箋》《澹言》三種，有書答之。

作《奉寄蔡宣遠明府二首》（詩佚，題筆者所擬）。

按：詳下條。

作《答蔡宣遠》：『陳心歐鹾使抵家，詢仁兄動定，知藩署清暇……使者遞來手書并新梓《枕上》《蘭箋》《澹言》三種，命我品騭。春暮曾附書於左右，將見教五帖批點寄去，即此詩也。中間稍抒一得之見，豈能爲大匠斵哉！去年秋杪使者入粤，曾寄一扇，并拙稿六册、兄前刻詩八帖。書來，未嘗談及，又向我索刻稿，想是浮沉于石頭城下……奉寄詩二首，總書小箑，請正。所托藤紙，乞留神覓之，不啻明珠翠羽之贈耳。時下溽暑炎方，尤望珍重。』（《文集》册八，《上圖稿本》第四三册，第五八—五九頁）

按：『去年秋杪』，寄集六册，第《答蔡宣遠明府》作『去冬』。參見去歲。

又按：春暮附書，即《答蔡宣遠明府》，詳三月。藤紙事，詳《答蔡宣遠明府》。

夏，與曹學佺、倪范、龔懋壓、林叔學、林寵等登于山避暑。徐霞客過閩，爲其太君《秋圃晨機圖》索題，疑有題詩。崔世召復起，往京城謁選，興公有書致邵捷春，請其爲崔擇一善地説項。

作《同曹能始、倪柯古、龔克廣、林懋禮、林異卿登于山避暑》（詩佚，題筆者所擬）。

曹學佺有《同徐興公、倪柯古、龔克廣、林懋禮、林異卿登于山避暑》：『日色非不盛，陰廊自有苔。城頭銷暑地，木末避風臺。傍舍朝朝上，携壺款款來。東南山闕處，縱目馬江回。』（《賜環篇》上）

作《徐霞客以其先太君〈秋圃晨機圖〉索贈》（詩佚，題筆者所擬）。

曹學佺有《江陰徐霞客以其先太君〈秋圃晨機圖〉索贈》(《賜環篇》上)。

張燮有《徐霞客爲其太君作〈秋圃辰機圖〉,諸名下屬綴備矣,入漳徵言,因而追志之》(《群玉樓集》卷二十一)。

按:徐霞客《遊閩日記·前》:『崇禎改元戊辰之仲春,發興遊閩、廣遊。二十日始成行(下略)。』(《徐霞客遊記》)

又按:疑興公亦有題詩。

作《送崔徵仲北上》(詩佚,題筆者所擬)。

曹學佺有《送崔徵仲北上》(《賜環篇》上)。

作《又[寄邵肇復]》:『武生周良器行,修一函恭問興居,餘情前書已悉。茲所白者,崔徵仲去歲無端爲漕璫參糾,已甘罷斥,歸隱霍童。近漕撫并江省撫按纍疏昭雪,蒙旨下復其原官。死灰復然,寔出望外,今特往京候補。幸逢台丈秉銓,機緣湊會,撥雲見日,正在此時。崇仁至今未補,似有所待。第地瘠民頑,雖地方有還珠之望,而徵仲寔不樂再蒞是邦,敢藉台丈平昔之雅,擇一善地,而近如浙之金、温,廣之潮、惠,江[之]建、信,稍豐腴易治者,以處之。』(《文集》册五,《上圖稿本》第四三册,第一八九—一九〇頁)

按:此書列於《寄山木上人》之後、《寄曹履垣》之前,原題僅有一『又』字。細玩其意,與山木上人風馬牛不相及。受書人應是邵捷春,捷春是歲爲銓曹,多有請托,故題補『寄邵肇復』四字。

又按:崔世召去歲忤璫,歸隱西谷。是歲夏秋間,世召赴京候補,曹學佺作《送崔徵仲北上》(《賜環篇》上）送之。後補桂東令。

又按：時邵捷春任官吏部。

七月，七夕立秋，陳衎與陳仲溱、陳一元、曹學佺、韓錫等社集槎園。

作《七夕立秋，陳磐生招集槎園》（詩佚，題筆者所擬）。

按：疑興公亦有是集並有詩。

陳仲溱有《七夕立秋，陳磐生招集槎園》（《嚮山集》，《石倉十二代詩選》之《社集》）。

陳一元有《七夕社集槎園，分得一東》（《漱石山房集》卷六）。

曹學佺有《七夕立秋，陳磐生社集槎園，分得三江韻》（《賜環篇》上）。

陳衎有《巧日立秋，社集槎園，得一先》（《大江集》卷六）。

韓錫有《七夕》（《榕庵集·戊辰集》）。

八月，八日，送義烏龔賢還金華，董應舉、周嬰等有詩送之。中秋，陳一元與陳仲溱、鄧慶寀、韓錫等集鱗次山房觀塔燈。同日，李時成、黃孟揚、林孟採玩月韓錫榕庵，此數子又同鄭景哲、齊望子觀燈神光、萬歲二塔。

曹學佺有《龔玄之義烏高士也，曩歲客閩甚久，歸隱于其雲黃山，浄修之暇，工於象緯，以余之招，遠道相赴，因喜而作此，時八月初八日，爲白露節》（《賜環篇》上）。

按：龔賢，字玄之，金華人。知天文。

董應舉有《送龔玄之歸雲黃序》（《崇相集》卷六）。

周嬰有《送龔玄之還金華》（《遠遊篇》，《石倉十二代詩選》之《社集》）。

按：疑興公亦有詩送之。

陳一元有《中秋社集鱗次山房看雙塔》（《漱石山房集》卷六）。

按：鱗次山房，在烏石山。王應山《閩都記》卷十《郡城西南隅》『鱗次臺』條：『有小阜，多奇石，烏山之支也。登其巔，望城中屋次鱗鱗，故名。』

又按：〔乾隆〕《福州府志》卷二十一《第宅園亭》『鱗次山房』條：『在今烏石山麓。登其巔，望城中屋次鱗鱗，故名。吴處士海居之。』

陳仲溱有《中秋夜，陳泰始開社鱗次山房，看神光、萬歲雙塔燈》（《響山集》，《石倉十二代詩選》之《社集》）。

鄧慶寀有《中秋陳泰始開社鱗次山房觀塔燈，分得二冬》（《還山草》）。

韓錫有《中秋李明六、黄孟揚、林孟採集予榕庵玩月，山行逢鄭景哲、齊望子，遂同看神光、萬歲二塔，歸逢劉泗哲諸子談勝，時魏兒從行，賦十六韻》（《榕庵集·戊辰集》）。

按：疑興公亦有是集並有詩。

秋，與曹學佺、林寵等過李時成山房尋菊。

作《與曹能始、林異卿過李明六山房尋菊》（《詩佚》，題筆者所擬）。

曹學佺有《過李明六山房》：『世緣難解脱，幽興每相妨。但令無機事，居然有勝場。詩書分日課，泉石待時藏。最愛籬邊菊，枝枝盡帶霜。』（《更生篇》上）

李明六有《曹能始、徐興公、林異卿過山房尋菊》：『烟𤇥聊爲事，霜籬欲有花。慚無彭澤酒，得似隱居家。並塵落寒石，孤鐺沸露茶。好留清咏在，香氣晚相加。』（《白湖集》卷六）

按：據『留清咏』，即曹學佺有《過李明六山房》及興公、林寵詩。

十月，冒起宗出使泉南，過訪鼇峰。

作《冒宗起過訪》（詩佚，題筆者所擬）。

冒起宗有《鼇峰訪徐興公》：『耻結時人往，裁雲控竹關。琴書高閣擁，花鳥午窗間。秋茗煮新火，春醪澤壯顔。鼇峰寧避地，高隱即名山。』（《拙存堂逸稿》卷二《戊辰詩》）

按：冒起宗（一五九〇——一六五三），字宗起，號嵩少，汝九子，辟疆父，如皋（今屬江蘇）人。崇禎元年（一六二八）進士，官至湖廣參議。入清不仕。有《拙存堂逸稿》。

又按：冒起宗《武夷遊記》：『余以戊辰秋杪奉使泉山，仲冬九日旋軫崇安。』（《拙存堂逸稿》卷二）則訪興公當在十月中下旬。

十一、十二月間，莆田黄章甫爲興公寫照，曹學佺有詩戲謔之；有詩贈曹學佺，學佺作《答興公》。

作《黄章甫爲余寫照》（詩佚，題筆者所擬）。

曹學佺有《黄章甫爲興公寫照，作此嘲之》：『寫照良不易，莆中技入神。無將綺歲筆，迫肖老來人。意氣存先輩，文章孰後身。南枝將破臘，杖履莫辭頻。』（《賜環篇》上）

作《贈曹能始》（詩佚，題筆者所擬）。

曹學佺《答興公》：『少小相期意氣真，逝川誰復挽芳辰。讀書未破三千卷，轉盼皆成五六旬。難

後豈思仍用世，生前難得是閑身。看花咏柳渾無緒，惟有空門寄跡頻。』（《賜環集》上）

十二月，十五日，曹學佺初度，社集陳一元漱石山房看梅。代人作《萍合社草序》。

曹學佺有《臘月望夜，社集陳泰始漱石山房看梅，值余初度，承諸君拈韻見存，余得蒸字》：『犬馬俄驚齒已增，舉頭巖石露丰棱。歲殘月色猶成望，氣暖梅花乍鬱蒸。但喜百年常聚會，漫云三壽可爲朋。况多佳麗堪娱老，痛飲休辭力不勝。』（《賜環篇》上）

陳仲溱有《臘月望日，社集陳泰始烏石山房，爲曹能始稱觴》：『六六峰前客似雲，詩籤都倩美人分。光團桂影臨瑶席，香沁梅花貼茜裙。新酒正當殘臘熟，疎鐘偏自隔鄰聞。年年白社稱觴候，半在山間半水濆。』（《響山集》，《石倉十二代詩選》之《社集》）

陳一元有《冬杪集同社于漱石山房爲曹能始稱觴》（《漱石山房集》卷五）。

鄧慶寀有《臘月十五日曹能始先生初度，社集漱石山房看梅》：『破臘梅開五出香，南山別業石蒼蒼。林間月色疑清晝，天上星文應壽昌。滿社故人争搦管，行厨新酒共稱觴。纖歌婉轉年年樂，檀板聲中夜未央。』（《還山草》）

按：疑興公亦有是集並有詩。

作《萍合社草序代》：『芝山故自有社，先輩鄧汝高、趙仁甫、先惟和諸公倡酬，若而人咸有定數。邇來操觚者衆，潛見殊塗，少長異齒，不得不涣散，涣散何以言社？然偶有宴會遊覽，亦各分題賦詩，客不必同，隨主人所邀而入焉。如萍之遇風，乍合乍散。或即景，或遥和。久之成帙，乃詮次而彙梓之，誠一時之盛事，三山之美遊也。後有繼者，嗣而續之可耳。崇禎紀元臘月題。』（《文集》册二，《上圖

稿本》第四二册，第二一二頁）

按：『先惟和』，原作『徐惟和』，『徐』字塗改作『先』。作『徐』爲代作，作『先』則成了己作。『徐』字是。

又按：此條言閩中萬曆中年鄧原岳、趙世顯及徐熥結芝社，人有定數；邇來宴會遊覽，雖有分題賦詩，隨合隨散，其社如萍。

是歲，鄧慶寀自南京歸，與曹學佺、陳鴻、林寵集緑玉齋，憶及徐熥。慶寀編就《還山草》，與曹學佺、陳肇曾分别爲之序。

作《〈還山草〉序》：『鄧道協爲觀察汝高先生仲子，少遊太學，屢試乙榜，遂拜官長蘆司鹺，尋轉金陵武德參軍，奔馳世路十年所矣。今歲觀察始歸魄首丘，而道協策蹇還山，一哭松楸，淹留故鄉者纍月。舊時知交，文酒過從無虚日，有倡必酬，有贈必答，宦囊中草，纍纍然滿矣。夫詩，雖言也，意興不高者，弗工；家無源者，弗工；交遊弗廣者，弗工；親米鹽瑣屑細務者，弗工。道協高視闊步，能讀父書，海内賢豪無不折節定交，且不問家人生産，僑寓白門，擇華林園故址，築舍以居，積書數萬卷，種花三五畦，若隱若顯，若智若愚，詩日益工，貧日益甚，道協于于然安之。觀察向與予同社，予嚴事之。鄰篴頻聞，羡阿徙之清淑；酒爐既邈，見野鶴之超群。因題數語以歸之，兼喜汝高之有子也。崇禎紀元一易月，同社徐𤊹興公撰。』（鄧慶寀《還山草》卷首）

曹學佺有《〈還山草〉序》：『余三山社中先亡者，如陳汝大、陳汝翔、陳伯孺、袁無競、林子真，或耄而遷，或少而折，皆不離諸生也；又如徐惟和、陳幼孺，則既舉孝廉矣，而不得一第；如趙仁甫，成進士第矣，而宦不達；又如鄧汝高，則宦達矣，而年不滿五十……汝高之仲子慶宷，少年負雋才……余故謂道協還山之詩有可誦、可觀者，存也以其情父儵焉者也。時崇禎元年戊辰仲冬望後，石倉居士曹學佺能始撰。』（鄧慶宷《還山草》卷首；曹學佺《石倉三稿·文部》卷一作《鄧道協詩序》，文字稍異）

作《和鄧道協參軍同曹能始、陳軒伯、林異卿集綠玉齋，因憶惟和伯兄》（原無題，題爲撰者所擬）：『叢竹青青映小山，故人相念扣柴關。僑居遠卜三吴外，惆悵俄驚八載間。漫道藩羊羸易觸，且看林鳥倦知還。爲官拓落應休問，聊借芳尊一破顔。』（鄧慶宷《同曹能始、陳軒伯、林異卿集徐興公綠玉齋，因憶惟和先生》附，《還山草》）

鄧慶宷《同曹能始、陳軒伯、林異卿集徐興公綠玉齋，因憶惟和先生》：『八年別去九仙山，此日重來一扣關。但有蒼苔生石上，依然綠竹擁窗間。先人交道知仍在，伯氏吟魂吊不還。自逐微名奔走後，青尊猶愧洗塵顔。』（《還山草》）

是歲，葉樞武薦上司馬，有贈行序。又致書葉樞，引爲同社之光。有書及詩扇寄陳基虞，言促膝對譚，荏苒十有五載。

作《送葉機仲武薦上司馬序》：『聖天子初臨鳳闕，協濬哲以飛龍；大丈夫預薦鷹揚，通姓名於司馬。當王三錫命之日，值四郊多壘之秋……直北闕山，盼燕雲而目斷；在東星象，憶閩海以魂消。翠罼青尊，難禁遠別；清風朗月，倍切相思。請振詞鋒，同濡子墨。』（《文集》冊一，《上圖稿本》第四二冊，第一〇二二頁）

按：參見下條。

又按：天啓五年（一六二五），機仲北上愆期。參見該歲。

作《答葉機仲將軍》：『古人有言，大丈夫當爲雄飛，焉能雌伏……以仁兄長才偉抱，投筆從戎，定當一鳴驚人……方今聖主當陽，圖治維新，豪傑效用，司馬門正亟需才。仁兄此行，正見奇炫異之日，勉旃！行役爲我同社之光，是所願也。去年林茂禮兄製得册子頗精，而同社數子各賦贈言，東南之寶已盡矣。他不必求，亦不必有也。謹附使往，小序弁之于前，難逃著穢之譏，惟仁兄教之。』（《文集》册八，《上圖稿本》第四四册，第二四九—二五〇頁）

按：聖主圖治維新，崇禎改元氣象。

又按：徐𤊹有《寄王右仲大令》一書言及葉機仲投筆從戎之事。參見去歲。

作《題扇頭贈陳賓門太守》（詩佚，題筆者所擬）。

按：參見下條。

作《寄陳賓門太守》：『憶不肖𤊹向過同魚，深宵剪燭，促膝對譚，荏苒十有五載，既而台翁出守邢州，濁水清塵，了不可攀。及榮擢嶺東，乃弗忘縞帶，貽書見招，雖不果遊，而隆情厚誼，鏤骨銘心，寔不可諼矣……聖主當陽結綬，彈冠相望於道，諒内召之期，即在轉眄。安石不起，如蒼生何？不肖伏在草茅，不覺屐齒屢折，敢爲勸駕。未審星軺何日過三山，當一賦驪歌，祖餞行色，幸乞相聞。兹因鴻便，肅此修賀，不敢循俗作駢啓，漫成小詩題之扇頭，請正。』（《文集》册八，《上圖稿本》第四四册，第二五六—二五八頁）

按：陳賓門，即陳基虞。同魚，同安縣别稱。萬曆四十二年（一六一四），𤊹過同安，作《過同安訪陳志華太守，對雨夜話》（參見該歲），至今十五載。

是歲，二致書邵捷春，捷春先是分校北闈，繼奉使河洛，晋銓曹；舉薦周文郁、周之夔、周良器等。致書鄭四有貢元，言周文郁拮据北上之資。又致李埈，贈《山居閒考》《狎鷗堂草》《方烈女傳》。題鄭善夫《少谷山房雜著》。

作《寄邵見心大行》：『幸托比鄰，相與晨夕，爲樂未淹，王程孔亟。奉别顔色。倏踰一朞。側聞分校北闈，所得士皆驪黄，牝牡之外，又知奉使河洛。事竣還朝，不日當膺考選，而銓曹梧掖，必虚一席以待……惟是鼇峰山色，當讓我全收之耳。家兄文郁，去歲舉明經，今應大廷之試，北趨京華，暮年冀得一毡，稍餬其口，不敢希望晚達。第銓曹選法，非有勢力者不能前茅。台丈譽望方隆，言重九鼎，乞賜吹嘘。』（《文集》册四，《上圖稿本》第四三册，第七頁）

按：徐𤊹與邵捷春同居鼇峰，比鄰。

又按：周文郁爲興公從兄。

作《寄鄭四有貢元》：『客歲匆匆把臂，而不佞弟病者什七，而冗者什三……聞金陽先生業有部覆，今聖皇在御，與台丈同升……從周家兄，累葉雖叨冠裳，而世守清白，不免食貧。拮据北上之資，若登天然。今勉爾就道，欲早乞一毡，稍餬其口，不知可得如願否？京師桂薪玉粒，似難久居，惟台丈曲念年誼，一顧盼之。』（《文集》册四，《上圖稿本》第四三册，第八—九頁）

按：『從周家兄』，即從兄周文郁。參見下條。

作《寄邵見心吏部》：『今春家兄文郁以明經赴京，附尺素奉候，爾時台丈尚未晋銓曹也。銓曹班高任重，威嚴如神明……吾郡自董司空先生持衡之後，寥寥無復繼者，以台丈之簡要清通，不減裴、王風采。況聖天子明聖當陽，革故鼎新，是在今日，凡百職有司，總歸綜核，不惟忝附交知爲之屐折，即吾郡士友無不交口而謂朝廷用人得當也。趙因夫京回，拜手札之及情誼殷篤，并惠《易房同門稿》，小孫珍若拱璧……去年閩闈之事，京師公論若何？省垣參疏交上，幾於聚訟。此中十一生未知後來何結局也？武舉生周良器補軍門贊畫官，乃敝友周喬卿之子，文心武略，亦足自雄，今上司馬得第可期，萬一會舉膺薦，仰藉台丈甄拔而培植之……章甫欲就教職，想台丈必不吝提挈，若得善地而近，不爲食貧所累。辛未大事，猶有可望，若歸爲孝廉，未免荒廢本業耳。周生行便，附此申候，不盡所懷。』(《文集》册八，《上圖稿本》第四四册，第二七二—二七四頁)

按：『去年閩闈事』，天啓七年(一六二七)丁卯科，陳晃爲閩縣知縣所得士，闔邑士民言其鬻舉，辱民衡而噪之。巡按趙蔭昌劾民衡及晃，下獄。

又按：周之夔，天啓七年(一六二七)舉人，今歲下第，或得邵捷春提挈，次歲春任泰寧廣文。果如徐𤊹所言，崇禎四年辛未(一六三一)成進士。徐𤊹之舉薦，捷春之提挈，改變了之夔的一生。

作《答李公起》：『去秋，李子尹還四明，業附小札奉復，並致謝在杭文集諸刻。想不沉浮。頃敝鄉鄭次野歸，始達仁丈前年所寄八行，并湖筆四矢，謝謝！次野雖同鄉，向未相面，今方接譚。知其歲往明州貿易，可爲魚腹，不似洪喬薄德耳。王右仲公祖，去歲棘闈竣事後，曾一晤言，匆匆爲別。今方署篆崇安，與武夷君相近，不日當遷擢，未審不腆閩中，尚得借寇君否？陳叔度書已致之。曹能始近爲其太夫人營葬，贈言已諾久矣，再有便鴻，當寄上也。次野行，草草奉候。』（《文集》册四，《上圖稿本》第四三册，第九—一〇頁）

是歲，題從陳椿孫長源處借鄭善夫《少谷山房雜著》，抄之。

題《少谷山房雜著》：『崇禎初元，予借之汝大孫長原而録之。』（馬泰來整理《新輯紅雨樓題記　徐氏家藏書目》，第一五七頁）

按：長原，當作『長源』，陳椿孫。

又按：參見崇禎五年（一六三二）。

作《答李公起》：『王永福履任，拜遠訊及爆石之寄，兹又承書扇之惠，可謂念我不置矣。郎君遠來，留酌竹中，清談移晷，殊是君家鳳毛行，且羽儀盛世，我輩皆出其轅下耳。拙畫元非所長，乃不遠千里索我塗鴉，勉爾濡染，不勝愧恧。小稿苦于梨棗無資，興已闌珊，不能終局，無以副長者之命。奈何，奈何！偶檢友刻三種，聊充鄴架。曹能始諸刻，郎君居停石倉，力能致之，無庸不佞饒舌也。炎暑小極，揮汗草草，不盡所懷。《山居閒考》一册，《狎鷗堂草》一册，《方烈女傳》一册，侑緘。』（《文集》册四，《上圖稿本》第四三册，第五九—六〇頁）

按：王永福，即王嗣奭。嗣奭，鄞縣（今浙江寧波）人。崇禎初爲永福令。

又按：去歲曹學佺自粵西歸。

是歲，鄧慶寀《荔枝譜》編定，並爲徐㶿《荔支咏》作《識語》。

鄧慶寀有《〈荔枝譜〉小引》：『荔枝一物，種類實繁。君謨摛辭簡古，列品明備；興公采集群書，争奇扼勝。合此二譜，誠難贅言。不揣末學，輒爲蛇足者，亦有説焉……三以興公搜采之未盡也，四以詩家錫名之未安也……其佐議未敢針徐砭蔡。若集録或可步王踵張云爾。時崇禎改元夏日鄧慶宷道協識。』（鄧慶宷《荔枝譜》一，《閩中荔支通譜》卷九）

鄧慶宷爲徐𤊹《荔支咏》所作《識語》：『興公《譜》成于萬曆丁酉。賦詩四十首，色香味品，摹寫殆盡。予近增修，復得雜咏如干篇，體雖不一，要皆爲南中珍果標奇，録附其後，亦吾鄉一段佳話也。崇禎戊辰鄧慶宷識。』（徐𤊹《荔枝譜》七，《閩中荔支通譜》卷八）

按：參見萬曆二十五年（一五九七）。

是歲，鬱林知府鄭邦泰擬帶兵入衛，途中賦《從軍行》見志，爲人代作《〈入衛篇〉序》。

作《〈入衛篇〉序代》：『鄭君汝交，分符鬱林，敷政優優。值逆酋犯順，胡騎薄都城，詔徵四方勤王之兵，粤西三臺使者，知君有文武才，檄從中丞後軍，披堅執鋭，無留難，無憚勞，毅然請行，有封狼居胥之想。途中賦《從軍行》見志。迨至湘城，報虜已遁。解甲西還，一腔感憤，具見乎詞，非若唐人摹擬《出塞》《從軍》等曲……君奏績已久，又當述職入京師，例得優異。若授以軍旅，寄以邊疆，吾知漠南無王庭，又歌《胡無人行》矣，寧獨「從軍有苦樂」見之篇什也哉！』（《文集》册一，《上圖稿本》第四二册，第一一六—一一七頁）

按：《〈再集篇〉序代》：『鄭汝交守鬱林者六載，戊辰入計，由粤抵燕。』（《文集》册一，《上圖稿本》第四二册，第一一八頁）

是歲，林叔學之妾董添（小雙）卒，與諸友陳仲溱、邵捷春、曹學佺、陳鴻、商梅、鄧慶宷、周之夔等爲作悼亡詩。

作《爲林懋禮悼亡姬》（詩佚，題筆者所擬）。

按：曹學佺有《董氏小雙志銘》：『余年家子林懋禮之妾董氏，江右之薌溪人。初名添，問字于余，余曰：「董雙成之流亞也，以小雙字之。」……姬生于萬曆甲辰年六月十八日亥時，卒于崇禎戊辰年十月十九日亥時，享年二十有五。葬以十一月二十七日。』（《石倉三稿·文部》卷七）

陳仲溱有《爲林懋禮悼亡姬小雙》（《響山集》，《石倉十二代詩選》之《社集》）。

邵捷春有《爲林懋禮悼亡》二首（《劍津集》卷六）。

按：邵捷春次歲作於蜀。

曹學佺有《爲林懋禮挽其姬人二首》（《賜環篇》下）。

陳鴻有《爲林懋禮悼亡姬姬有珍惜詩》二首（《秋室編》卷六）。

商梅有《爲林懋禮題小雙遺照》（《彙選那菴全集》卷四十《栖尋草》下）。

鄧慶寀有《爲林懋禮悼亡姬小雙》二首（《還山草》）。

周之夔有《懷林懋禮兼致董姬像贊挽詩二首》《爲懋禮悼亡姬四首》（《棄草詩集》卷五）。

按：以上諸詩或先後作，如曹學佺《爲林懋禮挽其姬人二首》作於次歲，詳《曹譜》。

崇禎二年己巳（一六二九） 六十歲

曹學佺五十六歲，林古度五十歲，徐鍾震二十歲，徐延壽十六歲

正月，十五日，立春，黄三卿直社東第，觀劇，同陳惟秦等與社。是月，與陳仲溱、曹學佺、安國賢、林嘉、林雲翔及子延壽等會葬兄徐熥于鹿坪山。

作《元夕立春，黄三卿直社》（詩佚，詩題筆者所擬）。

陳一元有《元夕立春，社集黄三卿東第，分得八庚》：『春光駘蕩遍東城，元夕青尊樂事並。縹緲歌聲鶯共囀，晶瑩燈影月争明。一年最勝黄柑節，此日初尋白社盟。縱飲任教沉玉漏，天街如畫馬蹄輕。』（《漱石山房集》卷五）

曹學佺有《元夕立春，黄三卿直社，分得四豪》：『東第春光入彩毫，晝迎賓客夜焚膏。笙歌陣陣催雲散，燈影枝枝暎月高。文士誰當千丈焰，遊人偏雜五陵豪。恩波二載應重沐，詎識明君致治勞。』（《賜環篇》下）

陳鴻有《十五夜，集黄三卿新居》：『開歲居新卜，元宵節始交。冰蟾看展鏡，海燕賀安巢。酒泛杯如蟻，燈懸室類鮫。美姝藏後閣，珍饌出中庖。簪墜香塵裏，花飄火樹梢。踏歌聞夜市，拾翠想春郊。風細簫徐度，更深漏緩敲。北來烽火急，何日奏金鐃。』（《秋室編》卷五）

周之夔有《元夕，黄三卿宅社集觀劇，分得江字》：『八能歌舞九華缸，後至登壇氣未降。舌在悲

同逃楚相，氈存喜復返閩邦。縱横觸目思防海，衣食關心又渡江。收得主人天禄史，樵川從此伴寒窗。』（《棄草詩集》卷五）

鄧慶寀有《十三夜立春，黄三卿開社，集陳惟秦、洪女含、陳泰始、徐興公、曹能始、陳長源、安藎卿、陳昌基、李子山、陳磐生、周章甫、林異卿、陳軒伯、倪柯古、林懋禮、曹能證、高景倩、康仙客城東草堂，觀〈張儀雜劇〉，分韻得寒字》：『元夕春生尚嫩寒，華燈邀客座中看。登場古在避秦易，結社詩成和郢難。城市喧闐人盡醉，海天空闊月將團。歸遲已弛金吾禁，暮管銅龍報漏殘。』（《還山草》）

按：曹學佺、陳一元、周之夔『元夕』，鄧慶寀詩題作『十三夜』：曹、陳、周就節慶而言之，鄧則紀實。

又按：曹學佺、陳一元、陳衎題有『立春』二字；鄧慶寀、陳衎詩言所演劇爲《張儀雜劇》，綜合以上數家詩題，此日有活動較完整的資訊應該是：正月十三日，立春，是夜社集，黄三卿開社於城東草堂，黄三卿、陳仲溱、洪女含、陳一元、徐𤊹、曹學佺、陳圳、安國賢、陳肇曾、李岳、陳衎、周之夔、林寵、陳鴻、倪范、林叔學、曹學修、高景、康彦揚、鄧慶寀等與社，共二十人，同觀《張儀雜劇》。

作《先伯兄安葬鹿坪山，承諸友會送答謝》二首，其一：『故交投贈買山貲，歸骨狐邱豈恨遲。瞻望若堂仍若斧，往還如慕復如疑。許心誰掛延陵劍？拭目争看有道碑。應待他年遼鶴返，下窺塵世塚纍纍。』其二：『窀穸新營魄可存，冥冥泉路永無光。一抔得傍要離塚，千載如臨劇孟喪。後輩吹簫

來墓所，故人聞笛愴山陽。薤頭曉露晞何易，腸斷歌聲出北邙。』（《荆山徐氏譜・詩文集》）

按：《荆山徐氏譜・詩文集》：『己巳正月八日會葬徐惟和先生于鹿坪山，墓與丁戊山人相鄰。曹能始相鄰山，爲作《墓誌銘》。』

又按：曹學佺所撰《墓誌銘》、《石倉》各集未見。

又按：《荆山徐氏譜・詩文集》所載諸家會葬詩有：

陳仲溱：『深松如蓋草如茵，杯酒空澆勺土新。碑上雕龍題幼婦，陵前下馬集詞人。南山孺子藏幽壑，丁戊先生結比鄰。從此黄壚成永隔，死生交誼見情真。』

曹學佺：『故交新歲葬邱樊，會葬江鄉始出門。白璧人非誰不嘆，青山道在久彌尊。友生痛訣皆臨穴，兄弟悲歌切在原。底事可關千古思，萋萋芳草怨王孫。』（曹學佺此詩又見其《賜環篇》下，題爲《初八日過唐堀，送徐惟和葬》）

安國賢：『予當生掛桑弧日，君當高登仕籍時。璧重連城何早折，玉埋芳塚自今悲。低徊下馬摹新碣，仰止雕龍讀舊詩。十里鹿坪山色暮，春風空見草離離。』

林嘉：『羽化俄驚三十年，交深生死誼堪憐。豐碑千載酬知己，短劍今朝掛古阡。白社談詩空喆匠，青山結伴有高賢。匏尊未薦腸先斷，忍聽枝頭泣杜鵑。』

林雲翔：『通家高誼説南州，未接丰標思轉愁。馬鬣故交營尺土，騷壇大業歷千秋。偏逢詞客鄰黄壤，獨恨文人不白頭。回首鹿坪山色裏，夕陽斜映古松楸。』

徐延壽：『三十年來藁殯宫，新春會葬鹿坪中。曼卿喪事貧難舉，范式交情死更通。挽柩歌聲悲薤露，沾夜淚血灑松風。山南山北纍纍塚，千古賢愚自不同。』

二月，周之夔之任泰寧廣文，陳一元、曹學佺、鄧慶宷、陳衎等有詩送之。鄧慶宷返金陵，與子延壽、孫鍾震及陳一元、陳鴻等分别有詩送之。

作《送周章甫之任泰寧廣文》（詩佚，題筆者所擬）。

陳一元有《送周章甫之官泰寧》（《漱石山房集》卷五）。

曹學佺有《送周章甫廣文泰寧》（《賜環篇》下）。

韓錫有《送周章甫》（《榕庵集·己巳集》）。

鄧慶宷有《送周章甫之任泰寧》（《還山草》）。

陳衎有《送周章甫掌教泰寧，得四支》（《玄冰集》卷九）。

按：疑興公亦有詩送之。

作《送鄧道協回金陵》（詩佚，題筆者所擬）。

鄧慶宷有《徐興公以次君存永、孫器之各以詩見送，賦答》：『少年英采兩英華，況復能詩繼大家。贈我一言强折柳，知君他日亦看花。冰神玉骨皆相似，藉譽咸名總可嘉。走馬長安等閒事，莫嫌燕福苦風沙。』（《還山草》）

徐延壽（存永）《原倡》：『依然飄泊向京華，誰識他鄉别有家。極浦片帆迷草色，深潭千尺漲桃花。天涯作客孤王粲，幕下參軍老孟嘉。六代遺墟堪吊古，秦淮春水月籠沙。』（《徐興公以次君存永、孫器之各以詩見送，賦答》附，《還山草》）

徐鍾震（器之）《原倡》：『省墓還鄉閲歲華，秣陵爲客又移家。詩情秀比三春草，别思濃於二月花。燕雀湖尋梁太子，鳳凰臺問宋元嘉。張顛草聖能超越，江岸時時司畫沙。』（《徐興公以次君存永、孫器之各以詩見送，賦答》附，《還山草》）

陳一元有《送鄧道協參軍之金陵》：『津亭把袂日初斜，酒罷還嗟去路賒。十載宦遊成傳舍，一肩行李又辭家。潮生楊子含霜月，水咽秦淮噴雪花。白下知交如問訊，爲言寂寞送年華。』（《漱石山房集》卷五）

陳鴻有《送鄧道叶僑寓金陵》：『同調那堪散似星，重尋白下暫居停。親墳營後松楸老，帝里歸時柳色青。覓得異書充棟宇，携將别酒出郊坰。春宵古渡籠沙月，舊曲庭花不耐聽。』（《秋室編》卷六）

四月，邵捷春之任四川參知，與陳仲溱、陳一元、曹學佺、陳鴻、陳衎等有詩送之。捷春行次建州，作詩懷興公。

作《送邵肇復參知之蜀》（詩佚，題筆者所擬）。

陳仲溱有《送邵肇復參知入蜀》二首，其一：『鞶帶新黄錫紫泥，暫分岳牧赴巴西。提封天設金湯固，省署雲連玉壘低。對酒郫筒邀月醉，催春杜宇隔花啼。乘閑小隊郊坰出，何異嚴公訪瀼溪。』其二：『輕舟千里上瞿唐，急浪連天兩岸長。廟樹青餘松柏老，驛塵紅送荔枝香。雪痕漸暖初消蜀，月影經秋半入羌。佳句驚人何所似，分明杜甫咏滄浪。』（《彎山集》，《石倉十二代詩選》之《社集》）

陳一元有《〈送邵肇復大參入蜀詩册〉引》：『聖天子軫念邊策，東顧遼左，西顧滇黔，思欲挽天河以洗甲兵，蜀與滇黔鄰，兵燹之後，大非當年之沃野，矧公所部前控沉黎，後接邛笮，夷漢雜處，瑕釁易生，撫綏不易……然則，公三不朽之大業，將在此行矣。仝社諸兄弟，各有詩篇贈行，屬予一言，祝轅如此，請載之册端。』（《漱石山房集》卷十三）

曹學佺有《送邵肇復參知之蜀志感二首》，其一：『二十年前佐蜀藩，山川形勝尚堪論。重遊細數留題遍，經亂徒令感慨存。玄草寂寥揚子宅，浣花依約少陵村。君今分部臨邛去，過省還期酹一樽。』其二：『卓氏王孫有故居，悔將愛女嫁相如。茂陵去後琴心絶，文井從教玉貌疎。一路安危需重寄，千秋事業屬公餘。聖明久却開邊策，論蜀寧煩父老書。』（《賜環篇》下）

陳鴻《送邵肇復參藩蜀中》二首，其一：『新參屏翰捧除書，腰下黄金早佩魚。望重在朝山吏部，才高諭蜀馬相如。千盤鳥道青天上，兩岸猿聲落日初。覔遍昔賢吟眺地，題詩先到浣花居。』其二：『幾年詩酒附交遊，臨發匆匆更唱酬。藩臬兼乘前路傳，笙歌常夢曲池舟。宅尋玄草消閒日，簾捲薇花對早秋。蜀道莫言難寄遠，一枝名竹乞邛州。』（《秋室編》卷六）

陳衎有《送邵吏部參知劍南》：『行省分符簡命新，天威長自服南人。夢從王浚知先兆，官似韋皋有夙因。古雪未消寒六月，奇峰不斷出三秦。廟廊終重山公啓，莫聽鉻聲獨愴神。』（《玄冰集》卷九，又《大江集》卷六）

邵捷春有《初夏北上，次建州懷徐興公、林懋禮》：『關關恰恰聽江干，三老操舟上急湍。垂柳乍驚春絮盡，薄羅初試夏衣單。新開蓮渚堪留客，久越瓜期催入官。自是周顒非石隱，虚勞笙鶴夢仙

壇。』(《劍津集》卷六)

五月，五日，與陳鴻過林叔學館中小酌。

作《五日，同陳叔度過懋禮館中小酌》(詩佚，題筆者所擬)。

陳鴻有《五日，同興公過懋禮館中小酌》：『一尊高館輒相留，梅雨瀟瀟尚未休。節序天中同楚俗，官河門外似淮流。書多歉歲難充腹，髮白衰年已上頭。却憶繁華當日事，萬凉簫鼓載蓮舟。』(《秋室編》卷六)

七月，六十壽辰，張明甫繪王維『閉户著書多歲月，種松皆作老龍鱗』詩意圖以壽，曹學佺作壽序，陳一元有壽詩。寄《鼇峰集》予周之夔，周寄詩祝壽。題楊慎《升庵詩集》。

陳一元有《壽徐惟起六十，分得四支》：『籍籍才名世共推，行年六十鬢將絲。千竿緑玉頻過客，萬帙青緗獨課兒。天上石麟鍾秀氣，人間海鶴見清姿。仙壇只隔軒窗外，好引群真醉羽卮。』(《漱石山房集》卷五)

曹學佺有《徐興公先生六十壽序》：『社兄興公先生花甲初周，著述甚富。同社丐圖于東越張明甫。明甫繪王右丞詩，有「閉户著書多歲月，種松皆作老龍鱗」之句。圖成，予得寓目焉，因序曰：予觀古人精神之所寄，歲月之所積，或在乎編摩，與其溉植，皆足以持久，而不可磨滅。是故椅桐梓漆，立國者資焉；楩楠豫章，論賢者取焉。杏壇之檜，世治而復榮；成都之柏，材大而益壽。陶公撫孤松以盤桓，莊生寄漆園而婆娑，其所繇來遠矣。夫學猶植也，非旦夕可以驟長。故必涵濡于義理，若夫雨露之潤也；借資于聞見，若夫風日之鮮也；居一而不遷，若夫丘陵之固也；富有而日新，若夫錙累之積也。夫然後可爲干霄拂雲，蔽屋而張席其下，學之上進于高明，而有以濟人利物之廣也。亦何莫不然？興公之於學，可謂積而專矣。少長於其父兄之教，而足跡遍江南。交遊天下士，訪諸故老，典籍所遺而討習之。凡數十年之久，而不間於風雨晦冥，始得稱爲學士。噫！豈易言哉？予雖竊有志焉於學，然少鮮師訓，長則遇物而遷，俛得而俛失之。日見其勤，亦何益矣。每適興公之廬而叩其旨蓄，輒若寠人之入華屋，饕子之過屠門也。興公所居，緑竹千竿，皆自其尊公手植而益埤厚之。兼有雜樹名卉點綴其側，均足以寫幽人之致。興公每手一編，抽一韻，而意泠如也。《詩》咏淇竹者，始生而猗猗然，既長而青青然，及其繁密如簀，文理條次斐然之君子成章矣。故始則切磋琢磨之功，而終於善戲謔，不爲虐。予知興公之終日謔而非虐也。衛武公之耄而好學，其酒戒之詞曰：「賓之初筵，其音秩秩。」予願以今日祝壽之杯爲初筵也，秩秩德音與同志者勉之。社中因展其圖於次以勸學。崇禎二年己巳孟秋朔日，社弟曹學佺能始撰。』（天啓本《鼇峰集》卷首）

周之夔有《徐興公新刻〈鼇峰集〉遠承見寄，披讀有懷，并壽其六十初度》：『生來五嶽作精神，文字高懸日月新。同調狎盟推霸主，異時遺老號天民。常懷緑玉青山裏，又得玄珠赤水濱。中論既成知不朽，恍疑徐幹是前身。』（《棄草詩集》卷五）

題《升庵詩文集》：『萬曆戊戌先伯氏於長安肆中購得《升庵詩》九卷，置之齋中，不知尚有文賦十二卷在後也。今歲偶有以文賦求售，予搜詩集合之，紙墨一式，遂成全璧矣。崇禎己巳秋初，徐興公識。』（馬泰來整理《新輯紅雨樓題記　徐氏家藏書目》，第一六一頁）

按：《升庵詩集》，明楊慎撰。刊本。

崇禎二年己巳（一六二九）　六十歲

又按：楊慎（一四八八—一五五九），字用修，號升庵，四川新都人。正德六年（一五一一）進士第一，授翰林修撰，謫戍雲南永昌。有《升庵集》。

又按：此條亦爲徐熥遺書歸徐𤊹之證。徐𤊹合己購《升庵集》文賦部分與徐熥遺留之詩集部分，成《升庵集》全帙。

十一月，偶遊邵武，謁阮自華知府。與朱亦世把臂歡甚。望後，作《邵武重創宜陽庵募緣疏》。于鄭四有假館授粲。

作《邵武重創宜陽庵募緣疏》：『樵川山巒環麗，城以北爲尤勝。去城廿餘里，地名泥洋，群峰峭拔，松千章，竹萬挺，蒼鬱蔽虧。洪武初創庵峰巓，顏曰「宜陽」，幽寂可憩。歷六甲子，雖香燈鐘磬未嘗廢墜，而榱桷傾欹，金容凋落。向日住持因循自利，未遑修造。今歲之夏，衲僧宋㪚來主是山，初進叢林，即發大願，毅然重興，（若）［苦］於瓶鉢卑微，獨立難舉。不慧偶遊樵陽，僧以桑梓來謁，備述山中形勝與夫興廢顛末，令人有支筇躡屐之想，遂以《募疏》見屬。予合掌遜謝曰：「三山七臺，元不相及，安敢效豐干饒舌？」僧下一轉語曰：「禪家本無人我相，樵川好善之士，雲集景從，有所倡必有所和，何分彼此？願居士以言施也。」予憬然悟曰：「上人以禪教律我，我何能辭？」漫書以爲諸宰官善信勸。崇禎己巳仲冬望後徐興公題。』（《文集》册九，《上圖稿本》第四四册，第三三四—三三五頁）

按：《寄朱亦世》：『憶己巳浪遊樵中，與仁兄把臂歡甚。』（《文集》册五，《上圖稿本》第四三册，第二二八頁）

又按：《寄鄭四有》：『憶己巳之冬謁阮郡伯之樵川，荷仁翁假館授粲，情至誼敦，感在衷愫。』（《文集》册五，《上圖稿本》第四三册，第二七三頁）

十二月，除日，曹學佺在古田囦關集陳士繡、蘇祐古、過文年等，有詩懷興公、陳鴻、陳肇曾、周之夔、林寵等。

曹學佺有《歲除日集陳伯綸、吳仲闇、吳二辰、蘇啓先、過百齡、戴實伯、吳尊生三石亭，因懷徐興公、陳叔度、陳昌基、周章甫、林異卿》：『老年躭弈更如何，忘却山中已爛柯。寓理歲功成往復，息機人世信蹉跎。庭梅冷落枝還吐，社友蕭疎客尚過。筆墨任從遊戲具，怪傳詩句近能多。』（《西峰用六篇詩》）

按：陳士繡，字伯綸，四明（今浙江寧波）人。有《疑雲居集》。

又按：蘇祐古，字啓先，休寧（今屬安徽）人。有《古雪堂續草》。

按：過文年，字百（伯）齡，毗陵（今江蘇無錫）人。陳衎《嘉客記》：『工弈，國手也。其弈平正閒暇，天下終無與抗衡者。』（《大江草堂二集》卷十三）

又按：吳榮，字尊生，國琦之孫，新安（今安徽黃山）人。知音律。有《山雨樓詩》，能作雜劇。

按：吳榮，字尊（又作遵）生，國琦之孫，新安（今安徽黃山）人。善治印，陳衎有《徽州吳尊生印譜跋》（《大江草堂二集》卷十五）。有《山雨樓詩》。擅長樂府，有雜劇《金環記》《河伯娶婦》。

是歲，南居益爲大司農，興公致書及賀詩，然未達。

按：《寄南二大司農》：『今上己巳之歲，老恩臺晋大司農，曾修一緘奉候，並侑詩扇菲儀，書郵

抵京，而台旌已返華山之陽，原緘携歸。』（《文集》册七，《上圖稿本》第四四册，第一一三—一一五頁）

又按：此書作於崇禎九年（一六三六）。

是歲，爲陳仲溱作像贊。

作《陳惟秦像贊》：『其貌甚癯，其中甚腴。落落穆穆，徐徐于于。洞徹五宗，已窺正印；陶鈞六藝，别鑄洪爐。長齋也，唐之蘇晋；著論也，漢之王符。且譚高白馬，而術善青烏。憶與君之締結，在神皇之十六載。不覺年已七十有五，而老其頭顱。君其予之惠子，予其君之夷吾。千秋百歲後，想君之清標逸韻，請視斯圖。』（《文集》册十二，《上圖稿本》第四五册，第三〇八頁）

按：陳仲溱生於嘉靖三十四年乙卯（一五五五），是歲年七十五。參見本《譜》首《總叙》。

是歲，侯官縣知縣來方煒以避親，將去閩，興公作上兩院《啓》以留之。

作《留侯邑來父母上兩院啓》：『邑有神君，海宇造無窮之福；世逢良吏，邦人懷匪報之恩。侯官令來某，品同瑞谷芝英，材比會稽竹箭。杏苑早聞鶯語，花封初試牛刀……輿論既已咸孚，衆情由來允愜。方蒙疏留免覲，萬姓争扶幼而頂盆；况兼身任賢勞，兩縣齊舉手而加額。正逢奏最，欣見三年有成；詎擬避親，忽報雙鳧飛去。真如赤子之離慈母也，何異家人之有嚴君焉。伏懇天臺俯狥輿情，下采蕘言，特疏保留，俾終厥職，庶海邦切永賴之思，蒼生荷來蘇之德。縉紳幸甚，士民幸甚！』（《文集》册二，《上圖稿本》第四二册，第一五一頁）

按：此文又見《文集》册四，《上圖稿本》第四三册，第一九—二〇頁。題下注：『代鄉紳。』

又按：來方煒，字澤蘭，蕭山（今屬浙江）人。天啓五年（一六二五）進士，侯官縣知縣。以好接引士類，擢吏部。

又按：〔乾隆〕《福州府志》卷三十三《職官》六載，來方煒天啓間任侯官知縣，無具體年分。曹學佺有《贈侯官來令長》（《更生篇》上）、《贈侯官來澤蘭令長》（《賜環篇》上）、《寄來澤蘭爲諸生林崇高》（《西峰集詩》中），分别作於天啓七年（一六二七）、崇禎元年（一六二八）和崇禎五年（一六三二）《曹譜》。《寄來澤蘭爲諸生林崇高》一詩，不再稱來氏爲令長；且此《啓》言來氏令邑『三年有成』，故此《啓》不可能作於崇禎五年或更晚。來氏天啓七年任閩縣知縣，至此歲爲三年，故推《啓》作於是歲。

是歲或稍前，壽寧縣知縣周良翰膺奬，爲之作《壽序》。

作《壽寧邑侯周公膺奬序》：『吾建處閩上游，詩書禮樂，蒸蒸嚮化。而壽寧蕞爾，界長溪山谷間，僻在一方。其人醇謹樸素，猶有三代遺風。故令其地者，一切文罔平反之勞，視他劇邑則省什之伍。方武陵周侯之涖寧也，其教民也，不煩禁令苛責，往往以身帥之。其督促徵發，不假桁楊夏楚，而賦税以時委輸。民力稼穡，侯露冕履郊坰，慰勞田畯，而邑鮮惰農。鄉民椎魯，畏入公門，見大吏侯，非大故不出一紙。勾攝村落，經年無追呼之聲。兩造盈庭，片言可析，鈎金束矢之罰，無有也。前官所未結公案，遞相因循，一一剖決。庭無留牘，吏胥無搒比之累。至于供億之需，咸取給月俸，不捐民間一錢……侯從此而益淬礪，與民相安於無事之天。不久，名登薦牘。聖天子新臨御，必嘉侯成勞……今日兩臺交奬，乃治體所繫，詎獨一邑一時哉！庠士范生廷鑑輩〔徵〕予言爲質，灑然有當於予心，漫

書以爲獻。』(《文集》册一,《上圖稿本》第四二册,第六一—六四頁)

按:『邑侯周公』,即周良翰。馮夢龍《壽寧待志》卷下《官司》:『周良翰,湖廣常德府武陵縣人。繇舉人於天啓六年任,崇禎四年正月以儒生鼓噪解任。』

又按:『天子新臨御』,崇禎改元之後。三年考績膺獎,當在是歲。

又按:此文述及壽寧民風,有三代遺風,雖未必盡然,但比他邑純樸,當是事實。

崇禎三年庚午（一六三〇） 六十一歲

曹學佺五十七歲，林古度五十一歲，徐鍾震二十一歲，徐延壽十七歲

正月，陳鴻有詩咏緑玉齋瓶中桃菊。

作《春日咏瓶中桃菊》（原無題，題筆者所擬）。

陳鴻有《春日咏緑玉齋瓶中桃菊》：『紅粉黄英共一家，幽芳何事傍夭邪。蝶尋屈子餐餘色，鳥蹴劉郎去後花。不共凋零隨曉露，偏憐掩映占年華。幾番風雨多相妒，留得壺中兩朵斜。』（《秋室編》卷六）

四月，八日前後，與高景、林寵自大穆溪至雪峰。遊雪峰寺，憶二十年前與謝肇淛同遊。宿留香堂。遊蘸月池、六華峰。至獅子峰，訪定林上人静室。過扆翠寮，憶孟山長老。

按：《雪峰志·紀藝文》：『予以神皇之三十九載偕同志爲是山之遊，探討不倦。越廿年，歲在庚午，復履斯地，而求其先代遺文古碣，寥寥殆不可覓。《大師塔銘》，乃録諸《黄御史集》中，真若龜須兔角耳。夷考《淳熙三山志》，留香堂舊有章郇公得象《記》，而何大圭重修又記之，今皆弗存。是知陵谷匪常，文字隨之澌滅矣。邇者，寺僧弘振修海會塔，始披蓁莽得悟逸刊碑，然則所遺者不既多乎？蓋南荒地軸，形勢最雄，開山禪宗，踪跡頗遠，惟是登陟之杖履百無一焉，誰操不律，用答山靈哉！好奇之士，布襪青鞋，請從此始。』（《文集》册九，《上圖稿本》第四十四册，

第四二八頁；又《雪峰志》卷八）參見萬曆三十九年（一六一一）。

又按：《雪峰志》卷二《紀創立》『枯木庵題刻』條：『崇禎庚午四月八日徐𤊹、高景、林寵來。』

作《自大穆溪至雪峰道中崇禎庚午年》：『雲邊路繞化城隈，二十年中兩度來。峰匝樹陰晴蔽日，溪迴瀑響晝鳴雷。輿人氣似吴牛喘，野鳥聲爲蜀魄哀。迢遞山程窮日到，方池蘸月寺門開。』（《雪峰志》卷九《紀題咏》）

按：大穆溪，又作大目溪。王應山《閩都記》卷二十二《郡西北侯官勝蹟》『大目溪』條：『在三十一、二都。沿溪以裏數十里，有路達於雪峰。』

作《重至雪峰，懷謝在杭方伯》：『百重峰勢漸岧嶤，步入梯雲嶺路遥。字蝕荒苔摩古碣，名鎸枯木辨前朝。飯僧千衆鍋仍在，轉藏孤輪鐵未銷。追憶惜年同謝朓，留題詩句遍山椒。』（《雪峰志》卷九《紀題咏》）

按：萬曆三十九年（一六一一），與謝肇淛遊雪峰。

高景有《遊雪峰四首》，其一：『亂峰環向勢如奔，鼻祖開山釋義存。五縣版圖連大地，十方衣裓禮空門。何年寺額加崇聖，易代鐘銘紀至元。珍重金鼇橋畔路，明朝長聽水聲喧。』其二：『欲覓諸天最上頭，曲欄深入講堂幽。當年説法人何處，此日看山雪尚流。舊院伊蒲猶設供，拂簷叢桂幾經秋。半床襆被餘香在，疑是神僧去日留。』其三：『偏安廉主重宗風，廣布金錢建大雄。運鼎能供千衆食，鑿池曾費萬夫工。本師示寂還追祭，長者損資亦報功。舍衛給孤今寂寞，不堪重説梵王宮。』其四：『殿經劫火化爲灰，亦既重新久復頽。藏骨千花猶有卯，坐禪枯木不生苔。香臺浴佛

光還現，蓮社邀賓禁乍開。試問燒殘方丈地，幾番曾見滾毬來。』（《雪峰志》卷九《紀題咏》）

作《宿留香堂》：『重叩禪師古道場，繞山松檜更蒼蒼。石廊步月思前度，茅榻眠雲借上方。峰頂依稀猶見雪，堂前縹緲尚聞香。舊知老衲頭俱白，解説宗風溯大唐。』（《雪峰志》卷九《紀題咏》）

按：曹學佺《雪峰原列廿四景，兹乃撮其尤者爲十二景，各拈七言絶句一篇以紀之，俾覽者獲知其概云爾·留香堂》：『若爲遺臭更遺香，不二門中净穢忘。莫謂匡牀空敗絮，誰人抛得臭皮囊。』自注：『嘗有僧敗絮百結，臭穢不可近。僧衆逐之，獨鄰榻僧相留，送去數里。謂曰：「荷君意勤，適留香相浣。」比還，所坐處異香襲人，經時不歇。』（《雪峰志》卷九《紀題咏》）

作《蘸月池》：『蘸月方池澄作鏡，當年元爲放生開。至今緑水依然在，誰見金鱗透網來。』（《雪峰志》卷九《紀題咏》）

按：曹學佺《雪峰原列二十景，兹乃撮其尤者十二景，各占七言絶句一篇以紀之，俾覽者獲知其概云爾·蘸月池》：『寺門環遶徑逶迤，月出深山蘸影遲。澗水平田高下去，僧寮猶數萬工池。』自注：『蘸月池，在山門外，方數頃。閩王役丁夫所開，曾費萬工云。兹已犁爲田矣。寺中有亟當興復者，此其一也。』（《更生篇》上）

作《六華峰》：『天際孤峰見六華，梯雲高嶺路偏賒。遊人漫自輕登陟，恐有南山鼈鼻蛇。』（《雪峰志》卷九《紀題咏》）

作《静安上人捐貲修造大殿，喜贈》：『真覺宗風久寂然，師來大振雪峰禪。親携徒衆勤功課，自捨資糧助勝緣。性與在山雲共懶，面如升海月同圓。趙州意旨能參悟，曾飲清寒古澗泉。』（《雪峰志》

卷九《紀題咏》）

高景有《訪定林上人》：『草塌麻衣性亦甘，雪峰峰頂結精藍。清齋不受他方供，公案能容老宿參。泉響琴中成迸水，花開瓶裏盡優曇。何如鷄足修迦葉，萬壑千巖寄一龕。』（《雪峰志》卷九《紀題咏》）

作《獅子峰訪定林上人静室》：『雪裏孤峰聳萬尋，特搜幽處別開林。密嚴佛土元稱净，真覺宗風未盡沉。喝倒德山宣祖棒，鼓來流水顯師琴。上人善琴。弟兄無著天親似，同證蓮花不染心。上人弟青林，亦高僧也。』（《雪峰志》卷九《紀題咏》）

按：《雪峰志》卷二《紀創立》『定林庵』條：『在獅子巖下。天啓五年，僧如净建。』

作《過扆翠寮憶盂山長老》：『此地曾遊二十霜，重來應感舊風光。能詩老衲云亡久，寒翠依然護影堂。』（《雪峰志》卷九《紀題咏》）

按：興公上次遊雪峰在萬曆三十九年（一六一一），故云『此地曾遊二十霜』。

又按：以上諸詩爲萬曆天啓元年（一六二一）後之作，《鼇峰集》不載，故録之。

秋，長女病卒；弟徐熛逝，年五十五。

按：據《荆山徐氏譜·世系考》，㶿二女：貞、淑。按排序，長女當爲貞。

又按：《祭謝氏姊文》：『去年秋，長女適廖氏，病卒；未幾，季弟惟揚又逝……』（《文集》册十，《上圖稿本》第四十五册，第一〇三頁）

又按：《祭謝氏姊文》作於崇禎四年（一六三一）四月，詳該年。

又按：《荆山徐氏譜·世系考》：『熛，字惟揚，行一百六十三，子瞻公三子。邑庠生。性穎悟，好讀書，與友人王永啓等聚業于釣龍臺，交相琢磨，文藝精工，與父永寧公及熳亭、興公二兄齊名，當世皆以爲「三蘇」繼作。』又：『生嘉靖四十五年丙寅九月二十一日子時，卒萬曆四十八年庚申四月十四日亥時，壽五十五，葬祖墳左畔。』《荆山徐氏譜》所記熛生卒年皆誤。嘉靖四十五年丙寅（一五六六），然其長兄熥生於嘉靖四十年（一五六一），仲兄㶿生於隆慶四年（一五七〇），故熛生年必誤無疑；萬曆四十八年庚申，則爲一六二〇年。如若享年五十五不誤，卒於本年，則生於萬曆丙子（一五七六）。按：熛之伯兄熥作有《龍臺聚業序》，詳萬曆二十七年（一五九九）譜。

又按：《祭謝氏姊文》：『維崇禎四年四月廿八日……去年秋，長女適廖氏，病卒。未幾，季弟惟揚又逝矣。徐㶿獨與老姊無恙，差自慰矣……自秋徂夏，僅半載，盈盈之淚，不絕如綆。』（《文集》册十，《上圖稿本》第四五册，第一〇三—一〇四頁）

又按：謝氏姊卒于下年夏四月，距本年秋僅爲『半載』，爲熛卒于本年秋之證。

八月，作《邀中秋大社啓》。中秋次夕，神光寺大社，與陳一元、曹學佺等與社。

作《中秋邀大社啓庚午年》：『伏以風雅聿興，樹幟飆馳於八郡；星文偶聚，操觚雲涌於三山。敢招當代之鉅公，僭倡同聲之大社。謹諏中秋次夕，邀明月而舉金杯；共娱上界良宵，奏鈞天而摇彩筆。敬借神光之鹿苑，尚祈早降乎鸞驂。』（《文集》册十，《上圖稿本》第四五册，第二四六—二四七頁）

作《中秋後一日，開社神光寺，賦得今日良宴會》（詩佚，題筆者所擬）。

曹學佺有《中秋後一日，開社神光寺，賦得今日良宴會，分五微韻》：『商飆昔置館，在彼鍾山陲。東南集群彦，山水娱清輝。宗雷久不作，誰爲嗣音徽。睠此閩中地，多士徵秋闈。懷寶非所嘆，咳唾皆珠璣。節候欣既合，天宇滌炎威。杯觴御君子，慰我平生飢。同袍業云盛，詎惜寒無衣。』（《賜環篇》下）

陳一元有《中秋後一日，社集神光寺，賦得今日良宴會，分得六魚》：『秋氣薄林麓，風葉響蕭疎。紺殿鬱且巍，凉月流前除。對此敞芳讌，心爽神亦舒。上客東南彦，縱横三管書。彼美後來秀，香佩青霞裾。願言娱今夕，佳人玉不如。棘闈方戰歇，璞剖見璠璵。賡詩酬良會，大雅追黄初。』（《漱石山房集》卷一）

九月，緑玉齋與曹學佺送陳肇曾北上春官。

作《緑玉齋看菊，餞送陳昌基北上》（詩佚，題筆者所擬）。

曹學佺有《緑玉齋看菊，餞送陳昌基北上》二首，其一：『北闕人方上，東籬花正時。青雲何處是，黄鵠以爲期。昭代人文盛，君家祖德垂。木天與秘省，相繼復摛詞。』其二：『我愛郊居好，年來間入城。相尋無幾友，之子與斯盟。言駕公車好，其如祖席情。竹林遥憶日，已聽上林鶯。』（《賜環篇》下）

陳一元有《送陳昌基北上》：『病對黄花怯苦吟，那堪同調又分襟。吹噓正獻河東賦，宵旰猶勤極北心。風暖春城鶯乍囀，烟銷曉陌柳初陰。君家卿月高仙掌，剩有餘輝照上林。』（《漱石山房集》卷五）

十月，題建州練風遠《名章匯玉》。

作《〈名章匯玉〉序》：『予嘗觀古印譜，多官印名印，大半鑄銅，間有鏤玉者。一人終身惟一印，以示信也。近世鮮用銅、玉，乃易以石，柔而易攻，故一人多至數百［方］，或名、或字，或齋館，隨意所命，印章之盛，莫盛於今日，亦莫濫觴於今日也。芝城練君元素，精於篆刻，會意匠心，窮工極變，手摹名章，積而成帙。金石古文無不考，篆法十八體無不具，要以秦漢爲宗，進乎技矣。曹觀察謂其繼三橋、雪漁，真知君者也。雕龍刻鵠，全在方寸中，毋令吴門、新安擅美於前，名當不脛而走矣。崇禎庚午冬日。』（《文集》册一，《上圖稿本》第四二册，第一一五頁）

按：《名章匯玉》，明練風遠匯纂。

又按：練風遠，字元素，建州人。工篆刻，能詩。

十一月，長至，十九日，跋周玄《宜秋集》。遍尋趙迪《鳴秋集》詩，得二百餘首，命孫鍾震手録。作趙迪《〈鳴秋集〉序》；後又兩次題之，贊賞趙迪詩，以爲不減王偁（孟揚）、王恭（安中）。

跋《宜秋集》：『國初洪、永之季，吾閩能詩之士甚衆，不獨十才子善鳴于時，而周微之爲林子羽高足，名最著者也。微之一字又玄，永樂間以文學徵，授禮部祠祭司員外郎。爲詩瑰奇悲壯，嘗賦《揭天謡》，酷類李長吉，其他作總不離盛唐聲調。萬曆初，袁景從、馬用昭二先生輩選刻《十子詩》，僅收微之六十首，又以子羽一絶誤入。予近見抄本《宜秋集》，得古近體及詩餘一百七十餘篇，視袁、馬二公所取且三倍之。皆渢渢大雅之音，信可傳也。若不盡録之，殆將如綫之絶矣……孟揚死于永樂十三年，微之則死于孟揚之先矣。崇禎庚午長至日，後學徐𤊹興公謹跋撰。』（馬泰來整理《新輯紅雨樓

題記　徐氏家藏書目》，第一五二頁）

按：《宜秋集》，明周玄撰。明鈔本。

又按：周玄，『閩中十才子』之一。曹學佺《周玄傳》：『周玄，字微之，閩縣人也。永樂中，以文學徵拜祠部尚書郎。其爲詩瓌奇，託興悠遠，嘗賦《揭天謡》若干篇，論者謂其怪如長吉云。生平多所論著，率軼不傳。維時蓋經義之士嚮風，而雅道闕矣。』（《石倉十二代詩選·明詩一集》卷十七林鴻《繕部集》卷首附）

按：長至，十一月十九日。

又按：參見崇禎十二年（一六三九）。

作《〈鳴秋集〉序》：『國初經義未起，吾郡洗勝國之餘習，詩教聿興。福清林膳部子羽崛起草昧，復置正始。惟時二玄，師事獨專。鳴秋山人趙先生景哲與膳部倡和，得其宗流，名雖著聞，而詩則寥寥無睹也，但於諸家所選中見其數篇，詞調爾雅，雜之唐人之中，莫有能辨之者，予生也晚，景仰之私，匪一朝夕，求之二十餘年，無由得全集而讀之。先是萬曆丁未，謝在杭以職方郎宅艱家居，於舊肆中購得前輩隨筆抄録詩文十餘帙，而鳴秋之詩在焉。予竊喜先生著□未嘗終絶於人間也。未幾在杭筮仕南滇西粤，既卒於官，此集閟之家塾，無因披覽。今歲曹能始編梓《十二代詩選》，由宋及元，以次及洪、永之季，乃從謝氏搜出選之，然猶未盡也。予重惜先生遺□，閱二百餘年，散落弗收，幸睹斯篇，真若拾珊瑚枝於海底，不綦難哉。舊本紙墨薄弱，前輩草書，塗鴉混亂，又多魚魯之訛，乃逐篇磨勘，命小孫鍾震手録藏之。先生佳句大略見於此矣。載讀林尚默公序言，始知先生又與尚默公友善。先生之子壯，登宣德乙卯鄉薦，官南海邑令，後昆無聞。然則先生之名器與骨俱朽矣。梓而傳之，余竊有志焉。崇禎庚午仲冬，三山後學鼇峰六十一叟徐𤊹興公譔。』（馬泰來整理《新輯紅雨樓題記　徐氏家藏書目》，第一五一頁）

按：《鳴秋集》，趙迪撰，興公孫鍾震鈔本。

又按：趙迪，字景哲，閩縣人。洪武中布衣。有《鳴秋集》。

題《鳴秋集》：『此本《鳴秋集》，乃趙迪詩也。國初諸子詩多傳，獨趙君無有闡揚之者，不意于此睹其遺詩，渢渢大雅，不減孟揚、安中。在杭他日當爲另録一册，以存先輩不朽之業。刻而傳之，亦不難耳。興公識。』（馬泰來整理《新輯紅雨樓題記　徐氏家藏書目》，第一五〇頁）

按：此則題謝肇淛藏《鳴秋集》。

又題《鳴秋集》：『按鳴秋先生係出宋室，林尚默爲序，未嘗談及……載讀鄭公望《挽鳴秋》詩，有「白湖小隱入雲間」之句，則先生又隱居白湖。其子姓今未知誰是也。興公又識。』（馬泰來整理《新輯紅雨樓題記　徐氏家藏書目》，第一五二頁）

按：林誌（一三七八—一四二七），字尚默，閩縣人。永樂九年（一四一一）解元，永樂十年（一四一二）會試第一，廷試第二，授翰林編修。卒年五十。有《蔀齋集》。

又按：徐鍾震《〈鳴秋集〉跋》：『先大父生平喜蓄書，又喜輒表章先哲，遍尋其詩，得二百一十首。崇禎庚午歲，命予手録藏之。』（馬泰來整理《新輯紅雨樓題記　徐氏家藏書目》，第一八〇頁）

又按：徐𤊹認爲趙迪詩不減王偁（孟揚）、王恭（安中）。對袁表、馬熒等『閩中十才子』的名單另有看法。參見萬曆三十五年（一六〇七）、康熙六年（一六六七）。

是歲，録明初閩人郭廑遺篇，交付曹學佺梓之于《石倉十二代詩選》；並跋《鏡湖清唱》。

作《〈鏡湖清唱〉跋》：『國初吾郡詩人輩出，十子而外，復有二十餘家。有傳有不傳，實幸不幸也。郭廑，字敬夫，湮没二百餘年，無有知者。予近得抄本詩百十篇……敬夫實清世之隱君子也。集中有《送兄楚芳上春官》，楚芳，名蘭，永樂三年鄉薦，姓名見于郡志。敬夫《青鋪嶺》絶句云：「家林想在空濛外，一帶螺江隱翠微。」又有「門前湖白與山青，分携空過白湖亭」之句，其所居當在白湖、螺浦之間，與鳴秋山人相鄰並也。予既録其遺編，並爲考其地里，付曹君能始授之梓，敬夫之名從此弗至湮没，不亦厚幸矣乎！崇禎庚午，三山老叟徐𤊹興公譔。』（《石倉十二代詩選·明詩次集》卷七郭廑《鏡湖清唱》；又馬泰來整理《新輯紅雨樓題記　徐氏家藏書目》，第一五三——一五四頁）

按：《鏡湖清唱》，明郭廑撰。刊本。

又按：興公極重洪、永間閩中詩，再三致意焉。

是歲，龍溪張燮作《壽徐興公先生六十一序》。

張燮《壽徐興公先生六十一序》：『徐興公通身無俗韻，相賞多松石間意。徐而即之，則畋漁百氏，若待叩之懸鐘也。予嘗登于山，見亭臺綿亘，海環其外，目境殊豁。而興公所居，恰在其下。齋名緑玉，大可如斗，乃四面盡縹囊。陸氏書巢，庶幾近之。君於書無所不蓄，凡古來篇目，世間所不甚經見，而君饒收之。有携舊書求鬻者，君即乏甚，必典衣以償，故獻書者輒歸君爲谷王云。君所交多巨公之淹博、與王孫之好事，見古來訛字斷簡，近經補定者，輒以異本遺君，共相揚較。君坐卧探書，隨手所得，輒盡一帙。故君不特于書無所不蓄也，且亦無所不窺。在昔五總龜，君殆無歉耳。間或杖策出訪友人，不甚累人以案牘間事。所在輒遍閲其佳山水。臨眺既終，舐毫記之，足爲遊屐司南。客每訊其歸裝，杖頭蕭索，而囊書則暴侈矣。君故清白吏之後也，無他生計，所需惟賣賦錢。其所屬綴，居然大雅。後進名能風騷者，非經平子未敢遽出示人。君於性不耽聲伎，不耐麴蘗。每人静客散，則惟擁書以敵百城。教子若孫，咸世其家法。少年場中，豪華隊裏，豈足當君一盼者哉！夫自布衣之壇靡也，韻事爲媒，藻苑爲市，遂使清風朗月玄度笑人，而君獨鶴鷄群，悠然自迴。又若腹中多有，每至凌人如崔儦，自署所居云：「不讀數千卷書，不得入此室。」則末學苦之。而君飲人以和，凡問字乞言，履滿户外，各得意去。譬之長篁散緑，百草分陰，即蕉可無彈矣。先是，楊太史叔向爲閩觀察，與君家伯仲爲莫逆交。既而陳方伯德遠、甘參知子開、喻郡伯正之，皆海内名流。時枉干旄，商略文雅。最後南司空思受爲閩中丞，榻懸南州，雅相衿契。以一山澤癯，能使高牙折節如此，豈偶然哉！明興，巖穴能言之士如盧次楩、徐文長，俱磊落不修細謹，卒纏網國；謝茂秦盛氣，晚乃見逐；于其儕文行俱優者惟孫太初，而家祚中替。若終始無玷，興門克昌者，近世惟沈嘉則、朱察卿，庶幾君匹耶。君覽揆在隆慶庚午年，今崇禎庚午爲花甲重過之期。吾鄉諸君子以松茂柏悦，予不可以無言。予無能重君也，但搔首于山高，君名與齊矣。龍溪友，弟張燮紹和頓首拜撰。』(《鼇峰集》卷首)

是歲，寧德縣知縣聞一言膺臺薦，應崔世召之子崔崑等之請，爲之作賀序。

崇禎三年庚午(一六三〇)　六十一歲

作《賀寧德邑侯文石聞公榮膺臺薦序》：『如英山聞侯之治寧陽也，殆古之循良若召若杜者，弗啻過焉。夫寧陽在閩省會之北，扆山面海，其俗稍號淳龐……侯以名孝廉起家，匠心文藝，海内推爲宗工。一綰邑符，便以興學校爲先務，暇則進諸生而優禮之，且攝試長溪，又甄拔名士若而人。兩邑人士，亹亹向風，既得賢父母，又得賢師傅，喜可知已。以故澤宫以内，沐侯德教尤深。邇者，巡撫大中丞朱公核諸郡邑守令，課最廉能而堪備臺省任者，削簡上之當宁，而侯名褎然列薦剡中。寧邑諸生崔崑輩，謁予曰：「聞侯之蒞下邑也，吾儕侍侯如御閬風中，不知其所以噓也，所以拂也。請片語爲侯頌，且賀。」予聽然而喜曰：「吾郡去寧陽，雖越崇山峻嶺，而地僅二百里而近，自昔轄於都會。英廟時始割而屬州，實吾父母之邦也，不得以鄰壤而異視。然諸生沐侯之休風，不可知也，知其風之自可矣；知風之自而後可以知侯之政矣。」……侯領寧邑纔及兩朞而效已。』（《文集》册一，《上圖稿本》第四二册，第六九—七三頁）

按：聞一言，字文石，英山（今屬湖北）人。舉人。據〔乾隆〕《寧德縣志》卷三《職官志》，一言天啓五年（一六二五）任知縣，崇禎三年（一六三〇）蘇則悦繼任，與此文『兩朞』合。

又按：崔崑，崔世召長子，寧德人。諸生。

是歲，閩縣知縣吴南灝入覲，代陳一元作《贈序》。

作《贈閩邑侯吴公入覲序》：『毗陵昆池吴公，以名進士初授吾閩汀之上杭令，閲兩載，值汀之山寇竊發杭川，首嬰其鋒，四鄰震恐。公焦心勞思，出奇計殲之，渠魁就擒。事聞當宁，聖天子嘉公成勞，調蒞吾邑……丁卯大比，公閲士簾以内，所甄拔皆名流，稱得人……明歲爲今上嗣服之四年，令甲三載一述職，邑大夫例覲闕廷……縉紳士庶、里胥父老，灑然有當於心，重惜公别，遂書以當攀轅之助云。』題下注：『代四游。收入稿。』（《文集》册一，《上圖稿本》第四二册，第八七—九一頁）

按：吴南瀔，字幼梁，又字昆池，江蘇武進人。天啓五年（一六二五）進士。歷任上杭縣知縣、閩縣知縣。

又按：天啓七年丁卯（一六二七）。『明歲爲今上嗣服之四年』，即崇禎四年（一六三一），前此一年，即今歲。

又按：陳一元，字泰始，一字四游。

是歲或稍晚，纂輯《雪峰志》。

按：本年四月遊雪峰寺，《雪峰志》載徐𤊹本年活動及詩文，《志》必作于本年或此後一二年間。《雪峰志》分《紀形勝》《紀創立》《紀禪宗》《紀法派》《紀當山》《紀田産》《紀生植》《紀藝文》《紀題咏》《紀悟證》諸門。

又按：《雪峰志》梓行於崇禎六年（一六三三）。參見該歲。

是歲，連江縣知縣沈士奇考績最，其父母咸受貤恩盛典，爲作《賀序》。

作《賀連江邑侯沈公奏最貤恩序》：『國家章程，凡爲令者，三年一課最，而于海濱尤加核。錫山沈侯之涖連邑也，瓜期已及，載其績於牘，奏之天子。而屬獻歲之春，天下復當大計吏……諸生又申請曰：「侯三年政成，主上特加勞勩太公、太夫人，咸受貤恩盛典，而侯板輿將母，彩服承歡於鳴琴堂北，可無一言爲慶乎！」……不佞沐九里之潤，匪一朝夕，聊述其概以答諸門下士之請，不敢以諛詞進侯。

其欣然而一解頤乎！』（《文集》册二，《上圖稿本》第四二册，第二三三—二三六頁）

按：沈士奇，吴縣（今蘇州）人。天啓五年（一六二五）進士。連江縣知縣。

又按：觀文之口吻，似爲代作。

是歲，陳衎作《金山杏花賦》，興公稱道之；衎作書致謝。

陳衎《又與徐興公》：『《杏花賦》寥寥數言，字又醜拙，翁丈亦奬借之耶？過矣，過矣！伏惟自古文人先輩每以接引後學爲己任，片善可取，贊不容口，悠揚責望，蓋兼至焉。翁丈盛心寔出於此。』（《大江集》卷十八）

按：《金山杏花賦·序》：『庚午之歲，陳子棲止金山龍遊寺。』（《大江集》卷一）知此賦作於是歲。

是歲，馬欻年七十，同社率賦詩作壽，疑興公亦有詩；陳一元爲同社壽詩作《序》，言及向曹學佺與徐熥結詩社，欻亦在社中。

作《馬季聲七十壽》（詩佚，題筆者所擬）。

陳一元有《〈馬季聲七十詩〉序》：『友人曹能始、徐惟起輩，向結詩社，季聲齒最長，社中推爲祭酒，一觴一咏，致足樂也。今年季聲届七十，諸同社相率賦詩介壽。』（《漱石山房集》卷九）

按：馬欻生於嘉靖四十一年（一五六二），徐熥生於隆慶四年（一五七〇），學佺生於萬曆二年（一五七四），故曰馬欻年最長。

馬欻有《七十初度》：『吾生堪笑總蜉蝣，虚擲韶光七十秋。興到也尋新白墮，情癡還憶舊青樓。

貧同原憲非關病，書愧虞卿不爲愁。劍俠難逢多少恨，芙蓉三尺吼床頭。』（《漱六齋集》，《石倉十二代詩選》之《社集》）

是歲，曹學佺《大明輿地名勝志》《宋詩選》《明輿詩選》撰成。

按：曹學佺《大明輿地名勝志自序》：『崇禎三年歲次庚午首夏之朔，三山曹學佺能始撰。』（《大明一統名勝志》卷首）。

又按：《〈宋詩選〉序》：『崇禎庚午仲秋之吉日，石倉居士曹學佺能始撰。』（《石倉十二代詩選·宋詩選》卷首）

又按：《〈明興詩選〉序》：『時崇禎三年庚午陽月之朔，賜進士出身、嘉議大夫、四川按察司按察使、兩奉旨起用廣西副使致仕臣曹學佺謹撰。』（《石倉十二代詩選·明詩選》卷首）

又按：曹學佺《石倉十二代詩選》有：《古詩選》《唐詩選》《宋詩選》《元詩選》《明詩選》等。

是歲，曹學佺由洪江移居西峰社。

按：曹學佺《移居西峰社有述時予乞休得請》：『昔慕林野曠，卜築依岩耕。衰齡懼風露，携孥入嚴城。漁釣屏不事，詩書閲餘生。雖在窮巷内，尚得西峰名……豈待投荒苦，始鑒止足情。媿非謝安石，雅望誰爲傾。』（《西峰集詩》上）

又按：新居在城西，臨近西湖。陳鴻《西峰新居》：『城郭堪栖隱，寧論在磵阿。窗幽眠起緩，湖近出遊多。』（《秋室編》卷四）

崇禎四年辛未（一六三一） 六十二歲

曹學佺五十八歲，林古度五十二歲，徐鍾震二十二歲，徐延壽十八歲

正月，與曹能始等過真公禪房。徐延壽有詩送陳瞻。

作《同曹能始諸子過真公禪房看海棠，共用花字》（詩佚，詩題筆者所擬）。

曹學佺有《同徐興公諸子過真公禪房看海棠，共用花字》，詩云：『海棠雙樹繞，清浄屬僧家。閲世不知老，迎春先作花。客來如入幕，酒熟似蒸霞。竟日爲歡賞，吟詩待月華。』（《西峰集詩》上）

曹學佺又有《仍用前韻》：『高僧移手跡，故不蓄于家。恨乏詞人咏，疑爲天女花。因風飄絳雪，映月有丹霞。共約春來興，連晨競物華。』（《西峰集詩》上）

按：《西峰集詩》上收辛未年詩，此詩列于觀燈諸詩前，知時在正月。

曹學佺有《陳法瞻往固原謁楊少保，贈之四絶》，其一：『良家六部氣雄哉，豈是名家子弟才。箜篌和得凉州曲，方露詞人本色來。』其二：『節度尚書雅好文，通家投謁禮殷勤。須臾手授平胡策，領出蘆川白草軍。』其三：『秦晉饑民乍揭竿，蜂屯蟻聚路行難。身經群盜圍中過，百戰纔能抵賀蘭。』其四：『功成方可勒銘還，切莫刀頭屢顧環。欲向安西尋舊磧，射雕親上六盤山。』（《西峰集詩》上）

徐延壽有《送陳法瞻之凉州》：『離筵歌動古凉州，落木殘蟬别路秋。問道不驚邊路遠，逢人嘗醉

酒罏頭。雁飛紫塞胡天近，馬渡黄河漢水流。日落長城觀射獵，雪花寒映鐵兜鍪。』（《尺木堂集·七言律詩》一）

按：陳瞻，字法瞻，平和人。有《四照篇》。學佺采其詩入《石倉十二代詩選》。

又按：疑興公亦有詩。

二月，爲陳鴻《秋室編》撰序。

作《〈秋室編〉序》，略云：『余馬齒長于叔度，昔年所共揚扢諸子，大半溘先朝露，惟叔度時時過余，談詩交相賞也。叔度不善治生，獨以詩爲業。十二時中，行住坐卧，捨吟咏外，了無所事。每一相見，輒以詩倩余彈射。越一宿，則盡竄易其稿，句必以唐爲宗，非唐人精粹之字，則不用。譬如燒丹，火候既到，則金光自流。若云叔度以漢魏、六朝之旨，雖古雅可觀，而律之以三唐正始之音，不騣騣入高、岑、王、孟之室乎？憶叔度少時，曾以詩質余伯氏，伯氏躍然曰：「吾子他日必以詩名世也。」夫識夜光之寶，非待其炤。十二乘時，當于未出蚌之日，已卜其陸離耳。爾者，曹能始主詩盟，少許可，亦雅量叔度，移叔度之居於鄰，謂其可與言詩。《秋室》一集，余與能始所選，不爲不嚴，叔度無怨色，猶謂其多謬，以余知詩，命爲之序。崇禎辛未歲仲春望後，友徐𤊹撰。』（《秋室編》卷首，崇禎刊本）

按：曹學佺序作于同年正月，見《秋室編》卷首。

又按：《秋室編》之序，列於卷首的尚有羅霆章順治七年庚寅（一六五〇）序、陳肇曾序（與羅霆章同時作）、米良崑崇禎十三年庚辰（一六四〇）序、陳衎崇禎七年甲戌（一六三四）序。

又按：《秋室編》收有《哭徐興公》詩，可推知曹學佺、徐𤊹選後，作者又有所增益，或由曹學佺增選。

四月，謝氏姊卒，年八十七。

作《祭謝氏姊文》：『維崇禎四年四月廿八日，爲先姊謝門八十七壽，太淑人三七之辰，哀弟𤊹謹以瓣香清酒酌爲文以哭，曰：人生所最苦者，莫如父母、兄弟、姊妹、妻子先亡也。吾同氣五人，少時父母俱存，兄弟無故，天倫至樂。萬曆辛卯、壬辰，吾父母相繼而逝。己亥，伯兄惟和又逝矣。丁未、戊申，弟婦高、生母林又相繼逝矣。丙辰長兒陸、丁卯鄒氏仲姊又逝矣。去年秋，長氏女適廖氏病卒。未幾，季弟惟揚又逝矣。獨𤊹與老姊無恙，差自慰矣。不意姊復舍我而長往耶！四十年來，哀疢頻仍，骨肉凋零殆盡。自秋徂夏，僅半載，盈盈之淚，不絶如綆，縻迴思父母、兄弟、姊妹、妻子皆在九泉，祇留不肖者在人世，唇亡則齒寒，芝焚而蕙嘆，良足懼也。烏能不躃踴而慟絶乎！況是日爲姊生辰，往年必設宴稱觴，座客滿堂，今乃易慶爲吊，益令人涕泗交頤。哭姊者并痛吾骨肉，且悲在杭甥俱入九泉耳。同哭奠者，侄莊、陛、陞、隍、延壽，侄孫鍾泰、鍾震、鍾儁、鍾益、鍾英、鍾岳，侄婿林如稷、王文榜、張廷選、康守廉，甥鄒良策也。哀哉，尚饗！』（《文集》册十，《上圖稿本》第四五册，第一〇三—一〇四頁）

按：據此文逆推，則謝氏姊生於嘉靖二十三年（一五四四）。徐𤊹父母、兄弟、姊妹、妻子之喪詳萬曆十九年（一五九一）、二十年（一五九二）、二十七年（一五九九）、三十五年（一六〇七）、三十六年（一六〇八）、四十四年（一六一六）、天啓七年（一六二七）及崇禎四年（一六三一）各歲。

又按：據《荆山徐氏譜・世系考》：徐𤊹謝氏姊，名淑，適吉府長史謝汝韶，陳出。按：淑爲汝韶側室，故徐㶿稱肇淛（在杭）爲甥。

八月，與曹學佺、林叔學、陳肇曾等携樽過訪茅元儀。

作《與曹能始、林懋禮、陳昌期携樽過訪茅止生，同賦古風一首》（詩佚，題題筆者所擬）。

按：茅止生，即茅元儀。見萬曆二十二年（一五九四）。

曹學佺有《徐興公、林懋禮、陳昌期携樽過訪茅止生，同賦古風一首》：『有客曷介止，越宿仍逾信。眷惟同衣者。載轡追古人，窮交式携具。聊用覘情真。佩服皆詩書，撫几棼然陳。譬若渴與饑，飲食遘佳珍。又如十玉區，環視肉好均。杯觴告在御，旨酒懌我賓。笙鏞何必作，和樂風謡新。華燭照座隅，虚徐猶未伸。卜夜云既永，勿使中尊塵。』（《西峰集詩》上）

作《贈茅元儀》（詩佚，題題筆者所擬）。

按：茅元儀有《次韻酬徐興公》：『兒童傳業已成翁，寂寞方知吾道崇。百萬横行抛舊夢，十千貰得策新功。晋齊縱霸繇亡雅，曹邶雖微尚數風。試語無諸無别意，此來衹欲鬥詩雄。』（《石民横塘集》卷一）

九月，與曹學佺、鄭邦泰、孫鍾震遊鼓山：夜宿白雲廨院，少坐喝水巖，汲泉煮茗，觀蔡襄摩崖石刻，同曹學佺、鄭邦泰、林叔學、徐鍾震、履徵上人登高。陳一元開社，演《彩毫記》，與馬欻、茅元儀、倪范、陳鴻、高景、林叔學、陳肇曾等觀劇。值社，無菊，作畫代賞。

曹學佺有《夜宿白雲廨院懷興公、汝交》（《西峰集詩》上）。

按：據此詩及以下諸詩，徐㶿遲於學佺上山。

作《喝水巖同能始、汝交少坐》(《詩佚,題筆者所擬》)。

曹學佺有《喝水巖同興公汝交、器之少坐》:『兩壁若相拒,其中宜碉流。豈因礙趺坐,遂若割鴻溝。秘壑浮江遠,題名雜蘚幽。祖師下轉語,應使水回頭。』(《西峰集詩》上)

作《靈源洞汲泉煮茗,摩崖觀蔡君謨題刻乃慶曆丙戌仲秋八日,予至亦以是日,遡自蔡君遊日,計五百八十餘年矣》:『呼童携茗具,古澗汲寒泉。活火烹林際,團蕉坐石邊。長空無過鳥,疎樹有凉蟬。細讀名賢迹,苔侵六百年。』(黄任《鼓山志》卷十一《藝文》七)

按:此詩《鼇峰集》未載。

又按:蔡襄,字君謨。襄靈源洞題刻『邵去華、蘇才翁、郭世濟、蔡君謨慶曆丙戌孟秋八日遊靈源洞』,今存。慶曆丙戌,公元一〇四六年;五百八十餘年,則在天啓六年(一六二六)之後。黄任《鼓山志》卷一《名勝》:『靈源洞,在寺之左,爲大頂,左支巖竇嵌怪。下石磴六十餘級,中忽開朗,兩傍皆石壁,中裂一澗,深可三丈,有似於洞,故名跨以石橋。橋下無水。有喝水巖,在西澗端;國師巖,在西澗底。有石龕,深廣約十尺。』則喝水巖在靈源洞,曹學佺詩所寫『題名雜蘚幽』之石刻,與㶷此詩所寫,係同一處的摩崖石刻,衹是㶷僅記蔡君謨題刻,而學佺則泛泛言之而已。

作《鼓山上院法堂臺前登高,同曹能始、汝交、懋禮、器之、履徵上人》(詩佚,題筆者所擬)。

曹學佺有《鼓山上院法堂臺前登高,同興公、汝交、懋禮、器之、履徵上人》:『籬菊初含野菊開,天風衹隔石門限。客嘲老友携孫至,人憶參軍落帽回。海島此時看去净,沙門若個辯爲才。憑君借得如椽筆，記取同登般若臺。』（《西峰集詩》上）孫即鍾震（器之）。

作《陳泰始京兆開社，觀演〈李白彩毫記〉，同馬季聲、茅止生、鄭汝交、倪柯古、陳叔度、高景倩、林懋禮、陳昌基賦》（詩佚，題筆者所擬）。

茅元儀有《陳泰始京兆開社，觀演〈李白彩毫記〉，同馬季聲、徐興公、鄭汝交、倪柯古、陳叔度、高景倩、林懋禮、陳昌基賦，探得四支》：『閑夜能消翡翠卮，華燈吐穗半酣時。柳眉欲語佳人意，銀管争傳重客詞。彩筆亦曾天上賞，余嘗以著述被今上温褒。金鷄未見夜郎追。主恩自是難思議，錫與高朋地主宜。』（《石民横塘集》卷二）

作《值社無菊》（詩佚，題筆者所擬）。

曹學佺有《興公值社，無菊星史不至》：『一枝寧負酒杯空，笑煞東籬酩酊翁。祇爲美人慵唤起，故將秋色閉簾櫳。』（《西峰集詩》上）

陳鴻有《興公直社，無菊，作畫代賞有咏》：『悄無黄蝶到山家，不見新開一朵斜。畫裏肯容佳節去，竹窗承露寫秋花。』（《秋室編》卷八）

十月，洪可遠修菊社，以病未赴。與同社送茅元儀。同曹學佺、高景、陳鴻、林叔學、葉君節於邵園餞别茅元儀。黄居中爲《徐氏筆精》作序。

作《洪可遠修菊社，因試小優，時以病不赴》（詩佚，題筆者所擬）。

曹學佺有《洪可遠修菊社，因試小優，時興公、懋禮俱病不赴》：『小池初浸木芙蓉，寂寞秋光似再逢。肯伴陶公彭澤醉，絶勝孫叔寢丘封。簾前燈影琉璃浄，社後杯傾琥珀濃。底事今朝歡趣減，二

君因病不相從。』（《西峰集詩》上）

作《邵園同曹能始、高景倩、陳叔度、林懋禮、葉君節錢别茅止生》（詩佚，題筆者所擬）。

按：葉君節，向高之孫，成學之中子，福清人。有《秋懷詩》等。

曹學佺有《邵園同徐興公、高景倩、陳叔度、林懋禮、葉君節錢别茅止生，得十一尤》：『君於湖海盛交遊，謂我三山氣味優。儘可相依修藝苑，漫云歸去减鄉愁。客程紅葉初酣畫，籬落黄花已謝秋。欲遣離情渾不易，何如盡醉習池頭。』（《西峰集詩》上）

黄居中《〈徐氏筆精〉序》：『經載道，史紀事，子之理遜經，而事或因史。若夫理外之乾坤，事中之今古，則集間益其未備。故釋經與傳注參體，辯史與贊評齊行，詮文與叙引共紀，班氏所謂使遇明主，折衷輔拂，悉股肱之材。此興公《筆精》之所爲作也。興公篼伯氏惟和，狎主三山社，筆耕心織，盡抽二酉之藏；竹夕花時，足當四面之敵。而書淫至老不衰，異聞必識，秘簡必搜，即破産典衣不吝。當其意所賞會，或胸有獨照，往往劄記掌録，紛紛綸綸，積久成帙。因友人鄧道協函寄留都，余得受而卒業焉。復爲排纘倫次，臚列區分，爲卷者十，爲類者三十有八，義例略仿葉嗣忠《海録》、孫季昭《示兒編》，以便觀覽。蓋是編出經入史，而獨詳於詩。詩自三百篇以迨我明，亡不品題而櫛比之，而記載後先，一以世代爲序。其闡繹聖真，可訂注疏之謬；其揚扢韻語，可維風雅之衰；其摘幽隱，可備丹陽之鈔；其搜遺佚，可補河東之篋；其剖析疑訛，可决石渠之同異；其知古知今，識大識小，可膏青藻，可扶風教，可廣咨諏，可長意智。允矣學海之津梁，藝林之芳潤，豈與夫六官五略，忽近遺遠，《齊諧》《夷堅》，弄詠吊詭者哉！余竊怪今之詞人，不宗六經而乞靈於僞子，不信正史而拾瀋于野譚，不考古博物而餖飣於流俗惡劄，小才偏見，其所爲詩文集，亦解裙襦，掇舍珠，安所得五經笥而腹之，第七車行秘書而問之。余次玆編，必首《易通》，蓋亦尊經之意，且以垂老之年，獲此瑰寶，手持口誦，喜荷共並，亦何忍爲帳中秘。亟授道協，以公同好。道協倏捐賓客，而邵觀察肇復授之梓。興公他著述甚富，有《鼇峰集》，南思受司徒序而傳之。玆編以《筆精》名，則本江文通《別賦》中語，亦子類云。崇禎四年歲在重光協洽一陽月中浣，白門寓公黃居中書於朝爽閣。』（《筆精》卷首）

按：參見天啓七年（一六二七）譜、崇禎五年（一六三二）邵捷春《〈徐氏筆精〉序》。

十、十一月間，曹學佺石倉園再送茅元儀。

作《茅止生携酒石倉與同社別》（詩佚，題筆者所擬）。

茅元儀有《鄭汝交嘗作〈醉歌行〉相貽，未能酬也，于余行，復携酒邀徐興公、陳泰始、高景倩、陳叔度、林懋禮同餞于曹能始丈人石倉，酒餘，作曼歌答之》：『碧宵紅月張虛空，欲醉未醉雙眼朦。主人不勸客不辭，世人對面生崆峒。我拂秋霜眠戍樓，有語填胸徒自愁。爲君更乞三斗葡桃酒，看我吐作烟霞散百憂。我昔匹馬出便門，冒頓十萬如鷄豚。是時長安公與卿，盡慚一士獨報恩。馘胡六千五城復，天子不惜非常恩。一朝被構作囚虜，氣節勳名俱莫論。君曾負氣請勤王，當時黃綬何昂藏。尺符追勒官且罷，蕭條仍治布衣裝。我今不復着袴褶，君亦不須論劍術。』（《石民橫塘集》卷三）

十一、十二月間，茅元儀過仙霞嶺有詩簡興公及三山社中諸子。

茅元儀有《過仙霞嶺，簡三山社中諸子》：『屈曲遇奇賞，登登忘日低。白雲養遥嶺，偃樹倨流溪。霧罷枝常潤，烟連鳥不迷。舊遊誰見憶，摇膝此山西。』（《石民横塘集》卷三）

十二月，傳帖社友梅塢看梅；與曹學佺、陳一元等到南臺看梅。鄭邦泰南園新居落成，同曹學佺、趙孟遷、楊宗玉、陳鴻、崔樅、林叔學、陳有美雅集。同曹學佺、楊德周等集高景送謝國回紹興，諸社友有詩，題爲《東山需寵》，陳一元爲之序。同汪穆如、趙孟遷、楊德周等守歲。

作《傳帖郊外看梅詩》（詩佚，題筆者所擬）。

曹學佺有《興公傳帖郊外看梅，次泰始韻》：『梅花歲寒姿，所競非艷冶。繁衍江之南，逶迤湖上下。越壑復登丘，之郊未及野。人家有亭館，盡可以相假。漱齒尋白泉，聞香赴蘭若。閑結鷗鷺盟，不受蜂蝶惹。雖云事遊娱，還期振騷雅。但不媿古人，寧憂乏識者。近則師陰何，遠亦追揚馬。敢效淵明達，攢眉遠公社。當其適意時，相與傾杯斝。人醉玉山頽，月來金波瀉。眼前即千秋，詎必論多寡。』（《西峰集詩》上）

按：看梅之地在南臺，據曹學佺詩，有梅塢、天寧寺、真武廟、松坪、白泉等處。

作《鄭汝交南園新居落成，曹能始携具至，同集者會稽趙孟遷、同安楊能玄、霍童崔玉生，社中陳叔度、林懋禮、陳有美諸子，分韻》（詩佚，題筆者所擬）。

按：趙孟遷，會稽人。

又按：楊宗玉（一五七七——一六四五或稍後），字能玄，同安人。有《雕小集》。學佺采其詩入《石倉十二代詩選》。

又按：陳有美，潘州（今廣東高州）人。

曹學佺有《鄭汝交南園新居落成，余携具至，同集者會稽趙孟遷、同安楊能玄、霍童崔玉生，社中徐興公、陳叔度、林懋禮、陳有美諸子，分得八庚韻》：『山僻能鄰寺，亭開乍列楹。塔輪稱萬歲，崑辯三成。宴衎朋樽樂，蹉跎吏隱情。鬱林無石載，扶荔尚冬榮。雅奏吴趨曲，言尋越社盟。林僧時雜梵，海客不談瀛。寒吹徐徐減，燈花朵朵傾。支提仍有約，茶笋近清明。』（《西峰集詩》上）

作《冬夜，高景倩宅，同楊南仲並汪穆如、曹能始小集，分韻》（詩佚，題筆者所擬）。

曹學佺有《冬夜，高景倩宅，同楊南仲並汪穆如、徐興公小集，分得聞字》：『杯傾名酒細論文，自笑蹣跚對使君。離席豈宜常踞坐，擲梅何必有聲聞。時以梅花行令。詩名社集人猶少，語露鄉音客亦分。明發洪塘江上路，三山回首隔層雲。』（《西峰集詩》上）

作《送謝簡之總戎歸山陰》（詩佚，題筆者所擬）。

陳一元有《送謝痦雲大將軍還越》：『羽纛重開海上牙，營門新柳萬條斜。扶桑旭日高標柱，蓴菜秋風忽憶家。破虜曾聞單騎入，攀轅今見六軍遮。漢庭宵旰思頗牧，未許行吟赤水涯。』（《漱石山房集》卷五）

又按：陳一元《〈東山需寵册〉引》：『會稽簡之謝公之初鎮閩也，值紅夷闌入彭湖脅市，公與中丞南公出奇計，焚其巨艦，俘酋長高文律等……公今行矣，蘭亭曲水之間，必有續勝遊、而賡二謝之什者乎！恐召命旦夕且下山陰道上矣。臈月之朔，都閫安公修梅社，予出一册，約同社各賦詩一章以贈行。友人徐惟起題曰「東山需寵」，蓋惜公之去，又冀公之再出。予猥弁數言于端。』

（《漱石山房集》卷十三）

曹學佺有《送謝簡之總戎歸山陰》：『遥憶山陰道上行，川岩映帶亦多情。薔薇依舊花爲主，薏苡當時謗即明。何計閩人遮去轍，空傳洛咏有遺聲。欲將戈甲易農具，歸去尚無田可耕。』（《西峰集詩》上）

作《辛未除夕，招汪穆如、趙［孟］遷、楊能玄、陳仲昭守歲啓》：『伏以今歲云除，爆竹聲喧，綺陌新知，爲樂屠蘇。香沁清尊，敬掃寒門，恭迎道駕，群賢畢集。休言孤燭異鄉，五字分題，差勝寒燈旅館。謹啓。』（《文集》册一，《上圖稿本》第四二册，第一七六頁）

按：寒冬，徐𤊹與汪穆如、趙孟遷、楊宗玉多有小集。詳上。

是歲或稍晚，代人作鄭邦泰《〈再集篇〉序》；邦泰另一部詩集爲《集玉集》。

作《〈再集篇〉序代》：『鄭汝交守鬱林者六載，戊辰入計，由粤抵燕，山川道理，輯瑞覲君，有所感觸，輒寫諸詩。既有《集玉》之篇行于世矣，明歲，又當述職便道過家，爲其先人焚麻于松丘。途次，又得詩若干首，題曰「再集」。夫汝交以《詩》起家者也下國，諸侯之頌禱，素熟胸中，兹行趨蹌帝庭，欹閟宫，泮水之什，以其介□，親受王命，則斯篇也，其于役之前茅也乎！』（《文集》册一，《上圖稿本》第四二册，第一一八頁）

按：鄭邦泰崇禎元年戊辰（一六二八）入京，明歲過家，途次得詩。徐𤊹天啓後至此詩佚，無從考證。但從曹學佺諸集及其與友人倡酬詩可知，此歲邦泰在家山詩壇上十分活躍，茅元儀有《辛未初度，曹能始丈人開社三山荷亭，集同孫子長學使、陳泰始京兆、鄭汝交刺史、安藎卿都護、陳叔度山人、林懋禮文學、陳昌基孝廉爲余舉觴，次能始丈人韻》（《石民横塘集》卷一），『太史』，邦泰爲鬱林知府後之稱謂。曹學佺有《鄭汝交招集南園，仍過萬歲寺看塔燈》（《西峰集詩》上）

又按：此篇題上有『不』字，徐𤊹編集時擬不録。

是歲或稍晚，陳鴻有詩贈徐延壽。

陳鴻有《贈徐存永》：『而翁久矣附同聲，君復能詩四座驚。何事世家唐李杜，不聞兒子有詩名。』（《秋室編》卷八）

是歲，陳一元年五十九，與王崑仲、陳仲溱、馬欻、曹學佺爲之壽；學佺爲撰壽文。作《壽京兆泰始社長陳先生》（詩佚，題筆者所擬）。

曹學佺有《壽京兆泰始社長陳先生序》：『予與陳泰始，蓋論詩結社三山。云社中馬季聲之七十，泰始爲文序之。徐興公之六十，余不佞序之。而王玉生、陳惟秦、陳振狂又俱八十上下，每稱觴之日，以詩爲壽者，濟濟如也。兹泰始年五十有九，親朋輩謂泰始東山重望，旦夕當應明主寤寐之求，而祝軷有期，謀舉一觴，屬予序之……是日，予社中之玉生、惟秦、振狂、季聲、興公，咸以長而先觴，次乃及予觴，咸于泰始乎舉之也。泰始辭不敢當，乃就主人之席。于是，客請徹重席，主人固辭。客踐席乃坐，社中之次于余者離坐。』（《石倉三稿·文部》卷三）

按：是歲，陳一元有《〈馬季聲七十詩〉序》（《漱石山房集》卷九）。

是歲，曹學佺《唐詩選》編成。

按：曹學佺《〈唐詩選〉序》：『崇禎四年辛未立夏日石倉居士曹學佺能始撰。』（《石倉十二代詩

選·唐詩選》卷首）

是歲，周之夔成進士，興公以書見慰（書今佚），之夔答以詩。

周之夔《登第後徐興公以書見慰》：『幾度登高作賦從，凌雲今始一相逢。伯仁未便題哀鳳，元直猶誇識卧龍。綠玉飛來生墨色，黄金買就絶行踪。思君一葉隨秋下，尚在姑蘇夜半鐘。』（《棄草詩集》卷五）

按：〔乾隆〕《福州府志》卷四十：『周之夔，辛未進士。』

是歲，何喬遠卒，年七十五。

李焻《先師何鏡山先生行述》：『吾師鏡山何先生，以壬申立春後七日卒於正寢。蓋享年七十有五。』（《鏡山全集》卷首）林欲楫《先師何鏡山先生行略》附何九雲識語：『先君以十二月二十二日子時，未疾而逝。』（《鏡山全集》卷首）

按：十二月二十二日，公曆已入一六三二年。

是歲，李時成卒，年四十六。

按：周之夔《白湖集序》：『辛未春，明六逝。』（《白湖集》卷首）李時成生於萬曆十四年（一五八六），參見該年。

崇禎五年壬申（一六三二） 六十三歲

曹學佺五十九歲，林古度五十三歲，徐鍾震二十三歲，徐延壽十九歲

正月，有詩寄雪關長老，曹學佺次其韻。

作《寄雪關長老》（詩佚，題筆者所擬）。

曹學佺有《興公韻寄雪關長老》，詩云：『逃禪不用更逃名，白石清泉可結盟。聖箭直從霄路入，天風吹度海濤迎。辯才若個稱無礙，世諦應知熟處生。漫道宗門今絶響，博山猶自有家聲。』（《西峰集詩》中）知興公有是作。

按：《西峰集詩》中收壬申詩，此詩前二題爲元夕或觀燈詩，時當還在正月。

二月，花朝，爲盛民衡《盛桂海詩》撰序。

作《〈盛桂海詩〉序》：『吾閩爲八閩首治，上而臺司郡守，下而編氓里胥，朝而期會參謁，夕而錢穀簿書，一行作吏，雅道都廢，即耽好咏，有所不能兼也。前令君盛公桂海，蒞任數年，以入覲行，行後風波頓起，不能自白，值前總戎趙公淇竹，與公同桑梓，亦以詿誤，同掛白簡，同時税駕鍾山禪寺候廷議，邸中互相倡和，以消旅況，積而成帙……令君感時賦物，寓興贈酬，金玉鏗鏘，渾然大雅，絶無牢騷、幽鬱不平之氣，豈非涵養素定，付功名得失於意象之外者乎！他日公道大開，賜環命下，吾知令君又無暇作春鳥秋蟬之吟矣。崇禎壬申花朝，舊治民徐𤋱興公題。』（《文集》册一，《上圖稿本》第四二册，

第二九—三〇頁）

按：盛民衡，天啓間爲閩縣知縣，已見前。

三月，二日，曹學佺修值社，招同陳仲溱、馬欻、陳一元等集西湖修禊，興公當有詩。

作《上巳前一日，曹能證招集西湖修禊》（詩佚，題筆者所擬）。

曹學佺有《三月二日，舍弟能證西湖直社，分得十三覃》（《西峰集詩》中）。

陳仲溱有《上巳前一日，曹能證社集，西湖修禊》（《響山集》，《石倉十二代詩選》之《社集》）。

馬欻《三月二日，曹能證社集，湖上禊飲》（《漱六齋集》，《石倉十二代詩選》之《社集》）。

陳一元有《上巳前一日，曹能證招集西湖》（《漱石山房集》卷六）。

按：疑興公亦有是集並有詩。

五月，初一日，陳一元年六十，作邀陳一元壽筵啓，曹學佺社集於西湖稱觴。

作《壬申端午，邀陳泰始壽筵啓》：『伏以節届天中，祝長生正周花甲。宴開湖上，介眉壽共泛蒲觴。謹陬月朔之辰，佇候文星之聚，觀龍舟而競渡，拈兔穎以賦詩。伏冀鸞停，曷勝雀躍。謹啓。』（《文集》冊二，《上圖稿本》第四二冊，第一七六頁）

按：陳一元生於萬曆元年（一五七三），今歲年六十。

又按：陳一元未與社集。參見下條。

作《五月朔日，曹能始直社西湖，觀競渡，懷陳泰始京兆》（詩佚，題筆者所擬）。

曹學佺有《五月朔日，直社西湖，觀競渡，懷陳泰始京兆》：『越調矜採蓮，楚些雅搴芷。近俗重遊嬉，遺哀實爲喜。值此天之中，午日方兹始。千艘若游龍，旁觀如聚蟻。伐鼓震金石，斿標紛錦綺。冒雨鱗甲濕，破浪酒兵使。競鶩尺寸力，可掬千人指。予招社客看，枌榆樂可擬。空對橘中仙，不見柱下史。彼地戰方酣，局内劫猶亟，喧寂雖懸殊，勝負亦如此。漫云無所争，其争也君子。』（《西峰集詩》中）

五、六月間，大中丞熊文燦去閩擢兩廣總督，有詩送之，並代陳一元撰《功德碑》，勒石于平遠臺。招集朱銃銧宗侯槎園。雨中，陳一元又邀同朱銃銧、倪范集槎園緑珠荔枝，美人白姬、珠姬侍。

作《送開府熊公赴兩廣總督任》（詩佚，題筆者所擬）。

按：熊文燦，字心開，貴州永寧衛人。萬曆三十五年（一六〇七）進士。崇禎元年（一六二八）爲福建左布政使。崇禎五年（一六三二）二月擢兵部右侍郎兼右僉都御史，總督兩廣軍務，兼巡撫廣東。文燦有《撫閩奏疏文移》。

曹學佺有《送開府熊公赴兩廣總督任》：『遭逢公最盛，益見帝心勤。雖在深宫裏，常周薄海濆。封疆尤慎託，疾苦必先聞。體國知誰亟，安民靖彼氛。鯨鯢皆掃穴，鴻雁已成群。載陟中樞位，仍兼兩粤軍。旌旗俄變色，爻象盡成文。欲釋東南顧，何曾畛域分。啓行當此日，扳送蔚如雲。赤芨賡周雅，玄珪錫禹勳。終當干羽意，稽首答明君。』（《西峰集詩》中）

董應舉有《奉贈大中丞熊公兼制兩粤》：『鯢鯨振海海鼎沸，樓船簸蕩天吴欹。誰驅龍户作前矛，一掃氛妖澄海氣，桓桓中丞允神武，渥洼軼群憨虎怒。宗慤長風不足奇，士行百甓寧如數。手把天戈出海壖，神機呼吸成風雨。撫順鋤强縱所如，次第逆酋來釁鼓。山箐負險若蜣螂，脈拒輪軨懼莫當。移師西指山霧豁，功成三省天蒼蒼。我公勳伐勞且苦，勤身約食同士伍。釃盈巨萬餉東遼，更買緑疇給豐蔀。大臣明德提天綱，貧民含哺瘠兵强。帝詔股肱綏兩粤，直教南土遍甘棠。』（《崇相集·詩》）

陳一元有《送中丞熊心開晋兩粤制臺四首》，其一：『一函敕畀粤西東，金幣輝煌出漢宫。十九名城歸銷鑰，百千群吏待磨礱。江天角奏蒼梧月，石室旗翻古桂風。銅柱勳庸應不羨，周家寵錫有彤弓。』其二：『五年節鉞鎮閩城，劍戟森森刁斗鳴。指顧海氛千里静，笑談山寇一時平。銘功新伐鼇峰石，晋秩重屯象郡營。載道甘棠歌父老，迸將鐃吹雜行旌。』其三：『霜清鈴閣仰鴻儀，别有春風草木知。獨坐帳中紆秘策，其看島外竪降旗。千箱芻粟培根本，百尺戈船扼險巇。曳履它年霄漢上，太平天子仗皋夔。』其四：『屈指熙朝社稷臣，羨公韓范是前身。心因憂國渾如鐵，髮爲籌邊半是銀。已見涔溲俱任使，寧知龍馬讓精神。中興事業須群策，尺疏猶能問隱淪。』（《漱石山房集》卷六）

作《大中丞熊公平遠臺勒功碑代》：『八閩僻在一方，上四郡負山，下四郡、一州濱海，賜履之地弗廣，而山海之寇時時作梗；又島夷蹂躪，近在肘腋，朝廷設巡撫大中丞，填撫此邦，實爲封疆至計，苟非文武爲憲、肅綱振紀、社稷之臣曉暢軍旅者，鮮不鰓鰓然懼。今上即位之初年，大中丞心開熊公膺簡命蒞閩……勞苦功高，何以報德，閩中縉紳父老子弟，幕下弁韐材官相約，立祠于平遠臺巔，肖公貌而尸祝之。方鳩工庀材，而公兩粤制臺之命下矣。某輩勢不能留公長鎮海邦，無已，則鼇峰之山銘功紀伐，或可酬公萬一。齒牙有窮，金石攸永。故欒布往而社作，狄公去而祠興。燕然有竇憲之穹碑，魏

地有韓琦之塑像，蓋民無觸而弗思，思無時而有渝也。』（《紅雨樓集》册二，《上圖稿本》第四二册，第一九三—一九八頁）

按：熊文燦，字心開。《明史·熊文燦傳》：『熊文燦，貴州永寧衛人。萬曆三十五年進士……崇禎元年起福建左布政使。三月就拜右僉都御史，巡撫其地。海上故多劇盜，袁進、李忠既降，楊六、楊七及鄭芝龍繼起。總兵官俞咨皋招六、七降，芝龍猖獗如故。然芝龍常敗都司洪先春，釋不追，獲一遊擊，不殺，咨皋戰敗，縱之走。常事知其可撫，遣使諭降之。文燦至，善遇芝龍，使爲己用。其黨李魁奇再降，再叛去，芝龍擊擒之。海警漸息，而鍾斌又起。斌初亦就撫，後復叛，寇福州。文燦誘斌往泉州，令芝龍擊敗之。既而蹙之大洋，斌投海死。閩中屢平巨寇，皆芝龍力，文燦亦叙功增秩焉。五年二月擢文燦兵部右侍郎兼右僉都御史，總督兩廣軍務，兼巡撫廣東。』知此文作于本年。

又按：上四郡：建寧、延平、邵武、汀州四府。下四郡一州：福州、興化、泉州、漳州四府和福寧州一州。

又按：徐𤊹此文代陳一元作，故又收入陳一元《漱石山房集》卷十三。

曹學佺有《送大中丞心開熊公祖擢總督兩廣序》：『我閩開府熊公既擢少司馬，總督兩廣，又以平寇功欽賜白金、文綺，加服俸一級，與祝釐之期會，何其盛也！客有問于曹生，曰：「今主上神聖，以封疆耑任督撫，衡其功罪，毫髮不爽。誠爲英武御世之要術也。然而各省直大吏，當上意者殊少，時切責之，復優容之，若無足以稱任使者。公信遵何道，而獨結主知也？」曰：「予謂廟堂之知公，不在于平寇成功之後，而在于寇叛危疑之時也。公初下車，鄭弁適就鈐索，而公未嘗假借以一言，輕予以半黍。群爲之請于公者愈亟，而公持之甚力。公蓋窺其黨之必貳而不能要終，聊示過之不先而令彼自效云爾。其後，周、李、鍾三巨憝，果皆叛去。間或有所蹂躪，公一面圖之，一面奏聞，述其情形，有盡無隱，他日按之如左券。然予曰：主上之知公也，蓋有以也，爲勿欺也。公惟勿欺，故已下將吏亦不忍欺公，有賊必報，有勇必鼓。而公每事必預爲之檄，丁寧告戒，纖悉咸備。但見如指者勝，不如指者不勝。勝則雖草野而上首功，否則雖韐韎而蒙顯戮。公之精神周浹于封疆者如此。主上明見萬里，薄海内外，罔不周被，提衡尺幅，而功罪昭然。曰：某地方果能擒一賊否，果能如閩之三巨憝，或沉之于海，或縛之致于轅門也。如是班班乎，又能以餘力而出上杭之師，解三河之圍。即彼渠魁鐘靈秀，服則舍之，叛則殲之，如弄丸之手也乎！惟主上之爵人、賞人也，必懋于成功而底于厥績。是故公之德懋懋爵，功懋懋賞。主上欲追踪于唐虞三代用人之法，捨公其奚以也。」客又進而言曰：「頃者，廷議欲久任公，即章疏中有以晋銜請者，何以忽有兩廣之推？令予閩人失所天也。」曰：「封疆之内，盜息則民安。即爲寇者，亦欲避危而就利。今日之難，閩紓而粵棘矣。公雖以閩而兼辦粵賊，不如在粵而除其本者之之爲盡也。且公不欲以難遺君父，亦不忍以賊待夫民。其有願自新者，明予之；有能圖賊者，陰激之，故予閩之人化賊而爲民也多矣。所稱沉之于海與縛致之轅門者，必其反覆、懷二心、生理澌滅無餘者也。公今督粵，使粵賊而知生，則皆民也；使粵賊而不知生，則仍如閩之三巨憝及粵鍾靈秀之屬也。故廟堂之上，既欲久任閩，又忽遷之粵，正若迅雷不及掩耳。予知粵賊膽落，不在于公開鎮之時，而即在于聞命之日也。粵賊平，則不但粵民安，而閩之民愈以安。安見夫用公于粵者，非所以爲予閩也？」客復進而言曰：「子于閩、粵情形及朝廷緩急，倚公之意，言之亦已晰矣。但公將行，語云：『河海不擇細流，故能成其大。』子又何以益公也？」曰：「予讀《易》，至《謙》卦，其彖辭云：『謙，尊而光，卑而不可踰，君子之終也。』夫尊而光，人之所易知也；至卑而不可踰，則其尊孰甚焉。而君子自始至終，惟謙謙而已。公每與予言，曰：『爲地方官，不必言功，但求無罪，亦甚不易。』予竊窺公，既擢之後，每事尤必周詳恪慎，法無所貸，情無所假，此其心蓋有以自下者。公曰：『吾于此際稍放過，是即負朝廷也，負本心也。』予益服公勿欺之一念如此，而成其終。夫驕則溢，滿則損，公惟始終之勿欺，所以謙謙而終吉也。《謙》之初爻，利涉大川。蓋卑以自牧，即濟世之具也。至于五、六，亦曰：利用征伐，無不利。利用行師，征邑國。君子之終，誠不廢征伐也如此。夫子曰『我戰則克』，而其行三軍，則在臨事而懼。公惟不以寵利而居成功，慎終如始，深得吾夫子之法門，左之右之，無不宜之，外之內之，以時措之。用此道也，而佐吾君于唐虞三代之治也。在此行哉，在此行哉！」』（《西峰集文》中）

作《陪安仁宗侯槎園》（詩佚，題筆者所擬）。

陳一元有《徐惟起招集槎園，陪安仁宗侯，分得十二侵》：『名園夏日轉清陰，載酒仝人試共吟。池漾微波紋瀰瀰，竹摇凉籟響森森。漸看纖月生高嶼，坐對閑雲經遠岑。客是王孫才八斗，詩成字字比南金。』（《漱石山房集》卷六）

作《陳泰始邀安仁宗侯、柯古諸社丈集槎園緑珠荔枝，時白姬、珠姬二美人侍坐，禁用石崇事》（詩佚，題筆者所擬）。

陳一元有《雨中邀安仁宗侯、惟起、柯古諸社丈集槎園綠珠荔枝，時白姬、珠姬二美人侍坐，禁用石崇事》：『邀歡可奈雨淋漓，却喜山園薦荔枝。絶艷疑分眉上黛，清香仍剖雪中脂。縣於璨閣光生座，捧出鮫宫影弄池。珍重雙娥頻勸酒，何紅陳紫未稱奇。』（《漱石山房集》卷六）

六月，八日，安國賢邀同朱銃鋐宗侯、陳仲溱、陳一元、陳鴻、林叔學集越山鎮海樓。

作《安藎卿招集越山鎮海樓，時偕安仁王孫、惟秦、泰始、軒伯、懋禮諸丈》（詩佚，題筆者所擬）。

陳一元有《六月八日，安藎卿招集越山鎮海樓，時偕安仁王孫、惟秦、惟起、軒伯、懋禮諸丈》：『高樓雄鎮越山巔，與客登臨思豁然。千丈寒濤喧白日，滿欄時雨下遥天。盤惟新荔紅如錦，杯瀉瓊漿碧似泉。坐久美人携瑟至，歌聲嫋嫋雜鳴蟬。』（《漱石山房集》卷六）

按：王應山《閩都記》卷八《郡城東北隅》『越王山』條：『國初築城，創樣樓山巔，上祀真武，今更名「鎮海」。』

又按：朱銃鋐，字安仁，已見。是歲五月或稍早，朱銃鋐入閩，冬離閩回豫章。興公萬曆四十七年（一六一九）入豫章，與安仁王孫過往甚密，參見該歲。

陳鴻有《安藎卿招集鎮海樓登高》：『拂檻松風送翠濤，千家郭裏望週遭。雕甍鳥革層層起，粉堞龍蟠步步高。長日銷憂惟載酒，佳晨能賦共拈毫。從來南土偏殊候，刀尺徐催白紵袍。』（《秋室編》卷六）

七月，朔日，社友爲慶生。直社九仙觀。題鄭善夫《少谷山房雜著》。

作《直社九仙觀，賦得定光塔》（詩佚，題筆者所擬）。

曹學佺有《七月朔日，徐興公直社九仙觀，賦得定光塔，興公誕辰也》：『于山東南勝，寺觀亦縱橫。際此新秋候，來詢古塔名。千花朝影合，片雨晚凉生。社酒原無禁，長歌介壽傾。』（《西峰集詩》中）

按：興公誕辰日爲七月二日，朔日慶生，提前一日。

題《少谷山房雜著》：『自《送夏方伯序》起至此，乃陳汝大先生家藏少谷公手稿。崇禎初元，予借之汝大孫長原而録之。未幾長原遊燕，鄉鄰失火，長原廣厦幾不免，然書籍盡爲無賴者掠散。少谷手稿不復得矣，惜哉。猶幸予録斯稿在也。壬申初秋，徐𤊹興公識。』（馬泰來整理《新輯紅雨樓題記　徐氏家藏書目》，第一五七頁）

按：《少谷山房雜著》，明鄭善夫著。崇禎徐𤊹鈔本。

又按：鄧慶寀云：『先大夫曾梓鄭繼之先生詩於吴興，且爲之傳，云「《經世要談》軼，弗傳」。爾時遺稿散失，先大夫未之睹也。予近自金陵還里，謀合詩文重梓之。徐興公因出是編，并《雜著》一種授予附其後。片鱗隻羽，亦足爲寶也。鄧慶寀識，時崇禎戊辰陽月。』（題《少谷山房雜著》附，馬泰來整理《新輯紅雨樓題記　徐氏家藏書目》，第一五七—一五八頁）

又按：慶寀父鄧原岳。

又按：參見崇禎元年（一六二八）。

七、八月間，陳一元、曹學佺、釋浪雲等送杜言上人歸四明，疑興公亦有送别詩。作《送杜言上人》（詩佚，題筆者所擬）。

陳一元有《送杜言上人歸四明觀音寺》（《漱石山房集》卷六）。

曹學佺有《送杜言上人》(《西峰集詩》中)。

釋浪雲有《秋日集臨賦閣，送杜言上人還甬東，商孟和、林永明之吴越，朱安仁、陳鴻節適至，分得五微韻》(《雲遊草》一集)。

曹學佺有《臨賦閣宴集，送商孟和、林履基之吴下，杜言上人之甬東》(《西峰集詩》中)。

曹學佺有《〈杜言上人詩草〉序》(《西峰集文》上)。

八月，題廖世昭《越坡稿》。

題《越坡稿》：『廖先生字師賢，世居越山之下，自號越坡。厥考雲騰，登進士，官刑部郎中。先生以《易》舉正德丙子鄉試第三名，丁丑成進士，授海寧守，以病乞教職，改國子博士，間歲竟卒于官，年三十五，無子。所作有《一統志略》，汪郡守文盛刻置郡齋，盛行于世，而詩文則散逸無傳矣。𤊹家藏先生手録詩一卷，字法蒼勁，恒愛寶之。近曹能始選梓《明詩》，乃録而附于陳東《槐堂集》之後。先生名列《福州郡志·文苑》，此亦龜毛兔角也。崇禎壬申仲秋，後學徐𤊹識。』(馬泰來整理《新輯紅雨樓題記　徐氏家藏書目》，第一六一——一六二頁)

按：《越坡稿》，明廖世昭撰。手稿。

又按：廖世昭，字師賢，號越坡，懷安(今福州)人。正德十二年(一五一七)，國子博士。

九月，重陽，倡修鼓山喝水岩庵。送安仁王孫回豫章，疑有詩。

作《重葺喝水岩庵募疏》：『鼓山涌泉重興，已成大叢林。奉經主静者，會集禪堂；修造募化者，各有執事。而喝水岩勝概，咸置弗問。萬曆中有林長庚居士，創小庵三楹於龍口泉之左，荒廢有年。茲者敦請古梵上人住持其中，另開香積以待遊人托宿，惟是椽瓦朽敝，石磴崩頹，必經修葺始可安單。伏乞隨緣捐助，毋令晏師神迹漸至湮没，亦大叢林之外護也。上人名家子，少讀儒書，棄儒皈佛，修習之暇，旁及詩章，允足點綴烟霞，增光岩壑，至於每月資糧，又不能不藉善信升斗之贈耳。崇禎壬申重陽日，徐興公題。』（《文集》册十，《上圖稿本》第四五册，第一二八—一二九頁）

按：晏師，即神晏。《神晏興聖國師傳》：『涌泉第一代興聖國師，諱神晏，大梁人，姓李氏……梁開平二年，閩王奏立鼓山涌泉禪寺，具百戲香花，詣雪峰請師住持，仍奏賜紫衣，號定慧大師。後閩主延鈞加號廣辯圓覺興聖國師……天福四年六月十一日示寂。閩主爲建塔於桐口沙溪之原。』（黄任《鼓山志》卷四《沙門》）

作《送朱安仁還豫章》（詩佚，題筆者所擬）。

曹學佺有《送朱安仁還豫章》：『君在三山不愜意，便須過我石倉園。友朋易得閒中趣，佳冶應銷别後魂。渺渺東湖思孺子，萋萋南浦憶王孫。明年重赴匡廬約，携手仍之白下門。』（《西峰集詩》中）

按：曹學佺又有《立冬日，浮山堂社集再送朱安仁》（《西峰集詩》下）。

陳一元有《送安仁王孫還豫章》：『新府洪都路未長，河橋分手怨紅妝。社留吟草渾成雪，筵敞籬花半着霜。湖上古祠尋孺子，江干高閣憶滕王。因君猛起并州想，何日梁園再舉觴。』（《漱石山房集》卷六）

陳鴻有《送安仁王孫歸豫章，因寄令叔康侯》：『大曆開元格不凡，新詩傳自阿家咸。空懷夜雪隨

飛蓋，畏見秋風送去帆。孤鷺迴翔滕閣影，雙魚迢遞楚江緘。應知授簡閑吟地，簾捲西山日半銜。』（《秋室編》卷六）

秋、冬間，茅元儀夢與曹學佺飲興公宅，甚樂，有詩紀之。

茅元儀有《夢同曹能始觀察，及三山賓從飲徐興公家，甚樂也，起而悵然，遂成長律》：『共笑山陰擬季倫，高齋歌舞亦清真。禽聲格磔如呼酒，花影紛披欲昵人。爽亢不專文字飲，蕭疎渾忘主賓身。西川陸放揚州杜，差比兹宵夢一巡。』（《石民横塘集》卷六）

十、十一月間，與姑蘇顧君藥、薛楚材，太末唐禪一、清漳王子實集曹能始西峰草亭。作《姑蘇顧君藥、薛楚材，太末唐禪一、清漳王子實，同曹能始、陳叔度集西峰草亭》（詩佚，題筆者所擬）。

曹學佺有《姑蘇顧君藥、薛楚材，太末唐禪一、清漳王子實，同興公、叔度集西峰草亭》：『有客吴趨與越吟，開尊猶對菊籬金。繁霜幾夜寒侵瓦，冬日無雲午汗衾。三石爲朋堪比壽，數竿如玉碎成陰。莫言海錯筵間少，東望扶桑半緑林。』（《西峰集詩》下）

十二月，客古田，訪張文鈞叟。子延壽與孫鍾震于緑玉齋陪侍曹學佺等。同宗兄徐昇宇卒，爲作祭文。

按：《哭玉田張子文鈞叟》：『去臘山城訪故人，暮年相見倍情親。』（鈔本《鼇峰集》）此詩作於崇禎六年（一六三三），詳該年譜。又按：據此詩『歸真逾八旬』，則張氏是歲至少八十。

曹學佺有《同周爰粲、周方叔、薛當世、林恬生諸子過緑玉齋，時興公客古田未返，其子存穎、孫器之陪侍》：『客到偶成社，梅開僅一枝。斷冰沾履跡，寒日上書帷。春信迫殘歲，主人歸尚遲。兒

孫能好事，不令嘆淒其。』（《西峰集詩》下）

作《祭昇宇兄文》：『繄惟長兄，吾宗之彦……蔗境優遊，鄉閭健羡。天道無親，報施倏變。一旦歸真，魂遊帝殿。慟忝同宗，鴈行終鮮。』篇末注：『壬申十二月。』（《文集》册二，《上圖稿本》第四二册，第二四九頁）

按：『蔗境』，侯官甘蔗（今福建閩侯）。徐氏其先稱荆山徐氏，荆山距甘蔗約二十里。

是歲，稱讚陳一元《江上草》『可誦』。

陳一元《〈江上草〉引》：『每遇懸弧，非淫霖則烈日，不勝磬折之苦，兹歲預逃之江上……凡越五朝昏，共得各體詩數十首，歸以示社友徐興公、陳叔度，皆曰「可誦」。』（《漱石山房集》卷十三）

按：陳一元《〈二草〉小引》：『因憶壬申之歲，亦以賤生，繇臺江泛西禪，有詩一帙。』（《漱石山房集》卷十三）

是歲，冬月，邵捷春捐資刻《徐氏筆精》，工竣，爲之作《序》，稱興公名噪天下。

邵捷春《〈徐氏筆精〉序》：『予友徐興公所著《筆精》，殫列窔奥，剖析同異，多擴前哲所未發，允爲後進指南……予浪跡金陵，獲從明立遊，談及其事，亟搜舊稿，得之梓人，恐其日久湮滅也，損金以成之。會工竣，明立令予爲弁數言。余謝曰：「有先生在，安事詹詹者爲興公玄、晏。」明立曰：「不然，聊以志吾兩人之苦心云爾。」予惟古今騷人韻士，嘯咏之餘，有所著述，要以原本于經史，發揮其義例，間有獨得，足破千古之疑，不妨躬自翻駁，揭以示人，即起漢晋唐宋諸儒商榷一堂，未嘗不首服心折。乃邊見小儒，横口雌張，輒謂遵王之制，日抱訓詁，沾沾不脱，不知國家功令未嘗錮人於問學之途，奈何哉童習白紛，達則迷藏乎天下，窮亦蒙瞽其子孫，其若風教運會何！予識不逮興公，而鈎異之癖則同，學不逮明立，而慕古之心不遠。謬意博士家不得于朝，而日取古人陳跡講求而折衷之，未必無補于盛明之萬一也。興公一布衣，名噪天下，予安足取重？倘附明立之後，庶幾藉以不朽也夫。崇禎壬申歲冬月，前進士行人尚書文部郎，參知西川行省兩浙觀察使友弟邵捷春撰。』（《筆精》卷首）

　　按：參見天啓七年（一六二七）。

是歲，爲于山九仙觀建閬風堂撰《疏》。

作《九仙觀建閬風堂疏》：『榕城有三山，而九仙據東南之勝，岩巒奇峭，磴道逶迤，南望江皋，北枕城郭，凉風時至，明月自來，古迹未湮，仙靈永托。前爲寥陽寶殿，後爲玉皇高閣。泰昌初元，倡募修理，井然改觀。東隅雲房兩楹，僅足道流居止，而堂廡闕然。遊人載酒登山，上帝式臨，歡宴笑譚，未免褻嫚。左荒地一區，廣五丈，而深倍之，衆謂宜别建一堂，以爲遊人聚首之所，復謀于曹觀察、李光禄、洪中翰諸公，僉曰可，而龔克廣毅然任營創之勞，首捐木石之費，甚盛舉也。凡我同志，宜助一臂之力。千秋勝事，不日成之矣，幸多勿讓。』（《文集》册九，《上圖稿本》第四四册，第三〇七—三〇八頁）

　　按：次歲二月，開社閬風樓，知樓已建成。

是歲，曾異撰過古田，遊極樂寺，見熥題壁詩，和之。

曾異撰《客玉田，初秋遊極樂寺，村落中能有琴酒之僧即事，次壁間徐惟和韻二首》，其一：『秋爽山中麈話長，佛龕旁倚小匡床。輿沾松路一肩雨，桐引梅花十指霜。病客不辭茶事苦，老僧親汲酒泉香。醉鄉净土隨遊戲，未省何如南面王。』其二：『荷柄沿階尺許長，也能分緑上胡床。百年棋酒無多日，四十鬚眉一半霜。醉眼不知佛國大，晤言時聽木犀香。清池顧影從吾老，未肯遮羞借釀王。』（《紡授堂集》詩集卷五）

按：此二詩和徐𤊹《古田極樂寺曉起》（《幔亭集》卷八）。曾異撰《謁林劍溪先生祠有序》：『崇禎五年夏秋之交，晋江曾異撰客遊玉田，寓於西山之麓。』（《紡授堂集》詩集卷五）

又按：玉田，古田别稱。

崇禎六年癸酉（一六三三）　六十四歲

曹學佺六十歲，林古度五十四歲，徐鍾震二十四歲，徐延壽二十歲

正月，元日，同曹學佺於緑玉齋送别雪關禪師。初七日，陳一元開社，與吴門顧君藥、薛楚材，四明周爰粲看水仙花。楊德周與林叔學、林寵來集山齋。春日，同高景倩、陳鴻、林寵、林叔學、陳肇曾遊冲虚宫，道士曹斗玄留飲。

作《送雪關師》（鈔本《鼇峰集》）。

按：鈔本《鼇峰集》缺首頁，《送雪關師》缺題及首二十五字，詩題據《再賡前韻送雪關師》補。

智誾（雪關禪師）有：『隆冬不雪是閩天，一路梅花送别船。雲意捲舒無定處，風神磊落夢常先。瑶華自足供詞藻，金地還須産瑞蓮。君豈啖名酣世味，慧光應見渾然圓。』（《送雪關師》附，鈔本《鼇峰集》）

曹學佺有《送雪關還山次韻》：『公來度衆遍人天，意似嗔予不上船。成佛久捹靈運後，阿蒙猶是子明先。蕭蕭錫杖江浮葦，燦燦燈花火吐蓮。時值上元。待到涌泉相憶處，孤峰海月幾回圓。』（《西峰集詩》下）

作《再賡前韻送雪關師》（鈔本《鼇峰集》）。

曹學佺有《過緑玉齋爲雪關上人書字》：『新詩吟甫就，試筆在山齋。正值高僧乞，欣然當我懷。

藤蘿垂玉篩，池水落金釵。爲問宗門旨，能禁幾度排。』（《西峰集詩》下）

按：曹學佺此詩緊接《癸酉元旦》『新詩』，即指《癸酉元旦》，知同日作。

作《人日陳泰始開社，邀吴門顧君藥、薛楚材，四明周爰粲看水仙花，值嘉定諸舊好寄詩册爲泰始六十壽，同用七陽》（鈔本《鼇峰集》）。

按：陳一元去歲六十，嘉定友人作詩編就詩册，此日寄至。

陳一元有《人日直社》：『騎從翩翩款草堂，春厨菜甲亦生香。屏粘彩勝迎年早，座涌華燈綴夜光。倩妓傳杯嫌老態，留賓役（元按：當作投）轄坐更長。尚多好景休虚度，爛醉還得九十場。』（《漱石山房集》卷五）

曹學佺有《人日陳泰始社集草堂》：『新年開社競韶光，七日偏宜在草堂。花以水仙標素質，人於春勝占紅妝。獻酬有客爲吴越，樂事遺風溯晋唐。此去上元還幾夜，已看燈燭照輝煌。』（《西峰集詩》下）

作《送王右仲擢涪州刺史》（鈔本《鼇峰集》）。

按：王右仲，即王嗣奭。

陳一元有《送永福王右仲明府擢涪州太守》：『永陽幾載領春風，戀别花飛滿地紅。舊見雙鳧翔闕北，新看五馬躍巴東。江流灕灕源經峽，峰石嶒嶒勢插空。到日荔枝應已熟，色香曾得與閩同。』（《漱石山房集》卷五）

曹學佺有《送王右仲之任涪州》：『衹謂雙鳧入九天，誰知五馬駕東川。平生雅有文字癖，宦跡故

多山水緣。易學尚傳程叔子，詩名應識李青蓮。永陽去後思彌切，白雪陽春被管弦。』（《西峰集詩下》）

作《春初楊南仲柸集山齋，同林異卿、茂禮，共用偏字》（鈔本《鼇峰集》）。

楊德周《春初集徐興公山齋，共用偏字》（原無題，題筆者所擬）：『崖徑層層地自偏，銜杯春色滿簷前。墻東一曲烟霞老，郢上諸家風雅專。鍾後尚留燈下客，雨餘更照水中仙。幾回聚散論良會，屈指重逢二十年。』（《春初楊南仲柸集山齋，同林異卿、茂禮共用偏字》附，鈔本《鼇峰集》）

作《春日同景倩、叔度、異卿、茂禮、昌基遊冲虛宮，道士曹斗玄留飲，次元人陳衆仲韻》（鈔本《鼇峰集》）。

按：冲虛宮，在福州怡山。李賢《大明一統志》卷七十四《福州府》『怡山』條：『在府城西一十五里，一名「雲山」。梁道士王霸居此。唐廉帥李若初登樓望見五雲環其處，乃以任敦、董奉、徐登暨霸立爲四仙廟，今冲虛宮是。』

又按：陳衆仲，即陳旅。旅（一二八八——一三四三），字衆仲，莆田人。官至國子監丞。有《安雅堂集》。

二月，五日，同陳一元、曹學佺、林弘衍、陳鴻、林叔學隨喜神光寺。陳元綸來集小齋，送劉履丁應試南都。花朝後一日，曹學佺招陪申紹芳集西峰草堂。社集閬風樓，送顧君藥、薛楚材還吴門。爲陳爾振、丁友新《陳氏印譜》作序。

作《仲春五日，同陳泰始、曹能始、林守易、陳叔度、林懋禮隨喜神光寺，竟日而返》（鈔本《鼇峰集》）。

按：林弘衍（？—一六五〇），字得山，又字守易，材子，之蕃父，閩縣人。萬曆蔭官，官浙江按察司兵備副使，任户部主事。甲申後，被執入獄，事平，常居僧寺。與徐𤊹同修《雪峰志》。有《警草》《退耕堂集》，又編有《雪峰真覺禪師語録》。

作《送周子立赴京秋試》《茅止生別閩兩載，以詩見寄，且云夢與諸客劇飲小齋，賦此奉答》（鈔本《鼇峰集》）。

作《陳道掌携酒小齋，席上送劉魚公應試南都》（鈔本《鼇峰集》）。

按：劉履丁，字漁仲，又稱漁公、魚公，漳浦人。黄道周弟子，入錢謙益門，鬱林太守，爲人落拓不羈，易代後死於兵。

劉履丁有《次徐興公山齋餞別，時余將應試南都》（原無題，題筆者所擬）：『晚節蘭開識舊知，新盟玄鶴白頭遲。曲通小慧煩傾聽，脈望成仙未廢詩。隱水龍垂□借趣，上林人到鳥遷枝。感君明鏡勞相照，妝點無鹽教畫眉。』（《陳道掌携酒小齋，席上送劉魚公應試南都》附，鈔本《鼇峰集》）

曹學佺有《送劉魚公之南雍》：『籍甚才名劉孝標，觀光上國不辭遥。鍾山緑樹明馳道，璧水青溪帶板橋。方物詎惟陳海錯，詩情兼欲采風謡。月中丹桂君應折，豈待淮南隱爲招。』（《西峰集詩下》）

作《癸酉花朝後一日，曹能始招陪申憲伯集西峰草堂，得朝字》：『春風强半過今朝，柳色參差拂石橋。禮數尊前寬主客，笑談花下狎漁樵。新翻樂府鶯喉轉，屢换賓筵鳳蠟燒。醉後山公扶上馬，銅鞮一曲聽歌謡。』（鈔本《鼇峰集》）

按：申紹芳，字維烈，號青（清）門，時行孫，長洲（今蘇州）人。萬曆四十四年（一六一六）進士，纍官户部侍郎、福建布政使。有《傲雪堂》《噎鄰吟》等。

曹學佺有《花朝後一日，邀申維烈憲使、顧君藥、薛楚材、徐興公社集西峰草亭，得峰字》：『海上干城賴折衝，席前樽俎甚從容。夢遊昔演邯鄲道，詩興今推縹緲峰。白社草成看燕度，清池花落聽魚喁。春光半去猶堪惜，莫更蹉跎隔歲逢。』（《西峰集詩》下）

作《挽郭學臯兵憲》二首（鈔本《鼇峰集》）。

作《陳氏印譜序》：『按劉熙《釋名》云：「印者，信也，所以封物以爲驗也。」漢有官印、私印之別，沿襲至今，皆有私印矣。後代好事者，拾得先代古印章，輯爲印藪，鑄銅碾玉，古色蒼然，沿襲至今，遂有印譜之翻摹矣。翻摹既多，又自擬聞人名氏，自成一家之譔，此陳爾振《印譜》之所繇作也。爾振工於六書，凡斯、邈、史籀、石鼓、鼎鐘之文，爛熟胸中，遵崇前古，垂範來兹，象形會意，鐵畫銀鈎，無不考究。乃與丁又新互相質證，彙爲斯《譜》，其用心亦勤矣……今人乃攻柔石，方圓巨細，齋館亭臺，多至百方，誇多鬭靡，是故印章莫盛於今日，亦莫濫觴於今日耳。爾振匠意師古，神遊先秦兩漢之上，而後落墨捉刀，譬之庖丁解牛，砉然迎刃。斯《譜》一行，石無翼而長飛，寧雕蟲小技云乎哉！爾振醇醇一儒生，既善詩，又善畫，從事於不朽之業良多，若區區以篆刻一藝概其生平，又淺之乎窺爾振矣。崇禎癸酉春仲，三山徐𤊹興公撰。』（《文集》册二，《上圖稿本》第四二册，第二一四—二一五頁）

按：興公于治印篆刻多有研究，序記題跋，除了此文還有《名章匯玉》《印燈序》，分別詳崇禎三年（一六三〇）、崇禎八年（一六三五）；《印林序》《印式序》，作年不詳，分別見《文集》册一，

《上圖稿本》第四二册，第一一九頁、一二〇頁。
作《壽林齊岳六十》《送周爰粲還四明，因憶舊遊》（鈔本《鼇峰集》）。
作《送顧君藥、薛楚材還吴門，兼寄王德操、林（按：『操』『林』二字原稿缺失，據文意補）若撫、胡白叔》（鈔本《鼇峰集》）。

陳一元有《春仲社集閬風樓，時顧君藥、薛楚材將歸吴，限用虚、鏡二韻》：『樓閣崔峨凌紫虚，上頭絳節群真居。憑欄遠眺快心目，閬風習習吹霞裾。側身天地遡今古，梅梁桂棟非其初。雲容山色互明滅，對客閑吟神豁如。吴儂詩畫俱稱聖，筆走烟巒復高咏。庾公逸興寄胡床，四座雄談揮麈柄。尊前别酒君昔辭，丈夫意氣别時盛。他年兩地照相思，碧天無際飛銀鏡。』（《漱石山房集》卷二）

曹學佺有《社集閬風樓，兼送顧、薛二君還吴，時郭闇生、劉魚公至》：『閬風吹自蓬萊島，二月不寒天氣和。登樓已能踞勝會，飲酒遑復恤其他。于山漸失蒼翠色，歐冶潮生猶自波。祇言入社如燕喜，誰知有客賡驪歌。驪歌且勿動深悲，相逢更是新知樂。仲宣有賦嘆蹉跎，杜曲無媒甘寂寞。交情膠漆盟自今，輪奂文章盛於昨。花飛茂苑即相思，不待吴江楓子落。』（《西峰集詩》下）

按：鄭熚，字闇生，連江人。有《雲多集》。學佺采其詩入《石倉十二代詩選》。

陳衎有《曹能始先生開社閬風樓，兼送顧、薛二君還吴，時劉遇公、郭朗生偶至，各賦七言古詩，限句，予是日未赴，分得蒼、秀二字》：『花朝將及百卉芳，乘時歌咏春日長。嗟予蕭索獨閑處，不忍陟岵徒心傷。遥聞諸子興方洽，高樓縹渺城中央。六鼇雲氣吐金碧，九仙巖影摩青蒼。此地邇來稱傑構，兩載經營方克就。吳門客子愛幽奇，閩海山川故靈秀。登高莫起別離愁，歸期且待清和候。交道如今雖甚難，縱有新知敢忘舊。』（《大江集》卷三）

按：遇公，即魚公；朗生，即闇生。

又按：曹學佺《〈閬風樓開社，送顧君藥、薛楚材還姑蘇〉小引》：『夫以王喬控鶴，時吹嵩嶺之笙；何仙跨鯉，或憩于山之駕。斯樓也，負嵩，則中岳呼聲；面于，則丹臺在目。固自飄飖仙氣，敻絶塵寰者哉！況乎通津古跡，一葦可達于蓬萊；桀構鼎新，八窗盡納其宣朗。熏風襲體，逸韻被乎綺羅；麗日開樽，衆香浮于琥珀。修社適同賀燕，爲樂可擬驂鸞。但以二客言歸，兼之贈別。論交抒素，衹慚鄭國之絲；登高望鄉，早見吳門之練。萋萋芳草，隨津路以俱遥；渺渺白雲，豈山川之能間。拈七言之古體，衍八韻爲長篇，字有所拘，情猶未盡云爾。時崇禎癸酉歲之二月十三日也。』（《西峰集文》上）

三月，有詩壽顏繼祖。

作《壽顏同蘭都諫三月三日誕辰》（鈔本《鼇峰集》）。

按：顏同蘭，即繼祖。詳萬曆三十七年（一六〇九）。

四月，望日，申紹芳憲伯招同文震亨、曹學佺集烏石山。文震亨至自吳門，曹學佺開社西峰草亭；又與文震亨集邵捷春冶園。抱病初愈，喜文震亨見訪。陳一元弟更生新宅成，同陳一元、文震亨、曹學佺社集。題何良俊《何氏語林》。

作《申清門憲伯招同文啓美、曹能始集烏石山亭四月望日》：『每接彭宣到後堂，更尋幽勝遞飛觴。麥

秋届節南薰至，松月當空北牖涼。曲按九宫催玉板，客來千里話金昌。禮賢雅切緇衣好，艾綬歡聯薜荔裳。』（鈔本《鼈峰集》）

按：文震亨（一五八五—一六四五），字啓美，徵明曾孫，長洲（今江蘇蘇州）人。天啓五年（一六二五）貢生，選授隴州判，崇禎初改中書舍人，甲申後卒。有《岱宗遊草》《武夷剩語》《香草詩選》等。

曹學佺有《申維烈憲使招集烏石山園，同文啓美、徐興公賦》：『白蓮社裏今重見，烏石山中此一支。坦率便成布衣飲，幽深堪咏葛覃詩。巖樓雨氣初晴日，海國烟光欲暮時。莫忘賞心吴會事，説來空負十年期。』（《西峰集詩》下）

作《喜文啓美至自吴門，曹能始開社西峰草亭，共用二蕭》：『雁門名德重先朝，詞苑君才故自超。把臂入林當首夏，論心對酒永今宵。筵前吹竹音勝肉，檻外垂楊舞鬥腰。偶值新知詢往事，僦居猶憶伯通橋。』（鈔本《鼈峰集》）

陳一元有《文啓美至自吴門，曹能始開社西峰亭，共用二蕭》：『翩翩佳客稅吴軺，白社同人喜共邀。亭占西峰迎紫氣，尊開北海坐清宵。霏微涼雨沾歌扇，的爍華燈照舞綃。聞道平湖將競渡，荷風香櫬馬蹄驕。』（《漱石山房集》卷六）

馬歘《文啓美至自吴門，曹能始社集西峰》：『閩海誰云山水遥，吴門有客到春潮。西峰舊社逢新侶，南調吴歌半越謡。雨色踈來分月暈，杯行遲處顧眉嬌。争傳雪句能涼暑，自笑霜顱漫續貂。』（《漱六齋集》，《石倉十二代詩選》之《社集》『馬歘卷』）

曹學佺有《文啓美至吴門，社集西峰草亭，同用二蕭韻》：『亭子寬于一掌饒，西峰原不在岧嶢。社中客繫吴門駟，曲裏人吹洛浦簫。月意任教梅雨濕，燈光尤忌竹風飄。晴明選勝無窮思，豈必歡娱竟此宵。』（《西峰集詩》下）

作《寄潘昭度方伯》二首（鈔本《鼇峰集》）。

按：潘曾紘，字昭度，又字與偕，烏程（今浙江湖州）人。萬曆四十四年（一六一六）進士，歷僉都御史，巡撫南贛。崇禎中，提兵入衛，死於軍。有《芳蓀館遺藁》。

作《初夏，同文啓美集邵肇復治園，次啓美韻》（鈔本《鼇峰集》）。

作《送葉君節秋試之京》（鈔本《鼇峰集》）。

陳一元有《送葉君節赴秋試》：『韋賢相業重先朝，經術傳君故自超。泮水春風馳逸駿，燕山秋色起神雕。心懸楓陛三臺近，夢戀萱幃萬里遥。惜别况逢端午節，五絲新綰木蘭橈。』（《漱石山房集》卷五）

曹學佺有《送葉君節北上應試》：『清時才士慶良遭，綺歲如君品第高。千里定售燕市駿，十年重覩鳳池毛。延津劍氣衝南斗，淮浦舟帆尾北漕。聖主臨軒清問及，爲言巢許也心勞。』（《西峰集詩》下）

作《抱病初愈，喜文啓美見訪，兼憶夢珠孝廉長公，次來韻》（鈔本《鼇峰集》）。

文震亨有《訪徐興公》（原無題，題筆者所擬）：『不將雄辨慕懸河，片語從公得倍多。名滿寰中尊述作，身長研北事編摩。一床以外皆經史，四壁相親有薜蘿。形穢自慚新入社，也欣緣熟許重過。』

（《抱病初愈喜文啓美見訪，兼憶夢珠孝廉長公，次來韻》附，鈔本《鼇峰集》）

作《陳泰始移尊道山新居，同文啓美社集，共用十二侵》（鈔本《鼇峰集》）。

陳一元有《更生舍弟新居成社集，文啓美、曹能始、徐惟起諸公共用十二侵》：『茅茨構就晝沉沉，上客聯翩結駟臨。敢借琴尊邀翰墨，誰知城市即山林。紅妝度曲人如玉，白社論文誼斷金。最是曹公真友愛，新詩感我鶺鴒心。余弟初移居，能始有『紫荆分痛』之句，故謝之。』（《漱石山房集》卷六）

曹學佺有《同文啓美集陳京兆弟更生新宅，共用十二侵韻》：『君家有弟奏篪音，堂構新成擬鬱金。白社邀歡今日興，紫荆分痛昔時心。歌僮舞妓前筵盛，古木方岩後圃深。漫道催詩雷雨急，一鈎明月對清吟。』（《西峰集詩》下）

按：曹學佺還有《文啓美入洪江社，雨中臨眺石倉，同雙林、似愚上人集浮山堂，共用八齊》；《酬贈文啓美二首》（《西峰集詩》下）。

題《何氏語林》：『偶爾披閱，因記始末，俾後之人知余好書之癖，積書之難，不至屑越以供蟲蠹耳。癸酉初夏，徐興公書於綠玉山齋。』（馬泰來整理《新輯紅雨樓題記 徐氏家藏書目》，第一一〇頁）

按：《何氏語林》，明何良俊撰。明刊本。

又按：何良俊（一五〇六——一五七三），字元朗，號柘湖，華亭（今上海）人。嘉靖貢生，授南京翰林院孔目，仕途不得意，辭官，歸隱著述，於戲劇理論頗有建樹。有《何氏語林》《柘湖集》等。

按：參見萬曆二十二年（一五九四）、二十三年（一五九五）、三十八年（一六一〇）。

五月，二日，陪文震亨集鄭邦泰河上樓，觀競渡。五日，文震亨招同曹學佺等城西園池館社集，次日震亨有清漳之行。

作《五月二日，陪啓美集鄭汝交河上樓觀競渡》（鈔本《鼇峰集》）。

曹學佺有《初二日鄭汝交招宴河樓，觀競渡八絶》，其一：『谷口高風亦見招，東南龍舸盡乘潮。利津閘啓排山進，第一争過德政橋。』其二：『夾岸人家列冶容，虚臺曲榭影重重。玄黄下鬬蛟龍戰，紫翠遥飛岃崱峰。』其三：『泥融五石上輕湍，伐鼓何如咏伐檀。聞説拔河原有戲，誰騎八駿更來看。』其四：『河直形惟一矢多，東風偏送采蓮歌。龍舟來往真如織，跳擲誰爲壁上梭。』其五：『良家子弟各争强，威武軍爲百勝場。旗上獨標忠懿境，潮頭白馬有三郎。』其六：『樓懸扁額有輝光，科第相仍自福唐。借問鄭家書帶草，何如九節泛蒲觴。』其七：『誰家載酒復笙歌，潮落舟歸興奈何。楚調陽春歌白雪，天花散出是瓊河。』其八：『一年一度須臾樂，潮至潮回有淺深。若個急流稱勇退，空教舟子嚙橋心。』（《西峰集詩》下）

作《端午日，文啓美招見招城西園池館社集，次日有漳南之行，分得二冬》（鈔本《鼇峰集》）。

陳一元有《午日，文啓美招集西園，次日有清漳之行，分得三江》：『携來彩筆大如扛，偏向文園載酒缸。池上蘋風生綺席，花問梅雨透雕窗。節當懸艾剛逢五，妓與傳杯恰自雙。怪底歌聲如戀別，明朝千里渡漳江。』（《漱石山房集》卷六）

曹學佺有《午日啓美直社，即有清漳之行，兼以送之》：『簫鼓城西未息機，琴尊相與入林扉。已看午日賓朋盛，祇惜南游倡和稀。佳石誰當袍笏拜，彩雲惟逐綺羅飛。三山尚隔吴門遠，計日重來即當歸。』（《西峰集詩》下）

五、六月間，送杜三策、楊掄册封琉球。蔡孝來憲幕、松溪令徐之垣、甬東聞僧祺先後過訪。彌甥謝仲邁卒，哭之。古田叟張文鈞卒，哭之。爲邵武知府題李叓純《北巖奇樹圖》，又送其擢兩淮鹽運使。送趙時用左遷還雲間。聞世延過訪，贈其父詩集。吴仕訓遠寄《三山草》索序，答之。林文熊、陳一元招陪閩縣知縣汪國士宴集呼丈亭。

作《送杜給諫册封琉球名三策，東平人》（鈔本《鼇峰集》）。

按：杜三策，字毅齋，東平（今屬山東）人。天啓二年（一六二二）進士，官給事中，充册封琉球使。杜氏册封策劃于崇禎四年（一六三一），遲至六年（一六三三）方成行。

邵捷春有《送杜給諫册封琉球》：『丹詔銜將渡海東，襲封夷服典偏隆。帆飛鼇背通華使，帶束麟袍寵上公。孤島秋雲連漢碧，殘更曉日漾波紅。殊方景物收詩史，入告君王備乘風。』（《劍津集》卷六）

曹學佺有《送杜給諫册封琉球》：『草奏曾如杜拾遺，濟滄猶是報君時。星經候得東西景，風信便於潮汐池。禹貢原包荒服制，夷人重覩漢官儀。直聲海外相傳久，不用通名譯使知。』（《西峰集詩上）

按：曹詩作於崇禎四年（一六三一）。

作《送楊大行名掄，鶴慶人》（鈔本《鼇峰集》）。

邵捷春有《送楊大行》：『聖代聲靈達八荒，錫圭珍重到夷王。樓臺蜃氣通天闕，島嶼人烟簇水鄉。曆朔尚循唐位號，威儀重覩漢冠裳。土風瀕海猶相習，九譯還看貢上方。』（《劍津集》卷六）

曹學佺有《送楊大行》：『主恩爲重此身輕，慷慨聞君一請行。漢使却金亭尚在，人生腰玉遇殊榮。家居滇服原稱海，島近蓬萊似到瀛。漫道無期嗟此別，長風應即是歸程。』（《西峰集詩》上）

按：曹詩作於崇禎四年（一六三一）。

作《蔡孝來憲幕見訪，兼示東林鄉人傳皇極數占驗，賦贈》（鈔本《鼇峰集》）。

作《送邵武郡伯李玄白擢兩淮都運》：『棠樹新陰兩載餘，七臺山色送熊車。樵川飲水勞民事，淮海熬波裕國儲。柳拂商船烟斂處，梅開官閣雪晴初。漫云鄴架藏來富，又見桓寬有著書。』（鈔本《鼇峰集》）

按：李衷純，字玄白，號廣霞，嘉興（今屬浙江）人。萬曆四十年（一六一二）拔貢。選如皋知縣，出爲邵武知府，終兩淮鹽運使。有《激楚齋草》。

陳一元有《送李郡伯廣霞之任淮揚》：『輝煌新命下蓬萊，瓜步遥看畫戟開。領郡當年分虎竹，裕儲此日借鴻材。金錢絡繹輸邊徼，劍珮峥嶸接上臺。最是閩南諸風老，酌將樵水薦行杯。』（《漱石山房集》卷六）

曹學佺有《送李玄白擢淮陽運長》：『東南財賦困徵求，轉運今須第一流。際海金錢輸九塞，隔江歌吹是揚州。春風芍藥堂前宴，夜月瓊花觀裏遊。舊治如皋行部處，冰弦猶自韻高秋。』（《西峰集詩》下）

作《松溪令君徐心韋見訪贈，令君爲楊南仲門人之垣》（鈔本《鼇峰集》）。

按：徐之垣，字心韋，鄞縣（今浙江寧波）人。天啓五年（一六二五）進士，崇禎間任松溪縣知縣。

作《送道光上人之温陵謁張相公》《寄贈文湛持太史》（鈔本《鼇峰集》）。

作《送趙餘不給諫左遷閩藩幕，仍還雲間，趙先爲閩邑令》（鈔本《鼇峰集》）。

按：趙時用，字餘不，江都（今揚州）人。萬曆四十一年（一六一三）進士，萬曆間爲閩縣知縣，陞給諫。

陳一元有《送趙餘不諫垣歸松江》：『尺疏憂危及守閽，朝辭梧掖夕薇藩。一時寧計雷霆譴，千古惟將骨鯁存。花滿越山飛舊舄，詔頒漢殿佇新恩。芋江仙棹輕於葉，父老扶携擁去轅。』（《漱石山房集》卷六）

曹學佺有《送趙餘不給諫還松江》：『栽花當日見潘安，一疏朝陽有鳳鸞。檻折朱雲猶表直，人歸趙璧倍加完。壺漿父老頭俱白，荔子神仙顆正丹。自是不堪棲枳棘，豈因鱸鱠憶張翰。』（《西峰集詩》下）

作《哭彌甥謝仲邁茂才，因悼厥弟季温》（鈔本《鼇峰集》）。

按：仲邁、季温，謝肇淛曾孫。

作《題邵武郡伯李玄白〈北巖奇樹圖〉》：『樵川城北路逶迤，獨有巖前樹最奇。新甫柏高慚古幹，岱宗松老讓繁枝。莫稽歲月形盤錯，却賴神明力護持。南國召公常憩此，更留遺愛繫人思。』（鈔本《鼇峰集》）

陳一元有《題李廣霞郡伯〈北巖奇樹卷〉》：『參天樟樹望巉巉，萬葉千枝蔭北岩。枯外寧因霜雪蝕，空中豈受斧斤劖。荒祠溜雨同蒼柏，古寺吟風伴老杉。一入明公圖畫裏，甘棠清咏滿琅函。』

（《漱石山房集》卷六）

曹學佺有《北巖奇樹圖爲李玄白太守題》：『北巖奇樹較誰佳，南國棠陰未有涯。今日携觴同客飲，何如聽訟使民懷。中枯已似庾公賦，葉茂還過王氏槐。聞道使君喬擢去，尚留餘陰到清淮。』（《西峰集詩》下）

按：曹學佺《〈北巖奇樹圖〉小引》：『樵川北門涉溪有寺，曰「熙山」，創自宣和，在山之麓，因名爲北巖寺。寺之右脅稍進於後山者，有樟樹一株，大二十圍，空其腹，如入止扉，以至堂奧，陳設几榻、尊罍之屬。雖十客，猶可翔也。頂漏日光，樹陰覆之，不闇不烈，坐久彌適。樹不知幾千年物，而枯於中不枯於外，枝葉扶疏，庇蔭數畝。春秋正若鼎盛，然其背時露老人形，擁腫纍砢，輒足受趾。升者自下盤旋，以及於頂，不知其爲履危也。太守玄白李公與客觴咏之暇，因令爲圖，俾予輩屬筆。輒爲引之如左。』（《西峰集文》上）

作《聞僧祺見訪，貽尊人隱鱗先生詩集，匆匆别歸，賦送世延》（鈔本《鼇峰集》）。

按：聞世延，字僧祺。

作《哭玉田張子文鈞叟》（鈔本《鼇峰集》）。

按：去歲客古田，嘗訪張叟。

作《吴光卿郡丞遠寄〈三山草〉，以詩索予爲序，次韻奉答》（鈔本《鼇峰集》）。

吴仕訓有《寄〈三山草〉，並索序徐興公》（原無題，題筆者所擬）：『江頭握别忽三年，秋月春風共一天。世路升沉何足異，交情遠近尚依然。武昌莫問新栽柳，負郭將蕪舊種田。祇有寸心千古事，

欲求玄晏惠瑤篇。』（《吳光卿郡丞遠寄〈三山草〉，以詩索予爲序，次韻奉答》附，鈔本《鼇峰集》）

按：《〈三山草〉序》，文佚。

作《夏日林克武、陳泰始招陪汪皖公父母宴集呼丈亭，共用林字》（鈔本《鼇峰集》）。

按：林文熊（一五六九—一六四〇），字克武，號清海，閩縣人。萬曆三十二年（一六〇四）進士，授蘇州推官，歷任台州教授、廣州知府、寶慶知府、廣東按察司副使。

又按：汪國士，字君酬，號皖公，桐城人。崇禎四年（一六三一）進士。閩縣知縣。改揭陽，官至山東兵備參議。

汪國士有《夏日林克武、陳泰始招同徐興公宴集呼丈亭，共用林字》（原無題，題筆者所擬）：『京兆園扉物外尋，移尊永日坐濃陰。高盤荔子輕紅映，小檻歌兒細調沈。一座絺衣皆韻友，數尋危石即長林。主人對此形非遠，呼丈亭名見遠心。』（《夏日林克武、陳泰始招陪汪皖公父母宴集呼丈亭，共用林字》附，鈔本《鼇峰集》）

作《送福清令公費閽如入覲》（鈔本《鼇峰集》）。

按：費道用，字閽如，又字仲言、沖玄，石阡（今屬貴州）人。官福清縣令，與楊德周補徐𤊹輯《閩南唐雅》。陳衎爲作《貴陽費明府詩集序》（《大江草堂二集》卷十二）。

曹學佺有《送福唐大令費仲言》：『看君材質自天然，領劇何曾困少年。治跡循良真漢吏，表章風雅盡唐賢。雙鳧冉冉趨雲際，五馬駸駸向日邊。五馬，福唐山名。漫道貴陽生美箭，更須增重在西川。君原籍合州，正予轄處。』（《西峰集詩》下）

崇禎六年癸酉（一六三三）　六十四歲

按：曹氏詩可能稍晚一兩個月作。

七、八月間，有詩贈汀州知府笪繼良。送文震亨歸吴。贈延平同知陶崇政入覲。四明管萬里過訪。光澤知縣湯一統過訪，商刻《建安七子文集》。

作《壽趙父母代，七月廿六日》四首（鈔本《鼇峰集》）。

按：趙挺，字禹圭，號玉漱（淑），慈溪（今屬浙江）人。侯官縣知縣。

曹學佺有《題趙玉淑父母松石圖》：『金莖露下絳河秋，福曜當空大火流。人自華封三祝遍，士依廣厦萬間優。連城瑞葉承家璧，兼邑風清載道謳。繞座南山如畫裏，青青松柏映觥籌。』（《西峰集詩》下）

作《贈汀州守笪我貞繼良》（鈔本《鼇峰集》）。

按：笪繼良，字我貞（真），一字抑之。句容籍，居京口（今江蘇鎮江）。萬曆十九年（一五九一）舉人。天啓間，任大京兆尹、總河都御史。魏璫以『東林邪黨』削其籍。崇禎初起爲户部郎，出守汀州。有《經畬堂詩集》。

曹學佺有《笪我貞郡守約遊石倉，雨阻，同蔡孝來、商孟和館中少坐》：『使君登覽思超群，問我林園在水濆。飛蓋何須風雨妒，拂岩空待品題殷。提攜尊酒難爲興，只尺城居尚論文。祇是重來堅有約，汀州欲發預相聞。』（《西峰集詩》下）

作《壽申憲長七月初十》（鈔本《鼇峰集》）。

曹學佺有《贈申憲長》：『詞壇雅調屬宗工，柏署星懸獨坐中。家學盛傳黄閣老，士林争羡黑頭公。

白雲冉冉來吴會，青鳥翩翩出漢宫。漫道冠裳競趨謁，一樽時與故人同。』（《西峰集詩》下）

作《送文啓美歸吴門》（鈔本《龍峰集》）。

曹學佺有《送文啓美》：『清漳不欲速歸輪，少憩三山即問津。縞帶豈忘投贈者，青尊偏戀别離人。吴江到日驚楓落，劍浦經秋淬月新。垂老交遊俱應跡，斯文意氣獨能真。』（《西峰集詩》下）

作《壽任夫七十》（鈔本《龍峰集》）。

作《贈延平陶二守入覲崇政》（鈔本《龍峰集》）。

按：陶崇政，字平陶，會稽（今浙江紹興）人。延平府同知。〔順治〕《延平府志》卷八《官師志》『陶崇政』條：『刑清政簡，禮士愛民，刻像城隍廟左永祀焉。』

作《四明管羽卿過訪，以詩見贈，賦答按：萬里，字管羽》（鈔本《龍峰集》）。

管萬里有《訪徐興公》（原無題，題筆者所擬）：『鐔津璧土走龍蛇，聞道江郎夢筆花。劍合偶逢高士駕，詞盟久狹大方家。思從二仲星辰會，病卧三山日月賒。慰藉于兹傾蓋，壯遊信宿返天涯。予曾于延津普通寺讀題詩，神交有年。』（《四明管羽卿過訪，以詩見贈，賦答按：萬里，字管羽》附，鈔本《龍峰集》）

作《杭川令君湯惟一見訪，商梓〈建安七子文集〉，喜贈》（鈔本《龍峰集》）。

按：杭川，光澤縣别稱。

又按：湯一統，字惟一，蕪湖（今屬安徽）人。光澤知縣。

作《余以肩初度，賦此爲壽八月廿三日》（鈔本《龍峰集》）。

九月，林古度自金陵歸，曹學佺招興公與陳鴻同集西峰草亭。福清謝雒過訪古度，不遇。華白滋遊閩，爲其集作序。林古度過訪，贈詩。九日，與陳善、林古度、高景、林寵、林叔學、陳肇曾社集神光寺。華白滋贈《閩遊注》《香草亭稿》並其舅《鄒彦吉先生集》。十三日，雷雨大作，作《紀事》，紀近期建安民變、知縣徐汝驊下獄，紅夷侵犯、海寇刦掠諸事。送王若之子王蓋公還清流。望後，陳一元社集絓月蘭若。林古度、陳鴻過宿山齋夜話。柴吉民至閩中，過訪，貽《涉泗草》。送古田知縣楊德周、閩縣知縣汪國士入覲。曹學佺等過訪緑玉齋看菊。葉尹德訃至，自十七歲至今，交情近五十年，不勝悲慟。題韓邦靖《韓五泉詩》。

作《林茂之自秣陵歸里，以詩見貽，次韻奉答》：『老去無營背□暄，桑榆猶幸此身存。舊交零落歸黄土，新事殷勤訊白門。言出足稱真長者，詩成寧愧令先尊。重逢莫問吾生計，空有青編付子新。』（鈔本《鼇峰集》）

曹學佺有《茂之至自金陵，因招興公、叔度同集西峰草亭》：『君來雖意中，相見亦意表。三十餘年間，魂夢常縈繞。邇從建溪舟，天旱灘聲小。篙師莫計程，進寸如獲寶。何繇副所思，空中羡飛鳥。前夕抵洪江，風雨連昏曉。溪漲已無用，祇阻入城道。只尺會面難，翻令信音杳。俄然睹君刺，予履爲之倒。招呼二子來，衝泥不待燥。非無他親賓，聊讓平生好。羅羅四顧坐，骨肉情相保。蕭蕭燭影前，照見鬢眉老。銜杯不下咽，言語兼欷悼。持螯海蟹肥，鄉味令人飽。歷歷詢故知，零落成衰草。爾我數人外，存者何其少。漏深各散歸，長途恐疲擾。連床願相違，吟詩興未了。吾欲中斯篇，起視東方皎。』（《西峰集詩》下）

林古度有《自秣陵歸里，贈徐興公》（原無題，題筆者所擬）：『別來不記幾寒暄，書問時時兩寄存。歸里每勞君勸駕，乘秋方及我登門。林間祇解將身隱，徐穉真看以道尊。千古最誇傳著作，青雲事業有兒孫。』（《林茂之自秣陵歸里，以詩見貽，次韻奉答》附，鈔本《鼇峰集》）

謝雒有《酬林茂之歸自白門，見訪不遇》：『早年名冠石頭城，匹馬歸時白髮生。南土頻看烽照水，北山空怨跡如萍。逢君尚是三秋夢，覓我猶孤兩度行。何日携來詩滿袖，隔江吟斂晚濤聲。』（《百一齋草》卷六）

作《九日，景倩、異卿、懋禮、昌基社集神光寺，時陳元者自吴門至，茂之自白門歸，同用歸字》：『節近重陽細雨飛，登高今日始晴暉。偶尋寶地嘉賓集，又喜金陵久客歸。山静風輕留皂帽，秋深天燠換絺衣。清池朗照初弦月，露坐平橋望翠微。』（鈔本《鼇峰集》）

按：陳善，字元者，號阿檮，吴郡人，流寓建昌，印章秀雅。學佺爲作《陳元者〈遊閩詩〉序》（《西峰六一文》卷一）。

曹學佺有《九日神光寺登高》：『初晴轉覺雨霏霏，與客登高入翠微。唤妓不來虚錦瑟，浮觴猶自綴金衣。菊名。樓臺木石成花界，園沼禽魚總化機。移席更于橋上坐，月明看已照禪扉。』（《西峰集詩》下）

作《晉陵華長白見訪，貽〈閩遊注〉〈香草亭稿〉並舅氏〈鄒彦吉先生集〉，把臂未幾，忽動歸思，賦此奉送，兼寄吴中趙靈均按：名白滋》（鈔本《鼇峰集》）。

按：華白滋，字紫梁，號長白，無錫（今屬江蘇）人。崇禎十七年（一六四四），授廣西養利州學正；清順治四年（一六四七），白滋代理知州守衛，城陷，具衣冠死明倫堂。

又按：《徐氏家藏書目》『華白滋《香草亭稿》一卷《石葉齋稿》二卷《閩游注》一卷』條：『字長白。無錫人。崇禎癸酉，遊閩見訪，余爲之序。』（馬泰來整理《新輯紅雨樓題記　徐氏家藏書目》，第三九六頁）

作《紀事》，其《序》云：『九月十三日雷雨大作。先數日建安民變，知縣徐汝［驊］下獄。詔安前御史沈鐵奉旨取決。且紅夷侵犯，海寇刼掠，無寧日。大中丞鄒公親涖漳州防剿，而惠藩驊宦官徵王膳。因紀其事。』（鈔本《鼇峰集》）

作《九月望後，陳泰始社集結月蘭若》（鈔本《鼇峰集》）。

曹學佺有《集陳京兆山房》：『江上聞修社，城南路可尋。烟霞堪坐隱，泉石慣行吟。鄰寺客過便，斷蓬秋去深。惟應陳酒頌，一見古人心。』（《西峰集詩》下）

作《送王蓋公還清流，乃亡友相如之子》（鈔本《鼇峰集》）。

按：王蓋公，王若之子，清流人。

作《秋暮，林茂之過宿山齋夜話，次韻》：『燈前相對倒芳尊，松菊山中喜尚存。老大形容應各變，窮愁心事不堪言。欣來范式平生友，幸見羲之内外孫。何日移家歸故里，白頭爲伴話田園。』（鈔本《鼇峰集》）

林古度有《秋暮，過宿徐興公山齋夜話》（原無題，題筆者所擬）：『高齋秋盡倒清尊，客散還留遠客存。足見交情三十載，重論往事萬千言。窮愁相對真朋友，富貴將看好子孫。我本無家空自返，

今宵翻似入家園。』（《暮秋，林茂之過宿山齋夜話，次韻》附，鈔本《鼇峰集》）

陳鴻有《秋暮，過宿徐興公山齋夜話》（原無題，題筆者所擬）：『爲愛清談屏緑尊，但留茶火夜深存。吕安遠道尋嵇叔，杜甫名家繼審言。籬剩餘花堪伴客，徑添修竹盡生孫。與君共宿秋齋寂，布被寒多露滿園。』（《暮秋，林茂之過宿山齋夜話，次韻》附，鈔本《鼇峰集》）

作《喜郢中柴吉民枉顧，兼貽〈涉泗草〉，賦贈》（鈔本《鼇峰集》）。

柴一德有《過徐興公山齋兼貽〈涉泗草〉》（原無題，題筆者所擬）：『蘭籍添公姓字新，見來方信所聞真。孤踪遠自青天外，雅社初投碧海濱。千古誼高先欲澹，五車書富莫言貧。漫勞歌雪相推許，郢客何曾是郢人。』（《喜郢中柴吉民枉顧，兼貽〈涉泗草〉，賦贈》附，鈔本《鼇峰集》）

按：柴一德，字吉民，又字吉卿，柴閣子，子真弟，潛江（今屬湖北）人。著有《涉泗草》《洪江集》《芝山集》《折柳行卷》等。《徐氏家藏書目》卷七『柴一德』條：『崇禎癸酉遊閩，招之入社，多所倡和。』

作《送楊南仲令君入覲》（鈔本《鼇峰集》）。

曹學佺有《送楊南仲應朝》：『嵩溪爲宰頌神明，藝苑壇中狎主盟。趨府每過朝夕話，臨岐何限古今情。虞廷覲后仍頒瑞，周室求賢重以旌。豈必漢家徵異政，山城漸起讀書聲。』（《西峰集詩》下）

作《送閩邑汪皖公父母入覲》（鈔本《鼇峰集》）。

曹學佺有《送汪君酬入覲》：『閩中首邑令維艱，雅尚能尋物外閑。浮海已看虞願石，過家仍問皖公山。重來不偶關人思，此去長留侍聖顔。直北風烟異今昔，簡軒詩草又當刊。』（《西峰集詩》下）

作《哭葉尹德世兄》，《序》云：『尹德尊人少洲明府公與先人交最密，予年十七即與尹德爲友，稱世好，今且五十祼矣。忽然聞訃，不勝悲慟。敬勒挽章，以志交誼。』詩：『長我春秋僅一年，靈魂何事即歸泉。』（鈔本《鼇峰集》）

按：葉尹德，參見萬曆十四年（一五八六）。

曹學佺有《林閬仙携具綠玉齋看菊》，詩云：『籬花風雨後，顏色復何如。蘿薜幽叢映，柴桑處士居。薄霜寒始受，亭午暖仍舒。好事能携酒，非徒問字餘。』（《西峰集詩》下）

作《壽楊商澹學憲初度九月廿九》（鈔本《鼇峰集》）。

作《送陳昌基北上》（鈔本《鼇峰集》）。

曹學佺有《送陳昌基》：『祇謂閑來看菊花，那知别我向京華。過江以北客行慎，遵海而南民未家。宵旰但聞勤極表，恩膏未見遍天涯。憑君好對臨軒策，未必劉蕡放逐嗟。』（《西峰集詩》下）

題《韓五泉詩》：『崇禎癸酉秋九月，重裝於汗竹巢。』（馬泰來整理《新輯紅雨樓題記　徐氏家藏書目》，第一六一頁）

按：《韓五泉詩》，明韓邦靖撰。嘉靖刊本。

又按：韓邦靖（一四八八—一五二三），字汝度，一字汝慶，號五泉，朝邑（今屬陝西大荔縣）人。正德三年（一五〇八）進士。父紹宗，福建按察司副使。

又按：此書藏福建省圖書館。

十月，抄程敏政《宋紀受終考》。題林章《墓誌卷》。題董其昌與林古度酬倡卷。送長樂知縣鄭尚友、崇安知縣郭之祥、松溪知縣徐之垣入覲。鄒維璉中丞解職歸豫章，送之。題《松石圖》壽潘在竹。送林弘衍赴闕、其子林之蕃會試。

題《宋紀受終考》：『崇禎癸酉年陽月綠玉齋抄録。』（馬泰來整理《新輯紅雨樓題記　徐氏家藏書目》，第九一頁）

按：《宋紀受終考》，明程敏政撰，徐𤊹鈔本。

又按：程敏政（一四四四—一四九九）[一]，字克勤，號篁墩，又號篁墩居士、篁墩老人，休寧縣（今屬安徽）人。成化二年（一四六六）一甲第二名進士，歷左諭德，官至禮部右侍郎。卒，贈禮部尚書。有《明文衡》《篁墩文集》等。

作《題林初文先生墓誌卷》（鈔本《鼇峰集》）。

作《董玄宰宗伯元日從茂之借〈易林〉，送福橘五枚，有詩倡酬，茂之裝成一卷，命予次韻》（鈔本《鼇峰集》）。

按：董其昌向林古度借書，説明古度此時藏書亦可觀。

作《長樂鄭父母留覲詩》（鈔本《鼇峰集》）。

按：鄭父母，即鄭尚友。尚友，錢塘（今杭州）人。崇禎四年（一六三一）進士，時爲長樂知縣。

作《送崇安郭公入覲名之祥，號宇山，吉水人》（鈔本《鼇峰集》）。

[一] 程敏政生於正統九年（一四四四）十二月初十，公曆爲一四四五年一月一七日。本譜采用傳統紀年。

按：郭之祥，號宇山，江西吉水人。崇禎知縣。

作《送鄒匪石中丞解任還豫章》（鈔本《鼇峰集》）。

按：鄒維璉（？—一六三五），字德輝，號匪石，新昌（今屬江西）人。萬曆三十五年（一六〇七）進士。官吏部，崇禎五年（一六三二）以右僉都御史巡撫福建。平夷禍，然爲鄭芝龍所誤，竟罷官。

曹學佺有《送鄒中丞歸筠州》：『羽書聞警輒親征，韓范軍中自有名。正值功成時事變，忍言公去雪山輕。一官如寄元非我，衆口雖嘩不厭清。惟有碧荷峰頂月，夜深常濯露華明。』（《西峰集詩》下）

作《送松溪徐心韋令公入覲》（鈔本《鼇峰集》）。

按：徐之垣，字心韋，一字維翰，鄞縣（今寧波）人。松溪知縣。

曹學佺有《送松溪令徐維翰入京》：『讀書好古諸韻事，一行作吏便須廢。此語古人已嘆之，豈昔爲難今反易。予謂好尚皆繇心，但問其根深不深。苟具深心與强力，何用蹉跎較古今。不見松溪徐大令，清光逼人如水鏡。目中似覺無全牛，案上攤書癖尤甚。三年奏績入鵷班，應識名依日月間，臨岐脱却純鈎贈，思君遥望湛盧山。』（《西峰集詩》下）

作《題〈松石圖〉壽潘在竹》《送翁壽如之燕》（鈔本《鼇峰集》）。

作《送林守易赴闕，與郎君孔碩會試同行》（鈔本《鼇峰集》）。

按：林之蕃，字孔碩，號涵齋，別號積翠山陀，弘衍（守易）子，閩縣（一作侯官）人。受業於董應舉，崇禎十六年（一六四三）進士。官吏部考功司郎中，唐王時爲郎中，清兵入閩，隱居長樂，疽發背卒。工詩文，善畫事。有《藏山堂遺篇》。

曹學佺有《送林孔碩》：『凌風玉樹本翩翩，登第猶當美少年。祖德每依青瑣夢，父書時讀貝多篇。掄才已獻明光殿，度世堪乘般若船。莫訝臨岐深致囑，功名惟可助因緣。』（《西峰集詩》下）

陳衎有《送林孔碩會試》（疑有四首，存二首），其一：『帝里春光政好看，星車迢遞上長安。憐予偃蹇心徒苦，見汝飛騰意稍寬。一代丰華今進御，百年辭賦早登壇。男兒别有冲霄志，聊借科名作羽翰。』其四：『今生帶得宿生緣，長共龕燈古佛前。法本如來常寂静，文從悟入故澄鮮。六朝閥閲推名族，三輔公卿畏少年。莫道風雲容易致，可將大業繼先賢。』（《大江集》卷六）

韓錫有《送林守易北征》：『生少從君遊，即以忠相竭。自命古往人，期許稷與卨。狂歌酒酣餘，脱帽袒露結。枕藉帖肩臑，深卧烏山月。同調有李生，肝膽如冰雪。及子成三人，申誓口歃血。于今二十年，世事遂久閲。文戰我數負，斬趾危縮鼈。李子遇如予，罹極先短折。獨子横天飛，躋身卿士列。仡仡通墉完，醜虜猷殄滅。聖主聞君名，旂常識君烈。還念疇昔交，貽我黄金玦。感君情志殷，拜受施文纈。仲子偕吏計，君亦趨丹闕。媿予壟室魂，不得從君别。無物可贈君，篋中古寒鐵。願君守昔言，勉就人臣節。逸我世外身，枯坐談禪悦。于中倘有窺，作偈與君説。』（《榕庵集·癸酉集》）

十一月，九日，邀柴一德、陳鴻集林叔學半塔齋；十日，邀柴一德、陳善、葉樞、林古度集高景松雲館；十三日，柴一德、林叔學、林寵過集緑玉齋；一德稱徐延壽、徐鍾震爲佳士；是日有登九仙山之約，不果行。西湖『二周祠』成社集，與陳一元、曹學佺、邵捷春、柴一德、陳衎等憑吊『二周』（祠祀周順昌、周起元）。社集鄭邦泰宅，聽度曲。題鄭賜《聞一齋詩稿》。三十日，爲顔繼祖《雙魚集》作序。

作《仲冬九日，同柴吉民集茂禮半塔軒，共用家字》（鈔本《鼇峰集》）。

柴一德有《同徐興公、陳叔度集林懋禮半塔齋》：『求友他邦興正賒，得君如至故人家。詩腸皷吹宜三雅，書目繁多過五車。歡聚莫孤深夜月，幽期還待杪冬花。一堂怪底清如許，靈裏浮圖半未遮。』（明鈔本《芝山集》）

作《仲冬十日，邀柴吉民、陳元者、葉機仲、林茂之於高景倩松雲館，同用梅字》（鈔本《鼇峰集》）。

曹學佺有《集高景倩松雲館》，自注：『客爲柴吉民、陳元者、葉機仲。』詩云：『蘿薜陰陰霽色開，寧煩折簡更邀來。西風乍緊仍飛葉，斜日應催欲綻梅。燭引九枝筵卜夜，地浮三雅客銜杯。天涯歲晚深相戀，莫待臨岐首重回。』（《西峰集詩》下）

柴一德有《高景倩直社松雲館，庭有古梅，能始指梅字爲韻》：『高情選勝緑尊開，蘿月松雲引步來。虚左謬恭三楚客，滿堂盛集八閩才。石文過雨猶含潤，海錯連波每費猜。何日雪華微點綴，重邀還擬看庭梅。』（明鈔本《芝山集》）

作《十三日，柴吉民過集山齋，是日有登仙山之約，不果，即席分賦，得十三章》（鈔本《鼇峰集》）。

柴一德有《過徐興公，約登平遠臺，被留飲緑玉齋，令郎存永、令孫器之皆佳士也，懋禮、異卿亦至，遂成社集，不復登平遠矣，分得文字》：『不容半步踏山雲，剪燭烹泉坐夜分。賓主乍相交筆硯，兒孫都復美詩文。幽香滿谷驕王者，冬蘭盛開。緑玉題齋愛此君。雅集奇逢三世少，勝於登眺意欣

欣。』（明鈔本《芝山集》）

徐延壽有《至夜楚中柴吉民過山齋》：『三冬過半不知霜，氣候閩南異楚鄉。惟有窗前風撼竹，宛如涼雨下瀟湘。』（《尺木堂集·七言絶句》）

作《寄懷張勖之》（鈔本《鼇峰集》）。

按：張瑞鍾，字勖之，漳州人。

張瑞鍾有《答徐興公有懷》（題筆者所擬）：『歷落閩關下，驅馳恨壯年。趨裝謁吾□，猶拜葛衣前。歸來劍芒缺，尚得故人憐。霜海只千里，胡爲不黯然。未識鬼才工，獨覺石隱賢。縉雲山色渺，積望傾飛仙。舌耕與筆耨，昔人各能全。素心思石困，一禮鼇峰巔。』（《寄懷張勖之》附，鈔本《鼇峰集》）

作《社集湖上，吊二周祠》，自注：『前郡司理公順昌，吴縣人；大中丞起元，龍溪人。』（鈔本《鼇峰集》）

按：周順昌，字景文，號漻（蓼）洲，吴縣（今蘇州）人。萬曆四十一年（一六一三）進士。除福州推官，徵吏部主事，轉員外郎。天啓四年（一六二四），被魏黨誣劾，被害。崇禎初，贈太常卿，謚忠介。有《燼餘集》。福州士紳在西湖建『二周祠』，祀其與周起元。

又按：周起元，字仲先，號綿貞，海澄（今龍海市）人。萬曆二十九年（一六〇一）進士。歷官僉都御史，巡撫江南。以忤魏忠賢被害。崇禎初追贈兵部侍郎，謚忠愍，改謚忠惠。有《周忠愍奏疏》。

崇禎六年癸酉（一六三三） 六十四歲

邵捷春有《二周祠告成有述》二首,《周中丞》:『極目東南杼軸空,疏求蠲免念民窮。誰知虎翼方當道,竟使娥眉妬入宮。下獄原非明主意,上書疇雪撫臣忠,精靈來去西湖外,歲歲芳祠仰止同。』《周吏部》:『水繞新祠草自生,一抔未酹掌淚先傾。空傳南土持平續,不見東曹啓事名。争死千秋憐左伯,存孤十載嘆程嬰。無窮國士酬知感,匣裏青萍夜夜鳴。』(《劍津集》卷六)

曹學佺有《西湖二周祠落成,陳泰始直社,與客憑而吊之,各賦二律》(二律後分別注:忠介周公、棉貞周公)言此次社集『陳泰始直社』(《西峰集詩》下)。

柴一德有《陳京兆四游先生直社二周祠》,題下自注:『《東》云:「周蓼洲吏部死於友,周綿貞中丞死於官,今合祀湖上,俎豆之。翌辰畫舫載酒,希同志共臨,各不拘韻作七言二首,以示憑吊之意。」』詩云:『璫焰消來祀典明,閩吳快得兩先生。蓼洲先爲福州司李,有惠政;綿縝本省鄉紳,有望。時同祠偶聯同姓,身朽香留不朽名。互有英標光梓里,合將廟貌表榕城。澧蘭湘芷遥難薦,聯瀉椒漿一爵清。』(明鈔本《芝山集》)

陳衎有《二周祠爲陳京兆題》,題下自注:『周珉貞,温陵人,官蘇松常鎮巡撫。周六洲,吴郡人,官吏部郎中,前任福州府推官。同被魏璫所害,陳泰始爲之立祠湖岸。』詩云:『先皇龍德衮衣垂,鹿馬秦庭事已危。舉國若狂官盡達,一君難悟死何辭。中丞履收吴人淚,吏部同新越嶠祠。宦跡故鄉俱繫念,湖波千載照豐碑。』(《大江集》卷六)

又按:周起元,海澄(今龍海市海澄鎮)人;陳衎云『温陵』(今泉州市)人,非是。

作《冬日社集鄭汝交刺史宅,聽三童度曲,共用齊字》(鈔本《鼇峰集》)。

題《聞一齋詩稿》：『崇禎癸酉仲冬，鼇峰六十四歲叟徐興公抄藏。』（馬泰來整理《新輯紅雨樓題記　徐氏家藏書目》，第一四八頁）

按：《聞一齋詩稿》，鄭賜撰。崇禎徐𤊹鈔本。

又按：鄭賜，字彦嘉，甌寧（今建甌）人。洪武十八年（一三八五）進士，官至禮部尚書。

又按：此書有林正青題記：『康熙戊戌閏秋得宛羽樓藏書四十七種，多吾閩前輩遺集，如宋長溪趙萬年，明長樂高棅、王恭，並此集，爲之狂喜。而是集抄本，尤可貴重。上《建寧志》一葉，係興公先生手抄。九月十六漏下廿刻，洙雲識。』（馬泰來整理《新輯紅雨樓題記　徐氏家藏書目》，第一四八頁）

作《〈雙魚集〉序》：『都諫顔同蘭先生歇曆三垣，皀囊封事，侃侃直言，播於中外，即虞翻、傅諒朝夕論思，不啻過也。而寄意宣情，應酬裁答，必藉簿蹏柔翰達於千里之外，非熟於朝廷之獻替，閭左之利病者，靡不與工儷偶叙寒暄者等。予試考古之書劄，始於春秋，當時諸侯大夫朝聘宴饗，徵劃會盟，類以詞命相往來，言婉而切，簡而莊，巽而直，其猶先生之遺風乎！後如李陵之答屬國，長沙之報少卿，則連篇纍牘，纚纚數千言，非春秋質有其文比也矣。先生八行之字，文質彬彬，詞達，不以富麗爲工；筆精，不以繁縟爲美。陳國事之是非，談時政之得失，一一如畫諸掌。不獨剖魚腹，祇言「加餐飯」「長相憶」已也。昔陳遵善書，口占數百封貽謝故人，多不暇給。遺十吏以代筆劄，人得其隻字，皆珍藏之。先生詞華丰采，其亦孟公之儔歟？先生方當强仕之年，出入禁闥，他日再上諫獵之書，如司馬長卿，區區簿蹏柔翰，又不足以儘先生矣。崇禎癸酉冬至後十日，鼇峰主人徐𤊹譔。』（《雙魚集》卷首）

按：《雙魚集》，顔繼祖撰。崇禎刊本。

又按：是歲冬至爲十一月二十一日。

又按：此文稿本《紅雨樓集　鼇峰文集》不載。崇禎本《雙魚集》，藏臺灣傅斯年圖書館。

十二月，送葉樞還松溪，題李長源芙蓉精舍。望日，曹學佺六十初度，社集西峰草堂，演蔡端明傳奇；邵捷春、丁啓濬、曾異撰等有壽詩。陳玄度招同陳善、倪范、高景、陳鴻、林叔學集園中看梅。崔世召任連州知州，有詩送之。

作《送葉機仲還松溪》《題李長源都閫芙蓉精舍》（鈔本《鼇峰集》）。

作《臘月望日曹能始六十初度，開宴西峰草堂，演蔡端明傳奇，同用七陽韻》（鈔本《鼇峰集》）。

曹學佺有《六十初度，同社集西峰草堂，觀演蔡忠惠劇，共用陽字》：『早衰猶喜近春陽，花甲徒周兩鬢霜。社結西峰開酒熟，人傳北苑煮茶香。濟川空有懷賢志，却老能無御女方。百歲歡娱仍瞬息，肯虚三萬六千場。時振狂社長八十生子，故第六句及之。』（《西峰集詩》下）

邵捷春有《壽曹能始觀察》：『時從文酒得相親，深喜先生飲以醇。藏稿每搜栖遯客，徵書頻下乞休人。才如滄海難爲水，質比寒梅不著塵。預酌椒觴來獻壽，風光三日是初春。』（《劍津集》卷六）

丁啓濬有《壽曹能始觀察六十》二首，其一：『建安繡虎歸曹氏，世嫡代典憲使賢。研北久傳三樀析，弧南高照一星懸。正逢金勝花周甲，親見如何樹比年。日月光華長不腐，可知行地有神仙。』其二：『三神山自海中移，玉室金廷信有之。漠漠古香餘綈錦，蒼蒼灝氣在鬚眉。閉關自亨千秋貴，拜巘定逾百歲期。南嶽賀書緱嶺吹，漫嗔遼鶴過江遲。』（《平圃詩集》卷四）

曾異撰有《爲曹能始先生壽》：『北山之北北山南，六十著書卧小庵。却老身輕方御女，侍兒宜少尚宜男。達人厭聽三華祝，拙宦從吾七不堪。爲壽客來商出處，江梅花發冷朝簪。』（《紡授堂集》卷五）

作《陳玄度招同元者、柯古、景倩、叔度、茂禮集園中看梅，共用聲字》：『爲園不讓習家名，檻外池光一鏡明。怪石疊成青錦麗，靈禽披出縞衣輕。寒添桑落浮金液，香度梅梢點玉英。會比竹林賢有七，倡予和汝盡同聲。』（鈔本《鼇峰集》）

作《倪四可設絳洪江，以詩見貽，答贈》（鈔本《鼇峰集》）

倪暉吉有《送崔徵仲守連州》（《倪四可設絳洪江，以詩見貽，答贈》附，鈔本《鼇峰集》）。

按：〔同治〕《連州志》卷五《職官》：『崔世召，福建舉人，崇禎七年任，有傳。』

又按：《連州志》所記崔世召任職時間誤。

又按：李賢《大明一統志》卷七十九《廣東·廣州府》『連州』條：『在府城西北五百六十里。本秦長沙郡南境之地……唐爲連州……元置連州路，隸湖南道，大德中降路爲州，隸英德路。本朝洪武初省，十四年復置，隸廣州府。』

曹學佺有《送崔徵仲之任連州》：『君今適粵豈浮湘，州境依然在桂陽。燕喜亭光連洞壑，楞伽峽影倒洽涯。伏波路戍聲名壯，新野胡公德澤長。此是三遷異三黜，聽猿何必斷愁腸。劉禹錫再授連州，有「三黜斷腸」之句。而徵仲自桂東賜環，量移兩浙副鹺，仍陞今職，故云。』（《西峰六一草》）

作《癸酉除夕》（鈔本《鼇峰集》）。

崇禎六年癸酉（一六三三）　六十四歲

是歲，苦於蝸居迫窄，擬構樓，得曹學佺爲貽貲斧，次歲，所構樓落成，後名『宛羽』。參見次歲。

徐鍾震《先大父行略》：『崇禎癸酉歲，苦于蝸居迫窄，拓齋後空地數武構樓，以位置諸書。曹先生爲貽貲斧，又何減杜甫之草堂乎？復錫以嘉名，曰「宛羽」，蓋取周穆王時宛委羽陵藏書之義云爾。』（《雪樵文集》）

是歲，林應起卒，哭之。

作《哭林熙工封君十一月廿六日卒》：『憶昔神皇十六年，紅顏締好到華顛。菩提了悟能成果，瓜葛相依有夙緣。受得皇家恩已渥，亭來人世福俱全。哭君不用增悲慟，知占西方九品蓮。』（鈔本《鼇峰集》）

按：《林熙工贊》：『三千世界，六十春秋。一瓢一衲，一壑一丘。長齋也，皈心佛子；有髮也，混跡緇流。通隱，妙清濁之二致；逃禪，極福慧之雙修。自維摩詰傳雙林，得道之後，居士豈非其儔也歟！』（《文集》册十二，《上圖稿本》第四五册，第二九八頁）

又按：此《像贊》作年不詳，附於此。

曹學佺有《過南嶼挽林熙工》：『春雨初晴獨解橈，懷賢時過合山橋。溪如濯錦中含素，峰似靈旗賦大招。恩命已看仝子爵，啓居猶自傍僧寮。熏修浄土心常浄，蓮蕊應將姓字標。』（《西峰六一草》）

按：學佺詩作於次歲正月。

崇禎七年甲戌（一六三四） 六十五歲

曹學佺六十一歲，林古度五十五歲，徐鍾震二十五歲，徐延壽二十一歲

元月，初七日，陳一元、倪范、曾熙丙、鄭邦泰、高景、邵捷春、林叔學、葉君節等集龔懋壓宅觀迎春。送董瑋之官留都。立春，初八日，與曹學佺等社集陳一元宅，聽美人白璧度曲。十三日夜，李長源都閫招宴。侯官縣知縣鄉宴，謝之。答許豸自滸墅寄書並貽俸金，答謝，贈以《蔡清憲公集》。有詩寄漳浦黄道周。寄請永覺禪師住持鼓山，並與曹學佺、劉履丁、何模訪之。有詩寄王人鑑，言一別已三十年。腰痛（參見三月）。

作《甲戌元日》（鈔本《鼇峰集》）。

作《鄭汝交五十九初度正月初六日》（鈔本《鼇峰集》）。

曹學佺有《鄭汝交以新歲六日誕期，而甲戌迎春則人日也，同社有詩賀之，余綴其末》：『新歲齊盟舉壽觥，江村何事隔春城。來朝始識東風轉，與我同爲臘月生。居士法門應不二，幽人行徑亦何營。須知白首同歸意，消盡浮雲泰宇清。』（《西峰六一草》）

作《人日，同陳泰始、倪柯古、曾用晦、鄭汝交、高景倩、邵肇復、林茂禮、葉君節集龔克廣宅觀迎春》（鈔本《鼇峰集》）。

曹學佺有《人日，開社浮山堂觀妓，共用寒字是日城中迎春》：『閩方冬暖入春寒，春在明朝覺絮單。

且泛蟻杯傳社集，漫隨牛仗載途看。桃花應落芒神背，彩勝先簪士女冠。何事隋宮刀尺競，故將丹碧綴林端。』（《西峰六一草》）

作《送董履恒之官留都》（鈔本《鼇峰集》）。

按：董瑋，字履恒，董應舉子，閩縣人，居連江。授參軍，擢南比部。

曹學佺有《送董履恒留都之任》：『維桑牖户咏鳴篇，曠職陪京有幾年。涉海風濤神不瞬，承家弓冶世稱賢。參軍漫作陬魚戲，領郡尋當五馬遷。莫謂朝廷今右武，書生若個識衡權。』（《西峰六一草》）

陳衎有《送董參軍之官陪京時方藉重參軍，造船江上》：『閩土功成耻告勞，承家長佩呂虔刀。鍾陵不厭頻遊宦，幕府何妨是冷曹。舟渡白龍天塹險，營開朱雀斗門高。白龍江、朱雀航皆六朝要害處。孤忠到處安危繫，寧遣馮生嘆二毛。』（《大江集》卷六）

作《壽張母成球之母》（鈔本《鼇峰集》）。

作《穀日立春，社集泰始宅聽美人白璧度曲，同用寒字》（鈔本《鼇峰集》）。

曹學佺有《立春日陳泰始直社華堂，觀妓仍用寒字》：『昨迓春光在野看，春城兹日接騷壇。開尊正與開冰遇，卜歲仍將卜夜歡。閣裏紅爐然獸暖，筵中白璧照人寒。燈輪乍轉如弦月，應得元宵跨寶鞍。古以上弦爲試燈節，且卜元夕陰晴于此夜云。』（《西峰六一草》）

作《上元十三夜，李長源都閫招宴，賦謝》（鈔本《鼇峰集》）。

曹學佺有《十三夜，洪汝如過弈，時有武夷之行》：『弈思乘春長，仍逢有客來。新年聊紀勝，舊譜

任翻開。去問山中叟，逍遥石上臺。韶光真瞬息，豈必爛柯回。』（《西峰六一草》）

按：是夕，洪、曹對弈，徐赴宴，各自有各自的活動。

作《謝熊太尊見召鄉飲》（鈔本《鼇峰集》）。

作《謝趙父母鄉飲號玉溆》（鈔本《鼇峰集》）。

按：趙珽，字玉溆，慈溪（今屬浙江）人。崇禎元年（一六二八）進士。侯官縣知縣。

作《答許玉史寄書並貽俸金，時權税滸墅》（鈔本《鼇峰集》）。

作《答許玉史》：『蔣道圭還，辱瑶函見及兼拜嘉貺，自揣凉德，菲才乃承稠疊，勤渠至此，五内之銘，無時可泐矣。聞星軺返闕下……《蔡清憲公集》，三山勘傳，承命多方尋覓，僅得一部，寄上。詩中有硃色點竄者，曹能始先生筆也。』（《文集》册三，《上圖稿本》第四二册，第三六九頁）

按：許豸（？—一六四〇），字玉史，又字玉斧、友父，侯官人。崇禎四年（一六三一）進士，除户部主事，時權滸墅關。

又按：蔡清憲，即蔡清。按：蔡清（一四五三—一五〇八），字介夫，號虚齋，謚文莊，晋江人。成化十三年（一四七七）解元，二十年（一四八四）成進士，官南京文選郎中、江西提學副使。謚清憲。有《四書蒙引》《虚齋文集》等。

作《寄黄幼玄太史道周》二首，其一：『故山何事乞閑身，人品從來貴有真。文本詞林皆吐鳳，職非言路亦批鱗。朝端日月違仙仗，海上烟波穩釣綸。江夏無雙名久著，漢家東觀待儒臣。』其二：『路隔雲泥二十霜，懶裁書札類嵇康。汪汪雅度□千傾，渺渺予懷水一方。士得多才全在浙，騷成孤憤擬浮

湘。從來貴賤交情見，車笠逢時不可忘。』（鈔本《鼇峰集》）

按：黄道周此時在漳浦北廬（詳侯真平《黄道周紀年著述書畫考》，第一五二頁），故云『乞閑身』『烟波穩釣』。此二詩可補入《黄道周年譜》。

曹學佺有《次黄石齋韻》：『自愧非聞道，難將有道儔。采風原史氏，高尚豈王侯。生劣能鳴雁，形如不繫舟。懷人時寄遠，乘興一登樓。』（《西峰六一草》）

作《謝中丞鄒公鄉飲》（鈔本《鼇峰集》）。

作《寄請永覺禪師住持鼓山》：『憶昔當年禮壽昌，知師宗教擅南方。荷山暫别新禪窟，喝水須持古道場。久望空中飛錫杖，預從雲際結繩床。雪關去後機鋒寂，多少緇流待上堂。』（鈔本《鼇峰集》）

按：永覺禪師（一五七八—一六五七），俗姓蔡，名元賢，字永覺，建陽人。幼業儒，補邑諸生。萬曆四十五年（一六一七），棄妻孥，往壽昌禮無明和尚，出家密定心印。崇禎七年（一六三四），曹學佺等延主鼓山，百廢俱興，爲鼓山第六十三代師。

曹學佺有《同興公、漁仲、平子訪永覺禪師》：『看山非游衍，何繇領其趣。游衍無友朋，不如早歸去。携友復得師，僅能一宵住。豈乏美光景，人生苦忙遽。大江光似鑑，烟霞皆可茹。空中片雲生，俄然作雷雨。樹杪灑飛泉，盡向厨間注。下方與上方，咫尺不能度。明晨霽與否，僮僕相告語。余謂子何知，行止俱有數。僧寮嵐氣中，鐘鼓破朝暮。獨有心燈明，千秋長若寤。』（《西峰六一草》）

按：何模，字平子，何楷之弟，晋江籍，鎮海衛（今福建龍海）人。崇禎六年（一六三三）舉人。有《何平子文稿》《小題因》，曹學佺皆爲之序。

作《上貢二山參伯》（鈔本《鼇峰集》）。

曹學佺有《送貢二山還江陰》：『江村雨色滯橫塘，聞有扳轅在路傍。攬勝且躭禪悦味，頻行豈爲束裝忙。鶯聲斷續春申浦，詩興飄颻斗酒堂。知爾彈冠應有日，寧須結綬待王陽。』（《西峰六一草》）

作《得吴門趙靈均書寄答》《邵參軍〈雙壽松石圖〉》（鈔本《鼇峰集》）。

作《寄王德操》，《序》云：『予以萬曆乙未與德操先生定交，越丙午秋，再於閶門舟中聚首，屬予作知希齋詩，甚歡也。今一别三十年矣。舊遊如王百穀、曹以新、趙凡夫、沈穉咸、文夢珠、沈從先、黄伯傳，戚不磷、范東生，無一存者。惟德操長齋佞佛，老而益壯。撫今追昔，情見於詩。』（鈔本《鼇峰集》）

王人鑑《答徐興公》（原無題，題筆者所擬）：『憶昔重逢水部船，邀揮彩筆對秋烟。别來吴月圓三百，夢去閩天路幾千。老我窮愁理里巷，羡君高尚卧林泉。安能飛至鼇峰畔，存没論交荔子前。』（《寄王德操》附，鈔本《鼇峰集》）

二月，陳善往豫章，與曹學佺、邵捷春、陳衎諸社友送之。花朝，與安國賢集山意堂；于兼葭堂合送陳善。與曹學佺、陳仲溱、徐延壽送黄逢其往武昌。送福州知府熊士達還新昌。送林叔學、陳鴻往蘇州訪司理周之夔；陳鴻將由吴入洛。

作《送陳元者還吴中，仍僑居豫章按：元者名善》（鈔本《鼇峰集》）。

陳善有《還吴中仍僑居豫章，答徐興公》（原無題，題筆者所擬）：『酒壇詩社共朝昏，愁向春風斷别魂。千里關河歸客夢，一囊珠玉故人言。遊非得意偏宜拙，憐不因才始是恩。此去孤踪吴又楚，

寸心何日更同論。』（《送陳元者還吳中，仍僑居豫章》附，鈔本《鼇峰集》）

曹學佺有《送陳元者還豫章》：『當今遊道益艱辛，君去休嗟失路人。行李未收滕閣雨，名蘭先買建溪春。跡因留滯時將駛，情爲乖離日以新。丁戊山房好棲托，始知前世有遺民。』（《西峰六一草》）

邵捷春有《送陳元者歸豫章》：『雖然旅食寄吳門，却望西江是故園。卜築近依徐孺子，交遊多憶楚王孫。承歡不隔家千里，惜別聊傾酒一尊。莫忘姓名題石上，昔賢丁戊跡猶存。』（《劍津集》卷六）

按：（乾隆）《福州府志》卷二十一《第宅園亭》一『丁戊山房』條：『在嵩山，林山人寵所居，即博丁戊故居。』曹詩云『丁戊山房好棲托』，知陳善詳閩居於林寵宅。

陳衎有《送陳元者歸豫章》，其一：『辭賦登壇舊有聲，白駒皎皎獨含情，千山杜宇催歸夢，一道蘼蕪亂客情。鷺水派分彭蠡渡，龍沙高出豫章城。相逢便覺相留戀，悽絶今朝説送行。』其二：『嶺樹晴開瘴雨收，杉關西去近南州。慣眠野店聊高枕，每憶空山獨倚樓。元者寓予丁戊山。白社雁鴻傳錦字，墨池蝌蚪寫銀鈎。匡廬亦是僑居處，莫厭閩中續此遊。』（《大江集》卷六）

陳衎有《賦得匡廬山，送陳元者》：『高山鬱光異，蟠盤數百里。九江帶回薄，彭蠡共終始。瀑泉萬丈懸，灝氣千尋委。玄鹿探金芝，白猿齗玉蕊。長經霜雹寒，側矚星晨徙。岧嶢聳帝閽，窈冥通地肺。履到轉多迷，仰窺難正視。循環走日月，蕩漾合天水。之屏吳郡雄，推尊南國紀。羈遊信可樂，采秀每於此。』（《大江集》卷二）

作《花朝，安藎卿社集山意堂，是夜月食》（鈔本《麓峰集》）。

曹學佺有《安藎卿社集二月十五日》：『花事已紛紛，鶯聲霽後聞。春光纔半度，令曲演雙文。雅論幽蘭洽，清尊細柳分。回思風雨夜，一倍惜斜曛。』（《西峰六一草》）

作《合餞陳元者於兼葭堂，次元者韻》（鈔本《麓峰集》）。

陳善有《兼葭堂别徐興公、曹能始諸社友》（原無題，題筆者所擬）：『雨帶潮聲到草堂，群公祖餞有輝光。愁分芍藥人千里，惜别兼葭水一方。字贈明珠新句好，墨飛玄雪舊箋香。西湖未及同修禊，前路孤帆更斷腸。』（《合餞陳元者於兼葭堂，次元者韻》附，鈔本《麓峰集》）

作《送黄貞吉之楚》（鈔本《麓峰集》）。

曹學佺有《送黄貞吉之武昌，應劉臬幕招》：『靈源山下舊儒家，研作良田書作車。裴從青蓮開幕裏，楚遊芳草思天涯。禰衡詞賦還堪吊，江夏聲名詎足誇。此去匡廬逢五老，爲予揮手弄烟霞。』（《西峰六一草》）

陳仲溱有《送黄貞吉之武昌》：『不用興歌古别離，美游西望武昌時。汀蘭岸芷行中景，烟樹晴川畫裏詩。派接九江形勝闊，地經三國戰争馳。他時對酒當明月，烏鵲依棲有一枝。』（《響山集》，《石倉十二代詩選》之《社集》）

徐延壽有《送黄貞吉之武昌》：『黄鶴磯頭水色清，楊花撲面武昌城。南樓明月胡床嘯，赤壁東風楚炬兵。客子洞簫秋作賦，仙人鐵笛夜飛聲。若過鸚鵡洲邊路，記取投詩哭禰衡。』（《尺木堂集·七言律詩》一）

按：此詩爲徐延壽早年作品。

作《送熊夷庚郡伯改調還新昌士達》（鈔本《鼇峰集》）。

按：熊士逵，字夷庚，新昌（今屬浙江）人。崇禎元年（一六二八）進士，福州知府。

曹學佺有《送熊夷庚郡守還章》：『徵書早擬出明光，仕路誰知有太行。拙宦不妨真面目，去思猶是直心腸。更無白鶴堪隨伴，衹有清風可束裝。那減謝莊遊嶼興，行探百洞在龍塘。』（《西峰六一草》）

作《送林茂禮之吴中》二首（鈔本《鼇峰集》）。

曹學佺有《送陳叔度、林懋禮之吴中訪周章甫》：『別家携友得同行，路指東吴傍友生。倡和定知篇什富，山川隨處杖藜輕。西湖尚惜殘花騎，茂苑還啼暑月鶯。莫謂結交無利刃，古專諸巷是何名。』（《西峰六一草》）

曹學佺有《再送叔度、懋禮古風一首》：『予友無幾人，兹行別其二。送爾遠行遊，遠遊非得已。開歲欲出門，遷延春已季。當其出門際，更有許多事。須解江上維，或脱心中繫。不知行作客，佳否能稱意。必待爾還家，始能述其概。在家百事難，作客亦匪易。但恐有生時，無物不爲累。去住與憂樂，如斯而已矣。』（《西峰六一草》）

作《送陳叔度谿吴入洛》（鈔本《鼇峰集》）。

三月，腰痛。顔繼祖寄《三垣奏議》《紅堂》《雙魚》，有詩答之。與邵捷春等萬歲寺訪静庵上人，過鄭邦泰別業小酌。致書張燮，薦清流廖淳之。又致高元濬，言患瘧，腰痛，彌月乃愈，有老病之嘆；邵捷春編

《全閩藝文志》，請搜集漳郡文集。又致寄陳南岳，言《全閩藝文志》，請助一臂之力。指出陳正學《灌園草木志》疏失，附贈徐延壽《和陶》、徐鍾震《制義》。張瑞鍾贈《峰山遊草》，言已收入《全閩藝文志》；答以《筆精》及子孫《和陶》《制義》。

作《腰痛自嘲》（鈔本《鼇峰集》）。

作《顔同蘭都諫以〈三垣奏議〉又〈紅堂〉〈雙魚〉集諸刻見寄，賦此奉答》（鈔本《鼇峰集》）。

曹學佺有《次韻答顔同蘭見贈，初度之任》：『漫道孤梅澗裏芳，德馨君子自同堂。信如青鳥來王母，韻擷丹霞有夕郎。消瘦豈緣詩作癖，沈冥便是醉爲鄉。目今商洛方雲擾，何計山中問綺黄。聞報流寇陷商州所屬，而同蘭來詩有「漫道詩狂非酒聖」之句，故及之。』（《西峰六一草》）

作《莫春，同肇復諸君萬歲寺訪静庵上人，道過汝交别業小酌，次肇復韻》（鈔本《鼇峰集》）。

作《寄張紹和》：『良久不得仁兄一札，知高隱山□，何異弘景之稱宰相哉！弟近來患瘧，伏枕經月，□□□□，幸不墜鬼籙。《筆精》一部，乃廿年前所著，黄明立爲我編定，而敝友邵肇復梓之。敬請正于□□，蕪陋所不免耳。清流廖淳之，博雅名流也，久慕鴻名，如泰山北斗，今往霞城補試，欲一望見顔色，定爲千秋之誼，弟阿好也。草草布臆，不盡衷曲。』（《文集》册三，《上圖稿本》第四二册，第三六五—三六六頁）

按：黄居中《徐氏筆精序》，參見崇禎四年（一六三一）。

作《寄高君鼎》：『弟老病侵尋，前日患瘧，伏枕彌月，空存皮骨耳。敝郡鼓山重興，爲第一叢林，所未完者天王一殿，曹能始削牘于王東老、顔同老求其助，緣住持履徵行脚數百里抵霞城，不敢望兄布施，但邵見津觀察，彙梓《全閩藝文志》，托上人尋覓貴郡文集，求兄一指示之。近刻再惠二三册爲望。柯古近丁内艱，方在苫次……尊翁老先生《木天草》，邵君托求一部。』（《文集》册三，《上圖稿本》第四二册，第三六九—三七〇頁）

按：曹學佺《鼓山涌泉寺重興天王殿碑》：『寺之三門爲天王殿，亦準天子諸侯之禮。然佛家以四天王治瞻部泗洲事，考察善惡，皆有時月，而俗呼以爲金剛……涌泉三門，久廢爲砂礫，愚漸次復之。』（《西峰六一文》卷三）

又按：曹學佺道倡修復涌泉寺在萬曆四十七年（一六一九）。

作《寄陳南岳》：『讀《灌園草木志》，群芳之盛，幾於上林。惟是十八娘荔枝，乃以閩王少女得名，云自廣來，殊非實録。且君謨《荔譜》，原無「黑葉」之名，黑葉則粤東種也。弟近於山後構一書樓，時詘舉嬴，不勝坐困……敝郡鼓山名刹久廢，年來漸漸修復，已成大叢林。履徵上人持曹能始疏謁東里翁、同蘭翁求助，緣弟令其謁見左右。敝友邵觀察欲彙《全閩藝文志》，仁兄能多搜載籍助其一臂，付上人携歸，何如？《筆精》一部求正。兒孫二刻并呈。』（《文集》册三，《上圖稿本》第四二册，第三七一—三七二頁）

按：《灌園草木志》，即《灌園草木識》，陳正學著。『君謨《荔譜》』，即蔡襄《荔枝譜》。

又按：『兒孫二刻』，即徐延壽《和陶》、徐鍾震《制義》。

作《寄張勖之》：『小力漳還，得《峰山遊草》之教，八閩有此山川之奇，而得大作表揚，真可當圖經一部。邵觀察已收入《藝文志》中。武夷、九鯉，不足擅美也。王子植歸，又承佳惠種種……偶因鼓山上人入漳之便，附《筆精》、拙著請正，并兒孫二刻博笑。病冗交集，語不周謹。』（《文集》册三，《上圖稿本》第四二册，第三七二頁）

按：《藝文志》，即邵捷春《全閩藝文志》。

四月，浴佛日，劉履丁社集漱石山房；吴中顧君藥、吴伯明見訪。福清知縣費道用、古田知縣楊德周見訪。往古田水口，登嵩溪小武當山；蔡孝來，招同楊德周飲嵩溪官閣。建安常樂寺立砧基，爲之作述文。

作《浴佛日，劉魚公社集漱石山房，美人白璧、小酉侑觴，同用家字》（鈔本《鼇峰集》）。

曹學佺有《四月八日，劉漁仲社集漱石山房同用家字》：『携壺遠上碧巖斜，蘭若清嚴酒禁賒。佛手指天方出世，客懷隨地即爲家。詩牌錯雜難成句，曇鉢分明一現花。何必攢眉云入社，虎溪三笑未須誇。』（《西峰六一草》）

柴一德有《浴佛日，劉漁仲招同能始、泰始、克廣、景倩，玉、璧二妓飲烏石之客曦堂，得家字》：『禮佛旋呼解語花，風流人在海天涯。他鄉作客仍招客，行館携家不異家。幾片慈雲飄澹蕩，半規明月掛欹斜。尊前休話兵戈慘，一醉腰間看莫邪。』（鈔本《芝山集》）

作《吴中顧君藥、吴伯明見訪，匆匆爲别，賦此奉送》《送劉子問歸吴中》《送蔣仲宣還吴名字滐》（鈔本《鼇峰集》）。

作《玉融、玉田費、楊二父母見訪留飲山齋，賦此》（鈔本《鼇峰集》）。

按：玉融，即福清；玉田，即古田。本歲七、八月又與費道用、楊德周倡和多篇。

作《登小武當山》（鈔本《鼇峰集》）。

按：小武當山，在古田縣水口。〔萬曆〕《古田縣志》卷二『小武當山』條：『在水口隔江。祀真武。名公多遊，有詩題記。萬曆乙巳，建觀音閣，頗稱偉觀。』何喬遠《閩書》卷三《方域志》『古田縣』：『小武當山，在水口。隔江祀真武。宋時爲拱辰堂。相傳有雲水道人自武當山佩香火來，寓斯堂數日，出不知所向。衆異之，由是祈禱旁午。』

作《蔡孝來招飲嵩溪官閣，同楊南仲賦，次日南仲入玉田，予還三山》（鈔本《鼇峰集》）。

作《常樂寺砧基述》：『太祖高皇帝命諸寺各立砧基，所以便籍考，防侵漁，爲百年不易至計也。今建安之東四十里，有常樂寺，肇基於唐，至梁乾化三年，禪僧宗啓始建巨刹，嗣後興廢遞更，幾經締構，至天啓間漸就頹圮。爰有永安寺僧性智，承緒住持，捐資重建法嗣……性智告寂，本祥、清泰、清仁、智廣、慧崇、普容等承其葉，復增而大之，亦善繼其志者也。因思貽後垂遠之計，乃取蒞於常樂者，悉紀之以砧基，仍請印於官，以防奸僞杜窺伺謀，甚善也。善資上人來鼓山，侍永大師，述其始末，徵言於予。予惟砧基之立，於承先爲孝，於貽後爲茲，于護惜常住爲義，使有家有國者而常若此，不幾爲名教之善士，克家之肖子乎！雖然，衲僧之事常住之業，尤有大於山丘田園者，果能承先緒而有光垂後範，於無玷不稱沙門之龍象哉！此予深有望于常樂諸衲云。崇禎甲戌歲初夏之吉，鼇峰居士徐𤊹興公撰。』（《文集》册十二，《上圖稿本》第四五册，第三七一—三七四頁）

按：據〔康熙〕《建寧府志》卷十六《祀典》下《寺觀·建安縣》，常樂寺，即常樂教寺，宋治平間建。在建寧里。

五月，三日，與邵捷春、曹學佺、曾熙丙、鄭邦祥等至臺江觀競渡。六日，陳振狂七十九，有壽詩。訪永覺禪師（元賢），師作《徐興公居士見訪》，答之；蔡孝來、文寵光過訪。劉履丁招集文寵光、柴一德飲陳一元山園客義堂，白璧、雲鸞侑觴。寄題四明陳朝輔侍御雲在樓。柴一德、唐禪一、劉履丁、龔懋壓、陳元綸過訪，觀宋硯古墨。

作《五月三日，邵肇復泛舟瓊河至臺江觀競渡，同曹能始、曾用晦、鄭汝交賦》（鈔本《鼇峰集》）。

曹學佺有《邵肇復招遊瓊河之臺江觀競渡十首》，其一：『利津門外問津時，赤玉欄邊楊柳枝。湖水悠悠心已懶，還思江上弄潮兒。』其二：『河干打鼓爲迎潮，壯士騎龍氣益驕。莫謂争先太狼戾，水平難過路通橋。』其三：『岸傍羅袖並肩行，洛浦空然怨目成。菖獨花開君不見，竹枝歌裏始聞名。』其四：『舟行三十六灣多，柳宅桃園處處過。新港議開如築舍，遠人那得沐恩波。柔遠驛設在河口，以港閉，困甚。』其五：『山河原屬越王臺，臺下江流去不回。祇爲白龍先入釣，紛紛鱗甲截江來。』其六：『珠簾高掛畫樓濱，喚伎徵歌屬後塵。也有瓊娥居浦口，等閒迷却境中人。』其七：『小橋穿過大橋門，地肺飄摇海眼昏。祇有天寧山不動，刹竿仍似轉風旛。』其八：『越王神將説拿公，海上相傳血戰功。莫信偏裨能破敵，雌雄耑仗大王風。』其九：『人看龍舟舟看人，人行少處少船行。有時泊在柳陰下，簫鼓寂然聞水聲。』其十：『輕雷隱隱半天幽，知是回飆鼓未休。似恐蛟龍吞却餌，雲間不放月如鈎。時初二日。』（《西峰六一草》）

作《陳鹿門七十九五月六日華誕賦祝》（鈔本《鼇峰集》）。

按：陳鹿門，即陳振狂。

陳仲溱有《五月六日，壽陳振狂》：『早歲曾尋江上村，野亭花底坐黄昏。居鄰漢主垂龍釣，跡類龐公隱鹿門。衰朽形容慚稍長，主持風雅讓稱尊。出郊車馬如雲盛，詩律精嚴領細論。』（《響山集》，《石倉十二代詩選》之《社集》）

曹學佺有《陳振狂七十九壽，五月初五日誕辰也，社中惟秦八十，時推兩社長云》：『杜甫傳神詩律清，田文此日亦同生。壽觴正值蒲觴令，俠士何如隱士名。白社共推難老伴，青山不改舊時情。與君更約三年後，纔許磻溪坐釣璜。』（《西峰六一草》）

作《答永覺禪師次韻》（鈔本《鼇峰集》）。

釋元賢有《謝興公居士見訪》：『見説閩中有鳳毛，君家兄弟擅風騷。直扶短策穿松翠，横卧深雲聽海濤。結社擬追陶遠笑，琢詩頓使鬼神號。雲收雨散巖花净，屴崱峰頭月正高。』（《答永覺禪師次韻》附，鈔本《鼇峰集》）

作《夏日蔡孝來、文仲吉見過山園小集》（鈔本《鼇峰集》）。

按：文寵光，字仲吉，長洲（今蘇州）人。善書，有《晴雪齋稿》。

又按：《文仲吉像贊》：『君家自太史公以名德，詞翰用垂不朽。其風流餘韻，百十載而猶存。君之工詩、工書、工畫，克紹家學，稱三絶。而專其門，且豪于伯，雅能飲一石，又不讓于淳于髡，予偶浪遊于吴市，評聞月旦，莫不多君爲長者，真無忝乎太史公之賢孫。』（《文集》册十二，《上圖稿本》第四五册，第三一七頁）

又按：此文作年不詳，附於此。

作《劉魚公招同文仲吉、紫吉民飲陳京兆山園之客羲堂，薄暮移席呼丈亭，白璧、雲鸞二妓侑觴，分得詞字》(鈔本《鼇峰集》)。

柴一德有《漁仲招同長洲文仲吉飲烏石四游堂，白璧、雪鸞二妓佐酒》：『詞人定卜好居亭，文酒追歡此聚星。竹與三生懽韻致，花持二美共娉婷。看山呼丈癲同癖，滅燭留髡醉莫醒。避暑更期明日樂，荔枝深處挈銀缾。』(明鈔本《芝山集》)

作《寄題四明陳平若侍御雲在樓朝輔》(鈔本《鼇峰集》)。

按：陳朝輔，字平若，四明(今寧波)人。嗜藏書，築『四香居』『雲在樓』『桂松軒』，極林泉之勝。輯有《四明文獻》。

曹學佺有《題雲在樓爲陳平若》：『雲來山若隱，雲去山如雲。盡日高樓上，雲山變態分。閒情惟一靜，古思入三墳。孰是元龍者，豪聲天下聞。』(《西峰六一草》)

作《夏日柴吉民、唐禪一、劉魚公、龔克廣、陳道掌見過留酌，因觀宋硯、古墨，分得生字》(鈔本《鼇峰集》)。

柴一德有《徐興公招同陳道掌、劉漁仲、龔克廣飲緑玉齋，出所藏古墨、宋硯索咏》：『結夏山亭數往還，玆蕃賞鑒更歡顔。傳家豈借金籝重，博古都將寶物删。鸜眼潤含蘇米汁，豹囊枯剥宋元斑。於今書瀼君家紗，硯墨臨池總未閑。』(明鈔本《芝山集》)

六月，劉履丁招同柴一德、曹學佺等集社邵捷春園亭，履丁携璧姬至。柴一德歸郢，諸社友贈詩，集爲《折柳詩卷》。董養河七月初七日，七十誕辰，預作壽詩。四明澄泓至閩購木歸，贈以詩。四明應皋過訪，贈詩。題元趙友欽《重刻革象新書》。

作《張道輔八十雙壽六月初六》（鈔本《鼇峰集》）。

作《張道輔像贊》：『昔年先輩鼎石公，鄉邦齒德推並崇。維君纘承有祖風，青衿濟濟遊黌宮。壯而耽吟語句工，老來汗漫江湖中。憶余識君年尚童，予今已艾君成翁。朱顔皓髮炯雙瞳，蘭孫冉冉香滿馥。勿論爲治與爲弓，詩書可托世業隆。陽光掩映桑榆紅，知君之壽永無窮。』（《文集》册十二，《上圖稿本》第四五册，第三〇七—三〇八頁）

按：『知君之壽』云云，爲壽語，故知與《張道輔八十雙壽》同時作。

作《夏日吉民、魚公携酌肇復園亭，同用荷字》（鈔本《鼇峰集》）。

曹學佺有《漁公吉民直社治園，共用荷字》：『池上亭臺竹外過，雨中山色霽時多。疎簾曲几排青簡，落日微風漾碧荷。鳴和在陰聞鶴子，倒垂如意見鸜哥。眼前景物俱稱美，纔得佳人一笑歌。』（《西峰六一草》）

邵捷春有《魚仲、吉民過酌小園》：『拳曲何能入大觀，漫傳雙屐過河干。落英片片頻沾席，低樹垂垂不礙冠。隱豈淮南叢桂里，交聯楚澤畹中蘭。無勞針我烟霞癖，此日須君策治安。』（《劍津集》卷六）

邵捷春有《吉民、魚仲携璧姬直社池上小堂，時吉民將歸楚》：『結夏偏逢爽氣多，携尊不惜訪林阿。輕紅却喜新嘗茘，濃緑初看舊種荷。得意名山歸楮墨，傷心故國訊兵戈。佳人也自添離恨，却奏陽關一闋歌。』（《劍津集》卷六）

柴一德有《同劉漁仲直社，邵肇復觀察同能始指荷字爲韻，予得四首贈肇復》，題下自注：『邵諱捷春，園在治池住宅之右，盛景也。』其一：『十丈花開玉井荷，窺園誤擬碩人邁。塵囂不到堪逃暑，禮法無拘任放歌。風斷晚霞沉素練，徑酣宿雨長青莎。佳兒十五篇章麗，才藝閩中勝楚多。』其二：『危橋中截治池波，半蓄嘉魚半種荷，鑰啓每憑攜伎至，林深不礙看花過。牙籤錦帙搜攬遍，古玉文犀賞鑒多。休訝旅人太歡暢，故鄉今已罷干戈。』其三：『咫尺平臺浸碧波，移尊宛在翠微阿。迭爲賓主忘形跡，饒有烟雲待嘯歌。架上白看鸜鵒異，墻頭紅綻佛桑多。由未洛社稱元老，未許初衣製芰荷。』其四：『薰亭虛納晚凉多，蘭芷紛紛傍薜蘿。孤鶴窺筵鳴更舞，雙姬行酒謔兼歌。飽嘗不厭供朱果，豪飲頻呼剪翠荷。何事三公俱醒眼，坐中無奈楚狂何。曹、陳、邵俱不勝涓滴。』（明鈔本《芝山集》）

作《柴吉民還郢中》（鈔本《鼇峰集》）。

曹學佺有《柴吉民將歸，爲題〈折柳詩卷〉》：『閩關望楚幾登臺，折柳時過噉荔回。江漢豈堪兵後慘，夢魂先向賊中來。少寬杜甫無家嘆，非但悲秋宋玉哀。惟有杯中曾可戀，令人惆悵玉山頹。』（《西峰六一草》）

陳鴻有《長途分林側，爲柴吉民別歸》：『與君雖新知，肝膽却如故。一旦忽相離，分襟在中路。葉落長林秋，雁歸遠天暮。去去悵西東，行行慎霜露。倏作斷蓬飄，何由得重晤。回首隔千山，斜陽下深樹。』（《秋室編》卷二）

作《送林敦夫之汀州訪笪郡伯》（鈔本《鼇峰集》）。

曹學佺有《送林敦夫之汀謁笪郡守我貞》：『長汀未見水流東，君去乘槎六月中。盛暑九龍常噴

雪，清霄孤鶴乍横空。故人倒屣二千石，行卷翻經十五風。巖壑秋霜楓葉早，歸途錯認荔枝紅。』（《西峰六一草》）

作《賀董叔允七十初度》（鈔本《鼇峰集》）。

按：『叔允』，當作『叔會』；『允』爲『會』之訛。董養河，字叔會，廷欽子，養斌弟，謙吉父，閩縣人。入錢謙益之門。崇禎十五年（一六四二）以歲貢生特賜進士，授工部司務，歷户總員外郎兼兵科給事中。與黄道周、黄景昉、倪元璐、蔣德璟爲金石交，憂憤時事。道周忤旨，禍及養河，下獄。與道周唱和，爲《西曹秋思集》。道周起用，養河遷户部主事。弘光中，卒。有《羅溪閣韻語》。

又按：董養河誕辰在七月初七（詳下曹學佺詩），此詩爲預作。曹學佺有《七夕，董叔會誕》：『海若洋洋出大方，豈須南阮曝衣裳。漢家三策稱醇學，馬帳傳經擁艷妝。漫道君平非度世，正逢牛女乍成梁。錦心合吐詞人口，對客何妨賦七襄。』（《西峰六一草》）

作《四明水月上人至閩，購木重興觀堂，予其歸也，贈之以詩》（鈔本《鼇峰集》）。

按：水月上人，即弘澄。

弘澄有《至閩購木，重興觀堂，將歸，答徐興公次韻》（原無題，題筆者所擬）：『一鉢天涯萬慮空，來尋高尚白雲中。凌霄修竹摇寒緑，傍砌名花鬥日紅。筆底縱横呈異采，松根箕踞領清風。荷君佳句憐行脚，疇似鷄壇意氣雄。』（《四明水月上人至閩，購木重興觀堂，予其歸也，贈之以詩》附，鈔

本《鼇峰集》）

作《四明應仲鵠見訪，以詩見贈，次韻奉答》（鈔本《鼇峰集》）。

按：應仲鵠，即應皋。四明（今浙江寧波）人。

應皋《訪徐興公》（原無題，題筆者所擬）：『當年兄弟振修名，越水閩山世有情。魯殿靈光仍舊觀，周南風雅締新盟。竹竿個個迎人笑，書帶叢叢繞砌生。此日登龍慰遲暮，淡雲涼雨薄高城。』（《四明應仲鵠見訪，以詩見贈，次韻奉答》附，鈔本《鼇峰集》）

題《重刻革象新書》：『宋學士作《革象新書序》曰：趙緣督先生所著也。先生鄱陽人，隱遯自晦，不知其名若字。或曰名敬，字子恭，或曰友欽其名，弗能詳也。王待制字子充，校正其書，序曰：先生名友某，字子公，其先于宋爲屬籍云。予家蓄是書久矣，輒因二公之言而疑先生之名字。近見一雜書，先生名友欽，字敬夫，饒之德興人，則知名敬字子恭及子公者，皆非也。右見吴郡都卬《三餘贅筆》，卬，弘、正間隱君子，稱博雅云。崇禎甲戌季夏之望，徐興公識。』（馬泰來整理《新輯紅雨樓題記 徐氏家藏書目》，第九八—九九頁）

按：《重刻革象新書》，元趙友欽撰，明王禕删定。正德刊本。

又按：趙友欽，字敬夫，江西上饒德興人。

七月，二日，六十五生辰，與曹學佺、邵捷春、陳仲溱、柴一德、倪范集邵園，曹學佺等贈詩，一一次韻；其中答邵捷春，叙及爲刻《筆精》及爲《筆精》作序事。送公緒上人歸四明延慶寺。送陳德宷之任餘杭知縣。忘機道人自蜀過訪。古田知縣楊德周過訪，留酌，同曹學佺、邵捷春。爲閩縣知縣趙挺作壽詩，曹學佺、邵捷春題《南山秋色卷》。

作《七月二日賤生，曹能始以詩見祝，次韻奉答，是日携觴集同社於邵園》（鈔本《鼇峰集》）。

曹學佺有《徐興公七月初二日》：『六十有五已望七，生辰又是夏秋交。從來孺子非輕下，勉就賓筵享大庖。老景清貧甘似蔗，朋情終始密於膠。鶴鳴好爵相縻和，拈得中孚第二爻。』（《西峰六一草》）

作《賤生答邵肇復》：『懸弧又度一年秋，感嘆韶光似水流。徐邈清修元自愧，馬遷貧賤亦堪羞。生無文彩空占雀，藏有篇章頗汗牛。閉户著書虞覆瓿，幸徼玄晏序前頭。予著《筆精》，肇復予而梓之。』（鈔本《鼇峰集》）

邵捷春《興公六十五壽辰》（原無題，題筆者所擬）：『花甲重過又五秋，壽星長映火星流。百城日擁藏書軸，三豆初膺養老羞。何氏宅邊逢赤鯉，函關雲際見青牛。一從卜舍分鼇足，賀客誰先我上頭。』（《賤生答邵肇復》附，鈔本《鼇峰集》）

作《賤生答陳惟秦》：『新秋初月曲如弓，取醉霞觴片影中。客擬香山諸老日，君齊商嶺古人風。衰年倚杖扶携共，少日攻詩賞譽同。老去江郎才已盡，藝壇安敢説文雄。』（鈔本《鼇峰集》）

陳仲溱有《興公六十五壽辰》（原無題，題筆者所擬）：『新搨于山數十弓，擁書萬卷飽雲中。翠筠遮斷晶晶日，丹壑吹來浩浩風。樹幟盟尋文士集，表廬清許逸民同。杜家詩派從前盛，爾獨名兼四代雄。』（《賤生答陳惟秦》附，鈔本《鼇峰集》）

作《賤生答柴吉民次日歸楚》：『曉來賀客户頻敲，半是江湖爾汝交。折得碧筒爲大斗，羞將野簌當嘉

肴。流鶯戀别啼千囀，威鳳高飛振九苞。此日朋簪應可盍，先占豫卦四陽爻。』（鈔本《鼇峰集》）

柴一德有《興公六十五壽辰》（原無題，題筆者所擬）：『快雨驅炎竹韻敲，碩人初度萃知交。尊中壽醑傾仙露，花裏行厨薦海肴。老去更耽珠玉句，客來争羡鳳皇苞。登壇不自操牛耳，君子謙謙契六爻。』（《賤生答柴吉民次日歸楚》附，鈔本《鼇峰集》）

作《送公緒上人歸四明延慶寺》（鈔本《鼇峰集》）。

曹學佺有《送水月、祖繹二上人還甬東》：『百頃澄湖水，禪林寄一灣。古今燒劫際，建立刹那間。巨木如雲擁，扁舟載月還。新秋涼意動，詩境若爲删。』（《西峰六一草》）

祖繹有《歸四明延慶寺，答三山社友》（原無題，題筆者所擬）：『回思鼓棹出鄉關，冀識南州高士顔。詞藻生平勤夢寐，門墻今日幸躋攀。聽松翠落空堂静，待月明開傑閣閑。自哂孤雲無定跡，心期咫尺傍三山。』（《送公緒上人歸四明延慶寺》附，鈔本《鼇峰集》）

作《賤生答柯古》：『桑榆景逼嗟吾老，瓜葛情深締爾交。喜有良朋同命駕，愧無兼味可充庖。雪霜漸染龐眉色，日月難粘鳳嘴膠。遲暮幸存如碩果，最宜潛玩易中爻。』

倪范有《興公六十五壽辰》（原無題，題筆者所擬）：『形同老柏呈蒼幹，味比芳蘭見素交。仙境一區鄰卜宅，賓筵六甲戒行庖。荷筩消暑頻斟酒，蓬矢逢秋可折膠。虎豹文從孫子變，且憑嘉遯叶周爻。』（《賤生答柯古》附，鈔本《鼇峰集》）

作《送陳德宷令餘杭》（鈔本《鼇峰集》）。

邵捷春有《送陳德宷令餘杭》二首，其一：『送君新宰邑，乃在蚤秋時。客路看梧葉，歌聲聽竹枝。

才通鷄可割，心遠鶴堪隨。爲問陳蕃榻，庭中却下誰。』其二：『縣古依丹壑，繁華轄故都。溪流皆入浙，山勢半藏吴。劍履書香遠，弦歌曲調孤。分明仙作令，蚤晚看飛鳧。』（《劍津集》卷四）

曹學佺有《送陳德宷之任餘杭》：『雙鳧銜命晝遊中，閩浙依然共土風。鞭石向聞秦輦斷，導川猶見禹航通。重湖遶縣花相暎，兩目登山興不窮。宋代名賢題咏滿，多因提舉洞霄宫。』（《西峰六一草》）

作《忘機道人自蜀至閩見訪，賦贈》（鈔本《鼇峰集》）。

作《楊南仲令君考績至省，見訪留酌，同曹、邵二觀察，賦次令君韻》（鈔本《鼇峰集》）。

按：曹、邵，即曹學佺、邵捷春。

楊德周有《考績至省訪興公》（原無題，題箋者所擬）：『烟霞伴侣話相親，輕簟疎簾坐絶塵。門外停車俱大老，林間對酒只幽人。日明列岫秋逾好，雲散長天晚更匀。選石披襟忘覓句，凉風吹落白綸巾。』（《楊南仲令君考績至省，見訪留酌，同曹、邵二觀察，賦次令君韻》，鈔本《鼇峰集》）

作《壽侯官趙父母七月廿六日》（鈔本《鼇峰集》）。

曹學佺有《題畫壽趙禹圭大令七月廿七》：『連城聲價向來推，兩邑猶多暇豫時。鳧舄翩翩追漢令，螽斯揖揖咏周詩。正當苦熱甘霖沛，便覺新秋爽氣隨。漫道鵲橋期已遠，畫圖猶自有文姫。』（《西峰六一草》）

按：徐、曹二詩有一日之差，俟考。

邵捷春有《題南山秋色卷，壽趙禹圭大令》：『山意南來望轉佳，稱觴秋色滿瑶階。一重翡翠簾堪

捲，千仞芙蓉闤可排。爽氣焚香施坐具，涼風揮翰托吟懷。披圖豈但岡陵祝，方至如川未有涯。』（《劍津集》卷六）

八月，楊德周再過訪山齋，留酌；鄭燠招同楊德周集山亭。和邵捷春《歸州吊屈子》《吊昭君》詩。薛瑞光誕辰，有壽詩。送何九説服闋赴京。致書何九雲，叙舍親至泉州追貸事。黃瀓之買武夷小桃源，招興公偕隱，喜而賦答。同郡司城陳獻赤卒，與曹學佺等挽之。吴門沈顥贈詩、畫，並詢及兄熥。

作《楊南仲令君再訪，留酌山齋，共用燈字》（鈔本《鼇峰集》）。

楊德周有《再訪徐興公》（原無題，題筆者所擬）：『已自秋深暑尚蒸，入林投袷掛疎藤。屢酣石上哦詩盞，更借樓頭點易燈。何地烟霞堪避世，阿誰農圃好論朋。桃源蔣徑原非遠，只是紅塵隔幾層。』（《楊南仲令君再訪，留酌山齋，共用燈字》附，鈔本《鼇峰集》）

作《鄭喆脩招同楊南仲令君宴集山亭，因懷其先孝廉子憲先生》（鈔本《鼇峰集》）。

按：鄭喆脩，即鄭燠。

鄭燠有《答徐興公宴集山亭》（原無題，題筆者所擬）：『寂寂寥寥揚子居，重翻新調舊焦餘。當年生事雲仍結，數載蒼苔徑未除。榻掃共聞千幢雨，澤存孰問一床書。於今白雪還爲贈，何處相憐挽素車。』（《鄭喆脩招同楊南仲令君宴集山亭，因懷其先孝廉子憲先生》附，鈔本《鼇峰集》）

作《寄鄒匪石中丞》《邵肇復有歸州吊屈子、昭君詩，和之》（鈔本《鼇峰集》）。

作《薛晦叔初度賦祝八月十一日》（鈔本《鼇峰集》）。

薛瑞光有《答謝徐興公》（原無題，題筆者所擬）：『金蘭夙誼附交遊，檮壽何當彩筆投。鴻鵠豈堪群燕雀，駑駘寧敢逐驊騮。桑蓬老負當年志，蒲柳衰臨此日秋。未卜兒曹能跨竈，憑君孫子聽呦呦。』（《薛晦叔初度賦祝》附，鈔本《鼇峰集》）

作《送何典簿服闋赴京名九説，稚孝之子》（鈔本《鼇峰集》）。

按：何九説，喬遠子，九雲弟，晋江（今泉州）人。

作《寄何舅悌》：『温陵、冶城，地非遠絶，乃尺素鮮通，是稽生之懶……令弟之官，見顧即行。弟賦一詩送之，匆匆不及致。此中脉脉可知也。仁兄年尚壯，計丁丑登第，正當强仕之年，努力功名，寔知己之願。匪諛，匪諛！兹有托者，舍親李姓，有種藍人，貸其十數金，至貴郡賣靛，舍親特往索逋。敢藉寵靈，勞一管家，諭其居停主人，代扣欠數，即弟受德矣。』（《文集》册三，《上圖稿本》第四二册，第三七七頁）

按：『一詩』，即《送何典簿服闋赴京名九説，稚孝之子》。

又按：此書言及親戚貸借，與商人交往。

作《贈王君宇醫隱》（鈔本《鼇峰集》）。

作《黄帥先買武夷小桃源，招予偕隱，喜賦》（鈔本《鼇峰集》）。

按：黄瀓之，字帥先，晚字波民，又字宜静，建陽人。崇禎間布衣，爲史可法幕客。可法殉國，瀓之没於揚州。有《建谿黄帥先詩集》，陳衎爲之序（《大江草堂二集》卷十二）。

邵捷春有《小桃源行，爲黄帥先賦》：『桃源避世非求仙，昔人栖託長會玄。巖谷時封炎漢代，山川旦啓太康年。黄輿此境紛難記，但乏漁郎傳好事。七閩名勝標武夷，三十六峰擅靈異。就中別有小桃源，千年神守絶攀援。仄徑逶迤迷一線，斷崖徒絶懸雙門。及到此中更寥廓，田美泉甘風不惡。虞夏誰知世變更，春秋祇見花開落。近處黄郎稱好奇，夙世帶有烟霞姿。買山不是學巢父，擇地偏應師子皮。賁于丘園少人跡，玉女大王争咫尺。紅塵隔斷不通津，翠幔叢籠深與宅。金泥玉簡富縹湘，摛文揆藻騰精光。三山不用穿芒屩，五岳何須裹宿糧。我生亦結林巒癖，輒恣搜奇闡幽僻。一丘欲卧常不忘，三徑無資安所適。乍聞談此神已飛，從君况復探其微。覺來祇恐滄桑改，歸去翻驚壇樹非。從來巖居皆隱者，桃源未必真仙也。君不見曩日捕魚空往還，今朝桃李下成蹊。』（《劍津行》卷三）

曹學佺有《小桃源行，爲黄帥先兼訂終隱之志》：『武夷山水太奇峭，觀者駭目而恫神。予恨九曲轉易盡，兩岸峰巒如逼人。差有桃源平似掌，石陀其郛内寬敞。水流疑遶晋代丘，花開猶作秦人想。避秦風境信如何，鷄犬聞聲在薜蘿。』（《西峰六一草》）

陳衎有《畫竹别王（慶元按：當作黄）帥先寓小桃源》：『朔風吹竹枝，遊子客天涯。欲問桃花津，清霜落月時。』（《大江集》卷七）

作《挽陳獻赤先生》（鈔本《鼇峰集》）。

陳一元有《挽司城陳獻赤》：『吾里有高賢，動合先民矩。性僻躭梅花，才大賦鸚鵡。弱冠上公車，文名滿寰宇。和璞屢弗售，抱泣良自苦。爲親乞釜養，一氈邇鄉土。條教仿蘇湖，多士沐化雨。翩翩荀令章，靈川歌召杜。再剖雩山符，人推衆父父。帝命爾司城，丰裁懾畿輔。遥望親舍雲，憣然解簪組。行吟歸去來，蕭蕭一環堵。發篋理殘篇，晚近及邃古。上下百千年，丹鉛恣擷取。勒成一家言，楮墨遍庭户。置身丘壑中，趾不入公府。寧甘藜藿貧，不羡世華膴。緊予叨素交，時或遇揮麈。恍若挹冰壺，談緒抽縷縷。欽兹有道儀，龐固無惰窳。朝烹露下葵，夕飲尊中醹。真樂在性靈，期頤那可數。云胡七箸頃，乃爲造物侮。陶公謝柴桑，松菊遂無主。虚室熒青燈，饑鼠相對舞。斯世已喪道，遺文孰獎許。哭君披繐帷，顔色尚如睹。陳詞擬楚騷，以備君行譜。君靈倘徜徉，知不予言吐。』(《漱石山房集》卷一)

曹學佺有《輓陳獻老》：『宣尼七十三，公已七十五。休嗟士無年，大聖過二數。老猶躭著述，病久廢逢迎。兩境恒相資，所以樂餘生。慚余空遠慕，四海如面談。里有隱君子，不能常盍簪。俄聞君已逝，闕事烏能繼。惟有采君書，以傳諸來世。』(《西峰六一草》)

作《吴門沈朗倩見贈詩畫，並詢及先伯兄身後，感而賦答，次來韻》：『匹馬南來海上城，休文聲韻夙知名。杯浮竹葉深埋照，紙製桃花澹寫生。頂禮雲門稱法嗣，追思風調問亡兄。詞壇意氣神交久，莫道今朝蓋始傾。』(鈔本《鼇峰集》)

按：沈顥，顥又作灝，字朗倩，號朗臒，吴縣(今蘇州)人。布衣，畫家、畫論家。顥入閩，有《三山月社吟》。

沈顥有《贈徐興公》(原無題，題筆者所擬)：『奚囊瘦馬闔廬城，久向空山記姓名。君是南州稱孺子，我移東郭愧先生。齊梁詞賦推今古，閩越風烟憶弟兄。此日相逢多異色，枕中鴻寶贈須傾。』(《吴門沈朗倩見贈詩畫，並詢及先伯兄身後，感而賦答，次來韻》附，鈔本《鼇峰集》)

閏八月，送泉州黄景昉太史還朝。送福州同知沈嗣振還長沙。同曹學佺、黄濰之登鼓山，宿涌泉方丈。

又宿天鏡巖，憩般若庵。與曹學佺、邵捷春遊天鏡巖、般若庵。沈顥自吴至，劉中藻自燕歸，同邵捷春邀集冶池園；沈顥主於孫昌裔烏石山房。致書寥淳，言裴鼎卿至，參與月社。與曹學佺、邵捷春、林叔學、沈顥、劉中藻等結三山月社，結爲《三山月社吟》，曹學佺爲作小引。建安知縣徐汝驊歸宣城，送之。送申紹芳方伯齎捧北上。

作《送黄太穉太史還朝景昉》（鈔本《鼇峰集》）。

按：黄景昉（一五九六——一六六二），字太穉，一字可遠，號東厓，晋江東石人。天啓五年（一六二五）進士。崇禎元年（一六二八），授翰林院編修，參與纂修《熹宗實録》，官至文淵閣大學士，旋引退還鄉。唐王朝，入直，未久告歸。有《國史唯疑》《鹿鳩咏》《甌安館詩集》等。

作《送沈二守還長沙名嗣振》（鈔本《鼇峰集》）。

按：沈嗣振，字玉麟，長沙人。福州同知。

曹學佺有《送沈玉麟郡丞還常德》：『行色寧妨一逗留，凉飆初動樹枝頭。狂來方外稱司馬，歸去山中習隱侯。仙洞遠探秦甲子，客途重過閏中秋。浮生曠達真吾事，蝸角看人戰不休。』（《西峰六一草》）

作《同能始、帥先登鼓山，宿涌泉方丈》（鈔本《鼇峰集》）。

曹學佺有《仝興公、帥先遊鼓山十首》，其一：『遊山多伴侣，達人所譙訶。及至出門日，伴侣誰復多。路指巖邊雲，目涉江上波。秋色既如此，出遊安蹉跎。』其二：『過橋聞溪聲，此中宜署閣。溪聲何周環，樹聲仍不薄。榱題寄林藪，全不受暑濁。於今秋已深，烟光徒漠漠。』其三：『入山遇溪澗，曲折相與語。有時伏地中，轟轟足下屨。我友既先登，林僧在雲霧。日暮罡風來，挾我以飛去。』其四：『省工亦次第，省已何汪洋。祖庭再興闢，注目於西廊。菩提日以長，道韻隨風揚。不見山門樹，穉松已成行。』其五：『昨來參客寮，兹得陪方丈。主賓相對時，語嘿各有尚。雲水可爲餐，藤蘿掛錫杖。微月照蕙帷，江光復摇漾。』其六：『祇謂卧雲林，神遊八極外。誰知一夢中，依然五濁累。飆輪既不息，流浪安足怪。夢覺徒紛紜，虛空等成壞。』其七：『殿閣皆新成，未聞有宿構。亭亭文杏林，居然老耆舊。古意何可少，清陰蓋衣袖。手植者爲誰，塔基在左右。』其八《鳳池庵》：『昔賢卜隱地，一丘復一壑。前徑雖崎嶮，清池足怡悦。儵魚尾縱縱，翠竹間芳藥。鳳鳥久不至，予其永棲託。』其九《送帥先登頂》：『絶頂去非遠，但能目送君。嵩高登峻極，屢度已爲勤。天朗氣何清，長嘯滅垢氛。海島如點墨，九州詎足云。』其十《般若庵》：『一榻可安禪，三衣傳老博。從來住山僧，亦不廢耕作。但以日用工，而尋最上着。欲知般若心，金剛在鉏鑊。』（《西峰六一草》）

作《宿天鏡巖》（鈔本《鼇峰集》）。

邵捷春有《遊天鏡巖》：『似鏡初開匣，依巖列結庵。懸泉吹作雪，飛翠鬱成嵐。未許輕雲點，惟容片月含。色空俱不著，須向此中參。』（《劍津集》卷四）

曹學佺有《天鏡巖贈智公》：『洞闢若天成，樓成恰位置。未覩愚公愚，但聞智公智。山花開尚鮮，蔬果種亦異。源泉一縷珠，循藤直至地。』（《西峰六一草》）

曹學佺有《宿天鏡樓》：『樓居固足貴，眺遠獲我心。晨昏變氣候，皆足供行吟。潮來洲渚没，月

映江水深。此際境澄寂，吾意與之冥。』（《西峰六一草》）

作《憩般若庵》（鈔本《鼇峰集》）。

按：曹學佺有《般若庵》，詩已見前引《仝興公、帥先遊鼓山十首》其十。

作《賀古田令公楊南仲考滿册子》（鈔本《鼇峰集》）。

曹學佺有《題〈楊南仲考績〉》：『使君自是豐年玉，野老空遺五月金。鷄犬不聞人吏跡，溪山祇可助閑吟。闞西夫子傳家遠，研北先生隱几深。心注冰壺無一物，惟餘傳癖與書淫。』（《西峰六一草》）

作《沈朗倩自吴至，劉薦叔自燕歸，同邵肇復邀集冶池園，與陳道掌分韻，共用六魚》（鈔本《鼇峰集》）。

曹學佺有《喜沈朗倩至自吴門，邀仝興公、懋禮集君節園館》：『黯淡溪中舟，山陰雪後興。彼雖笑易返，此猶覺難盡。既覯申宿懷，所聞較殊勝。本是同心歡，如何不合并。蕭寺乍居停，折簡聊相訂。我親具盤餐，我友奉觴政。誼合薜蘿盟，衷披楊柳徑。月側似窺人，酒清斯中聖。坐深玉屑霏，庭閑銅漏静。欲悉留連情，但覯來篇咏。』（《西峰六一草》）

按：以上二首，爲月社時所作。詳下條。

作《答廖淳之》：『裴鼎卿橐中出手教及近稿見貽，三年别思，一旦豁然。新詩聲調愈高，情境愈密……鼎卿至，正值中秋，乃與諸社友結爲月社，分韻賦詩，差足愉［快］……明年此際，正是足下得意之秋，幸勉旃！』（《文集》册四，《上圖稿本》第四三册，第五七—五八頁）

按：裴鼎卿，疑爲裴汝甲，字鼎卿，應章子，汝申弟，清流人。入清後卒。〔道光〕《清流縣志》卷八《藝文志·文苑》：『恭靖（應章）三公子。穎慧過人，博綜今古，爲諸生，與胞兄汝申偕入太學。性狷介，過市井，雖殷富，望望若將浼。一見後學能文者，則喜動顏色，孜孜樂談。交遊盡海内名士。』

曹學佺《〈三山月社吟〉小引》：『吴門沈朗倩來閩，主于孫子長學憲之烏石山房。所交遊倡和，强半予三山社中友……今歲中秋無月，閏始有月，月色皓皎，供人眺咏，若有待於朗倩。』（《西峰六一文》卷一）

作《賀安藎卿生子》（鈔本《鼇峰集》）。

曹學佺有《九月之望，安藎卿直社聞鐘館，爲其子彌月》：『老蚌生珠亦有因，閏餘成歲叶兹辰。子生於閏八月，侍兒出也。玉輪滿照玉尊酒，蓮社弘招蓮幕賓。不用金錢頻賜浴，應知綺障自成春。他年纘武承家舊，聽取雙文度曲新。時演小將軍劉承佑，故未及之。』（《西峰六一草》）

按：學佺此詩作於九月，據此，藎卿子生於閏八月望。

作《費福清奏績》二首（鈔本《鼇峰集》）。

曹學佺有《費闇如大令考滿、誕辰，題册》：『聲著循良兩漢間，三年製錦已斕斑。斗牛夜燭雙龍劍，天駟星輝五馬山。葉令仙成鳧舄去，孟嘗潮擁蚌珠還。濟人豈用長房術，信是壺中日月閑。』（《西峰六一草》）

作《壽薛母七十》《挽陳長吉》（鈔本《鼇峰集》）。

作《送蔡孝來憲幕遷楚襄陽藩，傳還始蘇時有弄璋之喜九月廿五日行》（鈔本《鼇峰集》）。

作《送徐建安歸宣城名汝驊，號在庵，宣城人》：『薦剡封章二十餘，神君治行達宸居。才高游刃稱良牧，變起操戈得謗書。誰識三人成市虎，堪憐一火及池魚。戴盆漫灑孤臣淚，世事浮雲任捲舒。』（鈔本《鼇峰集》）

按：徐汝驊，號在庵，宣城人。崇禎元年（一六二八）進士，建安（治今建甌市）知縣。崇禎六年（一六三三），建安民變，下獄。

作《送申方伯入賀十月初九日行》（鈔本《鼇峰集》）。

按：《送蔡孝來憲幕遷楚襄陽藩，傳還始蘇時有弄璋之喜》與此詩分別注『九月廿五日行』『十月初九日行』，作詩在前，成行在後；成行日或爲後來補記，故詩列於《施君澤以萬曆丁丑閏中秋初度，今歲再逢，賦此爲祝》之前。

曹學佺有《送申維烈方伯齎捧北上》：『三年前入賀，歲月似飛梭。累任皆藩臬，窮陬賴撫摩。徵書方紀異，施澤不妨多。表裏看如一，神人聽且和。緇衣當世好，赤芨在東歌。復爾乘軺去，其如卧轍何。楓宸瞻鳳彩，蓬島息鯨波。禮舊稱觴洽，綸新賜履過。國恩真浩重，家慶莫蹉跎。翹首垂雲翼，翩翩蔭薜蘿。』（《西峰六一草》）

作《施君澤以萬曆丁丑閏中秋初度，今歲再逢，賦此爲祝》（鈔本《鼇峰集》）。

九月，同曹學佺、林古度、鄭邦泰、林叔學等，合社邀福清知縣費道用、古田知縣楊德周于邵捷春觀察園亭。周之夔自蘇州乞養還家，同邵捷春出郭往南臺訪之。

崇禎七年甲戌（一六三四）　六十五歲

作《同社合邀福清、古田費、楊二令君於邵觀察園亭，次茂之韻》：『雙雙飛舄入雲過，永日爲歡笑語多。共展縹囊依緑樹，同垂綬墨映青蘿。酕醄拚醉高陽酒，安樂堪尋邵氏窩。雅集盡捐絲與竹，滿林啼鳥當笙歌。』（鈔本《鼇峰集》）

邵捷春有《同興公、能始、汝交、懋禮邀福唐、玉田二令君》：『雖云地僻少經過，却喜同盟倡和多。晚徑黄花分帶草，他山喬木附孫蘿。香留仙令銜杯座，居愧前人擊壤窩。飛舄雙雙飛漢表，不嫌孤鶴舞當歌。』（《劍津集》卷六）

曹學佺有《福唐、玉田二令君過邵肇復園，次茂之韻》：『名園却傍冶城過，文酒淹留不厭多。自是清音勝丝竹，寧妨墨綬寄烟蘿。鶴知雨意知寒嘯，魚戲橋心聚樂窩。正值夜長堪秉燭，醉歸仍唱接籬歌。』（《西峰六一草》）

作《周章甫乞養還家，同肇復出郭訪之》（鈔本《鼇峰集》）。

按：周之夔家南臺，訪之須出城。

邵捷春有《周章甫乞養還家，同興公出郭訪之》（原無題，題筆者所擬）：『禄養曾看就絳幃，李官寧復畏人譏。吴山岵屺瞻應遠，閩海門閭倚獨歸。避俗却宜稱□表，知音還許扣荆扉。回思郡里焦身日，一枕邯鄲當□韋。』（《周章甫乞養還家，同肇復出郭訪之》附，鈔本《鼇峰集》）

十月，有書致張燮，言編梓邵捷春《全閩藝文志》已彙輯成册，工程浩大，已助其一臂之力；希冀代搜漳郡作家作品。曹學佺捐資助構藏書樓——宛羽樓落成，取宛羽委陵藏書之義；諸社友有贈詩。送劉履丁遊吴。泉州陳元齡寄《思問初編》，答謝之。

作《答張紹和》：『近廖淳之入漳，草草八行奉訊。□以《筆精》寄呈，若有紕繆處，願加評駁。至禱，至禱！讀尊大人墓志，知已歸于樂丘，然劇孟千乘臨喪，而今日得無類是乎！敝友邵觀察肇復編梓《全閩藝文志》，此書工程浩大，弟亦助一臂力，業已彙輯成書，而仁兄詩文盡採以入，惟是貴郡如黄石老，僅得《文成祠》一篇，或有關于閩地者，祈一寄示，如王東老、玄老、顔同老，并前輩遺文，俱乞蒐括，以成不朽大業。至于《海澄志》《漳郡志》所有者，不必録也。邵君序文、目録先呈上，大都序言已得大概矣。《萬石山記》未蒙見寄，想已浮沉，乞再示之。《七十二家》餘價，容弟寄償。目下於山房之後，創一書樓，時詘舉嬴，囊空無策耳。新寒届候，加餐爲慰。』（《文集》册三，《上圖稿本》第四二册，第三六七—三六九頁）

按：三月致張燮書，燮回復，此書答之。

又按：《全閩藝文志》，今未見。

又按：黄石老，黄道周；王東老，王志道；顔同老，顔繼祖；玄老，何楷。

作《曹能始捐貲助予構書樓，顔曰宛羽，取宛羽委陵藏書之義，落成日感而答謝》，其一：『片石孤峰削不如，仙臺一半入樓居。南窗穩卧邯鄲枕，東壁深藏宛羽書。舊種荔奴争掩映，新分竹祖待扶疎。巢由豈必尋山隱，人境從來可結廬。』其二：『老營書屋抑何癡，白首那能更下帷。八面登臨堪縱目，四時吟咏獨支頤。石燈照壁光遥射，寶塔窺墻影倒移。多謝錦江王録事，欣然先贈草堂貲。』（鈔本《鼇峰集》）

按：徐鍾震《先大父行略》：『曹能始先生選梓《儒藏》《十二代詩選》，其所未見書，咸出大父

藏本。而宋、元集尤爲有功。』（《雪樵文集》）

又按：宛羽樓在福州于山鼇峰坊觀巷。陳壽祺《鼇峰宅里記》：『福州之城東南，倚九仙山，山之峻，鼇峰最秀特，負山而宅者，無慮千家，而閩縣左三坊專受鼇峰名……今爲觀巷，有尼庵。興公昆弟緑玉齋址也。幔亭自爲《記》言：其家九仙山之麓，寢室後有樓三楹，顔曰「紅雨」。樓之南有園半畝，中有小阜，構齋於山之坪。由園入齋，石磴數十級，列種筠竹。曹能始尚書捐貲爲興公構危樓藏書，題曰「宛羽」，取「宛委羽陵」之義。見興公《答陳宗九書》及尚書詩集。然則，紅雨樓在坊之街南，緑玉齋、宛羽又在其南，屬觀巷無疑也。』（《左海文集》卷八）

邵捷春《徐興公新樓落成》二首（原無題，題筆者所擬），其一：『新成傑構更嵬如，不用他山別築居。園拓東西分易地，樓題宛羽合藏書。好風入枕鐘聲近，斜月當牕荔影疎。莫把鼇峰都占斷，津門瓜圃舊吾廬。』其二：『頻借縹緗不諱癡，百城還下董生帷。領孫看月時張目，對客譚詩日解頤。紅雨低從山下落，緑筠高向霧中移。草堂獨我相過易，投贈何辭録事貲。』（《曹能始捐貲助予構書樓，顔曰宛羽，取宛羽委陵藏書之義，落成日感而答謝》附，鈔本《鼇峰集》）

曹學佺有《徐興公新樓落成問名》二首，其一：『草堂貲寄漫嗔予，結構凌雲類子虛。巢父何曾買山隱，仙人原自好樓居。曝衣豈必誇南阮，題額依然問晋書。從此鼇峰日相對，出門應懶嘆無輿。』其二：『群玉爲山非是賨，千箱充棟始稱奇。多聞取友成三益，漫説還書當一嗤。老景偷閒猶未遂，人生樂此不爲疲。羽陵宛委尋真遍，待副名山子墨期。』（《西峰六一草》）；又《曹能始捐貲助予構書樓，顔曰宛羽，取宛羽委陵藏書之義，落成日感而答謝》附，鈔本《鼇峰集》）

周之夔有《題徐興公宛羽樓》：『巨靈擘石創飛樓，遂割鼇峰腹背幽。千佛殿中花雨迴，九仙山頂藥泉流。燈光吐影疑奎璧，劍氣冲霄即斗牛。早晚鳳凰巢阿閣，傳經羡爾好貽謀。』（《棄草詩集》卷五）

作《和元人咏淚》（鈔本《鼇峰集》）。

作《送劉魚公同小姬遊吳中》（鈔本《鼇峰集》）。

曹學佺有《送劉魚公之毘陵》：『君雖出郭至洪塘，暫可徘徊在石倉。落落乾坤誰適主，蕭蕭風雨是行裝。延陵季札祠空掩，楚國春申業已荒。惟有賢豪與君子，至今遺韻尚棼芳。』（《西峰六一草》）

作《温陵陳宗九寄〈思問初編〉賦答元齡》：『雙魚來自笋江濱，却喜神交即故人。楚國刖多孤卞璞，秦京名重碎胡琴。宗九有碎琴齋。』（鈔本《鼇峰集》）

按：陳元齡，字宗九，泉州府惠安縣人。太學生，讀書極多。有《碎琴齋佳咏》（即《碎琴齋》）、《思問初編》，曹學佺采其詩入《石倉十二代詩選》。

作《答陳宗九乙亥》：『三山、温陵相距纔五百里，嚮慕鴻名，匪一朝夕，無繇得奉清光。先讀《碎琴齋佳咏》，已心折之，祇謂陳先生詞人之翹楚也。既而閲《思問初篇》，貫穿五經，博綜諸史……不肖老而無能，世棄君平且久，《筆精》拙著，孟浪委譚，海鷗先生見而謬加賞譽，爲我編纘，梓之白門，譬之盆景花卉，聊供一時近玩，較之尊著淹博，遠拜下風……惟是《初問》一書，曾借之曹能始，旋即索歸，故托麗甫轉求，兹承遠寄，案頭增一重寶。喜甚，快甚！不肖世居鼇峰之麓，積書頗多，無處堪藏，近能始捐貲爲弟構一危樓，題曰「委羽」，取「宛委羽陵」之義，漫成小詩答之，附呈請正，能爲我抽毫而賦之乎？斯樓增而高矣！何如，何如？《筆精》四帙、《雪峰志》二帙、兒子《集陶》一帙（按：以下「小孫《制藝》一帙、詩扇一執」十字，原稿作記號勾去）呈教。』（《文集》册三，《上圖稿本》第四二册，第三七三—三七五頁）

又按：此書題下有『乙亥』二字，似係往後添注，或爲作者誤記。

又按：海鷗先生，即邵捷春。

又按：徐延壽《集陶》收入《尺木堂集》。

作《夢得王孫登第》《趙翁八十雙壽，乃安藎卿之舅》《葉尚寶元配龔淑人六十壽》（鈔本《鼇峰集》）。

按：此數詩列于《曹能始捐貲助予構書樓，顔曰宛羽，取宛羽委陵藏書之義，落成日感而答謝》之後，當前後作。

十一月，有詩贈兵憲樊維城、建陽令沈鼎科、甌寧令詹兆恒。

作《贈樊紫蓋兵憲》，自注：『名維城，黄岡人。己未。』（鈔本《鼇峰集》）

作《贈建陽令君沈鉉臣》，自注：『名鼎科，江陰人。辛未。』（鈔本《鼇峰集》）

按：沈鼎科，字鉉臣，一字弁丘，江陰（今屬江蘇）人。崇禎初進士，建陽知縣，纍官兵部主事。江陰城陷，自縊死。有《蕉露篇》。

沈鼎科有《答徐興公》（原無題，題筆者所擬）：『釣雪洪江似去年，門無車馬斷冰弦。金鼇好接真人掌，吐鳳多垂作者篇。書畫滿船供博古，榴花出洞佐談玄。無諸城郭空如舊，論世惟知避世賢。』

（《贈建陽令君沈鉉臣》附，鈔本《鼇峰集》）

作《贈甌寧詹仲常令君》自注：『名兆恒，廣永豐人。辛未。』（鈔本《鼇峰集》）

按：詹兆恒，字仲常，一字月如，士龍子，廣豐（今屬江西）人。崇禎四年（一六三一）進士。任甌寧（治今建甌市）知縣，好士愛民。有《北征初集》。

詹兆恒《答徐興公》（原無題，題筆者所擬）：『梅雨逢君入暮年，寒香清逗綠綺弦。閒情賦就鼇峰雪，問字傳看海外編。泉石不窮懷筆夢，烟霞到處是鷄玄。聖朝徵召無南北，未許深林卧逸賢。』（《贈甌寧詹仲常令君》附，鈔本《鼇峰集》）

按：是歲十一月初一爲癸丑，己未爲初七，辛未爲十九。

十一、十二月間，章自炳憲伯見訪。有詩贈清流知縣鄧應韶。南昌萬獻之過訪，出示先人劾逆璫疏草。送陶龍見還檇李。同邵捷春過華林金佛殿看梅心、和心一談齋。福清令費道用、古田令楊德周招宴，楊贈詩。南昌姚公路過訪，匆匆而別。湯和生令南康，有詩送之，因憶生於南安，而今雙鬢如銀。

作《章岵梅憲伯枉駕見訪，賦謝》（鈔本《鼇峰集》）。

按：章自炳，字岵梅，蘭溪人。天啓五年（一六二五）進士。曾任福建按察司副使，分守漳南道。後分守江西贛南道。

作《贈鄧清流》（鈔本《鼇峰集》）。

按：鄧清流，即鄧應韶。〔道光〕《清流縣志》卷四《職官志》：『鄧應韶，高安選貢。崇禎六年任，十二年四月陞南直隸寧國府同知。』

作《送陶雲從還槜李》（鈔本《鼇峰集》）。

按：陶龍見，字雲從，槜李（今浙江嘉興）人。

陶龍見有《還槜李別徐興公》：『黯淡啼猿渡急灘，歸家應見雪梅殘。忘年交愛冬曦暖，惜別情深渭樹寒。道嶽遠從天際望，文芒高向斗中看。閩鴻雖説南來少，越國魚書寄未難。』（《送陶雲從還槜李》附，鈔本《鼇峰集》）

作《復陶雲從》：『偶因小築，勞心費財，無晷刻之暇。忽聞驪駒在道，又不勝雲樹之思耳。小孫愚蒙，粗習制藝，乃辱長者力爲推轂……《筆精》一部、《雪峰志》一部奉覽，何敢云值。謹附。璧湖毫損惠，尤荷盛情。』（《文集》册三，《上圖稿本》第四二册，第三七二—三七三頁）

按：『小築』，即宛羽樓。『費財』之説，此樓未必是曹學佺獨自捐助。

作《南昌萬獻之見訪，出示先人元白公劾逆璫疏草，敬賦哀詞二章》《同肇復過華林金佛殿看梅心、和心一談齋》（鈔本《鼇峰集》）。

作《福清費冲玄、古田楊南仲二令招宴，次南仲韻》（鈔本《鼇峰集》）。

楊德周有《與福清令費冲玄宴集》（原無題，題筆者所擬）：『終朝鞅掌嘆勞薪，暫理閑中漉酒巾。作賦大夫齊執耳，論文名士盡爲鄰。筵惟菜甲偏銷醉，遲有梅花早入春。還繼冶園聞鶴會，詩筒重聽和歌新。』（《福清費冲玄、古田楊南仲二令招宴，次南仲韻》附，鈔本《鼇峰集》）

曹學佺有《費闇如、楊南仲二令君招集林康懿宅，次韻》：『周家選士盛樵薪，鳧舄翩翩對角巾。得借司空開上第，寧須執戟問芳鄰。梨園曲奏雙文夜，梅塢香連百斛春。丹穴彩毫長掩映，今看墨

迹尚如新。廳事有林天瑞題鳳詩軸。』（《西峰六一草》）

作《福安巫令君考績名三祝，龍川人》。

按：巫三祝，龍川（今屬廣東）人。福安知縣。

作《姚公路見訪，匆匆别歸慈溪，賦此送之，兼訂重來之約》。

作《鄭長白客甌寧詹令君署中，貽書及詩見寄，賦答》（鈔本《鼇峰集》）。

按：鄭祺，字長白，江西建武人。

作《冲虛宫曹斗玄道士八十初度》（鈔本《鼇峰集》）。

按：興公去歲作有《春日同景倩、叔度、巽卿、茂禮、昌基遊冲虛宫，道士曹斗玄留飲，次元人陳衆仲韻》。

作《送湯和生令南康》：『我憶懸弧曾此地，蹉跎雙鬢已如銀。予生於南安，故及之。』（鈔本《鼇峰集》）

十二月，送光澤知縣湯一統擢保定同知。陳仲溱八十初度，誕曾孫，賀之。送謝肇淛季弟肇澍往連州訪知州崔世召。致書崔世召，言謝肇淛宦橐如水，諸郎僅僅餬其口，謝肇澍猶能振家風以不墜；陳生白共往。十七日，立春，集龔懋壓宅。二十七日，邵捷春誕辰，與曹學佺各有壽詩。

作《壽李兆五都閫，是日立春》（鈔本《鼇峰集》）。

作《送光澤令君湯惟一擢保定二守名一統》（鈔本《鼇峰集》）。

按：湯一統，字惟一，蕪湖（今屬安徽）人。舉人。

作《陳惟秦八十初度，兼誕曾孫》（鈔本《鼇峰集》）。

陳仲溱有《喜得曾孫彌月》：『浴出銀盆□畫屏，曾孫新弄惜寧馨。皤皤自笑頭如雪，炯炯都誇眼似星。日月六朝經謁帝，春秋八耋慶添丁。金錢不比尋常賀，待爾成人我百齡。』（《響山集》，《石倉十二代詩選》之《社集》）

按：陳仲溱生於嘉靖四十四年（一五六五），歷嘉靖、隆慶、萬曆、泰昌、天啓、崇禎六朝。

陳一元有《壽陳惟秦八十》：『八十年來一布袍，元龍意氣向稱豪。耻將名紙干時貴，獨以詩篇長我曹。屋枕青山長抱膝，尊浮黃菊不持螯。跌跏久證生無果，寧羨西池阿母桃。』（《漱石山房集》卷六）

按：五月間，陳振狂七十九初度，此歲陳仲溱年八十，曹學佺作《陳振狂七十九壽，五月初五日誕辰也，社中惟秦八十，時推兩社長云》一并壽之。參見五月。

曾異撰有《爲陳惟秦山人八十壽》：『吾於今世稱詩者，未嘗一言題贈之。我所著作逢彼怒，彼之所喜我不知。惟秦山人老詞客，把吾詩卷詫曰奇。笑謂今時之高士，俯僂貴遊髡鬚眉。入門不迎出不送，俳諧焚掃侍琴棋。齒逢風吹入官府，巢由馬首跪致辭。大蟻升封小蟻聚，樹壘負固重插籬。高棅正聲陰韻府，塵垢囊中行相隨。側肩拽足入朱邸，熱竈附釜舌舐脂。識字媒儈有髮妓，伺候文酒兼談詩。李白倡狂杜失律，韓愈鬼魅元結癡。輕俗寒瘦姑舍是，彼哉中晚體格卑。吾徒正宗唐初盛，自以爲是居不疑。今之言詩者如此，所以老人意不喜。八十稱觴詩滿囊，曰壽我者惟曾子。我不頌君膝上之曾孫，我不頌君口中之兒齒。我不頌君黃花霜鬢能高歌，我不頌君毛書夜眼堪細視。喜君能與貴人遊，不許貴人稱知己。喜君難老而能貧，手擲扶老走入市。龐叟苦吟孫讀書，小甑糙米城角寺。我聞人言富貴乃吾所，自有吾所不知者。壽爾如君真可以，長年上床一褐下床一屐，剔牙香殺青菜根，摩足未須赤脚婢。不仙不佛老布衣，兒視老彭弟李耳。』（《紡授堂集》卷三）

作《壽謝伯牙母》（鈔本《鼇峰集》）。

作《送謝在梓同陳生白之連州訪崔徵仲》（鈔本《鼇峰集》）。

按：謝肇淛，字在梓，肇淛季弟。時崔世召爲連州太守，肇淛往粵西，興公請崔氏多加關照。參見下條。

作《答崔徵仲》：『馬福生還，知宦況清嘉，足慰遠懷。孟和長遊而不我告，有缺修候，徒有此心而已。弟老病侵尋，杜門寡出，興致索然，近復患瘧，伏枕閲月，氣血衰耗，覽鏡自驚。緬想尊兄驅五馬，佩緋魚，猶然壯夫行徑，□□羨羨。謝在杭往矣。歷官三十餘年，宦橐如水，諸郎僅僅餬其口，而仲甥肇湘不幸物故，獨季甥肇淛，猶能振家風以不墜。年來爲其姊丈所累，盡罄田屋，□償夙逋，今賃屋以居，貸粟而炊，情甚可憫。舊冬弟已面托尊兄濡沫之，曾承許可。舍甥向未作客，且粵地艱危，難於獨往，茲同令表陳生白共載，知尊兄篤念在杭，必不薄于其愛弟。倘鋏中有魚，即弟身被之，豈獨在杭結草于九地哉！舍甥尚欲走西粵，訪劉容縣，凡百路途，惟尊兄指引之。』（《文集》册三，《上圖稿本》第四二册，第三七五—三七六頁）

按：此時肇淛仲兄肇湘已物故。

作《臘月十七日，社集克廣宅，看迎春》（鈔本《鼇峰集》）。

曹學佺有《迎春日，龔克廣招宴，未赴》：『兩度迎春不見春，老年惟有懶隨身。乍晴乍雨牽遊思，如霧如烟憶麗人。五馬不來驂別乘，雙龍欲動在延津。殘梅落盡無消息，已有桃花蹴浪塵。』（《西峰六一草》）

邵捷春有《社集龔克廣宅，看迎春》：『東第曾看獻歲春，俄驚玉曆又頒新。綺羅彩綴千家勝，簫管聲喧九陌塵。司馬專城青拂蓋，土牛臨水黑週身。時三守攝篆，歲次牛，身黑。未除三害民憂在，莫道豐年便不貧。』（《劍津集》卷六）

按：立春在十二月十七日。

作《壽邵肇復臘月廿七日誕辰，次能始韻》（鈔本《鼇峰集》）。

曹學佺有《壽邵肇復》：『與君同調不同庚，未艾能令老大驚。坐對鼇峰無俗客，行看洛社有耆英。勵襄正賴攄弘略，著述終當享盛名。不見東山謝安石，尋常搦鼻爲蒼生。』（《西峰六一草》）

作《甲辰除夕》（鈔本《鼇峰集》）。

按：『辰』應作『戌』。

邵捷春有《甲戌除夕》：『不出家山已四年，春明徒自夢魂牽。書篇頻搗閣芸辟，字法却從章草傳。漸老藏身先卜地，憑高搔首每瞻天。小園獨坐試新酒，爆竹照窗花欲然。』（《劍津集》卷六）

冬，汀州知府笪繼良見訪。

按：《寄王蓋公》：『去冬文駕行後，笪太尊即至，枉顧蓬蓽，坐談良久。』（《文集》冊三，第四二冊，第三九四頁）此書作於次歲。

又按：笪太尊，即笪繼良。徐𤊹贈笪氏詩見是歲七、八月間。

是歲，致書趙慧生，言今春腰痛，初夏始平復。又向趙氏薦江右許世達梨園班有芝城之行，可演湯顯祖『臨川四夢』。又致書廖淳，薦梨園班。

作《［寄趙］慧生》：『去秋□□覿光儀，領玄晦，大慰鄙衷……弟老病相尋，今春腰背作痛，不能屈伸，初夏始覺平復。杜門掃軌，意興都盡矣。偶有宜黄善歌許世達梨園一班，爲芝城之行，仁兄負公謹顧曲之望，無不聞風而願見者，不揣爲之先客，倘張宴娱賓，不妨一命開場，皆能演湯義仍先生「四夢」新本，非尋常舊套比也。』（《文集》册三，《上圖稿本》第四二册，第三六一頁）

按：趙慧生，建州人。芝城，建安、甌寧（今建甌）别稱。

又按：『寄趙』二字漶漫，據崇禎八年（一六三五）、九年（一五三六）兩通《寄趙慧生》補。

又按：此書題下注『壬申』，恐非。病腰，詳上春正月、三月；薦梨園，與下條《寄廖淳之》所述相類，故繫此書於是歲。

又按：宜黄縣，屬臨川（今江西撫州）。

作《寄廖淳之》：『（以上殘缺）至清［溪］（以下殘缺）别後讀佳□□□□□真人想。選稿七言律最佳，弟不能盡録。拔其尤者，時取以諷，即海内亦難其匹矣。匪佞，匪佞。林茂之以去歲杪秋抵三山，携其郎君來就試。晤間念仁兄之甚，不得一聚首爲恨耳。江右許生世達，梨園歌舞擅名，弟識之在少年時，今有清溪之行，托弟薦之於季介老處。弟計介老此時服闋矣。古人有朝祥而暮歌者，或爲廣其道，亦不失風流高致，弟以爲非關道學文章，不敢徑達，惟仁兄轉一薦。□□槖中携有兔穎，並爲售

之，不獨耑爲徵［歡］也。』（《文集》册三，《上圖稿本》第四二册，第三六一—三六三頁）

又按：崇禎六年（一六三三）九月，林古度抵里，徐𤊹作《林茂之自秣陵歸里，以詩見貽，次韻奉答》，參見該歲。此書作于林氏歸里次歲。

又按：許世達梨園班，參見隆慶四年（一五七〇）。

是歲，有書寄雪關禪師，是春患瘧，此文云『咯血』，驚懼，『死期』，幾殆矣。曹學佺捐貲興創天王殿、改建西隅禪堂，而土木繁劇，興公不能離步。《雪峰志》梓成。

作《寄雪關禪師甲戌》：『近辱大札，開導愚蒙，懇切，懇切！某以望七之年，沉淪苦海，惟死期將至，而行尸走肉，無補於心性之秋毫，安得不驚而且懼哉！緬惟大師，五衮届期，人天皈仰，某未能膜拜座下，一致賀私，用以爲恧。履徵上人，初擬躬□寶山，偶值咯血乍愈。且曹長老捐貲興創天王殿、改建西隅禪堂。土木繁劇，不能離步。坐此負歉。然雪峰允中知照，一經點化，便爾脱俗超凡，惓惓欲迎法駕賁止山中，以續真覺宗風。某參侍有日，師其許之乎？《雪峰志》梓成，今呈一部。佳序弁首，寔山靈有光，匪獨某之藉以不朽也……不勝懸注之至。《涌泉碑文》附呈。』（《文集》册三，《上圖稿本》第四二册，第三六六—三六七頁）

按：此歲𤊹年六十五，故曰『望七之年』；雪關年四十九，故曰『五衮届期』。

是歲，有書答喻應夔，言及小女、謝氏姐、弟熛先後卒，尤難爲懷。

作《答喻宣仲》：『弟與兄同庚，百念俱灰，而詩興亦減……弟年來多故，已嫁小女夭逝，□□□，舍弟不禄，去年謝氏［姐］□□□終，而（以下有殘缺字）之喪踵至，尤難爲（以下有殘缺字）弟舊［知］

能始公邇來歌舞之興索然，故與世達亦落落不親。弟則屏居寡合，無能爲力也。奈何，奈何！林茂之去歲攜其郎君返閩中，以需文宗歲試，每晤輒念兄不置。然苦貧甚，尚不能到白門耳。《鼓山重興碑文》一篇求正。』（《文集》册三，《上圖稿本》第四二册，第三六三—三六四頁）

按：喻宣仲，即喻應夔，與徐㶿同庚。

是歲，致書清流王蓋公，叙及枕典籍以度老境。又致裴汝申，言陳一元、曹學佺苦於交際之煩。又致王若弟王龍居，稱王若爲俠士。

作《寄王蓋公》：『去歲文駕久客榕城……兹遣小力投書于笪太尊，求薦童生數名，有相知善價者，爲我引進是望。不佞老境□□，惟［枕］典籍以度餘年。前許借《王秋澗集》廿（以下缺）。』（《文集》册三，《上圖稿本》第四二册，第三六四頁）

按：此書殘缺。

又按：去歲，王蓋公返清流，㶿作《送王蓋公還清流，乃亡友相如之子》。

作致某人札（缺題）：『（上缺）姑獲爲㶿舊遊之地，虎丘、石湖諸勝，時懸夢思，雖老病侵尋，而遊興未淹。明歲或裹糧而出，與祖臺傾倒。』（《文集》册三，《上圖稿本》第四二册，第三六五頁）

又作致某人札（缺題）：『潘參軍事祖臺，别後㶿親作書催慂，而藩尊竟格不允。潘則埋怨於不肖，今惟付之一嘆而已。見潘尊可問而知也。』（《文集》册三，《上圖稿本》第四二册，第三六五頁）

按：以上二書缺受書人名，受書者爲吴人。餘不詳。二書列於《寄王蓋公》之後，故附繫其後。

作《寄裴翰卿》：『令姪至，得手教爲慰，值弟抱小恙，又阻雨數日，及弟趨拜，而令姪已駕出洪江，主人情禮，一毫未展……更承示貸事，極當效力，以副知己之望。但兄隔遠，無逢托之理，况陳、曹二公，年來苦于交際之煩，即求之未必然應，不如金緘爲得耳。弟度之事情，實難爲計……已托王蓋公面達。』（《文集》册三，《上圖稿本》第四二册，第三七七—三七八頁）

按：陳，陳一元；曹，曹學佺。

又按：裴汝申爲清流人。此書言及王蓋公，當作於《寄王蓋公》之後。

作《寄王龍居》：『相如令兄平生俠士也，年雖不永，至今有遐思焉。令姪去歲求尊老吹嘘于郡公，情誼篤摯……若郡公到省，談及庶弟有所趨避也。若果是進之所行，則前托彼贖畫，不過三四金，須以此見酬可耳。』（《文集》册三，《上圖稿本》第四二册，第三七八—三七九頁）

按：王龍居，王若之弟，蓋公之叔父。

是歲，有書致宗室朱統鍷，附已所著書，並言及朱統鍷岳丈彭次嘉選明七律，已詩亦在其中。

作《寄朱夢得》：『前歲安仁令弟至閩留連半載……去秋覩江省賢書，今春聞泥金之報，屐齒屢折，業賦一詩爲賀，無繇寄將。兹題扇頭博笑。自國家弛禁之後，天下宗藩登庸，首推華宗爲盛，况台丈制藝與詩文並工……舍親陳克何，爲太常公之孫，久客貴郡，曾登龍門，已荷垂眄，寄訊回家，傳尊命索弟拙刻，兹附請正，不值一捧腹耳。舍親欲求鼎言，吹嘘于敝邑大夫張公。聊城之矢，可一發乎？僭爲緩頰。分寧判鄧君慶宣，爲敝社友學憲汝高之子，其郎君爾纘，已登庚午賢書，并乞曲加培植，即弟身被之矣。尊公天寶藏書，求惠一部，弟向所藏本，俱爲浙中相知求去，乞付舍親挈歸，何啻南金之贈哉！令岳次嘉先生選梓明詩七律，濫及鄙作，愧甚，愧甚！康侯新刻，統乞代求見寄爲望。方伯藩

昭度公，宦閩時與弟交最驩，每欲挾短策而抵豫章，輒以病阻。』（《文集》册三，《上圖稿本》第四二册，第三七九—三八二頁）

按：前歲，即崇禎五年（一六三二），朱統鉟（安仁）遊閩半載，參見該歲。朱統鉦去歲領賢書，今歲成進士，此書作於是歲。

又按：鄧慶宣，原岳長子，慶寀兄，閩縣人。鄧爾纘，慶宣子，崇禎三年（一六三〇）舉人。

是歲，有書答李埈，叙及埈贈《春草集》《茗史》；已擬贈《群談採餘》十册、《筆精》四册、《雪峰志》一册、曹學佺《西峰集》四册、謝肇淛《方廣巖志》一册，及鍾震《遜業》諸書。

作《答李公起》：『楊公子至閩，得手教，良慰。去冬辱寄任松鄉、袁文榮、李賓父諸集，俱已拜領。兹復承《春草集》及南禺字畫扇、蘭莊《茗史》，種種俱佳，感佩曷已！敝友邵肇復，每在弟齋頭，見丈所貽手札，深相敬慕，遂通一札，以定神交。丈所索書，覓奉數種。邵君曾掌銓選，外補蜀藩，擢貴省廉憲，未任而調。今養望東山，而弟《筆精》乃其所梓者也……《袁清容集》，楊使行迫，未遑抄録，當［與］《晉安風雅》一并寄上。高景倩病劇，翁丈寄書已致［之］，伏枕未能裁答也。外奉《群談採餘》十册、《筆精》四册、《雪峰志》一册、《西峰集》四册、《方廣巖志》一册，第小孫《遜業》一册。』（《文集》册三，《上圖稿本》第四二册，第三八二—三八三頁）

按：《西峰集》，曹學佺撰，爲作者崇禎三年至六年（一六三〇—一六三三）詩集，刻於崇禎七年（一六三四）。

是歲，重裝陳暹手鈔《步天歌》，並跋其後。

《徐𤊹藏讖緯書印記》：『義谿方伯陳公暹，精於讖緯，抄奇篇。厥後，散佚如雲烟。末學徐𤊹收得焉。重加裝飾，師前賢。是爲崇禎甲戌年。』（福建省圖書館藏本《步天歌注》卷首；又馬泰來整理《新輯紅雨樓題記　徐氏家藏書目》，第九七頁）

又按：參見萬曆二十九（一六〇一）。

是歲，鼓山涌泉寺重興，徐延壽有詩志喜。

徐延壽有《鼓山涌泉寺重興志喜》二首，其一：『寺榜新看署涌泉，依稀全盛得如前。丹青重飾三千界，瓦礫空悲七十年。伐石高封師祖塔，布金多費宰官錢。老僧忍説南唐事，零落香燈舊賜田。』其二：『靈嶠開山擇此峰，國師興聖屢加封。風腥絶壑降神虎，雲黑空潭徙毒龍。石乳異香能辟穀，巖頭甘露尚留松。院分上下堪隨喜，朝暮驚聞四度鐘。』（《尺木堂集·七言律詩》一）

崇禎八年乙亥（一六三五） 六十六歲

曹學佺六十二歲，林古度五十六歲，徐鍾震二十六歲，徐延壽二十二歲

元月，元日，陰雨，曹學佺、邵捷春、林寵、林叔學、陳肇曾見過，小酌。初三日，同曹學佺、邵捷春等集邵捷春園。林叔學、陳克大、陳鴻分別有宛羽樓詩，分別和其韻。初六日，鄭邦祥六十生辰，有壽詩。初七日，招張士振、耿克勵、周宣哲以及曹學佺、林寵集宛羽樓。初九日，楚黄耿克勵居於曹學佺園中，見訪。古田知縣楊德州出守高唐，送之；並索要楊氏所借《榕陰新檢》。師林庸勳之孫林笧卒，哭之。題沈顥涇西草堂。

作《乙亥元日》（鈔本《鼇峰集》）。

作《元日陰雨，能始、肇復見過小酌，有詩見貽，和答》（鈔本《鼇峰集》）。

曹學佺有《亭午過徐興公草堂，邵肇復、林異卿、懋禮、陳昌基共坐》：『元旦相過成故事，先從社長問新詩。菜羹座上應常飽，棠棣篇中詎遠而。屋角晴暉驚破午，畫圖烟雨藹生姿。諸公努力千秋業，始信斯文尚在兹。』（《西峰六二草》）；又《三日同集肇復園，次能始韻》附，鈔本《鼇峰集》）

作《三日，同集肇復園，次能始韻》（鈔本《鼇峰集》）。

曹學佺有《初三日，喜晴，過肇復飲》：『人意伺晴皆欲出，老夫堅坐也無聊。青箱耐取殘編讀，白社俄傳折簡招。鶴徑亂雲侵履跡，鷗汀新水浴詩瓢。歸途已脱冲泥險，片月如鈎掛柳條。』（《三日，

同集肇復園，次能始韻》附，鈔本《鼇峰集》）

邵捷春有《三日，喜晴，曹能始過訪有作，次韻》：『初春風雨苦連霄，兀坐幽居不自聊。何意乍晴人忽集，毋須夙約束相招。新泉蟹眼翻茶鼎，纖月娥眉入酒瓢。未必明朝有此景，去年雷發筍抽條。』（《劍津集》卷六；又《三日，同集肇復園，次能始韻》附，鈔本《鼇峰集》）

作《初六日，壽鄭汝交初度》（鈔本《鼇峰集》）。

曹學佺有《初六日，鄭汝交六袠》：『夫君學道異凡軀，六十年來悟得無。方外交遊惟點景，個中消息在玄珠。秦青侍立歌檀板，林素娉婷作畫圖。風雨已過晴色穩，林間不怕鵓鳩呼。』（《西峰六二草》）

作《答林懋禮題宛羽樓韻》《答陳克大題宛羽樓韻》《答陳叔度題宛羽樓韻》（鈔本《鼇峰集》）。

作《人日，招豫章張士振、黃州耿克勵、四明周宣哲及曹能始、林茂之、異卿小集新樓，次能始韻》（鈔本《鼇峰集》）。

按：耿克勵，定力（曾爲福建督學副使）子，克明從弟，黃安（今屬湖北）人。復社成員。著《麟經古亭事業》等。去歲來閩，居曹學佺西峰里，後又居石倉園。

曹學佺有《人日，興公宛羽樓少集》：『新樓已落待樽開，詩句先題客後來。人日倚欄頻眺望，閬風吹袂向蓬萊。神仙孰跨雲間鯉，士女同遊石上臺。若就此中借書讀，寧論塵世首低回。』（《西峰六二草》；又《人日招豫章張士振、黃州耿克勵、四明周宣哲，及曹能始、林茂之、異卿小集新樓，次能始韻》附，鈔本《鼇峰集》）

林古度有《人日，興公宛羽樓少集》（原無題，題筆者所擬）：『一樓百尺八窗開，四海幽人一日來。天下最難環荔樹，徑中不易長蒿萊。落成眼見空虛界，坐處身依平遠臺。從此鼇峰增勝概，經年登眺幾多回。』（《人日招豫章張士振、黄州耿克勵、四明周宣哲及曹能始、林茂之、異卿小集新樓，次能始韻》附，鈔本《鼇峰集》）

按：《答陳宗九》：『不肖世居鼇峰之麓，積書頗多，無處堪藏。近能始捐貲爲弟構一危樓，題曰「宛羽」，取「宛委羽陵」之義，漫成小詩答之，附呈請正，能爲我抽毫而賦之乎？斯樓增而高矣！何如，何如？』（《文集》，《上圖稿本》册三，第四二册，第三七四—三七五頁）

作《送陳悝初應貢之京》（鈔本《鼇峰集》）。

按：陳更生，字悝初，一元之弟，侯官人。

作《楚黄耿克勵至閩，居停曹能始園中，見訪，賦贈二首》（鈔本《鼇峰集》）。

陳一元有《正月九日，社集林異卿西亭》：『西亭開讌款新歡，筆格詩筒繞畫欄。户外遠峰沉宿靄，階前重幕辟輕寒。莫亭雨夜椒辛酌，且進春宵菜甲盤。楚越詞人工作賦，留題應遍碧琅玕。』（《漱石山房集》卷五）

曹學佺有《初九日，集林異卿，同耿克勵諸子》：『院落如池照碧筠，圖書几榻亦横陳。簾纖雨色渾迷晝，倏忽春光欲傍旬。入社歌連江漢永，圍爐記取歲時新。漫云杖者當先出，潦倒寧妨恕醉人。』（《西峰六二草》）

作《咏錦鷄》（鈔本《鼇峰集》）。

作《送楊南仲守高唐》二首（鈔本《鼇峰集》）。

曹學佺有《送楊南仲擢守高唐》：『雖然綰綬佩銀章，布素平交誼不忘。文擅三長真史筆，春行五馬舊齊疆。驛樓月掛魚丘冷，堤路花開爵里香。暇日須吟夷仲句，不教雲雨誤襄王。』（《西峰六二草》）

邵捷春有《送楊南仲擢任高唐》：『古邑循良第一流，高唐今始典名州。王祥刀合清時佩，楊震金無暮夜投。書射城頭傳魯箭，曲聽臺上起齊謳。遑遑簡命期難緩，田父何因載道留。』（《劍津集》卷六）

作《復楊南仲》：『玉田如斗，借福星照臨五年於兹……一旦遠别，何以爲情。然鄞江閩水，魚素可通。高唐爲入京孔道，寄訊尤易易也。知老父母歸裝如水，乃辱隆惠，愈增愧謝。《榕陰新檢》僅存此册，家無副本，三十年前所著，了不記憶，送役之便，萬乞寄還，非吝也。弟不日將到建州，倘台駕過建時，當一話别。』（《文集》册七，《上圖稿本》第四四册，第六五—六六頁）

按：楊德周，崇禎四年（一六三一）爲古田知縣，至今五年。

又按：往建州在二月。

作《哭林公策》，《序》云：『林生震旦，後改名筇，予師遜膚先生之孫，予友于瀛之子也。少負美才，時命弗偶，妻不安室，早已去帷，浪跡江湖，無家可歸。但以筆札寄食賓幕者廿餘載，近始奔歸，托于友人邵瀛牖下以死，竟乏嗣焉。邵君爲備棺斂，而瘞其骨，年僅五十也。予哀其志，哭之以詩，聊效招魂之誼。』（鈔本《鼇峰集》）

按：林笻，原名震旦，字公策，庸勳之孫，長樂人。林庸勳，興公師。

作《題沈朗倩涇西草堂，因懷王百穀先生，次原韻》（鈔本《鼇峰集》）。

曹學佺有《題沈朗倩涇西草堂》：『西施侍宴錦帆涇，鬪鴨陂寒過短汀。白浪尚留蓮槳艷，青山今爲草堂靈。多時善病腰如約，縱酒狂歌意似伶。昨日與君修禊會，閒情爲寫小蘭亭。』（《西峰六二草》）

邵捷春有《題沈朗倩涇西草堂次韻》：『卜得涇西一草堂，閑閑十畝自宜桑。空王法種優曇净，慈母歡承菽水香。腰緩沈郎惟縞帶，宅鄰王氏共青箱。錦帆却憶千年事，恍佛歌聲過短墻。』（《劍津集》卷六）

正、二月間，有書致耿克勵，言徐熥制藝有可觀者，侄徐莊不類，致皆散失。偶抄得一篇。

作《與耿克勵》：『先伯兄制藝亦有可觀者，緣弟少時踪跡多四方，而猶子不類，皆致散失。向於坊刻中抄得一篇，并墨卷奉上，不審可附梓否？先集一部附正，西峰有釘書人，命裝之可也……承示《三元考先賢會狀》一册，採掇詳備。據愚見，注以藍筆以别原稿。國朝名公多著，大節不能盡録。壬戌以後諸公尚未有考，至于十三省解首，尤難稽覈，非倉卒可以復馮壽寧公之命而付梓也。翁丈何以策之？』（《文集》册三，《上圖稿本》第四二册，第三八八—三八九頁）

按：徐熥制藝，今存五篇：《爲家不治垣屋論》，注：『十九歲黄縣尹考童生。第七名。』《吴競直筆論》，注：『十九歲作。潘府尊考童生。』《天子建中和之極論》，注：『戊子年，汪太尊彙考，第二名。』《孔子思狂狷之意論》，注：『乙酉年，王麟洲宗師考，第六名。』《子見南子》，注：『慶、

曆增删。』又注：『辛亥年選。』（見《文集》册九，《上圖稿本》第四四册，第三五八—三七八頁）

不知《與耿克勵》一書所記抄録爲何篇。徐𤊹抄徐熥制藝不止一次，所抄至少有以上五篇。

二月，十八日，清明，洪可遠邀集山房賞滇茶杜鵑、雪球，夜花觀火樹。壽漳南道章自炳。沈顥僑寓烏石山房，病起以詩見貽，答之。致書沈顥，謝其贈詩畫。寄詩涉際知縣米良崑。題林匯《林皋卧隱册》。方伯張明正入祠名宦祠，有詩紀其事。擬往建州，徐延壽同隨往，曹學佺、邵捷春有詩送之。訪商梅山居。致書建陽縣令沈鼎科，言著作多未殺青，擬以月半束裝抵建陽書坊，謀付剞劂。

作《清明日洪可遠邀集山房，賞滇茶杜鵑、雪球，夜觀火樹，分得五微》（鈔本《鼇峰集》）。

曹學佺有《清明日西峰新館小集，觀妓》：『舊改鑽榆火，新營插柳齋。河流潛潤礎，簷溜跡平階。行樂如無地，吾生豈有涯。寧邀踏青伴，入座得金釵。』（《西峰六二草》）

按：二月十八日，清明。是日，洪可遠等邀集興公山房；曹學佺則在西峰觀妓。

作《壽章岵梅道尊》（鈔本《鼇峰集》）。

曹學佺有《贈章岵梅參知》：『手持黄紙出經綸，萬竈監司賀得人。聖意獨于屯牧重，民生尤與食鹽親。家傳不朽千秋業，節值中和二月春。欲識馨香滿衣袖，幽蘭初發瀫溪新。』（《西峰六二草》）

作《沈朗倩僑寓烏石山房，病起以詩見貽，次韻答贈》（鈔本《鼇峰集》）。

沈顥有《烏石山房病起，贈徐興公》（原無題，題筆者所擬）：『温陵臘月度閩關，踪跡流光兩未閒。病起尚留春一半，別來添得鬢雙班。黄金莫問辭秦日，白璧難看獻楚顔。和我草堂歸隱句，馬蹄催指夢中山。』（《沈朗倩僑寓烏石山房，病起以詩見貽，次韻答贈》附，鈔本《鼇峰集》）

作《答沈朗倩》：『不腆閩山，幸儆吟屐。峰巒彌秀，烟月增光。既荷瓊瑶見貽，復拜丹青投贈。譬之貧兒驟獲金穴，象罔探得玄珠。畫理未精，深愧效顰西子；聲歌苟就，空慚續和巳人。弗避蛙鳴，伏惟犀照。』（《文集》册三，《上圖稿本》第四二册，第三九〇頁）

按：『續和』及『見貽』，即上二詩。

作《寄米彦伯令涉縣》（鈔本《鼇峰集》）。

作《華亭張君村爲其祖方伯公舉名宦至閩，見貽乃婿宋子建刻集，賦贈》（鈔本《鼇峰集》）。

按：張明正，號漸山，華亭（今屬上海）人。嘉靖四十四年（一五六五）進士，萬曆間爲福建左布政使。

作《張貞女輓詩》（鈔本《鼇峰集》）。

作《題林賓王〈林皋卧隱册〉》（鈔本《鼇峰集》）。

按：林匯，字賓王，福州人。茂才。與陳鴻、林寵、李岳、孫昭、徐延壽結社。

林匯有《林皋卧隱册》：『林疎常見日痕高，病鶴何心憶九皋。涉世唯工聊信拙，耽書成癖敢辭勞。既無怪石供舒嘯，且托閒吟散鬱□。孔李通家情獨厚，推敲偏得沭殘膏。』（《題林賓王〈林皋卧隱册〉》附，鈔本《鼇峰集》）

邵捷春有《題林賓王〈林皋卧隱〉》：『家近城南别有山，獨開門巷隔人寰。移床留客依雲卧，策杖尋僧帶月還。萬壑清泉連井白，數枝新竹出林斑。此中幽意誰能會，長把詩囊手自删。』（《劍津集》卷六）

作《方伯張公崇祀名宦詩》，其《序》云：『華亭方伯張公，號漸山，以萬曆庚寅、辛卯間擢長閩藩，釐奸剔蠹，善政不能殫述。歷今四十餘禩，父老子弟彌深去思，請於督學使者，崇祀名宦，輿情允協，俎豆有光。瞻拜之餘，歌以侑之，以當迎神一曲。』（鈔本《鼇峰集》）

作《寄陳調梅令長寧》（鈔本《鼇峰集》）。

按：長寧縣，今屬四川宜賓市。

作《答邵肇復送別之作，次韻》（鈔本《鼇峰集》）。

邵捷春有《送徐興公之建州》二首，其一：『憐君獨買建溪舟，雨後乘風泝上流。僧舍重題今日咏，酒壚偏憶昔年遊。龍湖山畔看雙井，雲谷庵中羡一丘。不特大夫能下榻，邑人争自識南州。』其二：『長鋏多年不出山，猶携少子客途間。詩篇唱和思偏長，杖屨追隨步未艱。適越陸生貧豈患，遊梁司馬倦知還。五千道德言先就，尹喜休驚早度關。』（《答邵肇復送別之作，次韻》附，鈔本《鼇峰集》）

作《訪商孟和山居，時初自嶺南歸，見示〈南詩〉二卷》（鈔本《鼇峰集》）。

按：商梅去歲往粤西依連州知府崔世召歸。歸途與徐㶿婿康守廉同行，知此時康婿亦歸。

作《次韻見答曹能始》二首，其一：『老去謀身拙，因難卧一丘。偶拚良友別，還挈少兒遊。異郡聊居止，同聲或應求。片帆江上發，點點逐沙鷗。』其二：『春色方堪賞，飄然離故群。唐賢梨岳廟，宋代考亭文。寇舶危閩海，兵戈報楚氛。武夷堪避世，不與世人聞。』（曹學佺《送徐興公之建溪，兼簡沈弁丘、詹月如二大令》附，《西峰六二草》）

按：少兒，即延壽。

曹學佺有《送徐興公之建溪，兼簡沈弁丘、詹月如二大令》二首，其一：『碧水丹山地，尋真采藥丘。尚于流寇遠，得與列仙遊。世已無心競，人將有道求。建溪湍乍減，幾點集沙鷗。』其二：『歐潭二使君，清節夐超群。去豈爲干謁，留堪細論文。茶香凝夕塢，蘭葉媚晴棼。彼地多遺籍，旁搜廣異聞。』（《西峰六二草》）

作《復沈弁丘科乙亥》：『落魄野人，腐同草木。去冬覯芝眉，快聆緒論，頓令枯乾春回，寒灰塵暖布……又獲仲昭先生文牘，以訓兒孫，私淑芳馨，何殊面命，受益良多，感謝曷已！弟劣有著作，多未殺青，擬以月半束裝抵書坊，謀付剞劂，□以筆扎而當犂鋤。不知花署清幽，能下孺子一榻乎否也？役旋先此布達。』（《文集》册三，《上圖稿本》第四二册，第三八三—三八四頁）

按：去冬十一月作有《贈建陽令君沈鉉臣》（鈔本《鼇峰集》）。參見去歲。

二、三月間，耿克勵回楚，有詩送之。

作《送耿克勵歸黄州》（鈔本《鼇峰集》）。

馬歘有《送耿克勵還黄安》：『春光九十跳丸過，君復思歸可奈何。憂樂向元同氣味，別離那忍值干戈。來愁去易心先苦，老想逢難淚更多。相憶吾衰神力倦，夢魂誰遣渡一河。』（《漱六齋集》，《石倉十二代詩選》之《社集》）

三月，望日，致書陳調梅，言康婿守廉自連州趨潮州及歸來諸事；附書一種、詩扇一握。至建州，先後訪訪甌寧知縣詹兆恒、建安知縣王士譽。至建陽，訪知縣沈鼎科、廣文鄒銓。晦日，甌寧知縣詹兆恒招飲葉園。

作《寄陳調梅》：『樵川晤言，盛叨杯酒之歡，足稱奇遘。星霜七易，嶺海萬重……惠陽爲某舊遊之地，倏忽二十餘秋，夢寐猶在鶴峰、豐湖間。惟是故人什九凋謝，僅存羅浮張九岳先生，猶時時通尺素，詢興居也。昌基擬束裝爲粵遊，聞潮海一路艱危，遂輟行轍。偶小婿康生守廉至連州訪崔徵仲，又自連州趨潮陽，有至親爲典幕……舟經老龍一派水，令其順途摳謁長者。伏祈推念烏屋，稍助舟車，即弟身被之矣。周章甫理姑蘇，近以親老乞歸養。去冬抵舍，業經部覆，明旨不允，春首仍趨吳中矣。知台丈所欲聞者，敢私布之。外附小刻一種，詩扇一握，聊見遠意……三月望日。』（《文集》册七，《上圖稿本》第四四册，第六六—六八頁）

按：上次遊邵武（樵川），在崇禎二年（一六二九），至今七載；遊惠陽在萬曆三十五年（一六〇七），至今二十餘載；康婿守廉自連州趨潮州歸，在去歲。參見相關各歲

作《劍津夜泊》《訪詹月如甌寧令公廣永豐人，字仲常》（鈔本《鼇峰集》）。

作《訪王馬石建安令君字永叔，桃源人》（鈔本《鼇峰集》）。

按：王士譽，字永叔，號馬石，桃源（今屬湖南）人。天啓五年（一六二五）進士，崇禎間爲建安縣（治今建甌市）知縣。

作《訪沈弁丘建陽令字鉉臣，江陰人》《送笪我貞太守還句容名繼良》（鈔本《鼇峰集》）。

作《訪鄒爾叙廣文號平子》（鈔本《鼇峰集》）。

按：鄒銓，字爾叙，號平子。

鄒銓有《徐興公見訪》（原無題，題筆者所擬）：『歷落風塵漫一官，烟空竈突欲生寒。逢君知是素心者，于我應無白眼看。鳥語送春依旅舍，柳絲颺日繞騷壇。奚囊每想多新句，擬步芳踪學染翰。』（《訪鄒爾叙廣文》附，鈔本《鼇峰集》）

詹兆恒有《與徐興公飲葉園》（原無題，題筆者所擬）：『荒園一度客星過，蠟屐相將襯薜莎。風引晴光飄弱絮，池侵墨氣入輕荷。隱屏夜月來清夢，别墅春殘送踏歌。此去尋君君遠矣，九峰何處白雲多。』（《詹月如令君招飲葉園三月晦日》附，鈔本《鼇峰集》）作《詹月如令君招飲葉園三月晦日》（鈔本《鼇峰集》）。

按：《寄李公起》：『弟去歲上巳往建州，臘盡始返故廬。』（《文集》册七，《上圖稿本》第四十四册）

又按：《寄馮父母》：『去歲此時，正在建州傾倒，忽忽周星。』（《文集》册七，《上圖稿本》第四十四册）

又按：《復吴光卿》：『去夏浪遊建州，淹留至歲盡始歸。』（《文集》册七，《上圖稿本》第四十四册）

又按：《與王元壽》：『不佞去歲出遊一載。』（《文集》册七，《上圖稿本》第四十四册）

又按：《寄雪關禪師》：『客歲浪遊建州，自夏徂冬。』（《文集》册七，《上圖稿本》第四十四册）

又按：《寄李公起》《復吴元卿》《寄馮父母》《與王元壽》《寄雪關禪師》均作於下年。往建州時間，《寄李公起》云『上巳』，《寄雪關禪師》云『夏』，『上巳』似較具體，故從。又《答邵肇復送别之作次韻》其一：『買得清溪一葉舟，風帆斜影掛春流。』亦可證往建州尚在春日。

四月，在建州。于地藏寺訪海石法師。訪建安令王馬石招飲江氏園林、甌寧令詹兆恒同戴憲明集黃華樓。結交壽寧令馮夢龍，相重相賞，贈以詩。訪陶光庠東皋草堂，並觀宋北苑御泉亭碑。王馬石詢江禹疏起居；致書江禹疏，言其父江盈科《雪濤集》，曹學佺業已拔其尤者刻入《明詩選》；而楊商濬文，則采入《明文選》。詹兆恒招同戴叔度孝廉集黃華樓避暑。解學尹司理。于符山寺逢新昌戴憲明。永安寺訪善資上人。二十八日，送樊紫蓋兵憲還楚。

作《黃梅彥白法師講〈蓮華經〉於建州地藏寺，訪贈名海石》（鈔本《鼇峰集》）。

按：黃仲昭《八閩通志》卷七十九《寺觀·福寧州建安縣》『地藏寺』條：『地藏寺，在南村里。』

作《王建安招飲水南江氏園林，共用新字》（鈔本《鼇峰集》）。

王士譽有《同徐興公飲水南江氏園林，共用新字》（原無題，題筆者所擬）：『□□□□出城闉，共步芳園遠市塵。一徑幽香藂卉木，半簾蒼翠長松筠。風生郭外溪聲隱，月映臺前夜色新。花底鶯簧調自好，莫辭醽醁醉千巡。』（《王建安招飲水南江氏園林，共用新字》附，鈔本《鼇峰集》）

作《贈壽寧馮猶龍令君》：『溪跨長橋映斗文，專城初借大馮君。縣從景泰年間設，地自韓陽盡處分。農野饁殘歌夜月，公庭訟簡閉春雲。新聲最是吳歌艷，近製填詞願一聞。』（鈔本《鼇峰集》）

按：《壽寧馮父母詩序》：『予聞先生名且久，竟孤一識面。昨歲浪遊建州，而先生新拜壽寧令，赴大府期會，彼此投刺，交相重，而交相賞也。』（《文集》冊一，《上圖稿本》第四二冊，第二六頁）

又按：馮猶龍即馮夢龍。馮夢龍崇禎七年（一六三四）到壽寧任。馮夢龍《壽寧待志》卷下《祥瑞》篇：『余以崇禎七年甲戌八月十一日到任。』從去歲八月至今歲四月，不滿一年，故云『新拜』。

又按：《壽寧馮父母詩序》作於崇禎九年（一六三六），『昨歲』，即本年。參見下年。

又按：《寄馮壽寧》：『建州蘭若，獲侍膺門，數十年企仰私衷，一旦傾倒，足快平生。』（《文集》册七，《上圖稿本》第四四册，第八二頁）

作《訪陶嗣養東皋草堂，觀宋北苑御泉亭碑》（鈔本《鼇峰集》）。

按：陶光庠，字嗣養，建陽人。有《麈餘清玩》，崔世召爲之序。

又按：李賢《大明一統志》卷七十六《建寧府》『北苑焙』條：『在府城東。建安出茶，北苑爲天下第一。』

又按：曹學佺《大明一統名勝志·福建》卷八《建寧府·甌寧縣》：『鳳凰山……其上有鳳凰泉，一名龍焙泉，又名御泉。宋以來上供茶，取此水濯之，其麓即北苑。蘇東坡《序》略云：北苑龍焙山如翔鳳下飲之狀。山最高處有乘風堂，堂側竪石碣，字大尺許，宋慶曆中柯適記。』

陶光庠有《徐興公過訪東皋草堂，觀北宋御泉碑》（原無題，題筆者所擬）：『盤澗棲遲建水皋，客軒初過興偏陶。苔碑墨乏青麟髓，茗盌浮非白鳳膏。羲獻共臨看竹韻，琴書閒適聽松濤。深慚紙筆微能好，唯羡南州一榻高。』（《訪陶嗣養東皋草堂，觀宋北苑御泉亭碑》附，鈔本《鼇峰集》）

作《陶嗣哲次予前韻見贈，賦答》（鈔本《鼇峰集》）。

陶光胤有《次徐興公訪東皋草堂觀北宋御泉碑韻》（原無題，題筆者所擬）：『敝廬風景倚林皋，客自鼇峰駕訪陶。結構藻思醫俗腑，掀翻茶事眷民膏。雁行殊愧柴桑侯，鶴和仍揮玉壘濤。憲乞漢廷相見晚，艱難學步郢彌高。』(《陶嗣哲次予前韻見贈，賦答》附，鈔本《鼇峰集》)

作《客建安，從王馬石令君詢江伯通起居，賦此寄懷》(鈔本《鼇峰集》)。

作《寄江伯通》：『先是，丁卯歲弟客臨川，托令親王馬石父母轉寄小札奉候，即承華翰見復，并貽扇頭佳咏，且拜尊大人《雪濤集》。敝社兄曹能始觀察如獲至寶，業已拔其尤者，刻《明詩選》中，而楊商濬督學，採其文入《明文選》中。雖詩不滿百首，文不滿十篇，而嘗鼎片臠，已知全味。第卷帙繁多，無繇寄將耳。奈何，奈何！憶過高齋信宿，雪滿鏡湖，分題刻燭，已踰十七春秋。至今秦洞桃花猶厪夢寐。向年所命鄙作，俱[刻]拙稿。茲又托馬石父母附教。馬石與能始有通家之好，弟因能始得交馬石。辰下偶遊建州，過承下榻，高情款留幸舍，亦仗兄翁脈絡相關。每杯酒爲歡，便談名德不去口……弟年將望七，老矣。藉此可再握手，長叙闊悰爲快也。尊大人《續稿》，携至閩地授梓，何如……弟長兒早喪，獨遺孤孫，久青其衿，次兒年甫勝冠，亦厠名膠序，駑駘菲才，較之郎君，不無龍豬之分，然下筆亦能千言，妄有著作，并附請政……《鼇峰集》十册、《筆精》四册、雜刻五種、詩扇壹握、韻籤壹筒、晶印四方侑緘。乙亥四月廿五日。』(《文集》册三，《上圖稿本》第四二册，第三八四—三八六頁)

按：次兒，此處指徐延壽。

作《詹月如令君招同戴叔度孝廉集黃華樓》(鈔本《鼇峰集》)。

按：〔康熙〕《建寧府志》卷四《山川》『黃華山』條：『在府治東北，秀麗爲一郡之最。《環宇記》

云：劉宋元嘉初，太守華瑾之徙郡治於此山之西麓。宋建炎初，韓世忠討范汝爲，屯兵其上……永樂間，郡人嘗於山頂建樓，後廢……（嘉靖）十七年，僉事汪佃闢故址復建，扁曰「黄華樓」，有《記》，又廢。天啓五年，知縣仲嘉偕郡人陳國錀重建，又建亭於半山中，僉事張秉文扁其亭曰「觀止」。甌寧知縣楊肇泰於山麓建黄華書院。」

作《訪解鶴浦司理》（鈔本《鼇峰集》）。

按：解學尹，字伊人，號鶴浦，興化（今屬江蘇）人。崇禎元年（一六二八）進士。建寧府推官。

作《符山寺逢新昌戴叔度孝廉，因詢鄒中丞熊郡伯起居》（鈔本《鼇峰集》）。

按：在今建甌市芝山街道。

作《永安寺訪善資上人》（鈔本《鼇峰集》）。

按：（康熙）《建寧府志》卷十六《寺觀》「建安縣·永安禪寺」條：「在黄華山麓。創始自唐貞元十一年。五代唐長興九年建……明洪武中重建，仍名永安。嘉靖癸未，因大中寺火，移爲祝聖道場，後仍建大中寺。萬曆己亥，衆撤而新之。」

作《送樊紫蓋兵憲還楚四月廿八日，建州相别》（鈔本《鼇峰集》）。

按：此詩作於稍早，「四月廿八日建州相别」爲事後所加。

五月，初五日，在建州。李天峻招飲元美堂。

作《午日，李含虚招飲元美堂肅愍公之侄，名天峻》（鈔本《鼇峰集》）。

五、六月間，在建州，憩芝山開元寺。永覺禪師過建州，訪之于南禪寺。

作《夏日憩芝山開元蘭若》（鈔本《鼇峰集》）。

按：〔康熙〕《建寧府志》卷十六《寺觀》『甌寧縣・開元禪寺』條：『在雲際山麓。晉太康中建……唐開元中賜今額……明天順二年重建。萬曆間，郡人於閣左建馬大仙庵。又紫峰頂，元至正間，建多寶塔，一名「善見」。』

作《永覺和尚自鼓山至壽昌，掃師塔，過建州寓南禪，訪之》（鈔本《鼇峰集》）。

按：〔康熙〕《建寧府志》卷十六《寺觀》『甌寧縣・南禪寺』條：『南唐保大元年建。初名南禪寶應院。元末燬於兵。明洪武三年重建。』

作《與永覺禪師》：『霡霂不休，陽侯阻道，言念法駕，遠隔水南，再晤無由，心焉如搗。日前恭訪，漫賦陳言，聊紀勝緣，用博一笑。抽毫屬和，先愧拋磚。《放生池記》，良不可少，須借鴻筆，方足傳遠；𤊹付書丹，庶幾無愧。如循時見，曲用貴銜，撰者興闌，書者手懶，請弢管城，聽其他委。』（《文集》册三，《上圖稿本》第四三册，第三八六—三八七頁）

按：『漫賦陳言』，即《永覺和尚自鼓山至壽昌，掃師塔，過建州，寓南禪，訪之》。

又按：𤊹所作《放生池記》，今佚。

作《贈浦城楊無山令君未呈》（鈔本《鼇峰集》）。

按：楊鶚，字無山，武陵（今屬湖南）人。崇禎四年（一六三一）進士，時任浦城知縣。

六月，周之夔作《〈棄草集〉序》，論及興公。

周之夔作《〈棄草集〉詩序》：『崇禎乙亥歲季夏朔旦，周之夔伏枕書於松陵舟中。』參見萬曆二十八年（一六〇〇）。

六、七月間，汪桂遊武夷，徐延壽與林寵陪侍其一個月。有書致傅同蘭，擬在建州重刻唐李頻《梨岳集》。作《寄傅同蘭》：『前承文駕冒雨枉顧，匆匆爲别，曷勝藴結。擬趨潭城一傾倒之爲快，緣此中尚有俗絆，稍稍擺脱，即謀爲武夷之遊……小兒附林異卿尋九曲歸，定圖晤言耳。建州有梨山廟，爲唐季刺史李頻血食之地。李公著詩二卷，名《梨岳集》，國初有梓板，置廟中，甚漫漶。萬曆中，前郡伯龔公重梓之。未幾，爲洪水漂蕩，板久不存。近解司理公與不佞議重鍥善本傳之來禩。不佞商之芝城數友，無有任其費者，殊可笑也。所計工資不過四金。愚意屬之足下，發書坊授剞，不旬日可以竣事，便請解公大序弁首，不惟表揚先賢，稱不朽盛事，亦不孤解公惓惓至意，足下得毋讓乎？』（《文集》册三，《上圖稿本》第四二册，第三九七—三九八頁）

按：解司理，即解學尹。詳崇禎八年（一六三五）。

又按：《續筆精》卷二『李頻梨岳廟』條：『唐李頻爲建州刺史，卒于官，民立祠梨山。宋代歷顯神通，屢加封號。詩人血食六百餘年。有詩二卷，真西山懼其散落，製二大木牌鍥詩於署東西兩廊。國初建人鏤板行世，歲久散失。崇禎乙亥，予客建州，重刻公詩，謁公廟，壯麗寬宏。廟中豎宋朝封敕十數碑，字皆工妙，未遑施搨，但謀之解司理重梓其詩。越三年，戊寅，廟毁，碑俱灰燼矣。』

按：《又寄邵見心》：『此公（汪仙友）與林異卿京中有交。乙亥來遊武夷，小兒同異卿至武夷陪侍杖履一月，朝夕聚歡，有詩畫贈小兒，甚相得也。弟雖未曾晤言，而有書信相通，臭味頗合。』

（《文集》册五，《上圖稿本》第四三册，第一六三頁）此書作於崇禎十三年（一六四〇）。

七月，立秋日，與建安知縣王士譽、甌寧令詹兆恒集丹青閣。南豐朱爾玉來訪，與王馬石令君同寓符山寺。金象兼先後來同寓符山寺。池士龍招飲，話舊。題莆田曹桐自寫小像。詹兆恒招同王士譽丹青閣避暑。鄭祺、曹學佺、邵捷春及孫徐鍾震有詩見懷，遥和。華亭金象兼孝廉遊建州，同寓符山寺。曾熙丙年六十（八月十四日），預作壽詩。送顔繼祖還朝，並致書，言西北弗靖，時事多艱，天下安危攸繫東山（顔爲山東巡撫）。汪桂至武夷山，致書言先遺延壽先往侍之，杪秋或至武夷商卜居終老爲計。與鄒銓遊梅巖，觀劉子翬屏山書院遺跡。

作《立秋日，王馬石令君招集丹青閣，同詹月如賦》《莆口陳士傳預卜壽藏于武林西湖，與其祖先宋文肅公葬地相近，贈之》《南豐朱爾玉來訪，王馬石令君同寓符山，賦贈》（鈔本《鼇峰集》）。

按：七月初四，立秋。

作《池彬野招飲話舊，時門人李廣文、劉文學在坐，即席賦呈》（鈔本《鼇峰集》）。

池士龍有《與徐興公話舊》（原無題，題筆者所擬）：『奕世交深不記年，重逢俱訝雪盈顛。多君麟鳳誇繩武，愧我駘駑策莫前。愁到傷弓應欲絶，狂來把酒且譚玄。知心却許勤磨礪，垂老猶教素理編。』（《池彬野招飲話舊，時門人李廣文、劉文學在坐，即席賦呈》附，鈔本《鼇峰集》）

作《題曹植陽自寫小像名桐，莆人》（鈔本《鼇峰集》）。

按：曹桐，字植陽，莆田人。

作《詹月如令君招遊丹青閣避暑，同王馬石令君賦》《松月夜窗虚》（鈔本《鼇峰集》）。

作《夏日，鄭長白、曹能始、邵肇復過予山齋，與震孫賦詩見懷，予客建州，次韻遥和》（鈔本《鼇峰集》）。

曹學佺有《同鄭長白、陳有美少集徐器之齋頭，雷雨大至，有述》：『雷轟萬壑似飛湍，午候炎蒸忽變寒。雨洗桐陰團净緑，霞開山瀑轉成丹。懷人祇是王孫草，時興公客遊。采佩相期楚澤蘭。所喜從遊無俗客，客來仍復借書看。』（《西峰六二草》）；又《夏日鄭長白、曹能始、邵肇復過予山齋，與震孫賦詩見懷，予客建州，次韻遥和》附，鈔本《鼇峰集》）

鄭祺有《次韻曹能始集徐器之齋頭，雷雨大至，有述》（原無題，題筆者所擬）：『驚時急雨漫庭湍，化作濃陰四月寒。閣上催詩雲撥墨，尊前薦酒荔凝丹。遊從雩勝依壇杏，瑞集堂高長砌蘭。不是張公開秘府，琅環安得共披看。』（《夏日鄭長白、曹能始、邵肇復過予山齋，與震孫賦詩見懷，予客建州，次韻遥和》附，鈔本《鼇峰集》）

徐鍾震有《次韻曹能始前輩集齋頭，雷雨大至，有述》（原無題，題筆者所擬）：『四簷風雨響驚湍，竹裏爐烟幕帶寒。澗底蒲花初長緑，林中荔子欲垂丹。瓦鐺水沸新烹茗，石砌香聞舊種蘭。羅列晚峰如黛翠，斜飛虹影隔簾看。』（《夏日鄭長白、曹能始、邵肇復過予山齋與震孫賦詩見懷，予客建州，次韻遥和》附，鈔本《鼇峰集》）

曹學佺有《器之有春日西峰宴集見謝詩，因補和之》：『西峰雨歇弄晴暉，燕語梨園思欲飛。絲竹雖然娱晚景，咏歌猶未試春衣。悠悠我爵相縻好，秩秩賓筵既醉歸。漫道襄陽推必簡，少陵詩句世間稀。』（《西峰六二草》）

崇禎八年乙亥（一六三五）　六十六歲

陳鴻有《宿徐器之山齋，因憶興公客中》：『凉雨洗梧竹，依稀秋氣澄。多時人遠别，此夜睡何能。鼯走争穿瓦，蛾飛故戀燈。南風吹枕上，遠道憶詩朋。』（《秋室編》卷四）

作《華亭金象兼孝廉來遊建州，與予同寓符山寺中，賦贈》：『作客苦逢三伏暑。』（鈔本《鼇峰集》）

作《壽曾用晦侍御六十八月十四日》（鈔本《鼇峰集》）。

按：此詩事前預作。

作《送顔同蘭都諫還朝》（鈔本《鼇峰集》）。

作《寄顔同蘭》：『𤊹春暮薄遊建州，日約練風遠候星軺至止，歌驪爲别。前旌將至，風遠先趨太平驛恭迎，詎意水陸相左，𤊹寄寓蕭寺，寂然不聞，遂弗及奉謁。次辰會建安王令君，始知台翁垂問不置，高情厚誼，永矢弗諼。當今西北弗靖，時事多艱，台翁既出東山，天下安危攸繫……漫成小詩題之扇頭奉正，不堪一噱耳。兹因風遠之子萬里□□，諒台翁厚念其父，必不薄視其子。』（《文集》三册，第《上圖稿本》第四二册，第四〇八—四〇九頁）

按：顔繼祖還朝後出爲山東巡撫。

又按：太平驛，即太平水驛，在建安縣治南四十里。顔走陸路，練風遠迎候于水驛，故相左。

邵捷春有《送顔繩其都諫應召還朝》二首，其一：『彈冠誰不望清塵，風采真堪重八閩。帝下丹書偏眷舊，官歸青瑣忽從新。孤標每擅空群鶴，讜論應批徑寸鱗。拭目故人霄漢上，何妨林壑老垂綸。』其二：『六官領袖屬天坦，特簡應能動至尊。正值邊庭愁小丑，偏當盛世拜昌言。升沉愈篤同門誼，倡和空勞兩地魂。回首故鄉鯨浪息，丹霞長繞謝公墩。』（《劍津集》卷六）

作《崇陽汪仙友來遊武夷，寄之》（鈔本《鼇峰集》）。

按：汪桂，字仙友，崇陽（今屬湖北）人。天啓五年（一六二五）進士，兵部主事，拜建寧太守，未果赴任，卒，年未四十。有《武夷閑集》。

邵捷春有《柬汪仙友客建州》：『風采長懸結想間，尋真先訪武夷山。空傳雁影三湘遠，欲買魚竿九曲間。詩酒自憐萃客棹，姓名誰識注仙班。荔枝千樹紅如錦，不到榕城枉自還。』（《劍津集》卷六）

作《寄汪仙友兵部》：『向從敝友林異卿、邵肇復處習知先生之爲人，又見先生之圖畫仙才、仙品，嚮慕有年。近知杖屨栖息武夷，㸌方客建州，但隔一水，便欲扁舟奉訪，用訂千秋之盟，緣老病，苦乏勝具，未免趦趄。偶值異卿且至，乃遣豚兒先登龍門，瞻望紫氣，賫拙稿請教……初秋之杪，或至九曲，與黄儀先兄弟商卜居爲終老計，爾時圖一傾倒，未爲晚也。漫成小律題之扇頭寄意。』（《文集》册三，《上圖稿本》第四二册，第三九六——三九七頁）

又按：題扇小詩即《崇陽汪仙友來遊武夷，寄之》。

又按：遊武夷在十二月。

徐延壽有《至武夷訪楚中汪仙友駕部》《武夷訪周爾因羽士》（《尺木堂集·七言絶句》）。

作《薛盛宇壽詩》（鈔本《鼇峰集》）。

作《梅巖在甌寧之西，去郡城十里而近，唐宋劉氏祠宇在焉，予往年四十餘年，未及一眺，夏日偶同鄒爾叙登陟，則祠宇亭臺頽廢，而山中古木千章，其子孫盡鬻爲新矣，有感而賦》（鈔本《鼇峰集》）。

崇禎八年乙亥（一六三五）　六十六歲

按：〔康熙〕《建寧府志》卷四《山川》上『梅巖』條：『在北津渡口。宋劉屏山先生書院，有八景三十六亭，亭有記，景有題。』

鄒銓有《和徐興公遊梅巖》（原無題，題筆者所擬）：『勝跡蕭條幾歷年，惟存門牓著前賢。泉飛古澗含雲咽，樹老層巖背日懸。半嶺陰光生石壁，一龕神像冷爐烟。樵蘇何事侵林木，興廢關情重悒然。』（《梅巖在甌寧之西，去郡城十里而近，唐宋劉氏祠宇在焉，予往來四十餘年，未及一眺，夏日偶同鄒爾叙登陟，則祠宇亭臺頹廢，而山中古木千章，其子孫盡鬻爲新矣，有感而賦》附，鈔本《鼇峰集》）

作《送張按臺還朝名應星，號得一，光州人》（鈔本《鼇峰集》）。

七月，在建州。望前，詹姬來訪。望夜，戴憲明、鄒平子、郭懋荆、練元素過集寺寓。望夜，戴叔度邀集美人雙桂侑酒。有書致馬劬思，並扇頭詩。又致鄭奎光，贊其刻《鄭少谷先生全集》，並問及是否收入天文、術數諸著作及尺牘、雜文。林叔學往武夷過建州。謁建州陳孝子祠。郭懋荆招同戴憲明、林寵、葉我賓、練元素集符山寺寓，觀妓慧珠、雙桂、素卿三姬度曲。又訪姬慧珠館。有書致顏繼祖，感嘆時事艱危，桑榆末照，期冀老死于太平，恐怕已經很難；又言本擬是夏爲豫章之役，經權衡，未成行。

作《壽解伊人司理初度》：『大火西流秋及早。』（鈔本《鼇峰集》）

作《初秋望前，戴叔度、鄒平子、郭懋荆、練元素過集寺寓，值詹姬慧珠來訪，喜賦》（鈔本《鼇峰集》）。

按：鄒詮，字平子，興化人。甌寧縣教諭。

戴憲明有《初秋望前，鄒平子、郭懋荆、練元素過集興公寺寓》（原無題，題筆者所擬）：『相過月色自招邀，岸幘長談欲竟宵。山郭烟微林氣近，海天風肅雁聲遥。婆娑坐客傳杯切，歌舞佳人對燭嬌。旅況逢君成一醉，蹉跎那問沈郎腰。』（《初秋望前，戴叔度、鄒平子、郭懋荆、練元素過集寺寓，值詹姬慧珠來訪，喜賦》附，鈔本《鼇峰集》）

作《望夜，戴叔度邀集美人雙桂侑觴，再用前韻》（鈔本《鼇峰集》）。

作《寄馬劬思總憲南都》（鈔本《鼇峰集》）。

作《寄馬劬思都院》：『草澤野人，無所比數，辱台翁不鄙，折節下交，深抱知己之感……敬賦小詩題之扇頭奉賀，侑以拙刻，貽笑大方，仰惟台教。附有瀆者至親鄭學廣，名家子也。久在戎行，爲閩鎮中軍，才非駑鈍，頗堪鞭策，兹有秣陵之役，令其叩謁臺端。』（《文集》册三，《上圖稿本》第四二册，第三九八—三九九頁）

按：扇頭詩，即《寄馬劬思總憲南都》。

作《寄鄭映崑户部》：『每於邵見老家閲大刻，蒐羅古今佳事、格言，真不朽奇編。城中無處可購，能教我一部，何如？聞梓《少谷先生全集》，爲吾閩增色不淺，何日竣工，并寄一副。弟於此集搜葺十數年，不知鄧道協携去抄本如天文、術數諸著作及尺牘、雜文，曾概收入否，如未也，則弟尚有原稿在耳。原本詩文共六册，亦是弟家藏物，梓成其稿，亦祈留之，以便稽較，慎勿棄擲……舍親鄭學廣久在戎行，今往金陵。』（《文集》册三，《上圖稿本》第四二册，第三九九—三四〇頁）

按：鄭奎光，字章甫，又字映崑，侯官人。萬曆三十四年（一六〇六）舉人，歷青田教諭，纍遷户部主事、員外郎，出爲處州知府。捐俸刻鄭善夫《鄭少谷先生全集》。

又按：《鄭少谷先生全集》，鄭奎光刊本，邵捷春輯，徐熥序。參見崇禎九年（一六三六）。

作《謁建州陳孝子祠呈陳兩如孝廉》《送林元甫至京補選》（鈔本《鼇峰集》）。

作《秋夜郭懋荊招同戴叔度、林異卿、葉我賓、練元素集符山寺寓，觀妓慧珠、雙桂、素卿三姬度曲》（鈔本《鼇峰集》）。

邵捷春有《送異卿之武夷訪汪仙友，時興公亦客建州》二首，其一：『送子尋真去，還因訪舊遊。津從房浦渡，帆泝建溪流。洞古砂床冷，山空鐵笛秋。歌聲同伐木，友伴遠相求。』其二：『久覓桃源路，今隨洞裏人。萍踪方向楚，仙友，郢人。花塢更言秦。探跡懸崖古，留題刻石新。應知下榻者，不獨羨徐陳。』（《劍津集》卷四）

按：據興公詩，叔學此時已經由福州來到建州。

作《訪詹姬慧珠館有贈》二首（鈔本《鼇峰集》）。

作《答顔同蘭》：『夏間王子植回漳，附小牘耑候興居，爾時欲爲豫章之役，既而又自竊計多有不宜，遂軹其轍…… 時事已如潰瓜，海上事，貴鄉不可支，則三山豈能高枕？曹能始、邵肇復諸君條陳方略，至再至三，而當事者聽之藐□□，桑榆末照，未知尚能老死太平乎無也……《筆精》一部、小孫《制藝》□□□□，舍親鄭鼎，實荷盛情有加，並爲稱謝。』（《文集》册三，《上圖稿本》第四二册，第三八七—三八八頁）

按：顔繼祖，家漳州，臨近海上。

又按：熥卒於崇禎十五年（一六四二），尚能老死于太平；兩年後明亡，四年後唐王隆武政權覆亡，曹學佺自縊死，曹氏真未能老死于太平矣！

八月，致裴汝申，言時勢多艱，不能對裴氏多幫忙。王若子蓋公就醫至建州，贈詩並致書。十三日，詹兆恒招飲黄華山。中秋，王士譽招集君子樓玩月。十八日，集黄蘇門嘯閣。致書魏逢年。此間，曹學佺曾與張子金至宛羽樓。

按：王蓋公，王若子，清流人。

作《寄裴翰卿》：『去冬見托事，時勢多艱，不能爲兄地。甚愧，甚愧！生平熱腸，凡有可行者，無不委宛從事，惟兄此舉，揆之事理，必無能應者……小价云，前寄來二石于尊家，有便舟寄還，何如？林子同應王蓋公之招，附此修候。』（《文集》册三，第四二册，第三九三—三九四頁）

作《王蓋公就醫至建州有贈》（鈔本《蘢峰集》）。

作《寄王蓋公》：『去冬文駕行後，笪太尊即至，枉顧蓬蓽，坐談良久。弟已先達令郎事，而曹尊老隨亦言之，前事可萬全無慮。講堂之文，太公甚羨，深謂足下留意。太尊則下榻于曹公之園也。林子同承堅許延爲西賓……子同以舌耕爲業，諒足下必加之意，不待不佞深囑也。』（《文集》册三，第四二册，第三九四—三九五頁）

作《寄王龍居》：『近得手札，已悉前事。太尊枉顧，亦曾談及，亦知非出弟意。然弟認之，亦不至敗露，不然曹尊老爲令姪認此大事，弟可互異其説乎？付之一笑可耳。但贖畫是弟夙心，能設法求之，更妙。鞋店陳五無端與人合貲泛海，風起舟没，人貨俱盡，可哀，可痛！令再有役至，其[况]不能周旋萬一耳。』（《文集》册三，第四二册，第三九五—三九六頁）

按：徐𤊹去歲已有書分别致清流裴氏及二王。王蓋公爲好友王若子，龍居爲王若兄，若生前爲徐熥刻集，故蓋公父子難言之事，既有請托，𤊹不能不盡心。何况𤊹平生熱腸，惟裴氏、二王所托事於理不合，故無能爲力。其中蓋公部分，曹學佺已爲之承擔，大抵衹能如此。

又按：蓋公至建州求醫，或亦爲其父子事遊説。

又按：鞋店陳五與人合貲泛海，爲會城人士經營海上貿易之一證。

作《中秋前二日，詹月如令君招飲黄華山，同王馬石賦》《中秋夜，王馬石令君招集君子樓玩月，同詹月如賦》《送倪宛委之京謁選名在翰》（鈔本《鼇峰集》）。

作《中秋後三日，集黄蘇門孝廉嘯閣，聞闞鳳姬歌》（鈔本《鼇峰集》）。

作《寄魏逢年》：『自甲子之歲辱高軒過我蓬廬，嗣後絶不聞……近客芝城，與蘇門黄丈朝夕把臂，側聞尊堂老夫人仙逝，一水盈盈，未能趨弔。』附注：『此書寄翁馨遠去，歷七八年回書，生芻折銀乙兩，大都寄書人浮沉矣。』（《文集》册三，《上圖稿本》第四二册，第四〇七—四〇八頁）

作《無題代作》《訪葉介祉名以蕃》《送吴山玄還臨川》（鈔本《鼇峰集》）。

曹學佺有《張子金携具興公宛羽樓》：『一日幾更候，但看風有無。樹枝摇動處，凉意與之俱。弈佐清談會，塵消濁酒壺。九仙梯可接，跨鯉一招呼。』（《西峰六二草》）

九月，許豸分署明州，有書致之，並附扇頭詩。鄭琰之子鄭超往四明，托其致書許豸、李埈，請李氏代向觀風使者討回往日索去的奇書廿一種。九日，同戴憲明等登梨山，謁李頻廟。又與詹如月等登君子樓。林古度與子祖直由福清返金陵，過建州，送之。送戴憲明歸豫章。議與解學尹司理重梓李頻詩；缺劂資，屬意于傅同蘭。分別致書鄧文明、朱銃鈮宗侯，言邂逅戴憲明孝廉，同寓蕭寺，最號莫逆。又致解學尹，言道人呂志純（名調陽）過訪，言性命之學，鑿鑿可聽。張墉自虎林來，同郭茂荊、陳元綸、鄭遂集符山禪房。陳鴻贈詩，答之。葉我賓、謝珂臣、官朗公招同張墉、陳元綸、郭茂荊集光孝寺。王士譽初度，題《松石圖》爲壽。

作《寄許玉史海憲分署明州》（鈔本《鼇峰集》）。

作《寄許玉史》：『蔣道圭、鄭玉鉉還家，兩承華翰，兩惠腆儀……近聞星軺出鎮東越，駐節四明。方今西北多事，惟浙省敉寧……弟三十前□履此邦，至今猶廑夢寐，第垂老衰殘，無緣重續舊遊。惟一二老成知己，如前永福令王公右仲、古田令楊公南仲，清朝明德，大雅宗工；布衣李君埈，多蓄典墳，博綜該洽；諸生薛岡，徐申乾、應臬延，慶寺僧祖繹、弘澄，皆擅四聲之譽，巡海之暇，或一物色之，庶幾鼓吹休明，羽翼風雅也者。茲因亡友鄭翰卿之子鄭超抵餘杭，訪陳養默令君，便道樞謁。翰卿生前負才，身後貧甚……小詩題扇頭見意。』（《文集》册三，《上圖稿本》第四二册，第四〇四—四〇六頁）

按：扇頭詩即《寄許玉史海憲分署明州》。

作《送鄭升仲之餘杭》（鈔本《鼇峰集》）。

按：鄭超，字升仲，鄭琰子，閩縣人。

作《寄李公起》：『四月，楊南仲父母過家，弟在建州，盤桓三日始別……亡友鄭翰卿之子鄭超爲四明之行，弟削一函薦之於許玉史海憲處，令其先謁長者，然後指示其晉拜函中道及雅望。海憲在敝鄉，詩、字有名，虛懷禮士。至于薛千仞、應仲鵠、徐孝則，弟亦譚及之，不妨相周旋也。弟家藏廿一種奇書，近爲觀風使者索□，倘可覓，爲弟覓之，以□其缺。鄭生歸日，可以附〔其行〕李也。』（《文集》册三，《上圖稿本》第四二册，第四〇六—四〇七頁）

按：薛岡，字千仞；應臬延，字仲鵠；徐申幹，字孝則。

作《送李兆五擢雷廉參戎名當瑞》（鈔本《鼇峰集》）。

作《九日，同戴叔度、郭松野、郭茂荆、葉我賓、官朗公登梨山》《謁李建州廟》（鈔本《鼇峰集》）。

按：〔康熙〕《建寧府志》卷四《山川》上『梨山』條：『奇秀峭拔，爲近域諸山之最。山頂雲起輒雨，遠近候之以卜陰晴。唐刺史李頻雅好此山，每公暇往登覽。既卒，郡人立祠祀之。有臨清閣、映山樓、玻璃亭。』

作《九日，詹月如招同王馬石登君子樓》（鈔本《鼇峰集》）。

作《送林茂之同乃郎祖直返金陵》：『三十餘年別故鄉，言歸俄易兩星霜。半肩行槖凉如水，三尺新阡起若堂。魂斷臨岐歌折柳，心存防海固維桑。羽毛五色生丹穴，不羡高臺下鳳皇。茂之改遷祖墳，文議巡寨，以衛一鄉。』（鈔本《鼇峰集》）

曹學佺有《余甥天根有送茂之詩，因和之》：『歸去金陵不當家，故園猶似在天涯。人生但免貧兼病，何地不藏烟與霞。八月錢塘飄桂子，深秋銀露下蒹葭。渭陽知爾情偏切，轉爲良朋一咏嗟。』（《西峰六二草》）

曹學佺有《送林茂之還金陵四首》，其一：『嶺右川西地，余叨臬與藩。兩招皆不至，廢棄乃相存。自是古人誼，非將遊客論。與君俱老矣，事業付兒孫。』其二：『兒孫仝一塾，語笑日相聞。底事徵余懶，無心與較文。但聞在客勝，況乃讀書勤。故土方遊泮，安能久離群。』其三：『愁心將別緒，組織不勝多。猶是歸無計，臨行病作魔。友朋相勸慰，時序益蹉跎。昨夜風兼雨，朝來薦爽多。』其四：『賣文猶自勉，關説衹無功。遊道今應絶，閒居不諱窮。雖云行者贐，其孰鑒予衷。惟有蕭然致，交情或可終。』（《西峰六二草》）

曹學佺有《病中走筆再送茂之》：『成別已深秋，乍凉那復暑。兩心亶如焚，一月未陰雨。溪澗灘上遲，舟輕葉堪泝。山行三日程，回首隔鄉土。遥望金陵城，風烟雜烽炬。江北罹賊氛，江南詎安堵。道路逢親知，漸作亂離語。出門今入門，已覺倍艱阻。領兒着青衫，省墳拜厥祖。且云大丘寨，修復足備禦。半年三遇賊，逡巡罷劫擄。庶慰九泉魂，亮不徒羈旅。但問荆布妻，牽犬曾嫁女。況聞米薪貴，珠玉奚足喻。雖已費撑持，難免叢逋負。百責萃空囊，羞澀與誰訴。遊道久已絶，請謁亦何補。況子耻于人，安能謝貧窶。余力不從心，頗諳詳此苦。賣文以相贈，研田少收糈。足病類陶潛，悲歌效杜甫。力疾强出城，重膇不能屨。卧内列酒漿，燈前分去住。人生百歲間，離憂信多故。心期匪足量，目送能幾許。江光晝茫茫，微霜點楓樹。他日此望君，徘徊泊舟處。』（《西峰六二草》）

陳衎有《送林茂之還白下》（集存二首），其一：『摇摇江雲飛，落落明星曙。出門送行客，把手不能語。客本故鄉人，歸向他鄉去。他鄉雖云樂，故鄉亦可處。川澤娱心目，花果足厭飫。昔時海氛揚，今日山城據。扼要寧我邦，羨君多智慮。願得少躊躇，故鄉亦可處。時茂之爲福唐澳中築砦。』其二：『世運值其蹇，我生良不辰。十士九苦饑，其一亦長貧。況乃遠行役，蒼凉多苦辛。寶鏡墮習

井，流光尚照人。龍劍躍深淵。雙鍔何嶙峋。丈夫保貞吉，九鼎重此身。』（《大江集》卷二）

按：曹學佺、陳衎送林古度父子在福州，古度父子以建州，興公再送之。

作《送戴叔度歸豫章》（鈔本《鼇峰集》）。

按：戴憲明，字叔度。興公與戴憲明同寓芝城符山寺。

戴憲明《次韻徐興公送別》（原無題，題筆者所擬）：『滿篋佳章握別餘，故人離緒逐回車。自憐遊倦崇關遠，誰謂情深建水如。踪跡他年猶此地，田園逾月是吾廬。風期敢負相知教，高士湖邊且著書。』（《送戴叔度歸豫章》附，鈔本《鼇峰集》）

戴憲明《再贈徐興公》（原無題，題筆者所擬）：『滿城良友送將離，豈言多情繫藕絲。經歲風塵慚蕩子，幾宵歌舞作佳期。綺筵對月頻携酒，紈扇先秋數覓詩。誰是殷勤留別意，此心端不逐花枝。』（《送戴叔度歸豫章》附，鈔本《鼇峰集》）

作《寄鄧泰素》：『巴陵聚首，倏忽九秋。言念隆情，與日俱積，戊辰林啓青還閩，荷壇杯見寄楚臬，時陳台甫歸，又拜華翰，嗣後則不相聞問。雲樹之思，曷其有極！辛未之春，漳州陳法瞻至豫章，不肖托致一函於尊宅，法瞻一去無踪，未知曾送到否。後啓青之子入楚，不肖又削一牘，知不浮沉耳……今夏偶至建州，邂逅貴鄉戴叔度孝廉，同寓蕭寺，最號莫逆，於其返也，附候起居，并訊賢郎動止，「槐林」轉盻，佇聆佳音。詩扇一執，小兒《集陶》一册，小孫《制藝》一册，請正。』（《文集》册三，《上圖稿本》第四二册，第四〇九—四一一頁）

按：鄧文明、戴憲明，並豫章人。

又按：『倏忽九秋』，天啓七年（一六二七）至今九年，𤊹在江西崇仁與泰素遊。崔世召有《春仲招鄧泰素、徐興公小集署中，觀河陽雜劇，共得雲字，而余詩後成，殊媿砂礫》（《秋谷集》下）記其事。參見該年。

作《寄朱安仁》：『尊兄別閩中三載，同社每一聚首，輒有停雲之想。年來聞問缺然，陳元者歸，曾附八行奉訊，知不浮沈。尊兄遊閩諸詩，想已殺青，幸祈賜教。弟老懶相仍，近遊建州，邂逅戴孝廉叔度，最稱莫逆，於其返也，敬候興居，並附兒孫二刻請正。』（《文集》册三，《上圖稿本》第四二册，第四一一頁）

按：朱統鉟崇禎五年（一六三二）別閩，至今三載。

作《贈武夷呂志純道人名調陽，太平府人》（鈔本《鼇峰集》）。

作《與解司理》：『寧國有鄉先生，棄家學道，來栖武夷，接筍峰巔兩年餘矣，不自言其踪跡、履歷，名曰呂志純者，亦假託也。夏間，豚兒登山，曾與周旋，因而知及。不肖昨偶至此相訪，談金丹性命之旨，鑿鑿可聽，而仙風道貌，翛然出塵。近苦於山中騷擾，有妨坐功，托𤊹懇求祖臺給賜告示，爲仙都護法。』（《文集》册三，《上圖稿本》第四二册，第四〇九頁）

作《張石宗自虎林至建州喜贈，用陳道掌韻》（鈔本《鼇峰集》）。

按：張墉，字石宗，杭州人。

張墉有《自虎林至建州，用陳道掌韻》（原無題，題筆者所擬）：『□□□□□□□，□□□□□□□。□□□□□□□，□□□□□□□。□□□□□□桂，丙夜歌南美茁葭。安得相逢不相別，常將文

酒永天涯。』(《張石宗自虎林至建州喜贈，用陳道掌韻》附，鈔本《鼇峰集》)

作《張封君雙壽號儼竹，代王建安》(鈔本《鼇峰集》)。

作《邀虎林張石宗集符山禪房，美人蕊仙佐觴，同郭茂荆、陳道掌、鄭孝直分韻》(鈔本《鼇峰集》)。

按：鄭遂，字孝直，閩縣人。有《漁隱集》。學佺采其詩入《石倉十二代詩選》。

作《杪秋，葉我賓、謝珂臣、官朗公招同張石宗、陳道掌、郭茂荆集光孝寺，蕊姬在席，共得南字》《張封翁雙壽代李涵虚》(鈔本《鼇峰集》)。

按：謝珂臣，建州人。崇禎九年結交徐鍾震。鼎革後棄舉子業，隱居山寺。卒時年未四十。

又按：黄仲昭〔弘治〕《八閩通志》卷七十六《寺觀》『報恩光孝觀』條：『在府城東。陳永定間建。舊《記》云：陳顧野王故宅也。』

作《寓符山答陳叔度見懷，次韻》：『九月霜寒復授衣。』(鈔本《鼇峰集》)

陳鴻有《九日，懷興公客劍津》：『遠别又重陽，相思劍水長。客魂銷此日，秋色過它鄉。龍化空潭雨，蛩啼野館霜。去年曾共醉，憶剖紫萸房。』(《秋室編》卷四)

作《王馬石令公初度，題松石圖爲壽》《送周承明還吴名光祚》(鈔本《鼇峰集》)。

十月，在建州。送鄭祺之金陵。滕惟遠京兆招飲日涉園。題《西陵松柏圖》寄慧珠上人。金壇曹宗璠以封丘知縣詿誤罷官，來遊建州，同寓符山寺。致書戴波臣，言從楊德周處見到《鈿盒序》，自謙俚言不足爲此書增色。遊芝山寺。有書致解司理，請其爲隱者吕志純護法；又有書及兒孫二刻寄戴波臣。在建州。黄惟雅偕長君宇珍招遊芝山寺觀古佛牙。小雪日，楊韻仙招同曹汝珍、陳元綸、郭茂荆、陳肇曾、鄭孝直、徐延壽集永安寺。

作《送鄭長白之金陵》(鈔本《鼇峰集》)。

曹學佺有《鄭長白往龍城爲董司空較集，回日將告行矣》：『庭前降白露，江上有青楓。以此深秋候，能無畏斷蓬。君猶背彭蠡，老矣注雕蟲。重到三山日，離筵曲易終。』(《西峰六二草》)

陳衎有《送鄭長白》：『溪流瀉秋碧，楚客入金陵。丹鼎陽光射，詩囊霧氣蒸。身孤聊狎妓，家散每依僧。漢代如今日，誰人重李膺。』(《大江集》卷四)

按：曹學佺、陳衎詩作于福州。鄭祺到建州，興公又送之。

作《題〈松石圖〉賀王馬石代》《武林張母挽詞石宗》《滕惟遠京兆招飲日涉園》《題〈西陵松柏圖〉寄慧珠》(鈔本《鼇峰集》)。

作《金壇曹汝珍以封丘令詿誤罷官，來遊建州，同寓符山寺中，賦贈》二首(鈔本《鼇峰集》)。

按：曹宗璠，字汝珍，金壇人。封丘知縣。

曹宗璠有《遊建州，同徐興公寓符山寺》(原無題，題筆者所擬)：『南州高士本清狂，問字應多載酒商。老去笠瓢零海嶽，愁來風雨滿瀟湘。千秋詩卷憑誰重，一日生涯寄此觴。座客慇懃歌楚些，羞言舊亦賦長楊。』(《金壇曹汝珍以封丘令詿誤罷官，來遊建州，同寓符山寺中，賦贈》二首附，鈔本《鼇峰集》)

作《寄戴波臣》：『玉田聚首，一見平生，客館分題，禪林對酒，至今猶廑夢思。從楊南仲令公處得《鈿盒刻序》，俚言不足爲樂府增重，徒費紙烟，愧甚，愧甚……今歲偶客建州，自夏徂秋，蹉跎日月，偶逢建武鄭君長白，爲弟十年舊知，詞壇名宿，海内籍籍……兒孫二刻，附求教正。乙亥陽月。』（《文集》册三，《上圖稿本》第四二册，第四一一—四一二頁）

按：《鈿盒》，疑爲《金鈿盒傳奇》，王元壽撰，崇禎刊本。

又按：興公爲傳奇作序，極爲少見。惜此序未見。

作《黄惟雅偕長君宇珍招遊芝山寺觀古佛牙，仍集方丈，聞二妃歌，共用青字》（鈔本《鼇峰集》）。

作《小雪日，楊韻仙招集永安寺，同曹汝珍、陳道掌、郭茂荆、陳昌箕、鄭孝直、兒延壽，饒姬侑觴，用場字》。

按：小雪，十月十三日。

作《挽陳毓真太學兩如孝廉之父》（鈔本《鼇峰集》）。

十一月，在建州，居符山寺，徐延壽有詩别樊維甫。興公爲練風遠《印燈》作序。送張按院至武夷，徐延壽陪侍。憶天啓五年（一六二五）客建陽，十年間，建友凋謝殆盡，當年寓於福山寺的張于壘也已化爲異物。七遊武夷，徐延壽陪侍，宿萬年宫，登虎嘯巖，憩鑑空禪室，又于常庵訪周隱者。徐延壽遊武夷山作詩甚多。[一]于武夷訪託名李志純學道者。有卜隱武夷之意，友人陳肇曾促之；欲買常常山庵一丘，以囊中無長物，暫罷。歸途，附葉樞舟至建陽。

徐延壽有《建州符山寺别楚黄樊山圖》（《尺木堂集·七言律詩》一）。

[一] 徐延壽遊武夷山詩，後結集爲《武夷遊草》，有單刻本。今佚。

按：樊維甫，字山圖，黄岡（今屬湖北）人。有《霞西集》。

作《印燈序》：『建州練氏風遠，少習六書，老而益篤，手鎸今人名印，輯爲一譜。凡象形偃波，龍文鳥跡，變幻百出，咸有所本；方圓巨細，配合臨摹，莫不臻妙。雖小道，必有可觀者焉。風遠不獨一枝鳴以斯技，而概其生平，淺之乎窺風遠矣！乙亥仲冬題。』（《文集》册一，《上圖稿本》第四二册，第一二一頁）

按：《印燈》，明練風遠輯。

又按：此序沈文倬《紅雨樓序跋》卷一作《題印燈》。

作《邀張按院遊黄華山啓代》：『伏以帝簡在心，綱紀獨持於閩海……金律良辰，用選黄華勝地。僭迎絳節，駐鷺轡以登臨；敬啓緑醅，捧兕觥而酬獻。滿堂絲竹，何如山水有清音？夾道松篁，頓使巖巒增秀色。仰祈鸞賁，曷任雀歡。』（《文集》册二，《上圖稿本》第四二册，第一七三頁）

按：張按院，或稱張直指，即張肯堂。肯堂，字載寧，號鯢淵（一作鯤淵）。天啓五年（一六二五）進士。先後任福建巡按御史、巡撫。唐王朝，進太子少保，改左都御史，掌都察院事。魯監國三年（一六四八）拜其爲東閣大學士。順治八年（一六五一），清兵攻破舟山，自縊盡節。

又按：《寄章岵梅公祖》：『去歲建州荷枉駕蕭寺……又承吹噓于張按院，賜儀賜扁，旌奬有光。冬月，始候送按院至武夷。』（《文集》册七，《上圖稿本》第四四册，第七五—七七頁）

又按：黄華山在建州。

又按：此書作於次歲。參見次歲。

作《予以天啓乙丑之秋客潭陽，訪鄭別駕，時潭友詹鼎卿、丘文舉、鄭僑也、徐試可、江仲譽、江毅甫、李君寔、李培之、傅希丙、蕭飛卿、僧自西相款歡甚，而清漳張凱甫寓福山寺中，俯仰纔逾一紀，故人凋謝殆盡，追感往事，不勝愴然》（鈔本《鼇峰集》）。

按：張于壘（凱甫）卒於天啓七年（一六二七）。

作《誥封傅太母徐恭人挽章》（鈔本《鼇峰集》）。

作《七至武夷，同壽兒宿萬年宫感舊》（鈔本《鼇峰集》）。

徐延壽有《再宿武夷萬年宫同黄帥先》：『纔别玄都四月餘，匡床仍借羽人居。洞天十六金牌字，御府三千寶笈書。雲際仙家驚吠犬，壇前禋祀罷陳魚。群峰盡是經遊地，明日重攀步當車。』（《尺木堂集・七言律詩》一）

徐延壽有《登幔亭峰》（《尺木堂集・五言古詩》）。

作《虎嘯巖憩鑑空禪室》《過寶舟净室》（鈔本《鼇峰集》）。

作《常庵訪周隱者》（鈔本《鼇峰集》）。

按：徐表然《武夷志略・二曲諸勝》『常庵』條：『在本曲溪南兜鍪峰下，與止止庵相對。宋道籙江師隆際遇理宗，止錢塘湖涌。御書「常庵」二字賜之，仍勅建州守臣爲建堂樓爲順真所，後遂藏創于斯。』

作《寄碌金巖一丘道人》（鈔本《鼇峰集》）。

按：一丘道人，即周千秋。周氏曾與興公、謝肇淛同遊武夷山，後入道，居武夷山碌金巖，道號一丘。詳萬曆二十三年（一五九五）、三十七年（一六〇九）。

一丘道人有《次韻答徐興公》（原無題，題筆者所擬）：『久矣詞壇號最交，應嫌俗累遠相抛。多君寄鯉如懸榻，奈我棲雲今蓋茅。時把死生超度外，日將形影息巖坳。何年參却陰陽透，縮地潛歸論卦爻。』（《寄碌金巖一丘道人》附，鈔本《鼇峰集》）

徐延壽有《武夷碌金巖訪周一丘道人》：『十載離家入幔亭，貌還童穉眼回青。瑶箋細學蠅頭寫，鐵笛横吹鶴皆聽。秋圃荷鋤收芋栗，曉山携屐采芝苓。床頭何物傳孫子，祇有陰符一卷經。』（《尺木堂集·七言律詩》一）

作《出武夷溪口逢葉機仲新攝戎政，附舟至潭城爲别，次韻》（鈔本《鼇峰集》）。

按：潭城，即建陽。

又按：《寄袁穉生》：『弟乙亥之歲冬陪張直指至武夷，信宿而返。』（《文集》册五，《上圖稿本》第四三册，第二四三頁）此書作於崇禎十四年（一六四一）。

又按：《寄馮壽寧》：『某因候送前直指使者，淹留臘殘始歸故里。』（《文集》册七，《上圖稿本》第四四册，第八二頁）此書作於次歲。參見次歲。

葉樞有《出武夷溪口逢徐興公，遂同舟至潭城，賦别》（原無題，題筆者所擬）：『九曲扁舟向去津，日斜停棹碧溪濱。一年寒節逢正臘，永夜清樽對故人。客枕霜侵鄉夢冷，驛樓風送漏聲頻。閒心未許塵情擾，詞賦論交好自親。』（《出武夷溪口逢葉機仲新攝戎政，附舟至潭城爲别，次韻》附，鈔本《鼇峰集》）

崇禎八年乙亥（一六三五）　六十六歲

十二月，客建陽。訪建陽知縣沈鼎科。高景六十，爲作壽詩。劉元博造訪三山不值，至建溪相尋於福山寺，賦贈。復過建州。此間作書甚多：八日，致甲源宗侯，言天啓七年（一六二七）停棹盱江，過防露館情形。同日，又致梅慶生，言衰病頻仍，龍鍾不自覺；又致何望海，言客建溪景况。十三日，致書陳洪仲、葵若兄弟，介紹練元素，元素有將樂之行；又致江公子。二十日，致書梅慶生，薦鄭濟南、練元素。致書汪桂並詩，言延壽從武夷歸，得以奉覿清光。又致沈鼎科，索討所借黄勉齋抄集，求惠新梓董其昌《容臺集》。題顧延樹聽月齋。張蓮水中翰招飲客邸。水南橋别黄若璠、黄惟雅兄弟。二十三日，抵家。

作《訪建陽沈弁丘令公》《壽高景倩六衮》《劉元博訪予三山不值，至建溪相尋於福山寺，賦贈，兼寄文仲吉、啓美》（鈔本《鼇峰集》）。

作《卜隱武夷，陳昌基以詩見促次答》（鈔本《鼇峰集》）。[一]

陳肇曾《促徐興公卜隱武夷》（原無題，題筆者所擬）原倡：『□□歲宴滯歸期，旅况蕭條只自知。

[一] 往武夷山前後，諸詩復言及卜隱武夷甚夥。《七至武夷同壽兒宿萬年宫感舊》：『我欲買山成小隱，春風長看碧桃開。』《過寶舟净室》：『相約携將飄與笠，結茅分地住雲松。』《常庵訪周隱者》：『不難渡澗尋仙侶，信可移家長子孫。此地與君堪共隱，荷鋤相約事田園。』《訪建陽沈弁丘令公》：『我欲武夷尋隱處，一廛能許受爲氓。』《卜隱武夷，陳昌基以詩見促次答》：『帶索行歌學啓期，峰巒六六盡相知。浮生但恐無常速，卜隱應慚有願遲。商嶺鴻冥師綺里，華山驢背隱希夷。青蚨買得巖居樂，數畝春田植杖耔。』《送彭宗之歸楚》：『明年訪我當何處，九曲烟霞已卜居。』書信言及亦夥。《寄張蚩蚩》略云：『㓜生閩中，去武夷僅一衣帶水，少年時屢撰杖履。歲乙亥復履斯地，則山川如故，而景色大非，往時舊日所交道流，無一存者……愧㓜塵俗未抛，弗能趨侍左右，然結茅九曲深處，此念常在也。』（《文集》册五，《上圖稿本》第四三册）

笑我浮生虛過半，憑君卜隱已爲遲。一肩行李辭梨嶽，十載遊情夢武夷。若使水田如附郭，即應□棹趁春耔。』（《卜隱武夷，陳昌基以詩見促次答》附，鈔本《鼇峰集》）

按：《寄周爾因道士》：『歸來三十六峰常廑夢寐，擬買常庵一丘爲終老之計，探囊無長物，一時未能辦。』（《文集》册七，《上圖稿本》第四四册，第八五頁）

又按：《寄寶舟上人》：『擬買常庵一丘終老，苦於無貲，容再圖之。』（《文集》册七，《上圖稿本》第四四册，第八六頁）

又按：以上二書作於次歲三月，參見次歲。

作《送郭松野還崇陽》（鈔本《鼇峰集》）。

按：郭松野，河南伊川人。

作《寄甲源宗侯》：『丁卯，停棹盱江，一過防露館，荷隆情雅貺，載之而南。回望麻源飛瀑，不勝天際真人之思。不肖衰病侵尋，杜門却掃，歷有歲年。今秋偶爲武夷之遊，客建州者數月，偶逢伊川郭松野，筆端墨妙，在王元章、温日觀之右，而揮絃動操，尤令中山皆響……臘月八日。』（《文集》册三，《上圖稿本》第四二册，第四一三頁）

按：天啓七年（一六二七）遊贛。

作《又［寄甲源宗侯］》：『邇者河南郭松野爲建武之行，敬修一緘奉候起居……兹有練生元素，工於篆刻，有秦漢風，所鐫印譜，皆敝鄉名筆爲之序……又有鄭生濟南，所蓄古彝鼎、圖畫，皆極精妙，閩人弗售，今欲售之王家，知貴藩多賢豪賞鑒，并爲吹噓。』（《文集》册三，《上圖稿本》第四二册，第四

一三—四一四頁）

作《寄梅子庾》：『丁卯，盱江舟次一别，晤言不再……弟衰病頻仍，龍鍾不自覺。今歲遊建州，自夏徂冬，蹉跎時日，偶逢伊川郭君松野，筆端梅花匹王元章，葡萄師温日觀，而揮絃動操，又如宗少文，雅慕兄翁才望，願登龍門……甲源殿下，弟削一牘，乞爲引見，尤荷雅情……臘月八日。』（《文集》册三，《上圖稿本》第四二册，第四一四—四一五頁）

作《寄戴叔度》：『弟生平所交海内賢豪長者以千計，求如翁丈之相信以心，相勖以義，披肝瀝膽，真如異姓弟兄者，指不多屈。建州奇遘，韻事韻言，至今猶廑夢思……弟近走武夷，候送直指公，寓山中者數晨夕。近復返櫂芝城，始聞考較紛糾，時局大更，想貴使能道之。徐生一名，弟囑王父母至再，臨期帶進面禀，方得如願。其他所托，如汪仙友者，皆不能遍及。今而後，始信王父母之愛翁丈非他人比也。即弟所薦數名，悉爲裁去，今垂橐而歸，付之一嘆而已……弟目下即解維東還，卒歲無褐……臘月八日。』（《文集》册三，《上圖稿本》第四二册，第四一八—四一九頁）

按：建州之行目的之一，向建安令王士譽薦童生，然未能如願。

作《寄何金陽》：『不奉光儀者倏忽七年……夏間偶爲建州之遊，建、甌二令君有臨邛雅念，淹留數月，近復趨武夷送别按臺，方買舟還家，值方爾受丈應試芝城，把臂歡甚。因出翁臺寄周章甫書儀命弟順帶，業已領下……臘月八日。』（《文集》册三，《上圖稿本》第四二册，第四一九—四二〇頁）

按：天啓六年（一六二六），應崇仁令崔世召之邀，過邵武，晤何望子成龍，至今已十年。『不奉光儀者倏忽七年』，則崇禎二年（一六二九）徐、何還有一次會晤。

作《寄陳洪仲葵若》：『數年闊别，偶爾論心，足稱奇遘……方艤舟溪上，而建友練生元素欲爲耜陽之遊，索弟薦緘，敢爲先容。練生工篆刻，其生平已見于《名章匯玉序》中……臘月十三日。』（《文集》册三，《上圖稿本》第四二册，第四一六—四一七頁）

按：陳洪仲、葵若兄弟，將樂人。

又按：以上二書薦練元素。

作《寄江公子》：『建州匆匆一晤，足仞十年傾慕之心……建友練生元素，工於篆刻，綽有秦漢風。聞貴邑雅重文事，挾此技而遊，幸乞廣其交道，勿使落莫。幸甚，幸甚！艤舟溪滸，練生索書，草草不盡所懷，臘月十三日。』（《文集》册三，《上圖稿本》第四二册，第四二〇頁）

作《又寄梅子庾》：『近日河南郭松野有建武之行，削一牘爲先容，想達記曹。餘情已悉前啓。茲有建州敝通家鄭生濟南精於鑒賞……又有練生元素工於篆刻，綽有秦漢風，所梓《名章匯玉》，諸《序》已譚其生平，幸賜晋接，爲廣其交……臘月廿日。』（《文集》册三，《上圖稿本》第四二册，第四一五—四一六頁）

按：此書薦鄭濟南、練元素。

作《送彭宗之歸楚》（鈔本《鼇峰集》）。

作《題扇頭寄汪仙友二首》（詩佚，題筆者所擬）。

作《寄汪仙友》：『武夷山川有靈，得借高踪賁止，名筆咏題，三十六峰增而高，九曲水增而清矣。夏間擬陪杖屨，偶因俗羈，而異卿偕豚子奉覲清光，歸述遊況。當吾世而慳，御李良緣，殊用懸注。漫賦二詩，聊申嚮往，謹録扇頭請正……松野、宗之行，附此一通姓名。』（《文集》册三，《上圖稿本》第四二册，第四一七—四一八頁）

作《寄解司理》：『浪遊建水，辱祖臺盛情有加……於溪滸一别，遂不復至崇安奉謁，一申謝私。歲聿云暮，心如懸旌，即扁舟東下，計祖臺俸久資深，明春必膺内召，當於三山再圖晤言也。《梨岳集》，蔡生穉圭業已梓成，耑領大序以垂不朽。穉圭爲宋西山九峰之裔，文彩亢宗，甌寧令公曾拔之首選，今已青其衿。』（《文集》册三，《上圖稿本》第四二册，第四二〇—四二一頁）

按：此書與解司理道别，並告知前議刻李頻《梨岳集》事。

作《復沈建陽》：『㘞爲候送按臺，淹滯芝城日久，夙心未敢奉擾。昨便道過貴治，不忍自外。過蒙厚貺稠叠，華筵隆渥……以㘞么麿筆札，亦不免邦人彈射。是以函圖歸計。况歲聿云暮乎！前别家時邵觀察見囑領回黄勉齋抄集，希乞簡還爲望。新梓《容臺集》求惠一部，即百朋之重也。』（《文集》册三，《上圖稿本》第四二册，第四二一—四二二頁）

按：『邦人彈射』，疑㘞此時有官司。至於何字司，則不詳。

又按：黄勉齋，即黄榦，字直卿，閩縣人。朱熹婿，理學家，有《黄勉齋集》。

又按：《容臺集》，明董其昌著。崇禎八年（一六三五）建陽刊本有黄道周、葉有聲、沈鼎科序。

作《又[復沈建陽]》：『過潭城，叠承寵禮，銘刻衷曲，寔不可諼。舟抵建郡，待陳昌基同歸，又淹留數晨夕，不日解維……近於武夷謀一丘栖遁，峰巒奇秀，園圃週遭可以終老，若遂斯願，則摳謁尚有日也。蒙惠《容臺集》，何啻雙南之贈。』（《文集》册三，《上圖稿本》第四二册，第四二二—四二三頁）

按：以上二書復建陽縣知縣沈鼎科，希乞簡還《黄勉齋集》鈔本，並謝其惠贈《容臺集》；又言在武夷謀一丘，以期棲遁。

作《題顧延樹聽月齋》《張蓮水中翰招飲客邸，因憶尊人賓台先生，賦贈》（鈔本《鼇峰集》）。

作《水南橋别黄宇珍伯仲》（鈔本《鼇峰集》）。

又按：黄若璠，字宇珍，建安（今建甌）人。

又按：若璠之弟黄惟雅。

歲盡，自建州歸家，橐空，且索債者盈門，曹學佺設據百金。除夕，索債者盈門，賣田于陳衎，得二百金，方能卒歲。

按：《寄趙慧生》：『客建將一載……廿三日抵舍，百務叢脞，空囊莫支，承曹尊老爲弟設處百金，方能卒歲，言之可羞云云。』（《文集》册三，《上圖稿本》第四二册，第四二四—四二五頁）

又按：此書作於次歲正月六日。

又按：《答劉魚公》：『去歲春暮，弟有建州之行，留連至臘盡始歸……除夕，索債者盈門，乃托懋禮以糊口汙邪，賣與陳磐生二百金，乃能卒歲。』（《文集》册七，《上圖稿本》第四四册，第七一—七三頁）

又按：此書作於次歲二月七日。

作《乙亥除夕》（鈔本《鼇峰集》）。

是歲，爲邵捷春集作序，以爲七律至明朝始盛，足掩三唐，捷春七言極工，可稱七言長城。曹學佺序其

詩，則兼論其才幹經濟。[一]

作《劍津集序》：『五言古，工于漢魏，莫盛于晉。七言古，五言律、絶，工于盛唐，亦莫盛于盛唐；惟七言律，至我朝而始工始盛，足掩三唐作者，宋元無論已。昔人評文，以昌黎爲起八代之衰，至我朝亦始工始盛。予友邵肇復先生以《易》起家，少年聯弟進士，繇大行銓曹晋西蜀參藩、兩浙觀察，輶軒所至，或故都古跡，必憑吊悲歌；乞假林居，或宴客開尊，必分題角韻。蓋自釋褐以來，吟草不下千首，選其粹美，皆駸駸入唐人之室，而七言極工極盛，尤號長城……眷社友弟徐𤊹興公撰。』

按：此文無作年，曹學佺《邵肇復〈劍津集〉序》作於崇禎八年（一六三五），故推知此文亦作於是歲。

曹學佺有《邵肇復〈劍津集〉序》：『予蓋謂社中之肇復也才，而其詩則不因世之用不用以爲欣戚。肇復入爲銓衡，出爲監司，固未嘗不用而用之，但見未盡其才。夫肇復故未易才也，其發之爲詩，寔未嘗以才之大而溢乎格，乃所稱爲春容嫻雅君子也。是之謂「韞石而輝，藏淵而媚」者之，而求珠玉者之所資也。夫玉之用，以奉璋爲貴；珠之用，以照乘爲優。而詩之用，則太史觀風者固將采

[一] 興公繼承洪、永之世林鴻等『閩中十才子』論詩重唐、重七律的觀念，並且發展爲七律至明始盛、明超逸唐的觀點。興公的觀點，代表了晚明閩中多數詩人的詩歌觀念。聲律圓穩，爲晚明閩中詩人很重要的創作特點，然而其末流則是磨礲如出一手。曹學佺與興公同爲閩中詩壇領袖，在詩體方面，則與興公異趣。曹氏説，他不是不能作七律，其中也有不少得意之作，然而他認爲，諸體中五古最難，凡是比較重大的題材，他多采用五古的詩體。他還認爲，如果是應酬，只要熟練於格律，作七律顯然快得多。我們這裏説是的衹是詩歌的觀念，具體到詩歌創作，興公還是以七律爲優，不能因爲他論詩説得比較極端，就否認他的創作。

之，以入於天府。言之無罪，而聽之足法，其爲用也亦大矣。詩之用，未嘗不大，予以此而益徵肇復之才也乎！』（《西峰六二文》卷一）

按：興公序純論捷春之詩，能始則兼論其才幹經濟、世用與不用。

是歲，於建州推測孫昌裔不刻《王百穀詩集》之故，頗訝其之食言。《王百穀詩集》，曹學佺、陳衎爲梓之。

按：《續筆精》卷二『王百穀詩集』條：『乙亥歲，（王百穀子）携集至，子長喜不勝也。然百穀生平詩文最繁，子長嘗云：詩無一首不佳，無一首不妙。而其子汰之又汰，自録僅八帙，付之子長，子長頓悔前盟，不加意。同時無不咎之。然已遠來，無齎回之理，而曹能始、陳磐生乃爲梓其詩。時予方客建州，莫揣其故，而頗訝子長之食言。及予還家，而其子别去。子長臨别贈其子路費十金，而刻書則不捐一文也。』

又按：孫昌裔不刻《王百穀詩集》，參見次歲。

是歲或稍早，助邵武一位名『鴻祚』者歸舟之資。

按：《寄鄭心一》：『憶六七年前，令表弟名鴻祚者，乃玄水令舅之子，至江干被盜，席捲行李，特來見弟，薄助歸舟之資。』（《文集》册五，《上圖稿本》第四三册，第二七五頁）

又按：此書作於崇禎十四年（一六四一），六七年前，當在是歲。

是歲，致書崔世召，言時局騷動，規勸崔氏早作還山計；又言己婿康守廉往連州，即歸。作《寄崔徵仲》：『奉别兩載，音耗杳然。商孟和行，而弟不知，未獲修候。馬福生歸，備悉佳況。當今流寇騷動，時事不可聞。仁兄以懸車之年，猶逐逐於仕途、夜行不休乎！秋谷一丘，儘堪嘯詠。明年看令郎領賢書，亦是快事。元亮高風，想仁兄不厭薄之也，逆耳之談，毋罪狂瞽……小婿、孟和尚未到家耳。小婿爲元龍庶子，週歲而孤，分産凉薄，百端艱辛，依弟以居。不幸小女早喪，母氏淪亡，獨有一妾，亦復□□□孫四口，弟衣食之。遭際良苦……去年舍甥謝肇淛與陳生白相約奉訪，以事阻，蹉跎不果。兹偕小婿結伴而行，蓋粵地難行，且三人皆非慣遊者，隨仁兄用情，各不敢有所過望耳。陳、謝尚有粵西之行，小婿獨歸，更當慎重，惟仁兄爲畫歸途之策。』（《文集》册三，《上圖稿本》第四二册，第三九一—三九二頁）

按：康婿往粵西訪崔，參見去歲三月《答崔徵仲》。

又按：『懸車之年』，是歲崔氏年六十九。

又按：興公婿康守廉，生於萬曆二十九年（一六〇一），康元龍庶子。元龍卒，以庶出故，得産凉薄，女早卒，其家四口衣食出於興公，興公不勝負擔。

又按：『明年看令郎領賢書』，明年爲省試之年，亦是此書作於是歲之證。

又按：《復林清宇》：『去歲小婿結伴至連州，甚不愜意。近聞復至潮陽，荷盛情殷摯……吳二尊書來，稱揚不置，想上臺必加優獎，異於常格也。預慶，預慶！不佞客歲久寓建州，臘殘抵舍，歸橐蕭瑟。方擬仲春爲漳南之遊……初春望後。』（《文集》册三，《上圖稿本》第四二册，第四二七—四二八頁）

又按：《復林清宇》作於次歲。

是歲，致書吴仕訓，言婿康守廉有連州之行，請稍蘇涸鮒。

作《寄吴光卿二守》：『前歲之夏蘧使抵閩，深荷記存，遠貽尺素，辱賜腆貺……兹小婿康生守廉食貧依人，爲連州之行，歸途抵貴邑，與周氏修通家之好。且仙客素沐知愛，不敢不叩謁台下，幸進而教之。小婿遭際不辰，難以語人，想林典幕亦能分俸爲贈，稍甦涸鮒也。』（《文集》册三，《上圖稿本》第四二册，第三九二—三九三頁）

按：前歲夏吴仕訓作《寄〈三山草〉，並索序徐興公》（原無題，題筆者所擬），興公作《吴光卿郡丞遠寄〈三山草〉，以詩索予爲序，次韻奉答》，參見崇禎六年（一六三三）。

是歲，致書周之夔，之夔母亡故，吊之。

作《寄周章甫》：『建溪舟次，匆匆爲别。林元甫已云老伯母病劇，詎意遂成長往……異卿本欲久留建州，因欲趨吊老伯母，與小兒先歸。弟尚未能言旋。』（《文集》册三，《上圖稿本》第四二册，第四〇一—四〇二頁）

是歲，致書何模，謝何模贈書；何模之兄何楷有《鳴鳳初集》，請興公選定。

作《漫次曹能始丹霞何平子過談韻》（詩佚，題筆者所擬）。

曹學佺有《丹霞何平子過談索贈，因寄陳貞鉉》：『今海内多事，科目重幹濟。之子爲諸生，治安有至計。恥學占嗶流，往窺經傳秘。即如禹貢書，銓述盡詳細。余謂禹作貢，河經而土緯。貢雖不言河，河水在其内。鯀也壓其源，禹也疏其委。惟其導有漸，所以行無事。生甚然予言，因悔昔蒙昧。余謂讀爾雅，乃能識字義，不通地理書，經史皆無謂。南北勢懸殊，今古混尤易。所以著述家，指南車當視。惟君可語此，其餘河漢矣。君才日千里，予老猶罔墜。西日薄虞淵，東流如斯逝。别去詢所知，丹霞中舊社。』（《西峰六二草》）

按：詳下條。

作《復何平子》：『履徵上人自丹霞歸，荷寄華翰，既而再承教言，及《禹貢解》《治安諸策》《澹園草》及《尚書臆補》諸篇，值弟客遊建州，未及寓目。近始從家中傳至，開函捧誦……漫次能始先生原韻，録之縑屏，用答來命，不免貂續蛇足之誚……令兄老先生素所欽仰，《鳴鳳初集》俟還家時與邵見心商度選定，不敢草草。』（《文集》册三，《上圖稿本》第四二册，第四〇二—四〇三頁）

按：何模，字平子，何楷之弟，晉江籍，鎮海衛人。崇禎六年（一六三三）舉人。有《何平子文稿》《小題因》，曹學佺爲之序，又有《禹貢解》《澹園草》等。

又按：《何平子像贊名檒，龍溪人》：『昔黄叔度汪汪千頃，淆不濁，澄不清；李永和擁書萬卷，何假南面百城。惟君文章行誼，媲美乎先代之英。且也經傳伏勝，探典謨訓誥之奥，通《禹貢》水道之精。人徒知玄子先生之難爲兄，而不知君才磊落，真無愧於第五之名。』（《文集》册十二，《上圖稿本》第四五册，第三一一二頁）

又按：平子，何模之字。此條云平子名檒，或平子一名檒，或誤記。

又按：何模兄楷，字玄子。已見前。

是歲，有書致宣城徐汝驊。

作《復徐在庵》：『春暮别家，浪跡建水，瀕行辱賜厚贐……初擬薄遊即歸，然承郡邑諸公不我鄙夷，款留殷篤，且蒙按院錫扁錫儀，尚候巡歷事竣，方敢謁謝，不得不暫寓芝城，蹉跎日月耳。陳仲昭歸，承惠手教，足仞注念。日者解公祖見召衙齋，某僭爲老父母譚及敝鄉漳、泉□贈之事。』（《文集》册三，《上圖稿本》第四二册，第四〇三—四〇四頁）

按：徐汝驊，字在庵。已見。

作《徐在庵像贊名汝驊》：『敬亭毓秀，是生喆人。學《易》有種，摛藻絶塵。看花杏苑，對策楓宸。一行作吏，建水之濱。百廢具舉，治譜聿新。誰知含沙而射影，偶令戴盆而莫伸。噫！當今至尊，方爾前席。將無召賈生而問鬼神，莫謂湘江終老乎逐臣。』（《文集》册十二，《上圖稿本》第四五册，第三一四頁）

按：徐在庵其人，除此《像贊》，僅《復徐在庵》書一見，故繫《像贊》於此。

是歲，孫徐鍾震作《瑞竹記》，記小園之竹。

徐鍾震《瑞竹記》：『予小園宸巃峰之麓，茅齋數楹，旁挺六樹。左右密覆，所藏異書多至十萬餘卷。齋下環植以竹，扶疎茂密，遠望翠色如滴。風晨月夕，客數過從，不減白氏所云「清陰、清聲之有情于感遇也」。竹環三徑，絶徑接以磴，然世少丹陽尹，故此君得以寂處云。種多異節，類人面。數節而上，始干霄拂雲。先伯祖名齋曰「緑玉」，亦子猷「不可一日無之」意。甲戌歲，齋後廣地數丈許，創小樓，予復移竹數十竿以實之，然尚未盛也。春初，樓邊偶茁一笋，差大，予喜曰：「此鄰家之種闖入予園者。」乃出土，纔一寸，旁枝即生，自枝至榦，無空節焉。遠望之，如叢竹群生；近握之，則一枝耳。枝與榦齊，恍然翠幄臨風，即鄰家舊亦無此種。甬東楊南仲刺史見而奇之，稱之爲「瑞」，賦詩曰：「宛羽樓前長緑筠，此君何事幻通身？連枝帝子香風滿，幾葉龍孫玉露勻。齋看粉苞抽節盛，獨疑琪樹布柯新。琅玕别有栽培意，迴壓當年嶰谷春。」噫！予家自先永寧以清白貽筆耕心織，數世相承，烏足言瑞？且蓬門圭竇，殘簡斷篇，十二年青衫，依然羸敝，又烏足言瑞？楊先生曰：「此正足爲瑞者，子勉之！」予謝唯唯。予家種竹已及五十年，未有若此之森然一榦者，即鄰園萬緑戛玉，亦未有若此者，豈天地間自有此一種，而耳目未見歟……楊先生有「瑞竹」之名，因記其始末如此。』（《雪樵文集》）

按：甲戌歲所創之小樓，即宛羽樓。此文作于宛羽樓落成之次歲。

又按：此時徐氏藏書已有十萬餘卷之多。

又按：萬曆十七年（一五八九）徐熥作《緑玉齋記》，徐𤒹作《題緑玉齋》，鍾震此記，稍遜二祖。

是歲，陳一元卒。

按：《復吴光卿》：『陳四游京兆董其事……去秋京兆仙逝。』（《文集》册三，《上圖稿本》第四二册，第四二七頁）

按：此書作於次歲。參見次歲。

又按：邵捷春有《挽陳泰始二首》（《劍津集》卷四）。

崇禎九年丙子（一六三六） 六十七歲

曹學佺六十三歲，林古度五十七歲，徐鍾震二十七歲，徐延壽二十三歲

正月，元日，曹學佺等集小齋。致書黃若璠，言小价王二於初五卒，如失左右手。又致趙慧生，言客建將一載，荷盛情有加，肝膽相照。吴仕訓贈《井丹》《廷尉》《循夫》諸集，有書答之，附贈《福州府志》；言已有《續筆精》，討論僧伽事。何模貽《小題文因》，中有興公及鍾震文，致何模書言已廢棄制業已四十載，兒孫工帖括，故亦喜談制義文。致將樂江公子、陳葵若，介紹古田清士魏克繩往遊玉華。其間，婿康守廉、商梅擬往潮州。

作《元旦，曹能始集小齋》（詩佚，題筆者所擬）。

曹學佺有《丙子元旦，集徐興公宅》：『年華日以新，朋好惟尋舊。況予遊建溪，乖離亦已久。歸來迫歲暮，不能常聚首。元旦成故事，先飲社長酒。雖雨亦出門，日光俄在牖。盤餐出中厨，不戒而自厚。矧惟咫尺間，呼集二三友。百年奉君觴，萬卷爲君壽。在御斯有瑟，在梁亦有笱。賦詩樂陶陶，春光庶無負。』（《西峰六三草》）

按：據『元旦成故事，先飲社長酒』，興公年長，曹學佺以元旦日過訪，已成慣例。

作《寄黄宇珍》：『久客芝城，荷賢橋梓，情意篤摯……瀕行，既拜腆貺，復勞昆季遠送舟次，此誼寔不可諼。弟以臘月廿三日抵舍，百務旁午，神爲之憊。入春，又有應酬之勞，小价王二自建抱痾已歷數月，昨遂長往。此僕自幼事弟，一旦云亡，如失左右手，不勝傷悼。豚兒去臘先歸，歸家次日宗師即試府庠……《禪餘集》附返，《勉齋集》容嗣寄上。餘不一一，初春六日。』（《文集》册三，《上圖稿本》第四二册，第四二三—四二四頁）

按：去歲臘月于芝城別黄若璠，作《水南橋別黄宇珍伯仲》。參見去歲。

作《寄趙慧生》：『客建將一載，荷盛情有加，肝膽相照，即至親骨肉，莫啻過也。瀕行，復承饋贐，愧謝，愧謝！廿三日抵舍，百務叢脞，空囊莫支，承曹尊老爲弟設處百金，方能卒歲，言之可羞云云。……春事旁午，言不盡意，統容嗣布。小兒并此申謝。正月六日。』（《文集》册三，《上圖稿本》第四二册，第四二四—四二五頁）

作《復吴光卿》：『前歲林尉蒞任，薄修一函……去夏小婿康生抵潮，臨岐匆匆，言不盡意。近日林僕歸，荷台札遠寄，兼拜《井丹》《廷尉》《循夫》諸集，且承潮鎖書值之惠，受言藏之，足仞厚誼。三山佳作，以拙言弁首，殊愧着穢……不肖年來漸覺衰老，意興消減。去夏浪遊建州，淹留至歲盡始歸。歸復蕭然食貧，决擬仲春趨漳南訪章岵梅公祖。漳、潮接壤，夙有訪戴之念。人生會晤良難，况俱望七之齡，未識能遂此願否……承索《福州郡志》，向年羅按君欲爲何太尊洗雪「昏暴」二字，陳四游京兆董其事，爲立一傳，而他紳議不合，遂爾寢閣，反致原板紊亂。去秋京兆仙逝，此書尚未告竣。今刷一部奉覽，中多缺板。日下諸紳尚在議補，補成當再以全書寄呈耳。承示，普照菩薩乃僧伽也，伽事詳見《泗州志》。《志》云宋朝加號「明覺大師」，然則「真際」二字，恐紹興以前所加，未可知也。愚有《續筆精》亦談及伽事，與太白詩歲月不合，今亦録出質正高明。臨楮曷任瞻企之至。上元日。』

（《文集》册三，《上圖稿本》第四二册，第四二五—四二七頁）

按：去歲，婿康守廉至連州訪知州崔世召。

又按：『吴二尊』，即吴光卿。

又按：《續筆精》一書，未刻。今存殘鈔本。

作《寄何平子》：『弟去歲春暮浪遊建州，至臘盡抵舍。中秋時始接台札，即時裁答一函，并絹扇付之家下……上元之夕，又荷《小題文因》見貽，乍一展玩，而賤名謚［濫］厠首簡。不肖廢棄制業已四十載，惟是兒孫頗工帖括，故時時亦喜與之談文，第老嫗强施粉黛，作倚門妝束，殊自慚愧耳。篇中皆古今名公著作，而小孫鍾震乳臭之語，亦蒙甄録，以瓦缶而雜黄鐘，又不勝其僭妄耳……會紹和、貞鉉爲弟致聲。』[一]（《文集》册三，《上圖稿本》第四二册，第四二八—四三〇頁）

按：興公與童試，見唱名擁齊，逐棄舉業。四十年前，萬曆二十三年（一五九五）。

作《寄江公子、陳葵若》：『符山匆匆一晤，別後徒費夢思。歲盡還家，百冗交集，緬想老丈……古田清士魏克繩，世家之後，工于山水花卉，綽有古人風。兹偕友人遊玉華，雅慕貴邑山川之勝、人物之奇，托弟介紹謁見顔色……春事應酬旁午，草草修候，不盡欲言。孟陬望後。』（《文集》册三，《上圖稿本》第四二册，第四三〇頁）

按：寓建州符山寺，參見去歲。

［一］『廢棄制業已四十載』，興公棄舉子業當在二十五歲左右。

二月，有書致黃州樊維甫，爲其《硯譜》撰序（今佚），並抄曹學佺《四硯詩》等供樊山圖《硯譜》採擇。初七，致書劉中藻，言家境困頓，幸小孫以二等入場，小兒則在三等。十五日，致鄭瑄，言陳肇曾自北畿歸里，述瑄不忘故人。致書朱廷旦，贈《筆精》四册。致書章自炳，謝其將己介紹給張按院，按院賜儀賜匾。致書何模，言暮春將往漳州。十八日，致書黃若播，再次請其向知縣沈弅丘索回《勉齋文集》八册，言此書視若拱璧。兩致書王士譽，一薦黃若播，一言訴訟事。又致陶光庠，言小价王有成能搨碑，小价卒，如失左右手。又致楊圖南，者，言小价上有七旬父母，無嗣續，身後之累，難於區畫，附贈金漆茶盤一件，英石硯山一座。題林叔學所藏謝啓元輯《謝先生雜記》。足風痛，卧不能行。

作《答樊山圖》：『建州同寓符山，足稱良晤，且飽覽翁臺諸著作……及蘧使遠來，拜讀華札，後會何期，言之於邑。弟除夕前二日還家，囊中如洗，豈非詩人所謂「無衣無褐，何以卒歲」者乎！《硯譜》一書，蒐羅古今事實，分門別類，綽有妙理，允宜早授梨棗，以公天下，未審刻費屬之何人？惟力圖之。此不肖日夜所引領而望者也。抄得敝友鄧學憲《宋硯歌》、曹能始《四硯詩》以備採擇。拙著《筆精》，業已散盡，初歸，未遑印刷，僅存較訛者四册附上。荔子丹時，敬候命駕。』（《文集》册七，《上圖稿本》第四四册，第七〇—七一頁）

按：樊維甫，字山圖。詳去歲。

又按：《寄趙慧生》言『廿三日抵舍』，《寄黃宇珍》言『臘月廿三日抵舍』，此書言『除夕前二日還家』小有出入。

又按：曹學佺《四硯詩》，即《余洪江社中有硯蟬詩，未之和也。甬東周爰粲以四箑徵書，因廣爲研頭四咏，書以歸之》（《西峰集詩》下）。四硯，即《硯中蟬》《硯鵲》《硯荷》《硯瓶》。詳崇禎六年（一六三三）《曹譜》。

又按：邵捷春有《咏〈四硯詩〉和林懋禮》（《劍津集》卷四）。據此，《四硯詩》原爲林叔學所作，曹、邵有和詩。

又按：此書言『初歸』，下一書《答劉魚公》作於是月七日，此書當前後作。

按：《寄李公起》：『舊歲有黄州樊山圖者曾著《硯譜》，搜輯古人評硯並石産之地、銘贊之類，計八册，命弟作序，弟已撰與之携歸楚中。』（《文集》册七，《上圖稿本》第四四册，第九四頁）

又按：曹學佺《樊山圖〈研譜〉記》：『友人樊山圖徵集研事，久之成書，而自署曰《煉石齋群玉集》，蓋深有研癖者也。山圖之意，在乎繁稱博引，以俟人之自擇。而不佞則妄爲斷制，耑主一家，不容他説以攙入，自用自專，生今而反古之道，皆所不免矣。而孰謂其爲研譜之功臣也？』（《西峰六二文》卷三）

作《答劉魚公》：『與兄别雖僅一年，屈指則三易甲子矣。去歲春暮，弟有建州之行，留連至臘盡始歸。詹月如令公每述高風不置，且出扇頭佳作見示，然未詳仁兄踪跡更在何處。及弟還家，始接尊札，會能始、懋禮諸君方稔，遊道甚廣，資斧甚裕，喜可知也。弟薄游垂橐，至除夕索債者盈門，乃托懋禮以糊口污邪，賣與陳磐生二百金，乃能卒歲。此情此况，安足爲知己道哉！今歲寥落不可言，不日將至貴漳訪章岵翁道尊……小孫幸叨二等入場，小兒在三等矣……仲春七日。』（《文集》册七，《上圖稿本》第四四册，第七一—七三頁）

作《寄鄭全初》：『憶與翁臺投分而友也，我甫勝冠，而翁總角。星霜易度，時事屢遷，弟則皤然一老叟矣。中間榮枯得喪，念之悽然。緬惟翁臺與敝友周章甫同捷京闈……昨歲敝友陳昌箕自北畿歸里，又述翁臺齒類中猶不忘哀朽故人，愈益感戢。擬通一緘，用申契闊，專候興居。又聞綰印綬於雩都……茲逢貴鄉陳君公度有粵西之游，昌箕削牘奉候，僭附一函，先申嚮往。公度爲昌箕受業之師，已爲游揚，知念梓誼，無庸贅囑耳。荒函無侑，統容嗣布，不一。仲春花朝。丙子。』(《文集》册七，《上圖稿本》第四四册，第七三—七五頁)

作《復朱爾兼》：『昨承惠教，大刻今日捧誦，不忍釋手……小集曾梓二函，舊歲建遊分送殆盡，目前方命工刷印未便。候文駕再蒞敝城，敬出請正，否則早已呈覽，不待台命見索耳。弟亦擬暮春之初漳遊，尚可聚首于丹霞城中也。草復不肅，《筆精》四册，先請正。』(《文集》册七，《上圖稿本》第四四册，第七五頁)

按：朱廷旦，字爾兼，一號旋庵子，嘉善(今屬浙江)人。天啓中貢生。有《搗堅録》，曹學佺是歲初夏爲之序。

又按：暮春漳遊在是歲。

作《寄章岵梅公祖》：『去歲建州荷枉駕蕭寺，殷懇垂問……又承吹噓于張按院，賜儀賜扁，旌奬有光。冬月，始候送按院至武夷，欣然晋接，損忘官民之分。自揣一介鯫生，何修得此，私衷感戴，如何可諼。即擬擔簦霞城，用申賀私，兼布謝悃。然車生兩耳，出門有礙，春夏之交始得就道，知南州一榻必不吝爲孺子下也。』注：『丙子。』(《文集》册七，《上圖稿本》第四四册，第七五—七七頁)

按：章岵梅薦興公于張按院，張按院賜儀賜匾。去歲十二月，興公在建州，聞張按院取道建州，專程送之至武夷。事後，興公往漳州謝章氏。遊漳，見三月。

作《寄何平子》：『蘧使遠來，辱華札見貽，且承珍貺，拜嘉稠疊，無以報瓊。愧甚，愧甚！初擬花朝出門，偶有小絆，計以春盡到霞城，與台兄一傾倒也。先以一函上章公祖，乞爲轉致……紹和先生前院已有薦章，出山之期當在旦晚。弟將草《北山移文》矣。見問爲弟道意，相晤不遠也。』（《文集》册七，《上圖稿本》第四四册，第七七頁）

按：『先一函』，見是歲正月。

作《寄黄宇珍》：『客建九閲月，荷賢橋梓盛情有加，感戢之私，非筆可罄。歸來百不如意，小孫幸叨入棘，而豚子尚需遺才彙試，又增一番葛藤耳。《勉齋文集》八册，弟寶如拱璧。沈父母竟不終事，尊翁須首倡貴宗好事者梓之，俾先賢遺言不至湮没，亦賢裔之所急圖者也。原本抄畢，仍祈附的當人寄還。爲囑有一函達建安王父母，耑爲仁兄彙考地，第恐人微言輕，全在佳文醒主司之目，更捷於八行也。弟暮春欲往漳南，倘有相聞，豚子在家，可以通耳……邵公《勉齋集序》并上。若付梓，則當增尊族授梓之意。沈公一段不必叙耳。上王父母書，到即投遞，不宜緩也。二月十八。』（《文集》册七，《上圖稿本》第四四册，第六〇—六一頁）

按：『客建九閲月』，參見去歲。

又按：沈父母，即建陽知縣沈弁丘。

又按：王父母，即建安知縣王馬石。『一函達建安王父母』，即下條《寄王馬石》。

又按：邵公，即邵捷春。

作《寄王馬石》：『煳海漨朽鈍野人，去歲漫遊芝城，自夏徂冬，客居蕭寺，荷父臺盛情有加……兹有蔽通家子書生黄若璠，去歲客建，周旋尤密，此生素侍門墻，銜恩有日，今當彙考送府，乞拔前第，俾入棘有階。』（《文集》册七，《上圖稿本》第四四册，第六一—六二頁）

按：參見上條。

作《又[寄王馬石]》：『趙廷梓事，荷父臺曲爲剖斷，已有成案經年矣。第廷松刁訟，弁髦三尺，必藉威嚴追給完日。某與曹觀察始拜台惠，知父臺篤念趙生，當不令鯨鯢脱網也。附此申囑，仰祈加意。』（《文集》册七，《上圖稿本》第四四册，第六二頁）

作《聞鶯小言》（佚，題筆取者所擬）。

按：詳下條。

作《寄陶嗣養》：『舊歲薄遊芝城，荷賢昆玉盛情有加……弟歸來百不稱意，一小力自幼侍弟筆硯者，久爲之婚聚，今春倏爾夭逝，即能搨碑之僕，弟失左右手，言之可悼耳。小孫侼厠觀場，而小兒猶在遺才候考……《聞鶯》小品，漫成小言請政，不堪爲佳句之辱。』（《文集》册七，《上圖稿本》第四四册，第六二—六三頁）

作《寄趙慧生》：『春初繡店舍親行，附小札奉候，區區衷曲，前書已備，不復贅陳。追給事，想必停妥。弟料兹事必至托至親相處，若得歸結，所許前約，幸乞早完。弟一年客建，只有此事與曹公均分，而曹公亦日望不淺，如弟者，更如飢渴之待飲食耳。大美、文心二鋪，時時有便鴻，幸乞相聞，以便耑

人拜领也。小孫已叨入棘，豚子三等，附聞。』（《文集》册七，《上圖稿本》第四四册，第六三—六四頁）

按：大美、文心，書坊之名。綜合以上數書，𤊹去歲客建長達數月，其中爲趙廷梓事發生某些糾葛，似還有官司，其中還涉及曹學佺，希望儘快歸結。

作《復楊圖南》：『弟去歲暮春有建州之遊，淹留九閱月，至臘盡還家。俗務旁午，應酬爲勞，始知作客之閒耳。令坦至，荷華翰見寄，兼貽茶粉……晤魏克繩，知新任王公折節禮賢，盛談風雅，時下高賢之榻，仰惟勉旃雅道，當毋令紫陽舊社寥寂于今日也。弟入春數日，適小僕王有成者物故，上有七旬父母，下有一妻一媵，杳無嗣續，身後之累，難於區畫。此僕幼侍左右，一旦云亡，如失股肱，不勝傷悼。令坦遠顧，值賤足風痛，卧不能行……外附金漆茶盤一件，英石硯山一座伴函。餘容嗣布。小孫已得科舉，小兒在三等，并聞。』（《文集》册七，《上圖稿本》第四四册，第六八—六九頁）

按：新任王公，即王士譽。

又按：據此書，建陽詩友結有紫陽社。此社今人著作似未提及。

又按：僕王有成物故，在正月初五。

題《謝先生雜記》：『此乃嘉靖甲午科舉人謝啓元所抄録者。啓元爲黄門謝賁之子，中有一段正德丙子祈夢事可證也。又有一段云從祖瀚官户部事，又一證也。崇禎丙子仲春，借林懋禮此本細閲，漫記。徐惟起興公書。』（馬泰來整理《新輯紅雨樓題記　徐氏家藏書目》，第一〇六頁）

按：《謝先生雜記》，明謝啓元撰。稿本。此本藏林叔學處。

又按：謝啓元，字本貞，閩縣人。嘉靖十三年（一五三四）鄉貢。能詩。

崇禎九年丙子（一六三六）　六十七歲

三月，朔日，致書米良崑，言齒已望七，皮骨空存，幸兒孫俱列膠庠，頗嫻文墨。初三日，致書楊圖南，薦建安陳仲昭，言仲昭善丹青，縉紳雅重之。初七日，致書趙慧生，請其代處理往曹學佺與己爲一方，與當地來經濟糾葛之事。同日，又致王志道，言將有漳州之行，觀其藏書，並謝參知章自炳。有書致壽寧知縣馮夢龍，言爲其詩集作序，摘集中佳名稱贊之，並索要《古今談概》。又致建州司理解學尹，言延壽府試三等二十餘名，將參加遺才試，請從中斡旋。初十日，致書武夷僧寶舟上人，介紹川中忘機道人。十五日，致書周爾因道士，爲忘機道人擇虎嘯隱泉舊居小閣，供其修道。致書冒起宗，贈己書《鼇峰集》《筆精》，徐延壽《武夷草》《集陶》，徐鍾震《遜業》，共十七册。二十日，致書張墉，並徐鍾震《遜業》，供其徵《易藝》擇選。

作《寄米彦伯》：『台丈别閩天十餘載……昨歲閲除目，知綰符涉邑，英年出爲民牧，正似牛刀割鷄，業賦一詩奉懷。乃流寇阻道，無繇寄將。近覯鄰都郡邑守令便覽，不見台名，殊未解其故。鴻書鯉素，杳莫致之。偶值舍親林生文絅，有貴郡之役，令其直趨鳳山，耑候興居，爲弟致此惓惓。林生雖業儒弗就，而丹青之枝，筆端亦自超塵。歸日乞以八行相聞，勝夢思也。弟齒已望七，皮骨空存，調凋瘁，幸兒孫俱列膠庠，頗嫻文墨，差足慰目前耳。曹能始著作日富，精神日王。陳叔度貧困逾於昔時……小詩題扇頭，附兒孫荒刻求正。千里空函，臨發藴結。丙子暮春朔日。』（《文集》册七，《上圖稿本》第四四册，第七七—七九頁）

按：萬曆四十八年（一六二〇）米良崑遊閩，至今十餘載。

又按：『業賦一詩奉懷』，即《寄米彦伯令涉縣》，參見去歲。

作《寄楊圖南》：『春初令坦行，附八行奉候，想悉老朽近況。茲將爲漳南之遊，端節後始得還家耳。建安陳仲昭善丹青，久客會城，縉紳雅重之，偶有玉田之行，夙慕高名，願一荆識。』（《文集》册七，《上圖稿本》第四四册，第七九頁）

按：漳行如在是月，而四月初已回會城，更未滯留至端節之後。考三、四月徐𤊹行踪，往漳州未成行。參見四月《寄徐晋斌》。

作《寄趙慧生》：『前月之半，曹尊老已命管家造府，以領前約。弟恐底事葛藤，故暫止之，今想有着落，乃許之行，萬一未妥，則曹公之書指引，曹使投之，王父母必喫緊也。茲事諒兄自有主裁，非弟千里外可遥度耳。曹使遠叩，希乞假之居停，或在近仁禪房，勿致疎慢。若得終局，即遣其歸，阿堵待豚兒與陳有美躬領，不可付曹使手，亦慮孤身，途次不便也。曹公托購剪絨花毯一領，鋪之榻床，不必太闊，只三尺餘足矣。弟謝王父母，另有一函，中爲黄宇珍試事，令宇珍一起投之可耳。郭懋荆胡不歸乎？弟將往泉、漳，待其過三山同行，不落莫也，幸爲弟告之……三月初七日。』（《文集》册七，《上圖稿本》第四四册，第七九—八一頁）

按：一函致黄宇珍，見二月中。

又按：據四月八日所作《寄趙慧生》，此書三月八日托曹學佺使携往。詳下。

作《復王東里》：『前歲台駕過三山，不復駐節，已孤趨迎……當今國事如棋，局局遞變，以台翁砥中流之柱，品望彌高，乃穩卧東山，如天下蒼生何哉……某去歲浪遊建州，臈盡還家。古泉僧歸，辱瓊瑶遠寄，隆情厚誼，溢於毫素……某不才，向承章老公祖折節下交，屢枉蓬蓽，且吹噓于前直指張公，寵禮有加，擬日下即走貴郡，一致賀謝之私。聞新院按臨，暫輟遊轍，春殘夏初，必抵霞城，摳侍色笑，一窺中郎帳中之秘也。相晤伊邇，語不多及。暮春七日。』（《文集》册七，《上圖稿本》第四四册，第八一——八二頁）

按：王東里，即王志道。詳萬曆二年（一五七四）。

作《寄馮壽寧》：『建州蘭若，獲侍膺門，數十年企仰私衷，一旦傾倒，足快平生。某因候送前直指使者，淹留臘殘，始歸故里。辱父臺篤念貧交，遠貽竿牘，兼拜隆貺，高誼薄雲，感知曷喻，未遑裁謝，深用爲愳。緬惟父臺，山城卧治，著作日富，鉛槧大業，侈於爰書。《古今譚概》，聞而未覩，倘重殺青，願一垂示。佳集舊歲見許，匆匆未及領教，偶於鄒平子廣文齋中見之，借而諷咏，悦目爽心，如：「山屏左斷雄城接，湖鏡全開小閣懸。」「霓裳慣舞人如月，金谷長春夢亦香。」律體精工，當令錢、劉避席。至于「三杯古驛談鄉事，也算家園一紙書」「二十四橋埋草徑，獨留夜月想烟花」，即太白、昌齡亦所不能道也。《遊閩吟草》敢斳一言，然當還錦取筆之年，江郎才盡，焉能僭爲玄晏乎？日下束裝爲漳南之行，容即課呈也。先此附候，不盡翹企。』（《文集》册七，《上圖稿本》第四四册，第八二——八三頁）

按：馮壽寧，即馮夢龍。《壽寧馮父母詩序》，見八月。

作《寄解司理》：『星軺涖三山，野人疎慢，情禮兩缺……某垂老廢棄，惟一子一孫，俱列膠庠，有志力學，小孫近試已預觀場，而小兒在三等廿名内，第府庠青衿千餘人，除正科外，遺才人數甚狹，即郡試亦難期必，況望道取入棘乎？不揣敢黴鼎吕，轉達吴太公祖拔置前矛，并求開薦，庶幾收之桑榆。祈賜一函，預爲豚子之地……《蔡忠惠文集》侑函。』（《文集》册七，《上圖稿本》第四四册，第八三——

八五頁）

按：吴太公祖，即吴起龍，丹徒（今屬江蘇）人。崇禎元年（一六二八）進士。時爲福州知府。

作《寄寶舟上人》：『去冬因歲迫，匆匆言歸，不及遍遊三十六峰爲恨。多承師兄存念，厚擾香積，感謝不盡。擬買常庵一丘終老，苦於無貲，容再圖之。兹有川中忘機道人，欲結茅武夷深處，計惟令叔隱泉丹房可以栖止，且與師兄爲伴……三月初十日。』（《文集》册七，《上圖稿本》第四四册，第八六頁）

按：寶舟上人，武夷僧。

作《寄周爾因道士》：『去臘過擾，甚感雅情，苦於歲迫，不得不歸。歸來，三十六峰常厪夢寐，擬買常庵一丘，爲終老之計，探囊無長物，一時未能辦，容秋間再圖之，與道兄結伴而隱，寔所深願也。兹有蜀中忘機周道人，久客三山，品超塵外，欲向武夷結庵以居。雅慕道兄高風，幸與周旋，弟爲擇虎嘯隱泉舊居小閣，與之修静，唯爲選擇之，何如？風野、亨如二道丈，不及作書，并乞致聲……三月望日。』（《文集》册七，《上圖稿本》第四四册，第八五頁）

作《寄冒宗起》：『向辱枉駕蓬門，傾蓋如故。嗣後霄漢泥塗，杳爾遼絶，未獲一問起居，而高標逸韻，每每形於夢魂中。近閲《除目》，知棨戟遥駐曹州……近貴鄉羅雲漢參軍蒞任敝閩，初會晤間，即詢台翁動定……近於友人處覩佳刻《遊閩》諸什，見贈瑶篇，渢然可咏。允覘台翁，胸臆中尚不忘老朽徐生耳。兹羅君奉使過家，附呈拙著求正，并侑以金山凍石，聊申遠意。台翁年來著作，幸乞垂教，請以羅君爲雁足，不致浮沉……《鼇峰》《筆精》《武夷草》《集陶》《遜業》，共十七册。』（《文集》册七，《上圖稿本》

第四四册，第八六—八八頁）

按：崇禎元年（一六二八）冒起宗訪興公，作《鼇峰訪徐興公》，參見該歲。

又按：《武夷草》《集陶》，徐延壽作；《遜業》，徐鍾震作。

作《寄張石宗》：『建州邂逅，結社分題，緣寔非偶，恨文駕言旋……弟以臘月抵家，值所信用盧兒物故，如失左右手，景况不足道也。妙香上人飛錫閩中，詩情酒興，在懷素、皎然之間，敬附八行候起居。聞兄丈徵選《易藝》，小孫窗課一帙求正，倘稍可觀，乞附名壇坫，何如？《芝山社刻》二十幀，附呈。幼青昆仲爲弟致聲……丙子暮春廿日。』（《文集》册七，《上圖稿本》第四四册，第八八—八九頁）

按：去歲，興公與張墉邂逅建州，作《張石宗自虎林至建州喜贈，用陳道掌韻》，張墉作《自虎林至建州，用陳道掌韻》等，參見該歲。芝山社爲建州詩社，非萬曆三十年（一六〇二）趙世顯等人的芝社。

春，徐延壽在建陽送曹惕咸，訪林天素，飲桂姬館。

徐延壽有《黄宇珍席上，送曹惕咸令君歸金壇》《訪林天素較書》《春夜飲桂姬館，同郭懋荆、楊用先賦》（《尺木堂集·七言律詩》一）。

四月，初七日，致書詩石雨法師，敦請法師再主雪峰寺，並附律詩一首贈之。初八日，致書趙慧生，議建陽刻書經濟糾紛之事。同日，又致李埈，並贈周之夔《棄草集》八册、陳克大《冶園草》二册、陳翰《陘山集》一册、陳肇曾《佚句閒咏》二册、林弘衍《警草》一册、林匯《林皋集》一册、曹學佺《湖山篇》一册、《陳氏遺編》一册、林叔學《蒹葭集》二册，共十八册。同日，與邵捷春、林弘洐等遊鼓山。致書許豸，請其收四明趙諸生琦徵爲桃李。有書致王士譽、詹兆恒。九日，李埈搜蔡復一集，答之，言復一著作三十餘册，板在泉州鄭訥庵。又致王士譽，言去歲經濟糾紛未追得，幸曹學佺借貸方得卒歲。又致甌寧知縣詹兆恒，言托曹學佺作《重新歐寧縣學記》，已脱稿。又致徐晋斌，言去歲客建垂橐還家，索逋盈户，爲徐父作壽，林寵書屏，屏後已與昌箕、陳元綸詩，綾幅則三人共購。又致米良崑，知其從涉邑抵家。又致耿克勵，言其曾托壽寧知縣馮夢龍刻《三元考》，不知付梓否？附詩扇一握、《閩省賢書》一部、《武夷草》一册。又致楊圖南，言陳肇曾將往古田訪之。

作《致石雨法師》（詩佚，題筆者所擬）。

按：詳下條。

作《寄［石］雨［法］師》：『前歲法海寺中，得侍師側。方擬長瞻法師，導我凡愚。未幾，以事往建溪、武夷，留滯一載，及還家，師已移錫靈峰矣。何雪嶠因緣之慳如是乎！真覺祖風，久已澌滅。至今日末法陵遲，必大德如師，方能振起清規，重興寶界。么魔爲祟，俱已潛形遁跡矣。城居諸縉紳，仰思洪造，合詞敦請，再主招提……向賦一律，未及録呈，兹書側釐奉覽，庶幾知某一念惓惓耳。伏祈慈炤，不備。四月初七日。』（《文集》册四，《上圖稿本》第四三册，第一頁）

按：石雨（一五九三—一六四八），字明方，原姓陳，雪峰寺、靈峰寺僧，浙江會稽人。與曹學佺、徐𤊹、林崇孚等多有倡酬。

作《寄趙慧生》：『前月八日，曹使趨建州有札奉訊，迄今一月，尚未返舍，何即？近接華札，知底事已經府審……兹曹公又遣陳有美持書躬叩王父母，爲終此局。小兒下帷作課，期望遺才一着，無暇偕有美行，倘追有若干，幸寄一信與弟知之。有美尚欲往建陽，繇邵武而返，恐未能坐守阿堵，弟另遣人走領也。一水至便，須托大美、文心轉寄爲便……四月八日。』（《文集》册七，《上圖稿本》第四四册，第九二一—九三頁）

按：《寄趙慧生》前一書，作於三月七日。詳三月。

作《寄李公起》：『弟去歲上巳往建州，臘盡始返故廬，兩得華翰，令親鄭仲升回，又得手札爲慰，俱未及報。韓孟都未抵任即仙逝矣，傷哉！尊丈所索袁清容文，在《元文類》中，楊南仲曾購一部，爲應仲鵠丈借去，問仲鵠抄之爲便也。更示《硯説》，足爲陶泓不朽。舊歲有黄州樊山圖者，曾著《硯譜》，搜輯古人評硯并石産之地、銘、贊之類，計八册，命弟作序，弟已撰與之，携歸楚中，未知授梓否耳？樊乃樊公玉衡之子也。大中丞許公，名如蘭，號芳谷，廬江人，夢東坡得古硯，眉公諸君有記、贊二册。弟只借一覽，即歸其人矣。黄南山撰著，弟只有《經書補註》一種，南仲又抄得《戴記附註》，他俱未之覯也。趙亦韓丈遠來，落落而歸，輕裝不能多載書籍，惟簡敝友近刻數種，并小兒《武夷草》請正，餘容嗣寄。周章甫《棄草》八册、陳克大《冶園草》一册、陳克張《陘山集》一册、陳昌箕《佚句閒咏》二册、林守易《警草》一册、林賓王《林皋集》一册、曹能證《湖山篇》一册、《陳氏遺編》一册、林茂禮《蒹葭集》二册，共十八册，附呈。弟有書致許使君薦亦韓郎君，並及賢郎，餘不一一。浴佛日。』（《文集》册七，《上圖稿本》第四四册，第九三—九五頁）

按：爲《硯譜》作序，詳二月。

又按：『有書致許使君』，趙玉韓郎君名琦徵，李埈郎君名正位，並詳下條《寄許玉史》。

又按：陳翰，字克張，長樂人。崇禎八年（一六三五）歲貢。有《陘山集》。曾爲徐鍾震《丹霞遊草》作序。

又按：《陳氏遺編》，曹學佺輯纂，録陳衎一族詩。

又按：周章甫，即周之夔，《棄草集》今存。《冶園草》以下多種别集，似未見目録書著録，或可供編《福州藝文志》者採摭。

作《寄許玉使》：『客秋爲鄭生削牘叩謁，過承推烏，錫之腆貺。鄭之先世，兩守明州，祖孫專祠享祀，鄭生得修俎豆而歸，寔荷寵靈不淺也。偶四明趙恭簡公嫡孫諸生琦徵來謁中丞沈公，而孫鳳老、曹尊老皆其通家契厚……至于敝通家子李正位，曾以姓名達左右，而邵長倩復申請之，并祈收爲門墻桃李，何如？』（《文集》册七，《上圖稿本》第四四册，第九五—九六頁）

按：『客秋爲鄭生削牘』，參見去歲九月。鄭生，即鄭超。

作《浴佛日同邵肇復、林守易遊涌泉寺》（詩佚，題筆者所擬）。

邵捷春《浴佛日同徐興公、林守易遊涌泉寺》：『爲招蓮社肆幽探，勝會先依寶相龕。飯積伊蒲分乞士，香調浄水浴瞿壇。金輪再轉光長現，赤日初行暑未酣。五濁更思清處洗，還從洞口漱寒潭。』（《劍津集》卷六）

作《又寄李公起》：『鄭仲叔至貴郡，多荷提挈，得修其先人俎豆，一幸也。及歸家數日，母氏棄世，又得永訣，二幸也……蔡清憲，名復一，字元履，温陵人。著作三十餘册，板在泉州鄭訥庵，沙村刻集，弟有藏本。仲叔未知，故抄之。弟家扆鼇峰，去歲構一書樓，頗極山水之趣，承惠四詩，並孝則大篇，足爲小樓生色，愧未能續和，尚容圖之。汪石孟橋梓二集，領入，謝謝！第無長文，先生詩與曹能始備選，奈何！前托廿一種書，懇切，懇切！延慶水月、公緒二上人，寄書寄扇，冗中未及裁答，并孝則乞爲致聲。孝則詩已致能始矣。餘容嗣布。浴佛次日。』(《文集》册七，《上圖稿本》第四四册，第八九—九〇頁)

按：興公宛羽樓落成於前歲十月，諸詩友賀詩在去歲。參見前歲、去歲。

作《寄王馬石》：『前月敬修小札奉謝，兼爲諸生黄若璠府試事、趙廷梓給主事，想荷留念。去臘緣趙事未追秋毫，故某垂橐而返，幸曹能老見貸，始克卒歲。彼建人尚作含沙語相加，不亦可笑哉！惟父臺能察而諒之，足稱真相知也。趙生家難頻仍，殊非得已，藉父臺連結一局，俾某與能老共沐宏惠，是所殷望。能老特遣陳茂才克懋躬謁臺端，期必得當。』(《文集》册七，《上圖稿本》第四四册，第九〇—九一頁)

按：二月興公有書致王士譽(馬石)。

又按：由於趙廷梓事，㓮去歲無以卒歲，幸有曹學佺暫貸。趙廷梓事，至此有了明確的下落，或由於建安知縣王士譽的速斷。

作《寄詹月如》：『客歲斯時，作客建州，滯留至于臘盡。亘歲之間，荷父臺盛情篤摯，不獨酒杯詩筒，屢飫教益……歸來俗物叢脞，又思武夷山水，深足避囂，第買山無資，空老歲月，將如之何……《甌庠碑記》，曹能老業已脱稿，梓之集中，兹付諸生陳克懋賫上記曹，附此修候，并申謝私。陳生從來館穀于能老處，知父臺定推烏愛。』(《文集》册七，《上圖稿本》第四四册，第九一—九二頁)

按：曹學佺《甌庠碑記》，即《重新歐寧縣學記》，見《西峰六二文》卷三。

作《壽徐翁》（詩佚，題筆者所擬）。

作《寄徐晋斌》：『舊歲盤桓數月……臘盡垂橐還家，索逋盈户，貧遊景況，惟兄長目擊，他人誰信之？弟亦不置辯，總之，彈鋏出遊，古來孰有如陸大夫之橐金哉？歸來，無褐卒歲。入春，窮愈甚焉，擬趨謁章太公祖，拮据資斧爲難。又聞驄臺方按臨貴郡，不得不輟行轍矣。陳道掌爲尊翁先生求孫子長壽言，林異卿書之罘，愚足稱並美，而屏後弟與昌箕、道掌乞善鳴諸家各賦一詩。綾幅乃弟三人所共購，聊當蟠桃百顆……小兒《武夷草》求正。』（《文集》册七，《上圖稿本》第四四册，第九六—九七頁）

按：此書言漳行未果，一是資斧爲難，二爲驄臺臨漳不便擾章郡守。

作《寄米彦伯》：『暮春之初，舍親林文絅入楚，附小牘奉候興居，近日信歸云：過潯陽行李被盗，未審小札尚存否？悠悠之思，曷其有極！聞台丈素車白馬，始從涉邑抵家……外寄汪仙友使君一函，煩左右轉致。小豚《武夷草》附求教正……丙子初夏。』（《文集》册七，《上圖稿本》第四四册一一二—一一三頁）

按：暮春致米彦伯書今不存。

又按：延壽侍汪桂遊武夷在去歲五、六月間。參見去歲。

作《寄耿克勵》：『不腆閩拜，幸辱高賢賁止，鄙劣如焫，既老且貧，無所表樹，乃荷勤渠，屢受教益……去春浪跡建州，承王馬石令公下榻，篤摯，莫非翁丈齒牙所及？耑候行旆過建，用圖少日周旋，復聞台駕取道玉華而返，令人咫尺相失爲恨。曾賦一詩奉送，無繇寄將。冬間，又遇樊山圖先生，知其踪跡匪定，未敢附訊，此衷脈脈可知也。頃令姪孫入閩……馮壽寧在建州，但相晤次，嗣後魚鴻亦不乏絶，未識《三元考》之授梓與否耳？黄巾搔動，貴邑罹禍獨酷，聞之令人短氣。天下從此多事，不知區區桑榆末照，猶能老死太平乎無也……詩扇一握、《閩省賢書》一部、《武夷草》一册，不足以報瓊瑶。』(《文集》册七，《上圖稿本》第四四册，第九七—九九頁)

按：耿克勵去歲正月入閩，居停曹學佺園，與曹學佺、徐𤊹等多有倡酬；二月，歸，徐𤊹作《送耿克勵歸黄州》，『曾賦一詩』，即此篇。參見去歲。

又按：《閩省賢書》，邵捷春著。

又按：此書作月待考，暫附於此。

作《寄楊圖南》：『令坦試歸，附小札修候……弟薄遊建州，垂橐而返，言之可羞。在家食貧，生計寥落，不堪爲知己道也。陳昌箕孝廉與王縣尊最稱契厚，兹特相訪。前歲抵貴邑，值仁兄往鄉，而昌箕北行期［迫］，遂失交臂。兹且從容駐轄，惟倒屣迎之。』(《文集》册七，《上圖稿本》第四四册，第九九—一〇〇頁)

按：致楊南圖小札，詳二月。

又按：此書作月待考，暫附於此。

五月，爲陳价夫《招隱樓稿》作序。邵捷春邀集同社諸子及全姬避喧烏石王園；又集魏仁者園亭，與公詩先就。

作《〈招隱樓稿〉序》：『陳价夫，諱伯孺，三山人也。少負儁才，□度曠逸，翩翩有奇氣。好古文辭，家多樽彝，□□名畫，摩娑玩味，欣然獨笑，若文辭字畫，又于荆公、蘇、黄皆取法焉。豈不以學之大，有既推源探本，而極□端矣，至于兩□□□亦莫不有理，而盡其心焉。不專一門，而惟是之從也。先生所著文集若干卷，藏之於家，不欲問世。予力請而乃出之云。年丙子五月五日友人徐興公書。』（陳价夫《招隱樓稿》卷首，徐𤊹選，稿本，藏上海圖書館）

作《五日，邵肇復邀集同社諸子及全姬避喧烏石王園，共用稀字》（詩佚，題筆者所擬）。

邵捷春有《五日，邀集同社諸子及全姬避喧烏石王園，共用稀字》：『湖船漸遠鼓音微，静對青山可息機。竹借王家看處密，蓮分優鉢採來稀。谷幽好友鶯聲合，風細佳人蝶夢飛。却怪奚童迷問徑，衹因地與俗相違。』（《劍津集》卷六）

作《集魏仁者園亭，戲贈全姬》（詩佚，題筆者所擬）。

邵捷春有《集魏仁者園亭，戲贈全姬，興公詩先成，因步其韻》：『木綿花下動微凉，池上輕陰晝滿長。避暑且因閑結社，逃禪何礙醉爲鄉。綺羅鮮奪花林艶，蘭麝清隨碗茗香。莫訝分司牽粉面，八又先就老詩狂。』（《劍津集》卷六）

五、六月間，曹學佺邀同康當世集閑弈樓。致書王元壽，言鄭氏昆季失和，願爲調停。致書葉君節，言黄檗僧命修《黄檗山志》，業已脱稿。致書安國賢，言國賢先後駐守南日、南澳俱有《小紀》，又言數年前所蒼頭收陳亮，能書且通文理。致書侯官縣知縣趙珽，言延壽師從陳元綸，應遺才試，請達知府吴起龍送道。又致雪關禪師，言雪峰爲閩第一道場，禪師入主，八百年既湮宗風，一朝振起。又致寄陳上珍孝廉，言上珍與雷氏有墳山之爭事。又致周之夔，以爲『外議自縉紳士庶，無不謂兄之不能相容』，望其兄弟和睦。

作《閑弈樓同康孟擔作》（詩佚，題筆者所擬）。

按：閑弈樓，曹學佺建於福州洪江邊，爲弈棋之所，亦用於雅集。曹學佺詩云：『客乘涼處弈，心與手俱閒。境得超然趣，禪爲不二關。』（《閑弈樓招集顧與治諸君顧，金陵人》，《西峰六九集詩》）

曹學佺有《閑弈樓同康孟擔、徐興公作》：『把酒鶯聲膩，誰知住夏深。老仍分少長，俠不問先今。風色詩懷壯，爐香亦思沈。君毋嗤我隱，難得是山林。』（《西峰六三草》）

作《與王元壽》：『不佞去歲出遊一載，久違晤言爲悵。歸來杜門簡出，近見足下交深禍慘，一揭始知與鄭氏昆季失和，致訟公庭，可爲寒心。鄭器之生平與足下交誼，視管鮑爲淺，萬目共見，萬耳共聞，至于身後遂致參商若此，尚可使聞于鄰國哉。聞日前已憑林壺丘和息，胡乃又至對鞫？不佞雖與鄭器之誼切通家，但其人落落難合，相逢只一揖而已。惟羅浮最爲知己，而退之、博之亦時叙世誼。不佞老朽，不問外事，因見鄭氏有蝸角之爭，誠爲可羞……不免爲足下扼腕。愚德望不如王義方能令鄉里信服，而一點熱心，寧忍坐視，況兩姓俱忝通家，願爲解紛，免致後生輩興訐不已。倘不棄愚昧，敢勞尊駕見過面商，言歸于好。即鄭器之九地之息，亦且鼓舞欣忭矣。老病未能躬訪，幸亮坐邀之罪爲禱。』附注：『周章甫曰：「富家子向無雅人與之親暱，令人恥笑。」』（《文集》册七，《上圖稿本》第四四册，第一〇〇—一〇一頁）

按：此條言鄭氏昆季失和，牽連王家，徐𤊹於兩家有通家之好，有一點熱心，願爲解紛，期於言歸於好。

作《寄葉君節》：『闊别數月，注念爲勞。近黄檗僧命弟代修《山志》，業已脱稿。惟是詩文寥寥，想佳作必有題咏。或王丈諱堯臣、卓丈諱震，有所賦咏，俱乞廣蒐見寄爲望。諸容嗣布。』（《文集》册七，《上圖稿本》第四四册，第一〇二頁）

作《復安蓋卿》：『客歲浪遊一年，有孤良晤。狹路相逢，未交片語；彼此投刺，俱不獲晤，歉可知也。定海孤懸絶島，得旌麾坐鎮，鯨鯢遁跡，洪波不揚，莫非安攘保障之力。向南日、南澳俱有《小紀》，此番必借鴻筆，以識其概。願聞，願聞……陳亮數年前弟收爲蒼頭，以其能書，且通文理，故善視之。居兩年，未曾過舉。但偶與小价不和，遂遣之去……否則後次必爲所欺也。感感！四月初間，鄭傳門乃孫求弟一札奉謁，誼不能辭。未知曾到否？』（《文集》册七，《上圖稿本》第四四册，第一〇二—一〇四頁）

按：《南日小紀》，曹學佺爲之序，見《石倉文稿》卷之《淼軒》。《南澳小紀》未見他書著録。

又按：此書陳述蒼頭陳亮行爲不端被逐，請安國賢勿爲其所欺。文繁，不備録。

作《與趙父母》：『草野編氓，老而無述，向蒙寵召鄉飲……不肖一兒一孤，俱忝青衿。小孫鍾震，曾受門墻，知已叨入棘試，而豚子延壽入籍府庠，昨應試遺才，但人衆額狹，倘無甄拔，必落孫山，不揣僭求鼎吕先達吴太公祖列名送道，並祈力薦于宗師收之桑榆，愚父子頂戴高厚寧有涯量。豚子向受業于敝友陳元綸，兼托陳友代申鄙情。』（《文集》册七，《上圖稿本》第四四册，第一〇四—一〇五頁）

按：趙珽，侯官縣知縣。已見前。

作《題扇寄雪關禪師》（詩佚，題筆者所擬）。

按：詳下條。

作《寄雪關禪師》：『㘞客歲浪遊建州，自夏徂冬，與詹月如令君把臂歡甚……雪峰爲敝閩第一道場，佛殿依舊莊嚴，枯木依舊不壞，難提塔依舊鞏固，藍田莊依舊收獲，惟是二百年來緇流不守戒律，習以成風。自大師隨喜之後，金針一撥，眯眼頓開。如允中上人者，向遵清規，有志向往，願將所分之産，盡入常住，發誓有年。兹特躬迎法駕，賁止是山，俾金輪開轉，佛日重輝。八百年既湮宗風，一朝振起，不獨有造于雪峰，即吾閩居士學人，無不舉手而加額矣。伏惟慨然臨況，寔所殷望也。肅此修候，晤言不遠。臨楮依依。詩扇附寄。』（《文集》册七，《上圖稿本》第四四册，第一〇五—一〇六頁）

按：此書賀雪關住持雪峰寺。

作《寄陳上珍孝廉》：『客歲浪遊名郡，傾蓋平生，兼辱多儀稠疊……近閱邸報，知台丈與雷氏有墳山之争，報單只書王父母有申文，至今未得其詳。更傳台丈亦不免於兇手，其然豈其然乎？一聞斯耗，纍日彷徨。』（《文集》册七，《上圖稿本》第四四册，第一〇七頁）

按：陳上珍，建安孝廉。名郡，指建州。此書言陳氏困墳山之争涉官司。

作《與周章甫》：『日來與兄晤言，輒聞不平。賢昆舊事，諸友叢集，未敢直言相勸。弟與兄論交三十餘載，忝有通家之誼，而賢昆諸事，亦頗周知。兄自做秀才時，謙抑温恭，事兄如父，弟愛之重之，非一日矣。兹以小忿，遂致參商，似乎不雅。況已登第，寔足亢宗，皆祖宗數百年積德，始陶鑄出一箇進士，豈容易致身哉！即兄弟稍藉餘庇，不爲過舉。如李能之販私鹽，雖小人惟利是圖，亦是尊家與之合謀，贓未現獲，便可以已。乃至告之不休，置賢昆體面於何地？李能何足惜？所惜者，外議自縉紳士庶，無不謂兄之不能相容也。至於重頂徵租一節，欲須告示，曉諭鄉農，在兄以遵老伯家訓，不宜科尅小民是已。然此示一出，則賢昆之體面，又盡喪矣。倘賢昆有所不當爲之事，須宛詞以勸止之，或托親友以開導之，於計未爲左也。乃形之筆札，不反令旁人之竊笑哉！兄胸中五經爛熟……且長兄七十有三，次兄、三兄皆已週甲。古詩云：「一回相見一回老，能得幾時爲弟兄。」此言宜細繹之。先正葉椿石公兄弟五人，公居其叔，嘗自言曰：「兄所不欲我者，不敢施諸弟；弟所不欲我者，不敢施諸兄。」𤊹曾舉二言白之林楚石公，楚石爲葉公立《孝友傳》于《郡志》。𤊹兄弟三人，身居其次，嘗佩服葉公之言。今愚兄弟不幸先逝，𤊹庶幾可以無憾矣。近來朝廷納諫如流，凡人皆抗疏，不揣敢效忠告。兄滿腹文章，滿腹經綸，願兄學古人行徑，以養和平之福。伏惟垂聽，至禱。』（《文集》册七，《上圖稿本》第四四册，第一〇七—一一一頁）

按：葉椿石，即葉廷萃，字允升，侯官人。嘉靖二十二年（一五四三）鄉薦，官至南京工部郎中。喻政《福州府志》卷六十《人文志·孝友傳》有傳。

又按：此篇爲尺牘中較長的一篇，言周之夔兄弟不和，周圍諸友無人不知，而未有出面相勸者。徐𤊹說，與周之夔論交三十餘年，有通家之誼，不能不勸。

又按：自《與王元壽》至《與周章甫》可以斷定作於是歲，時間大約在漳州未能成行之後一兩個月間。

六月，二十二日，有書致汪桂並延壽《武夷遊草》。又致書詹兆恒，談《甌寧學宫碑記》事。致書原古田知縣、今高唐守楊德周，言今歲米貴如珠，古田幾釀大變；發來一金，委印《閩南唐雅》，可印十六部。

作《寄汪仙友》：『客冬郭、彭二丈還楚，僭附一函奉候，想不浮沉。松野期今夏再抵敝閩，竟爾杳然，何耶……小豚荷盻睞有加，感刻曷已。舊歲武夷之遊，劣成《遊草》，附呈教正。一致松野，一致宗之，總不堪捧腹耳……丙子季夏廿二日。』（《文集》册七，《上圖稿本》第四四册，第一一二頁）

作《復詹月如》：『憶去歲此時，屢侍父臺丹青閣上，飛觴黄華，喁顛坐月，人生極樂，何可云喻。詎流光易邁，不覺一週……承大刻并《學宫碑記》，足占父臺薪槱作人至意。槐秋在即，登賢籲俊，則桃李盡在公門矣。役旋，先此奉復。計不日台駕與王老父母，聯鑣至省，入棘衡文，躬聆緒論，并叙闊悰。不一。』（《文集》册七，《上圖稿本》第四四册，第一一五——一一六頁）

按：『槐秋在即』，當尚在季夏。去歲此時，作有《詹月如令君招遊丹青閣避暑，同王馬石令君賦》等詩，參見去歲。

作《復楊南仲》：『建州僧寺，信宿爲别，荏苒已踰周星……當今流寇滿天下，閩省差爲偷安，不意今歲米貴如珠，古田産米之地，民竟枵腹嗷嗷，幾釀大變。而今而後，始知老父母數年在任，群黎百姓獲衽席之安爲多也。承委《唐雅》，發來一金，可印十六部，使者行迫，弗及裝釘耳。費父母實心實政，允稱神明，一旦含沙射影，遂掛吏議，合郡爲之不平……三山鄉紳俱無恙，惟陳四游去夏已作古人矣。小兒、小孫，雖叨應試，只是逐隊踏槐。』（《文集》册七，《上圖稿本》第四四册，第一一六——一一七頁）

按：楊德周去歲由古田令出守高唐，故曰『荏苒已踰周星』。

又按：《唐雅》，即《閩南唐雅》，徐𤊹編，費道用、楊德周補。費父母，即費道用，福清知縣。

又按：延壽最終未入闈。

夏，題石磐所撰《菊徑漫談》。

題《菊徑漫談》：『石公《漫談》，乃熟二十一朝之史。而事事翻案立論，有（稗）［裨］於史學者也。近修郡志，列公於《循良傳》，不談及公淹博，似未盡公之生平。且此書傳於世甚少，惜哉。崇禎丙子夏，後學徐𤊹識。』（馬泰來整理《新輯紅雨樓題記　徐氏家藏書目》第一〇六頁）

按：《菊徑漫談》，明石磐撰。萬曆刊本。

又按：石盤（一五一七—一六一〇），字民漸，字董溪，嘉靖二十五年（一五四六）舉人，長樂人。

七月，爲鄭善夫全集作序。有書致南居益，言南氏曾爲刻《鼇峰集》，未刻完，後已刻全。

作《鄭少谷先生全集序》：『吾郡自洪、永間十子稱詩，崛起草昧，力追正始。百餘年間，則鄭繼之先生布侯海內，與李、何、邊、薛諸公分鑣而馳，一意步趨浣花，得其神骨，譚藝之士推爲盛明正宗，先生詩名不脛而走矣。先生壽不永，遺稿散落，汪福州希周拾詩若文，刻之郡齋，歲久寖漶。萬曆初，先生外孫林少司空督學東粵時，重刻於潮陽。又三十年，鄧觀察汝高稍刪汰其詩授梓，而文則未遑焉。汝高已化，版藏家塾，近罹鬱攸之禍，悉付煨燼。汝高仲子道協僑居金陵，謀爲重鐫，甚盛心也；昔曾以展墓過家，與予商榷今古。予性喜蓄書，漁獵先輩遺文，如獲重寶。先伯氏惟和曾得少谷《雜著》一種，予得《經世要談》一卷、遺詩一卷、遺文數十篇、尺牘數十幅，皆先生手録者，乃盡授道協，彙爲全集。方事剞劂，而道協告逝。友人鄭章甫官南户曹，遂捐俸踵成之，而先生雜著種種，未及纂入。邵觀察肇復以爲斷金殘璧安可輕棄，因補而續焉。噫！先生殁已百年，其片楮隻字，人争珍惜，至於今日神物復合，豈偶然哉！肇復又采輯先生同時贈答、哀挽及墓碑、詩話諸篇，附之於後，先生之能事畢矣。夫先生弱冠登朝，位非言責，乃抗疏闕廷，濱死者九。其風裁行誼，超越時流，且好遊名山，所交非海内賢豪長者，不與晋接。著書立言，窮乾坤象數之變，察車服制度之微。使天假之以年，其造就寧止於斯耶？嗚呼！先生亦宇内一異人矣，論世者毋徒以詩文概先生可也。崇禎丙子立秋日，同邑後學徐𤊹興公謹撰。』（《鄭少谷先生全集》，明邵捷春輯，崇禎九年鄭奎光刊本；馬泰來整理《新輯紅雨樓題記　徐氏家藏書目》，第一五八頁）

按：《鄭少谷先生全集》，明鄭善夫撰。崇禎刊本。

又按：汪文盛（一四八二—一五四一），字希周，湖廣崇陽人。正德六年（一五一一）進士，嘉靖元年（一五二二）爲福州知府。有《節愛汪府君詩集》。

又按：林如楚（一五四三—一六二三），字道堯，一字道茂，號碧麓，侯官人。嘉靖四十四年（一五六五）進士，官至工部侍郎，其母爲鄭善夫女。有《碧麓堂集》。曹學佺選其詩入《石倉十二代詩選》。

又按：此本尚有孫昌裔、曹學佺、邵捷春序。

又按：邵捷春有《讀鄭繼之先生集》六首（《劍津集》卷四），亦前後作。

又按：參見萬曆三十五年（一六〇七）。

作《寄南大司農》(詩佚，題筆者所擬)。

按：詳下條。

作《寄南二大司農》：『福星離閩天十有二載，每登九仙之山拜謁老恩臺肖像，儼然挹山斗之光，讀《平夷穹碑》，豐功偉伐，真與《燕然》并峙。某自識事以來，五十年間，填撫八閩，代不乏賢，求如老恩臺者，屈指無雙……今上己巳之歲，老恩臺晉大司農，曾修一緘奉候，并侑詩扇菲儀，書郵抵京，而台旌已返華山之陽，原緘携歸，今又八載……漫賦小詩題之扇頭，聊見遠意。己巳之札并拙作尚存篋中，兹并寄呈……小集業已梓完，華州鄧守差役，孤身不能携挈，尚容嗣呈記曹……丙子初秋日。』(《文集》册七，《上圖稿本》第四四册，第一一三—一一五頁)

按：五十年間，撫閩者不知幾人，而於興公之恩，無人可出南居益之右，確非諛詞。

七月，曹學佺同王志道來訪。王志道聞興公徐藏書甚富，故往觀；有詩紀其事，曹學佺有和詩，言與興公交誼甚深，乖離兩日便覺疏失。與王志道遊鼓山。

作《曹能始同王而弘見訪》(詩佚，題筆者所擬)。

曹學佺《同王而弘集芝山草亭，次訪徐興公鼇峰別業，和其來作》：『與公交誼更誰如，兩日乖離便覺疏。得上半山猶曰境，過從良友豈因書。興公家藏甚富，客到必問之。寺名合并靈芝字，靈、芝二山名，今俱并入開元。余小構亭，乃靈山地。樓勢迢遥大西居。莫謂置身凉爽處，四郊凝望轉愁予。時久不雨。』(《西峰六三草》)

按：『半山猶曰境』，興公家于山半山，猶屬『鼇峰境』。

又按：曹學佺前二首《喜雨呈太守吴公》有『秋山添翠色』之句，知已入秋。

又按：曹學佺《而弘、興公遊鼓山，予病不赴，訊覺禪師》(《西峰六三草》)。

八月，有書致馮夢龍，並爲作其詩作序。陳正學父卒，唁之。致書張燮，言次黄道周題萬石山詩韻事。茅元儀贈《甲戌》《西峰》《野航》《南樞》諸集，有書答之。

作《寄馮壽寧》：『客臘辱賜腆儀，某尚客武夷，未遑裁答。今春始作報章，想父臺能諒野人於形骸之外也。憶去歲此時，正在建州傾倒，忽忽周星，言念雅情，曷勝瞻注。承委作序，某何人斯，敢於着穢，然嚮往鄙私，積有歲年，漫成一篇，請正。幸祈痛加改削，庶不爲佳集之玷。鴻便□此修候。諸容嗣布不盡。』(《文集》册七，《上圖稿本》第四四册，第一一八頁)

按：今春報章，即三月所作《寄馮壽寧》。爲馮夢龍作序，見下條。

作《壽寧馮父母詩序》：『吴門馮猶龍先生，博綜墳素[索]，多著述。早歲治《春秋》，有《行庫集》，海内經生傳誦之。又輯《續智囊》《古今談概》，搜羅奇事韻事，不遺餘力。小説家即古之臨淄、今之成都，莫啻過焉。予聞先生名且久，竟孤一識面。昨歲浪遊建州，而先生新拜壽寧令，赴大府期會，彼此投刺，交相重而交相賞也。先生深于詩，已行於世者，無不膾炙人口。兹治壽寧，則又成《吟稿》一卷。蓋壽寧爲建屬邑，界萬山中，峰巒峭蒨，灘水潺㵽，最稱僻壤。景皇帝時，始設縣治。厥土惟瘠，厥賦下下，民馴有太古風。令早起，坐堂皇，理錢穀簿書，一刻可了。退食之暇，不丹鉛著書，則撚鬚吟咏。計閩中五十七邑，令之閑，無踰先生；而令之文，亦無踰先生者。顧先生雖耽詩乎！而百端苦心，政平訟理，又超於五十七邑之殿最也。昔子游宰武城，夫子以牛刀笑之。夫[以]先生之才，屈而長壽寧，譬之昆吾利器，用切蟣肝，安所展其鋒刃？雖然，寧邑新創，文獻莫徵，甚于杞宋，乃借先生如椽之筆，一一咏題，則山增而高，水增而深。邑不能爲令重，而令寔爲邑重，侈矣！《禮經》云：「温柔敦厚，《詩》教也；屬詞比事，《春秋》教也。」先生既治《春秋》，而又工詩，揚子雲有言曰：「捨舟航而濟乎瀆，末矣；捨五經而濟乎道，末矣。」先生推此二者以治民，其於道庶幾乎！寧四聲之不朽云乎哉！崇禎丙子中秋，鄰治民徐𤊹撰。』（《文集》册一，《上圖稿本》第四二册，第二六——二八頁）

按：馮猶龍，即馮夢龍。《吟稿》，即《遊閩吟》，見三月所作《寄馮壽寧》[一]。

又按：參見上歲。

又按：此條言壽寧在閩省五十七邑中，設縣甚晚，人口稀少，土地貧瘠，厥賦下下，而政績則爲五十七邑中殿最。縣令料理之事無多，故馮氏頗有閑暇著書吟詩，是其《吟稿》所由作也。

作《唁陳貞鉉》：『客自清漳來，知尊公厭世而仙……薄具一香於尊公靈次，愧不成禮也。豚兒《武夷草》求正。』（《文集》册七，《上圖稿本》第四四册，第一一八——一一九頁）

[一] 崇禎七年（一六三四）八月十一日，吴縣籍長洲人馮夢龍任福建壽寧知縣。徐𤊹在建州和他見過一面，作《贈壽寧馮猶龍令君》一詩；别後作二書牘，同題爲《寄馮壽寧》；一序，即《壽寧馮父母詩序》。徐、馮見面之前，已經相互傾倒。天啓元年（一六二一），馮夢龍輯選《情史類略》，各則均未注明出處，其中卷十三『情憾類』《張紅橋》《張璧娘》兩則實出自徐𤊹《榕陰新檢》卷十五『幽期』類，祇不過《張紅橋》題作《紅橋倡和》，《張璧娘》題作《烏山幽會》，故事情節完全相同，文字很少異文。《榕陰新檢》，萬曆三十四年（一六〇六），徐𤊹訪曹學佺，自金陵過新都（今安徽新安），吴騰蛟爲刻此書並爲之序。《榕陰新檢》一書十六卷，説部，多引用他書，分門别類，故引起馮夢龍關注。《榕陰新檢》引書，均注明出處，與《情史類略》不同。

按：陳貞鉉，即陳正學。萬曆三十一年（一六〇三），興公訪漳結識正學。

又按：此書與下書《答張紹和》同時作，張紹科爲書郵者，參見十一月。

作《題萬石山，次黄太史韻》（詩佚，題筆者所擬）。

按：曹學佺《大明一統名勝志·福建》卷六《漳州府·龍溪縣》：『（丹霞山）又五里爲南巖山，上多怪石……（虎硿巖）南有蝙蝠洞，洞口有萬石室。』

黄道周有《汰沃卜居萬石，余因之欲住雲洞，冬日同過石室，携凱甫記將勒寺中，共用通、關二字》，其一：『倦翮詎能穩，征途適未窮。麋群新接徑，鴻爪舊書空。選石安奇字，綳巢試鬼工。未應疑客子，穿竇與雲通。』其二：『徂盟安可締，鶴夢惘相關。枕漱頻刊誤，風飄偶就閒。天隨月滿半，人共鳥迴還。拳勺吾堪老，何須方外山。』（張燮《重游石室，同黄幼玄賦，共用關、通二字》附，張燮《群玉樓集》卷十二）

黄道周有《開萬石諸洞，有懷凱甫，呈汰沃先生二首》，其一：『繚桂思公子，搴蘿畏若人。何圖二酉出，近與三茆鄰。石綻長疑髓，山愚别有神。相將問禽慶，婚宦幾時親。』其二：『一丘亦物禁，絶壑爲誰開。宛委崇朝合，靈威白日來。笙寒駕鶴嶠，鳥盡呼鷹臺。猶憶幔亭上，鈎梯共幾迴。』（《黄幼玄來駐山中，共開諸洞，有懷先凱二詩見貽，輒用來韻》附，張燮《群玉樓集》卷十二）

按：黄道周萬石山詩有兩組，興公詩不存，不知次韻何組。

作《答張紹和》：『去歲弟客建州九閱月，承兄兩貽書皆未得報。追思十二年前，同送南中丞，文酒相歡，真成隔世。人生□老，念之可驚。見索《萬石山詩》，不覯《山記》，不能落筆。烴叔至，始出相示，漫次黄太史韻，深愧續貂也。初擬□章岵梅公祖借榻舒節居，可得少日周旋，今徒托夢遊耳。豚兒《武夷草》附正。不堪凱仙作僕，一笑可也。餘不一一。中秋廿日。』（《文集》册七，《上圖稿本》第四四册，第一一九頁）

按：于建州送南居益，詳天啓五年（一六二五）。

又按：黄太史，即黄道周。

又按：凱仙，即張燮子于壘，字凱甫，編有《山志》，卒時年十八；于壘遊武夷，多有撰述。

作《答茅止生》：『客歲浪遊建州，淹留一載，彈鋏空歌車魚，寥寂歸來，臘盡矣。從葉機仲處拜讀瑶函，且辱君宗之詩，弟何人斯，敢厠「五君」之後，且愧且感。近又從林懋禮處得新刻《甲戌》《西峰》《野航》《南掘》諸撰，不獨經濟爲國家之城，即胸中武庫亦非近世所可媲也。方今虜破□□，京師危若纍卵，以翁臺韜鈐素熟，可安坐留都乎？名王授首，廓清虜塵，非屬翁臺更誰屬乎？豚兒去歲侍弟于建州，僭賦二詩呈贈，寄至西峰，而台旌已發矣，兹並《武夷草》附正。小子無知，妄意千古。惟知己笑置之。先墓求大作表揚，百世之感。至禱，至禱！八月廿六日。』（《文集》册七，《上圖稿本》第四四册，第一二〇—一二一頁）

九月，初一日，致書張燮，以爲歲月不居，《霏雲居三集》應速圖之。與曹學佺、應皋、朱成之、黄瀓之、鄭龍正、高景、陳鴻、周之夔、林寵、陳肇曾等集龍首亭。初九日，致寧化吴一欽，言古田魏生克繩善丹青之技，將挾此技遊貴邑以餬其口；隨後又致一書，薦張君材。又致前福建布政使張明正之孫張君材，言張明正從祀名宦祠之事。二十二日，同安楊宗玉年六十，有壽詩，並致書。又致袁熙臺民部，言邊境告急，胡騎繹騷，四方徵兵，苦無寧日，不可高卧東山。晦日，又與曹學佺、宋山君、揭元玉、黄瀓之、鄭龍正、高景、陳衎、林寵、陳肇曾等集補山寺送秋。

作《寄張紹和》：『熞叔回，附寄《題萬石山》詩，想徹記曹。豚兒無入闈，讀《山記》，亦效颦一首，奉呈。適聞京師虜警，勸兄勿出山，又與拙作相矛盾矣。世事如此，所謂邦無道，則□之時也。王東老諸郎君及君鼎父子、子雲、國器、敝鄉能始諸同社子弟，無一中程者，殊可怪也。兄又梓《霏雲三集》，不朽盛事，惟速圖之。弟老人光景無多，願早見耳。餘容嗣布。九月朔日。』（《文集》册七，《上圖稿本》第四四册，第一二一頁）

按：《題萬石山》，即《題萬石山，次黄太史韻》，見八月。

又按：張燮有《霏雲居集》《霏雲居續集》。四五年後，張燮卒，《霏雲居三集》始終未刻。

作《與曹能始、應仲鵠、朱成之、黄帥先、鄭肇中、高景倩、陳叔度、周章甫、林異卿、陳昌基社集龍首亭，聞捷志喜，兼贈西寧小侯、宋山君軍正，共用青字》（詩佚，題筆者所擬）。

曹學佺有《社集龍首亭，聞捷志喜，兼贈西寧小侯、宋山君軍正，共用青字，客爲應仲鵠、朱成之、黄帥先、鄭肇中、徐興公、高景倩、陳叔度、周章甫、林異卿、陳昌基》：『層階古木叩禪扃，龍首峰高有此亭。自是風流三語掾，媿無供具五侯鯖。捷書日下聞消息，長嘯空中入窈冥。纖翳不留皇路泰，依然雲白與山青。』（《西峰六三草》）

作《寄吴希堯》：『奉别顔色者十五年……弟馬齒已望七袠，衰頽不可言，惟吟詩之興，尚未蕭索耳。古田魏生克繩，敝通家也。善丹青之技，而花卉猶其擅場，［直］歲荒歉，將挾此技遊貴邑以餬其口，

計惟仁兄齒□餘論，能吹人上天，不揣爲之紹介……重九日。』(《文集》册七，《上圖稿本》第四四册，第一二二一—一二二二頁)

按：吴一欽，字希堯，寧化人。曾梓鄭文寶《江表志》《南唐近事》。

又按：以下二書，疑與此書作時接近，附於其後。

作《與張君材》：『令祖太公祖，德政在閩，今□崇祀，允協輿情，愧鄙言戔戔，不足揄揚萬一，聊爾塞命。須求曹尊老一言爲重耳。寧化有吴君，諱一欽，字希堯，與弟交最歡。今附一函，爲丈介紹。』(《文集》册七，《上圖稿本》第四四册，第六四頁)

按：張君材，福建布政使張明正之孫，華亭(今上海)人。

又按：附一函，見下條。

作《寄吴希堯》：『三山九龍，相隔千里，奉别顔色，歲月彌深，然八行往返不疎……前歲承賢郎枉顧，匆匆言别，未及款留……華亭張君材，爲前方伯公漸山公之孫。方伯萬曆間長閩藩，大有德政于閩，諸鄉紳父老爲舉名宦崇祀矣。今抵貴邑訪署印某公，必下榻爲平原歡，凡有所商，幸乞指教。』(《文集》册七，《上圖稿本》第四四册，第六四—六五頁)

按：張明正，字漸山，華亭人。嘉靖四十四年(一五六五)進士。萬曆間爲福建左布政使。

作《楊能玄先生六十壽》(詩佚，題筆者所擬)。

按：詳下條。

作《答楊能玄》：『别後魚腹斷絶者數載，忽捧瑶翰，寔獲我心。兄今年正六十……弟馬齒加兄七歲，

崇禎九年丙子(一六三六)　六十七歲

婆娑如老樹，無復生意。兒孫雖業制舉，而碌碌不能振拔，逐隊觀場，何益于吾老境耶？承委壽言，漫成小律，以當蟠桃一顆，烏足爲重，聊付一粲可耳。豚兒小刻，附呈……九月廿二日。』（《文集》册七，《上圖稿本》第四四册，第一二二—一二三頁）

作《答袁熙臺民部》：『客臘趨武夷，送張直指公歸，過潭城，税駕開福禪［庵］。應沈父母之招，但一信宿，擬覿色笑，少叙闊懷，以歲暮倉卒，不能久淹，即買棹東下……令弟至時，值場事匆匆，情禮未伸。此月稍可優遊，爲東籬採菊之會。乃叔照兄老病委頓，不得不歸耳。方今邊警告急，胡騎繹騷，四方徵兵，苦無寧日，朝廷有肘腋之患。台翁高卧東山，能無着鞭渡江之想乎？㑹將卜武夷爲終老計，未審得遂此願否？』（《文集》册七，《上圖稿本》第四四册，第一二三—一二四頁）

按：東籬採菊，在九月。

作《九月晦日，社集補山寺送秋，共用十二侵韻，五言排律，同賦者曹能始、宋山君、揭元玉、黄帥先、鄭肇中、高景倩、陳磐生、林異卿、陳昌箕》（詩佚，題筆者所擬）。

曹學佺有《九月晦日，社集補山寺送秋，共用十二侵韻，五言排律，同賦者宋山君、揭元玉、黄帥先、鄭肇中、徐興公、高景倩、陳磐生、林異卿、陳昌箕，時肇中、昌箕北上，躊躇未果，末以勖之》：『玄冥一以降，白社此招尋。山闕容蕭寺，秋殘鎖密林。塔中群吹集，衣際薄寒侵。宋玉悲將輟，陶公醉幾深。六時蓮作漏，雙鬢菊盈簪。客憶燕關信，誰忘魏闕心。彈冠憐貢禹，草檄問陳琳。莫限江南北，鴻來寄好音。』（《西峰六三草》）

十月，同曹學佺看菊，兼送甌寧知縣詹兆恒入覲。曹學佺有詩，疑興公亦有作。九日，致書楊以翼，言强虜闖入内地，京師戒嚴；閩郡米貴如珠，莆、泉孔道，白日劫商。又致崔世召，言山海以是益不寧，當道無策；謀隱武夷，擇一處田園，須百金，而年收子粒僅廿金，空囊莫辦。

作《同曹學佺小軒月夜看菊，兼送詹仲常入覲》（詩佚，題筆者所擬）。

曹學佺有《小軒月夜，同徐興公看菊，兼送詹仲常入覲》：『月色連宵故故明，亭前聚首復長征。已看竹節從來直，漫説籬花晚始榮。霜候何曾知朔氣，王程惟有問邊聲。昔人尚不憂河北，似畏朝中水火情。』（《西峰六三草》）

作《答楊以翼》：『强虜闖入内地，京師戒嚴，流寇充斥江以北，民不聊生。吾閩差爲偷安，而今歲米貴如珠，莆、泉孔道，白日劫商，時事艱危，可勝浩嘆。聞貴邑有賑飢之事，并屬仁兄力任，比齋僧佞佛，更爲利益，活人陰德，天必厚報也。陳昌箕正乏資斧，承留念贈以路費，高誼可薄雲天。昌箕有心人，不敢忘明德耳……不日同昌箕至建州，歸當歲暮，或［順］途訪王父母，則把臂有期矣。諸容嗣布。不一。十月九日。』（《文集》册七，《上圖稿本》第四四册，第一二四—一二五頁）

按：因鍾震病，興公欲往建溪而未能成行，參見十二月《答王東里》。

作《答崔徵仲》：『虜警頻仍，中丞、兵憲督師入援，此非太平景象。江北一帶，黄巾擾動，而吾閩差爲偷安，苦今歲米貴如珠，興化連泉州一路，白晝劫商。頃承示，寧陽亦有此異，天下從此多事矣。垂老之年，何處可避，弟欲謀隱武夷，擇一處田園幽奥，須百金可購。年收子粒廿金，又屋可居，弟空囊莫辦，爲之奈何！緬想兄秋谷絶勝，［可］以終老，羨之，羨之！《廿一史》，南京板不甚善，一時難［覓］，容覓得奉報。《樊宗師集》領悉。諸容嗣布。十月初九日。』（《文集》册七，《上圖稿本》第四

四册，第一二二五—一二二六頁）

按：寧陽，今寧德市。秋谷，在寧等城遵化門外，崔世召别業。

十月，有書致陶光庠，言曹學佺先了《明詩選》，明歲欲選明文。又作書、詩致嚴次公，作《嚴次公母壽文》。

作《答陶嗣養》：『棘闈前後，匆匆握手……今歲貴郡鄉薦爲盛，獨仁兄落格，總需來科，未晚也。客來，承手教，且拜董籠之惠，老人畏寒，得此自煖矣。别諭已商之曹公，方今先了《詩選》，明歲欲選《明文》，則當奉邀校讎，兹尚未敢定也。弟擬仲冬摳謁顧道遵，相見依邇，不多及。』（《文集》册七，《上圖稿本》第四四册，第一二二六—一二二七頁）

按：此書作于仲冬之前。

作《爲嚴次公題贈其母》（詩佚，題筆者所擬）。

按：參見下《答嚴次公》書。

曹學佺有《爲嚴次公題贈其母》：『父書真可讀，母訓復相成。藉此功交進，方能有令名。苕溪流玉潔，弁嶺接簪纓。他日修彤琯，應爲女史榮。』（《西峰六三草》）

按：《曹譜》此詩繫於十月。

邵捷春有《贈嚴母》：『朝來瑞氣靄華堂，花甲新週鬢未霜。一領皋比曾共擁，十年熊膽已親嘗。西池宴啓春秋盛，南斗星臨歲月長。列鼎不愁遲暮日，漢家嚴助本賢良。』（《劍津集》卷六）

作《嚴次公母壽文》（文佚，題筆者所擬）。

按：詳下條。

作《答嚴次公》：『海澨野人，老無比數……乃辱高賢先題尺牘，問我窮愁，聲［氣］應求，肝膽畢照……初從鄭爾調處，辱管城蘇箑之惠；繼從謝彥安處，復拜種種文房之珍，披誦傑作，穆如清風，齒牙俱馥，側聞驪駒在道，無繇摯維，漫成小律，題之畫幅，以當衰柳半枝。僭具小稿雜著，并侑菲儀，統祈笑置爲幸。日者，萬建侯命撰尊太夫人《壽文》，業已書之縑端。』（《文集》册七，《上圖稿本》第四四册，第一二七—一二八頁）

十一月，兩致書王志道，討論《水經註》版本，以爲朱謀㙔宗侯《水經註箋》，較之舊刻尤精詳；又言文集十數册尚未刻劂。致書何模，言擬遊章貢，同社諸友以爲不宜冒霜雪，遂止，然無衣以卒歲。又致書陳正學，言年來貧甚，不得不糊口四方。又致書章酉生工部，言年來多病，雙足蹣跚，展卷什三，伏枕什七，老態龍鍾。

作《寄王東里》：『十年闊别，一旦聚首，且追隨於涌泉、喝水間……佳咏紀遊，想已載筆，幸乞惠教，扁之法堂，用垂不朽。望之，望之！《水經註》金陵板，方子及作序者無處可覓，惟㷇所儲豫章朱鬱儀宗侯《註箋》，較之舊刻尤精詳，而無訛誤也。更歲段一事批行，未幾督兵去，藩伯拮据兵餉，未遑及此，近始托曹能始書達藩伯中。』（《文集》册七，《上圖稿本》第四四册，第一二八—一二九頁）

按：潘伯，即潘曾紘。

又按：方子及，即方沆，莆田人。

作《又［寄王東里］》：『不肖某舊歲薄遊建州，承解司理情禮篤摯……不肖尚欲重遊，以爲卒歲之資。惟是顧道尊夙擅風雅，且虛懷禮士，未有先容，不敢唐突。知台翁素與相厚，望借吹噓，因便晋謁。拙詩已蒙南開府授梓，尚有拙文十數册，年已衰朽，無力殺青，必藉當道寵靈，行之書坊刻劂，庶幾不孤生平苦心，惟台翁賜一函，即覓便鴻寄下。某候此而後發棹，以中旬前後爲期，幸毋惜齒牙［餘］論。』（《文集》册七，《上圖稿本》第四四册，第一二九—一三〇頁）

按：詩集，即《鼇峰集》，二十八卷。至崇禎九年（一六三六），文集計已十數册，徐𤊹卒於崇禎十五年（一六四二），中間還有六七年時間，估計文集有二十册以上。晚歲，𤊹爲文集刊刻再三再四求人，終無結局。

作《寄何平子》：『秋仲把臂，尚擬文駕再涖三山，詎意大才晚成，留作後科解首……弟老而無似，閉户寡出。然年來苦貧，莫能支持，將束裝爲章貢之遊，稍稍餬口，乃同社諸友謂弟衰殘之時，安可冒犯霜雪，獨行數千里，勸初春長發，令姑緩之。惟是無衣卒歲，又不勝愁絶耳。豫章王仲美，弟舊知也，才情楚楚毋論已，蓋向至霞中，受仁兄惠愛［優］渥，盛稱明德不去口，兹重遊彈鋏，必仗賢地主周旋之力……歲云暮矣，令兄先生尚未歸乎？爲弟一致嚮往。餘情縷縷，筆未能罄。丙子冬至。』（《文集》册七，《上圖稿本》第四四册，第一三〇—一三一頁）

按：何模之兄何楷，已見前。

又按：冬至，十一月二十五日。

作《寄陳貞鉉弔》：『秋仲，張煜叔還漳，寄一函奉唁……弟年來貧甚，家食無計，不得不糊口四方，擬訪章岵梅公祖，又值丁艱以去。目下將爲虔州之遊，又逼歲暮，且□資斧，趑趄未果也。江右王仲美與弟舊交，向至霞中，辱仁兄盛情有加……兹復重遊，必藉賢地主爲之周旋，惟平子氣誼千古，可以相托……丙子冬至。』(《文集》册七，《上圖稿本》第四四册，第一三一—一三二頁)

作《答章酉生工部》：『不肖㓕落拓無能，自甘草木同腐。向者不腆閩邦，借重福星照臨……近者，張能因孝廉處拜瑶函，見及奬許過情，㓕何人斯，乃蒙老公祖胸臆不忘……仰承台命，敢不飛渡苕川，飫領宏誨，一以述何公去後之思，一以窺中郎帳中之秘。惟是年來多病，雙足蹣跚，展卷什三，伏枕什七，老態龍(種)[鍾]，弗任舟車之勞，有負老公祖惓惓至意，爲之奈何！』(《文集》册七，《上圖稿本》第四四册，第一三三—一三四頁)

按：此書列于《寄陳貞鉉》書之後，附繫於此。

十二月，二十三日，漳州張燮兩致書，答之，大意爲王志道讓興公勸張燮蜚遯，興公婉而諷之；言有文二十卷，擬于明年初春往建州謀刻文集。同日，又致書王志道，言擬爲建州遊，緣鍾震抱病且篤，不敢出門。其間，所積書爲人盗去甚夥。

作致某人札(缺題)：『(上缺)歲序易淹……初冬，詹月如父母垂顧，盤桓兩晝夜，談及佳集，業已作序，則殺青有日矣。小言戔戔，安敢僭爲着穢耶！鴻便希乞垂教。並惠舊刻一部，蓋曹能始先生方選國朝詩，嵩候大篇壓卷。辰下正梓及貴郡名公，幸即寄下，以慰飢渴。役旋，草草附謝。』(《文集》册四，《上圖稿本》第四三册，第二頁)

按：此書缺受書人名及郡邑俟考。大意述爲其集作序事。

又按：與詹兆恒盤桓，見十月。

作《答張紹和》：『歲杪兩得兄書，乃王東里使者携至。命弟改蜚遯末段，敢不如命。但有一笑話，敬述左右：吾鄉有少年，獨行山中，遇一老嫗，同坐談洽間，遂用情語挑之。老嫗大詬。少年曰：「阿婆毋怒，萬一阿婆有此興，又怪我不一問也。」嫗笑而遣之。弟前詩蹈少年行徑，今稍更之。兄宜毋怒耳。蘇州刻《名山遊記》，計六函，友人周章甫僅携一部歸。雖未能備，亦有可採處。此中一時莫購也。價不過二金上下。貴鄉有人遊吴，須托之……弟邇來貧極，乞東老薦書謁顧使君，東老許而未與。祈一慫慂。弟有拙文二十卷，雖不足觀，然欲於未死之年梓之。上元時節，便到建州謀此事耳。餘容嗣布。十二月廿三日。』（《文集》册四，《上圖稿本》第四三册，第二—三頁）

按：燮幼子于壘輯《山志》，未竟而卒，燮爲續之，故興公爲之提供《名山遊記》之資訊。

作《答王東里》：『别翁臺後，兀然枯坐。方擬爲建州遊，緣小孫抱病且篤，不敢出門。今幸無恙，而歲云暮矣。貧生家食弗給，不得不餬口他方。雅知顧使君風雅之宗，不可當吾世而失之。承許吹噓，日望削牘，兹卜上元前後買舟而行……秣陵余集生中丞，偶遊三山，凡前代名山道場，到處隨喜，而禪理精徹，於世諦澹然，海内現宰官身者，鮮有其倫。知翁臺素留心佛法，敢私布之，非諛言也。鼓山詩，閒中命侍史録教。至望，至望。丙子十二月廿三日。』（《文集》册四，《上圖稿本》第四三册，第四—五頁）

曹學佺《元日過徐興公即事》附注：『時興公所積書爲人盗去甚夥。』（《西峰六四草》）按：《六四詩集》作于丁丑（一六三七），元日所記積書被盗竊事必在本年十二月。參見下年。

是歲，徐熥《幔亭集》板舊藏蔣氏家塾，火灾，灰燼之餘，僅存十之三四。

徐鍾震《重刻〈幔亭集〉跋》：『其板舊置蔣氏家塾。丙子火灾，灰燼之餘，半爲群不逞搶掠，被時出贖帖，重價收回，益以林用始所收者見贈，尚不及十之三四。』(《雪樵文集》)

是歲，崔世召致政歸西谷。

詳曹學佺《賀連州守崔徵仲致政歸西谷序》(《西峰六三文》)。

是歲，衣服、器用、書籍，屢被盗；書共被盗去五六百册。

按：詳次歲元月。

崇禎十年丁丑（一六三七） 六十八歲

曹學佺六十四歲，林古度五十八歲，徐鍾震二十八歲，徐延壽二十四歲

正月，元日，曹學佺過訪，作詩慰其積書被盜；曹氏以爲出門干謁，於貧無補。初八日，陪曹學佺龍首亭，招應喜臣侍御。十七日，與曹學佺、陳鴻等社集龍首亭，邀西江黄元常及諸同社。致書李埈，言書籍被盜五六百册，包括李氏所贈二十一種，訟之官，竟不能獲；李氏托抄元袁桷《清容集》，轉致之。

作《元日，曹能始過訪山齋》（詩佚，題筆者所擬）。

曹學佺有《元日過徐興公即事》二首，其一：『去歲相過雨，兹晨喜霽臨。不知元旦食，但覺午時陰。荔瘁殘冰色，桐留未爨音。是何籬壁内，亦有妒書淫。時興公所積書爲人盜去甚夥。』其二：『子昨期出門，恐於貧無補。余雖蓄此念，未繇申一語。干謁向人誰，過從聊得主。亦罔恤其餘，陶陶酌春醑。』（《西峰六四草》）參見上年。

作《穀日，陪曹能始龍首亭，招應侍御元肱》（詩佚，題筆者所擬）。

曹學佺有《穀日，龍首亭招應侍御元肱徐興公陪》：『鷲嶺來乘使者驄，亭名龍首亦稱雄。觀風爲布王正令，祈歲還占帝穀豐。月已上弦侵澗白，江應如練吐霞紅。布衣承飲千秋事，太史書星德聚同。』（《西峰六四草》）

按：應侍御元肱，即應喜臣，字棐臣，後更名廷吉，慈溪（今屬浙江）人。崇禎元年（一六二八）進士，廷試一甲第二名。時爲福建巡按。有《青燐屑》。

又按：曹學佺《應元肱侍御〈曠閣集〉詩序》以爲元肱『古詩宗《選》體，律詩宗杜』（《西峰六七集文》）。

作《正月十七夜，曹能始携具龍首亭，共用燈字》（詩佚，題筆者所擬）。

曹學佺有《元夕後二日，社集黄元常龍首亭賦》：『客向雲邊集，山從寺裏登。遠峰皆吐霽，幽壑尚藏冰。白社修三雅，丹樓對幾層。林銜初缺月，市競欲殘燈。墅賭玄暉弈，房依惠遠僧。虎頭癡絶甚，龍首勢馮陵。散步芳春遍，清歌子夜仍。爲詢黄叔度，千頃底須澄。』（《西峰六四草》）

陳鴻有《正月十七夜，曹能始携具龍首亭，邀西江黄元常及諸同社，共用燈字》：『良夜猶堪賞，靈山膹可登。殿基云蟒伏，亭勢若龍升。折柬春招客，行厨午借僧。園陰依樹坐，檻峻怯風憑。名士來黄憲，高賢接李膺。桂觴寬酒禁，檀板緩歌徵。乍響堂前磬，將殘市上燈。歸來東岫月，漸減一痕冰。』（《秋室編》卷五）

作《寄李公起》：『弟去歲屢次被盜，屢失衣服器用，卒之無物，及乃書籍，共盜去五六百册，訟之官，竟不能獲。而翁丈所惠廿一種書，方裝釘新鮮，亦爲偷兒所有，良可痛恨。今亦不敢再求耳。直指應公稍聞賤名，折節下交，情禮篤摯，不肖寔于貴鄉有緣。近許使君有書見寄，弟約之爲普陀東道主，夏初送過直指君，始得出門，與翁丈把臂有期也。承命抄袁清容文，今附使君轉致。《清容集》有五十卷，此雖片鱗隻羽，亦是希世之寶，刻而行之，是在貴鄉好事者也。』（《文集》册七，《上圖稿本》第四四册，第一五七——一五八頁）

按：《清容集》，元袁桷撰。袁桷，字伯長，號清容居士，鄞縣（今寧波）人。

又按：興公三月到建州，淹留兩閲月而返，終未有浙東之行。

二月，過訪曹學佺，並與黄元常、曹學佺遊西湖。題許孚遠《大學述》。

作《與黄元常過訪曹能始，因遊西湖》（詩佚，題筆者所擬）。

曹學佺有《黄元常、徐興公見過，因遊西湖》：『兀坐齋頭對此君，閒遊率爾便爲群。許多烟景隨鶯住，强半春光與客分。久雨乍晴花盡放，易寒成暖酒微醺。墨池何處尋遺跡，大夢山前雜暮雲。』（《西峰六四草》）

題《大學述》：『敬庵許公開府閩中日，梓《大學古本》而述其旨，加惠後學。末附《答問》《支言》《雜著》三種。斯本初行者，故缺焉。他本則爲全書也。《支言》《雜著》更有三十葉尚俟抄補。崇禎丁丑仲春，徐興公書。』（馬泰來整理《新輯紅雨樓題記　徐氏家藏書目》，第七二—七三頁）

按：《大學述》，明許孚遠撰。萬曆刊本。

又按：許孚遠（一五三五—一六〇四），字孟中，號敬庵，浙江德清人。嘉靖四十一年（一五六二）進士。萬曆二十年（一五九二）擢右僉都御史，巡撫福建，二十二年（一五九四）陞南京大理寺卿。

三月，上巳，倪范直社西湖新亭。之建州，孫鍾震隨侍；曹學佺有詩送之，托興公致意顧元鏡。在建州，陳景宅父卒，唁之。致書許豸，言己性疎慢若嵇康，附贈《筆精》。楊德周寄《輿識隨筆》，答之。致書顔繼祖，述楊德周著述種種。

作《上巳日，倪柯古直社西湖新亭》（詩佚，題筆者所擬）。

曹學佺有《上巳日，倪柯古直社西湖新亭，分得六語韻》：『緬昔永和年，群英集蘭渚。未聞有雕峻，玄風惟澹泞。當其意會時，一往而莫禦。六合等秋毫，無分纖與巨。得魚信忘筌，乃足攀嵇呂。今胡獨不然，建立環丘堵。誠恐漓天真，惜哉誰爲語。因君弋古流，感慨復延佇。漫爾同人樂，宜然飲我醑。代謝亦何常，逝者已如許。』（《西峰六四草》）

作《之建州別曹能始》（詩佚，題筆者所擬）。

曹學佺有《送徐興公之建州，兼簡顧韻弢使君》二首，其一：『老興全無減，閒遊不爲貧。榻因徐孺下，交與孟嘗親。竹色籠清晝，鶯聲駐暮春。那堪溪棹發，又值建流新。』其二：『千里途雖遠，之孫鎮自隨。幸聞吴會警，不起越疆思。地主依文緯，山仙覓武夷。能無忘舊好，而不寄新詩。』（《西峰六四草》）

按：顧韻弢，即顧元鏡。元鏡，字韻弢，歸安（今浙江）人。萬曆四十七年（一六一九）進士。時爲建寧知府。後陞福建右布政使。

又按：學佺生於萬曆二年（一五七四），是歲年六十四。

作《唁陳景宅二首》（詩佚，題筆者所擬）。

按：詳下條。

作《唁陳景宅弔》：『尊公素健無恙，壽方未艾，忽聞凶訃，令人灑淚盈盈。四十年知交，乃羈栖異郡……憶上巳之辰，西湖禊社，與尊公同席，聽歌觀舞，爲樂未厭，不意遂成永訣。客次抆淚，作小詩二首並申薄奠。』（《文集》册七，《上圖稿本》第四四册，第六九—七〇頁）

按：上巳，西湖社集，隨後興公往建州。『客次拉淚』，此書作於至建州之後。

又按：因邵捷春有事相托，興公遂於六月還家。

作《復許玉史丁丑》：『野人疎慢，性若嵇康。每懶修書問故人，兩度爲知己求薦，兩削牘奉候興居……客自明州來者，如陳平若侍御，述翁丈仁風遠播……平若約弟爲普陀之遊，且重與舊知聚首，然老懶相仍，出門有礙，趦趄未果。兹擬夏初至西湖，去鄞江僅一衣帶水，或不孤訪戴，當叩法署，一借慈航而破浪，不敢以口腹累安邑也。按臺應公，折節下交，禮隆情摯，今須至建州候送，始得度仙霞，泛錢唐耳。貴役旋，草草附謝。小刻《筆精》並往。』（《文集》册四，《上圖稿本》第四三册，第五一六頁）

按：崇禎八年（一六三五），許豸分署明州。

又按：錢塘、四明，不果行。

又按：《寄永覺禪師》：『建州一别，忽爾五年。』（《文集》册四，《上圖稿本》第四三册，第九八頁）

又按：《寄永覺禪師》作於崇禎十四年（一六四一），亦是本年之建州之一證。與永覺禪師倡和，詳四月。

作《寄楊南仲》：『去歲蘧使至閩，作疏奉報庢略。南北數千餘里，風塵間阻……近得華翰及《輿識隨筆》，足掩前人説部之佳者，如弟之《筆精》，真可廢也。顔開府爲弟素交，頗稱莫逆。紹和丈遠在漳城，一時書郵莫致。偶客建州，值解伊人公祖應召赴闕，路繇魚丘……僭附一函上開府公。雖草野言不足重，或稍勝于大老青目套語。開府博雅好文，老父母當盡投佳作，諒必擊節嘆賞而相引重也。』(《文集》册七，《上圖稿本》第四四册，第一五八——一五九頁)

按：楊德周時爲高唐知州。去歲六月，徐𤊹有書致楊德周，參見去歲。

又按：顔開府，即顔繼祖，時爲山東巡撫。

作《寄顔同蘭》：『草澤野人，浮踪無定，前歲旌節駐三山，而某方客建州……去歲始附一函一扇，令練氏子賫上，聊見鯫生不忘大德而已……高唐州守楊德周者，乃四明碧川冢宰公之曾孫，世家蘭玉也。與某論交二十餘年，前任令吾古田，冰雪之操，剖决之神，屢入薦章……然楊守不獨吏治足稱，而綜核四部之書，海内所鮮。生平撰著，詩則有《六鶴齋稿》，文則有《銅馬》《武夷》諸篇，雜著則有《輿識隨筆》，爲令時則有《玉田雜志》，皆行于世。而其所未受[授]梓者，又不可勝數也。知翁臺詞苑宗工，必蒐求屬吏賢者，别具隻眼，博雅如楊守，諒必不以風塵俗吏等視也……楊守亦與張紹和、曹能始二君最稱臭味。不知其人，視其友，匪獨某一人所好也。伏惟翁台加之意焉。』(《文集》册八，《上圖稿本》第四四册，第一六一——一六二頁)

按：此書與上條《寄楊南仲》同時作。《寄楊南仲》裝訂在第七册，此書在第八册。當爲後人收藏重新裝訂時失考。

四月，在建州，遇惕若上人，爲作《化戒衣疏》。有書致永覺禪師。致李仲林，便道入古田，且補吊余起潛郡伯。擬往武夷，淫雨溪漲，滯匝月，歸。曹學佺等社友集緑玉齋，聽莆陽游元藻談流寇。壽寧縣令馮夢龍離别，曹學佺有詩送之。

按：《寄余中丞》：『今夏某侯謁直指公，於建州淹留兩月……丁丑九月廿三日。』（《文集》册八，《上圖稿本》第四四册，第二二一頁）

作《化戒衣疏》：『惕若上人，濉陽世家子也。少年有志學佛，薙髮從師，遊方至於楚、粵、吴、浙，參學甚勤，曾於博山受菩薩戒，偶歸故鄉，而所披戒衣，途中爲緑林暴客所有，僅留破衲，托鉢達於建州，適逢不佞于符山蘭若，訴其行脚辛苦之狀。然上人素發四十八願，欲募化戒衣分諸衆僧，不獨自披一領，發願雖宏，而募化頗艱。不佞爲轉一語，云：四十八願，載在《華嚴經》中，釋迦文佛，引人歸乎正覺，上人又於四十八願中而願大衆咸有戒衣，疑於正覺之旨稍異，然佛欲明所修之因、所證之果，使人人同修、同證焉，則上人化衣一念，亦從同修、同證而推之者也。遂爲引其端。崇禎丁丑初夏，徐興公題。』（《文集》册十，《上圖稿本》第四五册，第一一七—一一八頁）

作《與永覺禪師》：『霡霂不休，陽侯阻道，言念法駕遠隔水南，再晤無由，心焉如擣。日前恭訪，漫賦陳言，聊紀勝緣，用博一笑。』（《文集》册三，《上圖稿本》第四二册，第三八六頁）

作《復李仲林》：『弟以暮春之初抵建州，承按臺情禮隆渥……大都端陽前後始得出境，當候送于九曲三十六峰間，歸日，過困溪，便道入玉田，與台臺圖一傾倒，且補吊余起潛郡伯。』（《文集》册八，《上圖稿本》第四四册，第二二二頁）

按：李仲林，古田人。

又按：此書作於暮春之後、端午之前。

又按：余起潛，即余文龍。文龍，字起潛，古田人。萬曆二十九年（一六〇一）進士。〔乾隆〕《古田縣志》卷六《人物》『余文龍』條：『令衡陽，爲民興利。守贛州，攝兵備道，所至有循聲。解組後，葺學舍，修城邑，尚義捐資，造福枌榆……曹學佺爲立傳，董崇相志其墓。』

又按：《寄吏穉生》：『丁丑，應直指復相訂，必遍遊三十六峰爲快，詎意抵建州，淫雨匝月，溪漲不能行，遂歸。』（《文集》册五，《上圖稿本》第四三册，第二四三頁）

又按：三十六峰，即武夷三十六峰。

又按：曹學佺有《集緑玉齋，聽游元藻談流寇有述》：『莆陽稱三游，茲復逢二雅。聲名籍詞壇，踪跡遍天下。奈何丁運衰，遊道不相假。漢廷公與卿，誰爲長揖者。去歲客灊山，寇賊滿郊野。號令疾于雷，火光爛若冶。城破邑爲墟，肉糜人作鮓。蒼茫天色黄，漂没河流赭。當其殺戮豪，笑歌上胡馬。但誇得意詞，鬼多人聽寡。君雖在亂離，記憶猶不捨。叙述杯酒間，盈盈淚堪把。始願懷首丘，詎云得修社。殘春在竹林，新緑透窗瓦。鶯啼晥而長，客心爲之寫。』（《西峰六四草》）

又按：曹學佺有《贈别馮猶龍大令》：『遲君無别徑，水次即雲崖。勝侶開三雅，清心度六齋。暫然抛墨綬，旋得傍金釵。河尹風流者，寧妨韻事偕。』（《西峰六四草》）

五月，有書致邵捷春，時邵氏遊宦蜀中，言林叔學涉緝捕狂生案，倖免，第恐下石者不肯放過。又致書李埈。邵捷春有事相托，興公買舟東下，十五日，抵舍。致書王志道，言及在建州晤蔣孟育子元實，拜謁顧元鏡方伯；言曹學佺贈金（王志道亦有捐資）修葺宛羽樓，不時卧嘯樓頭。又致書王明籲，言及學佺爲游宗振刻《霧隱詩選》。又作書薦宗振子元藻于建安知縣趙康。

作《寄劍津》：『客建州兩浹月，辱顧使君盛情有加，幸舍頗有魚，而應指直訂遊武夷，不得不往。大暑之際，必歸鼇峰，送旌節之蒞川西也。當今流寇滿楚洛，惟蜀中最爲安地……想脂車當在初秋時，候鳳岡荔子正熟，弟尚及預紅雲之宴也……文宗緝捕狂生，弟至建稍聞之，已書白簡，第未敢寄信預聞。細查，茂禮倖免，第恐下石者不肯放過。愚意丈夫負桑蓬之志，何處不可爲家，一領青衫何足惜。惟是坐圜扉、受刑辱，俛首于獄吏之前，所不免者，不如早自爲計，暫遊方外，稍避兇鋒，爲策之上。弟所慮者，新院至，又有一番律令，拾遺補闕，未可知也。茂禮頗有詩名，舊院耳目長，似姑緩之以待後人。若戀戀鹺事，不肯放手，不爲處堂之燕雀哉？弟建州遇董漢橋，譚京中事甚悉，茂禮豈不聞乎？茂禮與弟交最密，然每言利害多不聽，兹私布于兄翁，當勸諭之。至于事到頭來不自由，求人解救，則臨寒索裘，蔑以濟矣。兄翁以爲何如？』（《文集》册八，《上圖稿本》第四四册，第一六三—一六四頁）

按：劍津，即邵捷春，號劍津，其集名《劍津集》。

又按：是歲大暑在六月初二。

又按：茂禮，即懋禮，林叔學字。此書言文宗緝捕狂生，林叔學在其列，雖已倖免，恐有下石者不肯放過。叔學能詩，與興公多有倡酬。

作《寄李公起》：『三月内，許海憲家人行，附小牘并《袁清容文》寄上……遂以四月出門至建州，候送直指應公，淹留建中兩閱月，天氣酷暑，遠道難行，直指度關，弟遂順流而返，山陰之興頓盡，人生會晤，不綦難哉！新推奉化令鄒君，爲襄惠公之孫，與弟莫逆交，少年工古文詩歌，翩翩大雅……兹因漳南蔣元實至鄞，候金峨李公之便，附訊興居。蔣爲少宰恬庵公子。金翁寔出少宰公之門，博雅爲

吾閩所宗……五月十四。』(《文集》册四,《上圖稿本》第四三册,第四九—五〇頁)

按:蔣元實,蔣孟育子。孟育(一五五八—一六一九),字道力,同安縣金門籍,隨父居龍溪(今龍海市),遂爲龍溪人。萬曆十七年(一五八九)進士,改庶起士。官至南京户部右侍郎,卒,贈吏部尚書,謚文介。有《恬庵遺稿》等。

作《寄王東里》:『爇以初夏盡抵建州,候送按院,款留蕭寺者兩閱月,辱翁臺薦函,因得謁顧方伯公。蒙垂烏愛,文酒相邀。又遇蔣少宰公郎元實兄,同寓。拜方伯公□金之惠。未幾,擢楚左轄下省謝按院,旋即送按君出疆,某即言旋。鋏中車魚,莫非翁臺之賜。歸家在端陽之後。又蒙翁臺分金修葺宛羽樓,時時與曹能始吟卧樓頭,翹首丹霞,益動天際真人之想,區區感謝,曷其有極哉!』(《文集》册八,《上圖稿本》第四四册,第二四三—二四四頁)

按:此書當作於建州初歸之時。

又按:蔣少宰,即蔣孟育。

作《寄王明籥》:『芝城邂逅,把臂良歡,然匆匆爲别,未盡所懷……弟以蒲月之望抵舍。適莆田敞通家游元藻在省。元藻世擅風雅,曹尊老爲刻其乃翁宗振先生《霧隱詩選》,又削牘薦之于趙父母,念其貧也。諒必推及烏愛,不使鋏中無魚。冀兄翁晤間爲一從臾。』(《文集》册八,《上圖稿本》第四四册,第二四四頁)

按:蒲月,五月。

又按:趙父母,即趙康,吴江人。崇禎四年(一六三一)進士,時爲甌寧知縣。

崇禎十年丁丑(一六三七) 六十八歲

六月，十七日，致書游適，刊集十册，因資乏印少，不能送；附贈子延壽《武夷草》《集陶》。言曹學佺編《明詩》，盡出游適之祖、叔祖詩以供選梓。致書顧元鏡，言邵捷春有川西之行，有事見委，寄信促歸。又致吴仕訓，言婿康守廉過潮州受到款待。

作《答游勿畢》：『安仁別歸，又逾五載。歲月易度，人生能不速老哉！近元藻令叔至，知仁兄動履清泰，今不須王門曳裾，則一丘一壑，亦足自怡耳。尊公《竹林集》，三山僅弟家藏一册，珍若拱璧。然尊公佳者，尚不止此。弟尚憶四十年前有句云：「十口稻粱三月盡，半生湖海二毛疎。」集中所不載也。曹觀察廣蒐名集入選，而弟盡出令祖、令叔祖先後集俾之，業已殺青矣。今又投以佳咏，則廣平一門，風雅之盛，吾閩鮮儔。序言容與言之。今曹公在困溪也。小豚、小孙俱能占四声，不落俗格。附《武草》《集陶》求正。弟拙作業已刊行，計十册，因卷帙多，資乏印少，容嗣請教……六月十七日。』（《文集》册四，《上圖稿本》第四三册，第一三——一四頁）

按：朱安仁別閩歸豫章，在崇禎五年（一六三二），至今五載。是時曹學佺在困溪，詳《曹譜》。

作《題扇頭寄顧韻䜴方伯》（詩佚，題筆者所擬）。

按：詳下條。

作《寄顧韻䜴方伯》：『客建兩閲月，荷祖臺盛情有加……擬同蔣元賓在此，耑候扳送星軺，稍申知己之遇。偶因敝友邵劍津有川西之行，有事見委，寄信促歸，若再淹留，而劍津于役期迫，彼此相左，不得不買舟東下，弗及躬叩道左，罪何可諼。漫賦小詩題之扇頭。』（《文集》册四，《上圖稿本》第四三册，第一四——一五頁）

又按：顧元鏡已由建州知府陞任福建右布政使。

又按：客建州兩月，詳上。

作《答吳光卿》（詩佚，題筆者所擬）。

按：詳下條。

作《復吳光卿》：『小婿至潮，荷祖臺盛情有加，舍親林典暮三載備員，叠蒙培植……承寄華函，兼領扇頭佳什，足仞篤念故人，勉和一章奉答，愧瓦缶不足報瓊瑶矣。兒孫蕪言，附求博笑。曹能始見尊翰，已爲致意。行人不能當挈書籍，更有拙刻一二種，尚容嗣呈……丁丑六月。』（《文集》册八，《上圖稿本》第四四册，第二二二—二二三頁）

按：婿守廉崇禎八年（一六三五）往潮陽，參見該年。

七月，初三日，李埈贈《賀秘監集》，答之，叙陳衎撰《海内二異人傳》其一即李埈傳；又叙陳衎家世生平，著述甚富，所藏字畫、古器，甲于三山；又言曹學佺編選《明詩》已刻至分省、分府部分。讀書不厭，曹學佺贈詩。初七，雍伯輿揮使北樓落成，與曹學佺等携酒集。

作《寄李公起》：『閏月又得《賀秘監集》，尚未完篇。聞以拙作附其後，愧甚，愧甚！弟以春暮往建州，候送按臺應公，擬爲明州遊，苦于炎暑灼人，遂鼓歸櫂……敝社友陳磐生於弟齋頭覩兄大作，十分景慕，遂作《海内二異人傳》。磐生年纔五十，曾祖諱柯，嘉靖庚戌進士，先杭州太守，至江右大參。祖諱鳳鳴，光禄署正。父諱汝脩，諸生。二子俱在泮。生平著述甚富，又負茂先之鑒。所藏字畫、古器，甲于三山……邵肇復已赴蜀任。曹能始刻詩，已分各省、各府。今冬可完，當購楮總印全集，計百餘册，則二百七十年文獻，犂然具在也。弟前抄《袁清容文》，附許史君處……七月初三日。』（《文集》册四，《上圖稿本》第四三册，第一五——一七頁）

按：是歲閏四月。

又按：《唐仲言、李公起兩奇人傳》，見陳衎《大江集》卷十。唐汝詢，字仲言。

作《雍伯輿揮使修葺北樓告成，孟秋七日携酒落之，賦得『萬壑松風夜觀牛女渡河』，七言歌行》（詩佚，題筆者所擬）。

曹學佺有《贈徐興公》：『天將成就聘君賢，遊道難兮考室便。但有好緣俱讚嘆，更無名士不周旋。詩歌七月爲衣始，郡仰高風下榻前。老眼看書真不厭，竹窗燈火尚蒼然。』（《西峰六四草》）

曹學佺有《雍伯輿揮使修葺北樓告成，孟秋七日携酒落之，賦得「萬壑松風夜觀牛女渡河」。客爲甬東周爰粲、清漳廖又菁，清流伍化臣、修臣，霍童陳倚玉、長溪劉薦叔，予社徐興公、倪柯古、高景倩、陳叔度、鄭爾調、陳磐生、安藎卿、林懋禮，主人則伯輿氏及予能始也。分得平聲轉韻七言歌行一首》：『焰雲層層淩高城，大火西流尚未平。此際蒼松蟠萬壑，湖山表裏俱分明。丹樓版築時將興，邑中之黔慰庶心。饋饁無煩草露宿，相歌自有松飆吟。堂構雖新氣象古，鳥革翬飛承百堵。舊貫依然仿子騫，賞格應懸自宣武。爲言將軍勞且苦，觴以落之飲我酯。沓谷皆成鸞鳳音，喬柯盡作虬龍舞。金湯勢壯無諸封，風水輪消赤帝馭。祇恐濤生盛伍胥，欲渡宵深怯牛女。爲語天孫氣勿阻，環佩珊珊向空舉。會合非艱轉不奇，寧須泣涕深如雨。君不見，場中演出木蘭軍，粉黛何曾習師旅。替父從征赴玉關，胡笳一曲邊月午。金甲無眠烏鵲飛，明河歷歷照機杼。此時若問嚴君平，

漢人翻作梁人譜。』(《西峰六四草》)

八月,與王(當作黄)伯山、陳仲溱、陳宏己、董應舉、馬欻、楊載蕚、崔世召、曹學佺九人,結『三山耆社』。後要以爲,九老名德、風節、文章,皆足爲三山重。

作《三山耆社詩》(詩佚,題筆者所擬)。

曹學佺有《三山耆社詩敬述》:『老人有星,在狐之南。王者有道,明顯斯臨。皤皤黄髮,覃厚於天。或出或處,聿言仝心。一言一動,民式以欽。帝其念之,逸我于林。秩秩初筵,以酒爲箴。夙敦其會,匪云自今。司馬君實,六十有四。耆英之社,固與其次。予丁兹年,恰與相值。德位莫崇,孰云攸企。惟是諸公,不我遐棄。用以袚塵,觴行舉觶。往者不追,來猶可冀。斯文在天,共扶罔墜。』《附記》:『是日與會者,王[黄]伯山文學,年八十四;陳惟秦居士,年八十三;陳振狂秘書,年八十二;董崇相司空,年八十一;馬季聲州佐,年七十七;楊穉實督學,年七十六;崔徵仲刺史,年七十一;徐興公鄉賓,年六十八;予學佺爲最少云。直社芝山之龍首亭自不佞始,願與諸公歲歲續兹盟焉。崇禎丁丑八月之十三日。』(《西峰六四草》)

按:楊載蕚,後改名瞿崍,字穉實,號商澹,晋江人。萬曆三十五年(一六〇七)進士。官督學。有《易林疑説》《嶺南文獻軌範補遺》《明文翼統》。

又按:曹學佺年六十四,故云最少。

又按:謝章鋌曰:『「惕園跋云:「九老名德、風節、文章,皆足爲三山重者,未知香山諸老視此何如也。足稱不朽盛事矣。孫子長不與會,殆即以是秋棄世歟。惜哉!」』(《課餘續録》卷二)

九月，祭葉思山民部。有書致雪關禪師，到日，禪師已寂。二十三日，致書余中丞，言凡有名勝道場，中丞俱徼杖履。

作《祭葉思山民部》：『夜郎出守，銅虎分符。隼旟熊軾，夷落歡呼。杪夏别家，中秋聞訃。三釜方隆，翁先朝露。壽躋八秩，星隕中臺……丁丑九月。』（《文集》册十，《上圖稿本》第四五册，第一頁）

作《寄雪關禪師》：『余中丞公至閩，因緣廣大，獨留意於雪峰、長（塵）〔慶〕二道場。此二道場，寔大師素所履歷，而素欲重新者。今雪峰天王殿業已改創，長慶法堂祖師伽藍亦更新〔之〕。向二寺俱屬葷酒之地，兹則合并爲一，緇流皆奉清規爲凛凛，非中丞公法力，何能一旦轉移之速如此。諒大師亦曾知聞，得無發觀喜心乎！惟是改絃易轍之始，叢林中尚有許多虧欠，誠恐有孤中丞公至意。合郡縉紳士庶，僉邀法駕賁止兩山，特遣二僧詣杭敦請。』題下注：『丁丑九月寄此書，到日而雪師歸寂矣。』（《文集》册八，《上圖稿本》第四四册，第二二〇—二二一頁）

按：參見下條。

作《寄余中丞》：『不腆閩邦，借重道駕賁臨，凡有名勝道場，俱徼杖履，山靈生色，法祖有光。至于雪峰、長慶咸知嚮化，非老先生法力浩大，何以臻此。今夏某候謁直指公，于建州淹留兩月，不知道駕啓行，咫尺相在，悵結如何！兹二山緇流特詣虎林，恭迎雪師，而老先生誼垂支、許，諒必欣然偕行，惟勿忘二道場因緣，是所禱也。但雪溪未復，尚有待耳……丁丑九月廿三日。』（《文集》册八，《上圖稿本》第四四册，第二二一—二二二頁）

十月，與曹學佺、陳鴻等往陳肇曾冶園看梅。晦前二日，社集古杏軒，與陳衎等看梅，觀畫圖墨梅、紅梅各一軸。致書郭茂荊，言今夏再到芝城，聞香姑埋玉，深爲惋鬱。陳玄藻方伯贈《頤吟》，答之，回贈集十册、《筆精》四册及延壽《武夷遊草》《集陶》，鍾震《制藝》（即《遜業》）一帙。致書鄒時豐，憶往昔友情。致書新安吴洵美，憶及其父吴騰蛟爲刻《榕陰新檢》之事。

作《昌箕治園看梅，同能始、叔度諸子》（詩佚，題筆者所擬）。

曹學佺有《昌箕治園看梅，同興公、叔度諸子》，詩云：『梅樹尚含蕊，兹園開欲殘。所忻良友集，先得數朝看。論心堪比素，灑墨不成丹。幸保南枝健，相將度歲寒。』（《西峰六四草》）

作《一陽晦前二日，社集古杏軒看梅，因觀畫圖墨梅、紅梅各一軸，同用東字》（詩佚，題筆者所擬）。

曹學佺有《古杏軒雨中梅社，兼看畫軸二梅，共賦一東韻》：『畫中梅與樹梅同，筆底能分造化功。古法新枝誇並健，揮毫躡屐興誰雄。層層霧氣濃成墨，點點苔痕淡入叢。衹謂無聲詩句寂，故將吹笛向春風。』（《西峰六四草》）

陳衎有《一陽晦前二日，徐興公社集古杏軒看梅，因觀畫圖墨梅、紅梅各一軸，同用東字即席賦》：『黄葉堆門曲徑通，寒梅數樹小池東。樽前乍覺吹陽律，筆底還驚有化工。歷亂冰綃飄絳雪，繽紛水墨動香風。休言歲暮聊攀折，不盡春光在畫中。』（《大江集》卷六）

按：此詩在《挽高景倩》前，高景倩卒于本年，詳下。

作《寄郭茂荊》：『文旆過三山，咫尺弗獲晤言。言念高情，曷其有極。歲聿云暮，衣褐全無。欲隱無山，欲遊無地，株守坐困，老景寡懽，不足爲知己道也。擬明歲仲春爲吴浙之遊，尚乏資斧。仁兄倘行同載，以續舊懽，是所願也。近聞王馬石左遷廣東憲幕……今夏再到芝城，聞香姑埋玉，深爲惋鬱，仁兄得無傷情乎？鄭孝直近爲浦城之行，歲底未必歸。倘歸，爲仁兄索其水墨也……丁丑十一月。』（《文集》册八，《上圖稿本》第四四册，第二三〇頁）

作《題扇頭奉寄陳季琳方伯》（詩佚，題筆者所擬）。

按：詳下條。

作《寄陳季琳方伯》：『憶在神皇辛酉之歲，翁臺以禮曹赴闕，與吴江顧光禄同集謝在杭積芳亭，俛仰之間，已閲十八春秋。翁臺位日崇……近見新梓《頤吟》，再三諷咏，寔詞壇之正印。昔年倡酬佳作，而不肖蚴賤字亦列交譜之中，追憶舊歡，知翁臺不鄙故人甚也。漫賦一詩奉寄，題之扇頭，并拙刻十册、《筆精》四册、小兒蕪刻二種、小孫《制藝》一帙，請正……書郵者乃清流王相如之子。』（《文集》册八，《上圖稿本》第四四册，第二三一—二三二頁）

按：陳玄藻，字季琳，已見。

作《寄鄒有年》：『仁兄蒞任之羅川也，值弟有長樂之行。數年闊别……三年易度，轉盼又當偕計之期。苜蓿青氈，祇借爲渡江之筏耳。弟且老且貧……令坦、蓋公至三山旬餘，莆陽陳民部已往浙江。』（《文集》册八，《上圖稿本》第四四册，第二三二—二三三頁）

作《寄吴從父》：『憶在萬曆乙巳之冬，客遊新都，來往豐溪，舍於敝友鄭翰卿之宅，荷尊翁先生枉顧，傾蓋之間，便成莫逆。承老仁丈捐貲爲梓《榕陰新檢》四册，高情厚誼，歷三十餘年，銘之五衷，未嘗一日忘也。不肖韜晦山林，懶比嵇生，未遑作書一候萬福。日居月諸，今且齒邁七袠矣。偶令叔泰徵至閩，叙及通家之誼……不肖且老且貧，無所比數，幸兒孫俱列青衿，差慰目前。緬想當日聚首，竟成一夢。與泰徵道故，不能喻之於懷。泰徵遊閩，僅浹旬，落落而返，愛莫能助，徒有此心，奈何，奈何！……丁丑十二月。』（《文集》册八，《上圖稿本》第四四册，第二三三—二三四頁）

按：客新安寓鄭琰宅，參見萬曆三十三年（一六〇五）。

又按：吴洵美，字克符，又字從父，騰蛟子，新安人。吴騰蛟，字雲將，萬曆三十三年（一六〇五）秋爲徐𤊹刻《榕陰新檢》，洵美校。

十二月，寄李埈《林氏三世詩》四本、《林道魯詩》二本、《陳克張詩》一本、《陳昌箕詩》三本。與周之夔、劉中藻等於叢林賞梅。致書周之夔，言崇禎五年（一六三二）之夔六弟納甫挪借百金，一拖再拖，未有還期，請之夔立刻處分，先還數十金，以應目前倒懸。除夕前三日，致書張燮，言所作有《豳風廣義序》，知燮神愈王，筆花燦爛；孫鍾震有贈詩。同日，致高元濬，言明年春仲爲丹霞遊，借貞鉉園中居停，觀萬石佳趣。同日，又致張紹科，言曹學佺爲其作壽詩。

作《寄李公起》，題下附注：『丁丑臘月，又寄《林氏三世詩》四本、《林道魯詩》二本、《陳克張詩》一本、《陳昌箕詩》三本。』（《文集》册四，《上圖稿本》第四三册，第四九頁）

按：《林氏本世詩》、林如周《林道魯詩》、陳翰《陳克張詩》，諸目録書未載。

作《與周章甫》：『不肖社弟徐𤊹，書奉章甫長兄台下：𤊹與兄投分將四十年於兹矣，其間休戚相關、哀樂與共，匪一朝夕。自兄恩薦及登高魁成進士，私心喜慶，不啻骨肉。崇禎五年九月，弟多方鳩一首會，爾時納甫六弟將有姑蘇之行，先期告弟曰：吾行後，會期至，幸那百金……不意日挨一日，月挨一月，年挨一年，但收癸酉、甲戌二年之息，至乙亥年則烏有矣。弟是年方客建州，候兄于舟次，見貴恙委頓，未敢談及。歸復值尊堂老伯母之變，未敢瑣瑣迫索。去年之冬，納甫良心不昧，并前欠小孫三十金，共成一百一十兩，將李園六畝權擬抵還，再三告苦，弟勉强受其園契……今年六月，李熟，弟又在建州……自乙亥至丁丑又歷三年，計世俗之利，又該六十餘兩矣。賓槐、納甫私相合謀，轆轤推委，將抹殺弟此數目，是誠何心哉！愚意必待兄京回，始能爲弟決斷，承兄從中秉公勸諭。畢竟築舍道傍，迄無成功，但受空紙一張。若以時勢揆之，尊家方鼎盛之秋，而弟值厄窮之境，賓槐禮佛誦經，放生作福，徒使弟一人向隅，年賠債主之利，日被會銀之迫，至于簪珥衣服，典當殆盡。納甫眼見當票五十餘張，貴昆玉獨無憐憫之念乎……據納甫前柬云云，全爲兄納會當户之用，非如此説，弟寧肯輕貸于納甫耶？蓋弟素敬信於兄，貸納甫者，亦所以貸章甫也。今葛藤不斷，弟亦不願受園，將原契繳還于兄，兄能爲我處分，則受兄之惠。弟齒望七，在世想無多日……弟年窮歲迫，百苦攻骨，煩兄爲我立刻處分，先還得數十金，以應目前倒懸，舉家感戢矣。昨日叢林勝事，賞梅佳境，不敢以俗事相溷，且薦叔在座，不可使聞于鄰國，不得不忍隱而歸。惟兄有以復我，瀝血陳情，幸諒，幸諒！』（《文集》册八，《上圖稿本》第四四册，第二二三—二二九頁）

按：今年六月在建州，詳上。歲迫賞梅，時當臘月。

又按：此書言與周之夔兄弟民間鳩會借貸之事，自崇禎五年（一六三二）至今已六年，是歲又至歲迫，之夔六弟納甫債息未盡償，故求救於夔，請其處分，先還數十金，以應倒懸。此文爲現存興公尺牘第一長文。

又按：據此書，作此書時，㶿與周之夔、劉中藻等在寺廟賞梅。

徐鍾震有《贈張紹和先生二首》（詩佚，題筆者所擬）。

按：參見下條。

作《復張紹和书》：『周允同至三山，適弟在長樂，未遑答函。近陳道掌歸，讀兄《豳風廣義序》，則知汰沃先生神愈王，江郎雖老，筆花猶然燦爛也。頃接手教，忽聞有莊盆之鼓，奉倩悼亡，能不神傷！道阻且長，無從吊唁，哀挽之詞，當即泚筆當臨風一奠耳。郎君九齡，想必機穎，定非佟子但覓梨栗者也。近貴邑汪父母枉顧，彼此俱未及面。陳昌箕擬二月中旬爲霞城遊，挈弟同行，興亦勃勃，觀萬石佳境，且與霞社諸君續廿年舊遊也。兄其掃山中白雲待我乎！小孫雅欽碩德，賦詩二章奉呈，惟毋叱小子無禮耳。相晤伊邇，不多及。豚兒荷邇言之賜，并謝不盡。除夕前三日。』（《文集》册八，《上圖稿本》第四四册，第二三四—二三五頁）

按：次歲二月陳肇曾遊漳州，徐㶿未成行。參見次歲。

又按：天啓七年（一六二七）張燮四子于壘卒，燮無子。幼子爲于壘卒後，燮繼室所生，此時已九齡。

作《答高君鼎》：『陳道掌去，從丹霞歸，不得意抵家，述仁兄動止，甚慰遠懷。載讀榛園傑作，知泉石膏肓，儼然清静樂國。至于雲蓋之勝，益令人思褰裳濡足也。歲聿云暮，風雨淒然，老境無營，簡澹度日，擬春仲爲丹霞遊，與汰沃先生久别，且觀萬石佳趣，當借貞鉉園中居停，乞預聞之。弟已約陳昌箕聯騎耳。歲值龍蛇，敝社友商孟和卒于姑蘇，近高景倩、林懋禮相繼淪没，芝焚[蕙嘆]，不勝驚愴。奈何，奈何！相晤不遠，弗多及。除夕前三日。』（《文集》册八，《上圖稿本》第四四册，第二三五—二三

六頁）

作《答張烴叔》：『高允同到時，弟在長樂，未遑作答爲悉。曹能始壽詩久已脱稿，性極疏懶，又覓册葉不見。俟春明弟索其别出一箋。春還，林懋禮領一册，今遊岱矣。奈何，奈何！弟春仲作霞城遊，晤言不遠。蔣元寔秣陵歸，（遇）［過］三山而不一顧，何耶？爲一致聲耳。除夕前三日。』（《文集》册八，《上圖稿本》第四四册，第二三六—二三七頁）

按：林叔學今歲卒。

是歲，宛羽樓建成之後，曹學佺爲撰《記》。此《記》叙樓名的由來與結構，兼及藏書之流通與利用。陳衎有詩題之。

曹學佺有《宛羽樓記》：『愚嘗聞會稽有宛委山，大禹以藏金匱石室之書，故于興公徐氏之新樓成而欲以「宛委」命之，又嫌其貳於越也，乃易而爲「宛羽」之名。於是，客始不得其解。興公曰：「子不觀《穆天子傳》云：『六師之人畢至曠原，三月，諸侯、王，勤七萃之士於羽琌之下者乎？天子於是載羽百車。』《注》引《山海經》：『曠原，大澤方千里，群鳥之所生及所解也。』《紀年》：『穆王北征，積羽千里。』』按：《周官》十羽爲箴，百羽爲縳，十縳爲緷。此固積之之數也。羽以積而成車，書以積而成庫。且惠子善辯，學富五車，于義亦相通矣。」予觀前代積書之最著者，莫過於唐廬山棲賢之李氏。蘇長公爲之《記》。其次，則眉州之孫、歸德之曹、幽州之竇，皆建書樓爲公塾，以待四方來學之士。置産收粒以爲供給，厥子若孫，世守勿替。然其時，請額於朝，曰「眉山」，曰「應天」，曰「燕山」。而尤擇一山長以主之，多係冗員廢職，或避地於斯而攝兹事，故不曰「師長」，而曰「山長」，以別于見爲教授者，示不侵官之意也。國初右文，徵天下書於内庫，又自南京而轉輸之北，雖百艘千牛，猶不能給。然以部分之未析，典守之不嚴，而年歲既久，散佚孔多，且如釋、老二氏俱有藏板，而儒書獨無。愚甚憤之，妄意欲輯爲《儒藏》以補闕典，但卷帙浩繁，固不勝收，而玉石叢混，觀覽亦難。乃復擷其精華，歸諸部分，庶免掛漏之譏與夫龐雜之患。夫子曰：「吾自衛反魯而後樂正，雅頌各得其所。」夫詩之與樂，亦有分矣。夫子猶必以樂而闡詩，以詩而別樂，信乎附麗相資之法，不可少也。予妄欲著作而藏蓄不廣，且亦多亡，每每借本於興公，興公之意，略無倦息。即或他出，厥子若孫亦善體祖父之志。故予遇有乏，若取諸宫中而用之。夫古昔諺語，以「借書一嗤，還書一嗤」，蓋善積者，流通之之難也。抑觀諸廬山之李，蜀宋燕山之孫，曹、竇氏，其以書塾而公之人者乎，不但招徠之，而且飲食之。朝有額，山有長，作之非一人，述之非一代。彼時之盛，雖不得復見於今日，而如吾友興公徐氏之所以樂與同志者流通之之意，則於古風庶幾猶存，而足以媿夫自私不廣者矣。予既命其樓曰「宛委」，而仍爲之《記》。樓凡二成，纍若干尺，以楹計者三十，以户計者四方，而九仙臺觀，兩峰浮屠，則在目前云。』(《西峰六四文》)

陳衎《題宛羽樓爲徐興公藏書處》：『觚棱四角翼如翬，正對仙山接翠微。隙地盡堆黄卷滿，疏窗長有白雲飛。曾聞李嶠真才子，又見南州老布衣。充棟韋編皆屢絶，無須辟蠹泥芸輝。』(《大江集》卷六)

是歲，婿康守廉自廣東連州崔世召處歸。

按：《寄陳調梅》：『丁丑歲，小婿康生從粤歸。』(《文集》册四，《上圖稿本》第四三册，第一〇

九頁）

是歲，同安池顯方過會城，晤興公，出所撰《國朝仙史》。

按：《答楊能玄》：『前歲晤直夫先生于三山，所撰《國朝仙史》甚奇，且約弟爲晃巖之遊。蹉跎弗果。弟去春走吴越齊魯之墟……』（《文集》册四，《上圖稿本》第四三册，第一二二〇—一二二三頁）

又按：池顯方，字直夫，同安人，居嘉禾嶼（今厦門本島）玉屏山。天啓四年（一六二四）舉人。有《晃巖集》。

是歲，崔世召掛冠歸家。

陳衎《崔連州掛冠志喜却寄》：『松陰極目閉衡門，七十懸車古道存。』（《大江集》卷六）

按：參見十二月《寄高君鼎》。

是歲，商梅卒于姑蘇。

錢謙益云：『崇禎丙子，自閩入吴，馮爾賡備兵太倉，好其詩而刻之。明年，余被急徵，孟和力不能從，而又不忍余之鋃鐺以行也，幽憂發病，死婁江之逆旅。』（《列朝詩集小傳》丁集下『商秀才家梅』條，第五八九頁）

按：《商孟和像贊》：『軒軒霞舉者，爾之形；超超玄著者，爾之意。詩有隋唐之遺音，畫得宋元之絶技。好遊而不及荒，嗜酒而不至醉。誠古之所謂逸民，自可逍遥於衡泌。』（《文集》册十二，《上圖稿本》第四五册，第二七七—二七八頁）

又按：《像贊》作年未詳，附於此。

是歲，高景卒。

曹學佺有《挽高景倩》：『不將華艷易清寒，掃却人間粉黛殘。筆底有花那復夢，庭中無麥任空竿。汝南月旦時懸口，安邑交遊不累肝。咫尺尋梅應有約，吟魂寂寂丁仙壇。』（《西峰六四草》）

陳衎有《挽高景倩》：『西方有路忽思還，居士維摩厭世間。詩帶夙根皆俊逸，禪非縛律每蕭閑。青蓮夜月寒香篆，黃葉秋風覆木山。喜得文孫能繼武，不愁身後事多艱。』（《大江集》卷六）

按：參見十二月《寄高君鼎》。

是歲，林叔學卒。

按：參見十二月《寄高君鼎》。

是歲，雪關禪師圓寂，年五十三。

按：《寄雪關禪師》，題下小注：『丁丑九月寄此書，到日而雪師歸寂矣。』（《文集》冊八，《上圖稿本》第四四冊，第二二〇頁）

又按：《雪關禪師傳》：『丁丑秋示微恙，乃謝院事，鼓舟南還。孟冬朔旦，行抵瀛山。病體尫羸，群心洶洶。乃作遺書，謝諸檀越……師彈指一聲，遂微笑而逝。弟子弘恩、成許等迎歸博山，建塔蓮花峰之西原。師示生萬曆乙酉年九月初一日，示寂崇禎丁丑年十月十一日，坐三十一夏，享年五十有三，有《語録》六卷。』（黃任《鼓山志》卷四《沙門》）

又按：雪關入塔在其後。雪關師圓寂，附繫於此。

崇禎十一年戊寅（一六三八）　六十九歲

曹學佺六十五歲，林古度五十九歲，徐鍾震二十九歲，徐延壽二十五歲

正月，初二、初三日，曹學佺值社，集湖上。初十日，致書米良崑，言明年七十，而耳目尚未聾聵，牙齒尚未疎，鬚髮尚未白，自矜矍鑠。十五日，致書茅元儀，言近者流寇數百萬，綿亘三千里，屢破郡邑，勢如潰瓜，安所底止。同日，又致建州友人。元夕，題遼釋行均撰、宋本《龍龕手鑑》。分別致書冒起宗、冒襄父子，贈詩扇。

作《初二日，曹能始社集西湖》（詩佚，題筆者所擬）。

曹學佺有《初二日，與社中諸子湖上作》：『春郊足娱樂，湖水照行軒。難得歲朝霽，遊人多出門。花間置几席，堤上列壺樽。啼鳥試新曲，聽者何其繁。追思我儔侶，一二吟幽魂。遥聞湖海内，厚亡亦寡存。歲不在辰巳，修短難測論。聊觀齊物理，詎出蒙莊樊。』（《西峰六五草》上）

徐延壽有《戊寅初春三日，曹能始先生社集西湖》：『晴景麗朝霞，惠風氣和淑。日晷漸以舒，羲鞭走東陸。出郭眺湖光，澄瀾清可掬。殿宇敞中流，兩岸深花木。城頭翔百雉，天際飛孤鶩。畫舫載夷猶，緑波縐羅縠。好客惟孟公，林居常野服。重開白社蓮，多載青州麯。或泛水中央，或步山之麓。移席扣鄰園，幽棲成小築。不問主人誰，但看林間竹。日暮醉扶歸，大堤馬相蹴。春光問幾何，開歲逾三宿。安得弛金吾，仍將良夜卜。』（《尺木堂集·五言古詩》）

按：延壽此詩『三日』『三宿』，初三日似仍有社集。

作《題扇頭贈米彥伯》（詩佚，題筆者所擬）。

按：詳下條。

作《答米彥伯》：『舍親林文絅還閩，荷瑤函遠寄，且扇頭佳什，詩工［正始］，筆擅正鋒……楚國多才，不獨雲杜景陵專美一時也……即今黃巾滿天下，獨閩地差爲偷安，不見兵革，五十七邑雖半邊海，而簿書錢穀，俱稱易治……閱《除目》，知汪仙友先生赴部已久，不日當出藩臬，若與翁臺同輦入閩，不亦千載一時乎！𤊹明年七十，幸耳目尚未聾聵，牙齒尚未疎，鬚髮尚未白，猶自矜矍鑠。他日與翁臺詞壇對壘，庶幾不知老之已至云爾。附博一笑。拙詩題扇求正。聊見私衷，伏祈慈炤不宣。戊寅正月十日。』（《文集》册八，《上圖稿本》第四四册，第一二三七—一二三八頁）

按：前《寄米彥伯》書，在去歲三月，林文絅爲書郵者，參見去歲。

作《答茅止生》：『弟年七十，耄矣。自識事以來，於神宗之世，享太平之福，了不聞烽烟兵革之警。茲二十年間，遼陽多事，迄無成功。近者流寇數百萬，綿亘三千里，屢破郡邑，勢如潰瓜，安所底止。側聞熊司馬公在鎮，極力剿除，又得翁臺從事于鈐閣中，必有長策措天下于磐石之安，生平雄略當於此時展布。語云：「不逢盤錯，不別利器。」惟茅先生勉旃哉！異日成功，汾陽大業，不足道也！弟桑榆日促，幸未衰頽，猶善飯無恙。社中商孟和、高景倩、林懋禮相繼淪歿，芝焚蕙嘆，寔切驚懼耳。役旋，附候起居，不盡覼縷。戊寅上元。』（《文集》册八，《上圖稿本》第四四册，第一二三八—一二三九頁）

按：『年七十』，舉其成數而言之。徐𤊹今歲六十九。

作致某人札（缺題）：『客歲浪跡芝城，荷盛情篤（繫）〔摯〕，銘篆五衷。還家又辱手教，兼拜腆儀……更所命事，歲内謀之章甫，初亦慨然，既而轉念，恐中丞公内召，在復命之先，不能必其不負然諾……再姑緩一着，惟有漳州王東里公品望甚高，與中丞最厚，與弟亦最爲臭味，或肯緩頰，中丞亦必在念，未審尊意如何？弟亦弗敢力任耳……戊寅上元。』（《文集》册八，《上圖稿本》第四四册，第二七五—二七六頁）

按：此書缺題，據文意，係致建州友人，内容涉及某官司。

又按：浪跡建州，參見去歲。

題《龍龕手鑑》：『偶于萬曆己酉過杭州，購得此書……前序有統和十五年丁酉，乃宋太宗至道三年也。實契丹原本，非蒲帥重梓于浙西者。計今七百餘年，卷帙完好，《夢溪》云重熙二年者，又後統和三十餘年。予考其序，總有一十八萬九千六百餘字也。行均，字廣濟。智光，字法矩。《夢溪》未詳矣。崇禎戊寅元夕徐𤊹興公識。』（馬泰來整理《新輯紅雨樓題記　徐氏家藏書目》，第七三頁）

按：《龍龕手鑑》，遼釋行均撰。宋刊本。

又按：此則匡正《夢溪筆談》三事：一、此本爲契丹原本，非浙西重梓本；二、刊刻時間較《夢溪筆談》所記早三十餘年；三、考出二僧之字。參見萬曆三十七年（一六〇九）。

作《步冒嵩少韻》（詩佚，題筆者所擬）。

按：詳下條。

作《寄冒嵩少戊寅正月》：『羅參軍兄弟抵閩，橐中出台翰，淋漓備知，兖西分憲，勤勞王事……佳詩雄文，自足千古，素所醉心，不獨今日方領珠玉之賜。扇頭長句，過獎何堪！敬步嚴韻，題之小箑，用博一笑，愧木桃不足報瓊，奈何，奈何！且領公郎卷帖，麟趾鳳毛，允爲世端，漫賦二律，用申嚮往。江郎才盡，不堪與少年英鋭對壘，愧甚，恧甚……近報敝邑新令公曹（公）［父］母寔台翁桑梓，諒必瓜葛相仍。不肖老朽無能，不足掛台翁齒頰，惟有一子一孫，俱忝青衿，若足爲公門桃李，乞賜吹噓，俾寒門得藉二天之庇。』（《文集》册八，《上圖稿本》第四四册，第二一八—二二〇頁）

按：『公郎』，即冒辟疆，詳下條。

又按：新令公，即曹鼎臣，字公鉉，如臯（今屬江蘇）人。崇禎十年（一六三七）進士。時爲閩縣知縣。

作《題扇頭贈冒辟疆》（詩佚，題筆者所擬）。

按：詳下條。

作《寄冒辟疆戊寅正月》：『海澨野人，耄期將至，才華已盡，筆硯都焚。近承尊翁老先生遠寄瑶函，不啻故誼，兼睹寒碧樓帖，始知仁兄綺歲負命世之才，即古之子建、子安，不足方也。然所未見者，香儷孤吟之詩，並頭茉莉之賦，與夫種種著作，令人渴慕注想。再覽董宗伯跋語，又知仁兄八法，深得平原筆意。且儲房山水墨長卷，實爲希世之寶。恨不肖老矣，不能走廣陵二十四橋，一申訪戴之意……漫成小詩，題之扇頭求正。』（《文集》册四，《上圖稿本》第四三册，第四八—四九頁）

按：冒襄（一六一一—一六九三），字辟疆，號巢民，一號樸庵，又號樸巢，起宗子，如臯（今屬江蘇）人。崇禎十五年（一六四二）副榜貢生。明亡，與陳貞慧、侯方域、方以智合稱『復社四公子』。書法特妙。有《樸巢詩選》《影梅庵憶語》等。

二月，花朝或稍前，爲陳衎作《〈大江集〉序》，並論及陳、徐五世筆研之交。致書林如周（殘篇）。致書黄伯寵，言當今流寇滿天下，閩地出兵守杉、霞兩關。又致書江禹疏，爲建安知縣王士譽左遷不平。偶訪陳衎，夜劇談，衎有詩記其事。有書致王志道，言食指轉繁，家食彌艱，不得不糊口于四方，擬往山東投巡撫顔繼祖，繼祖爲志道甥，請志道從中斡旋；又言舍親有《册府元龜》二百册，抄録甚整，托代售。陳肇曾訪漳，爲書郵。致書林古度，言古度子祖直入閩事。往濟南依顔繼祖，徐延壽陪侍。曹學佺留之無計；學佺與陳衎有詩送之；臨行，爲學佺竹醉亭畫壁。又曹學佺削牘通于浙江劉魯庵，爲興公介紹。

下旬，興公父子經小湖、水吉，到達浦城。〔一〕

作《〈大江集〉序》：『吾郡陳氏，自民部公與參知、光禄，以至長吉、太冲兄弟，皆有文學。磐生爲長吉之子，箕裘大業，聲稱最著。曹能始選其五世之詩，爲梓以行。夫五世貴顯者，海内恒有之，若五世

〔一〕興公此次遠遊山東，主要是因爲食指日繁，一年的田賦收入不過二十金，不得不外出糊口四方。與老友曹學佺反覆合計，決定投靠山東巡撫顔繼祖。繼祖，龍溪人，王志道之甥。王氏與興公有深交，可從中斡旋，此一；其次，繼祖好文能詩，著有《雙魚集》，請興公序之；巡撫官高，較有經濟迴旋的餘地。後來，形勢吃緊，興公到達濟南城下，不得不返回，顔繼祖仍然饋贈四十金，雖然不是很多，也足夠歸程盤纏。此行携延壽同行而不是鍾震。鍾震比延壽年長四歲，年届三十，應當更加老成，或由於鍾震爲嫡長孫之故，留下他鎮守家業更爲合適；其次，興公對延壽及鍾震的培養，當然都希望他們在科名上有所發展，但事實是，興公更看重鍾震的舉業，而看好延壽的聲律，興公先後爲鍾震刻舉子文《遜業》、爲延壽刻詩集《武夷遊草》等集就是一個證明。再説，延壽待人接物可能比鍾震靈活，思維敏捷，應對酬倡，也許稍高於鍾震，出行帶上延壽，沿途拜會詩友朋舊，似比較得力。

工詩，並著明德，則甚難矣。然予先大令與參知爲執友，於是陳、徐筆研之交，亦歷五世，則又難矣。今讀磐生斯集，深有感也……集名《大江》者，尚含溔淼之思，時切烟雲之想。元龍湖海，卧客子於下床；仲舉蓬蒿，安掃除乎一室。以今況古，途轍攸同，業富藏山，尤深賞譽云爾。崇禎戊寅花朝，社弟徐𤇆撰。』（崇禎本《大江集》卷首）

按：陳衎《先府君行狀》：『先君諱汝脩，字長吉。凡郡中陳姓，皆謂出光州固始。衎門地單寒，不能遠考厥初。高祖源清始以嘉靖辛卯舉人起家，署如皋縣教諭，贈户部主事。曾祖柯，江西左參政。祖鳳鳴，光禄寺監事。迨及先君，凡四世，皆躬行篤學，工文辭。曹能始先生選《十二代詩》，自先户部以至先君，咸搜集鏤梓，所稱《陳氏遺編》者是也。』（《大江集》卷二十）

又按：陳汝脩（一五六八—一六三二），字長吉。著有《緑天詩草》一卷、《閩先賢志》二卷，均佚。陳汝珍，字太冲。𤇆與陳衎文字交誼亦深（詳有關各年），故曰陳、徐筆研之交歷五世。𤇆子子羽、延壽與衎子涓（亦能詩文）等，則交至六世矣。

又按：曹學佺《陳氏遺編》，所選爲陳氏四世詩，陳衎《〈陳氏遺編〉小引》：『曹能始先生取漢至本朝詩合而選之……衎高祖、曾祖，迨王父、先君、先叔，凡四世所遺篇什，咸蒙採録。』（《大江集》卷十二）

作《答林道魯》（殘缺）：『……情不盡。戊寅二月。』（《文集》册八，《上圖稿本》第四四册，第二三九—二四〇頁）

按：此書殘，僅存七字。

崇禎十一年戊寅（一六三八）　六十九歲

又按：林道魯，即林如周。詳萬曆二十七年（一五九九）。

作《寄黄伯寵》：『仁兄出入承明盧，綦貴矣！而弟明年七十，衰朽不足言，閩水燕山，杳隔萬里……當今流寇滿天下，而江右有倡無爲邪教，潛蓄兵器，搔動數郡，吾閩不免震鄰之恐，日夕出兵守杉、霞兩關，時事如此，寔堪敫憂……張生份者，乃謙齋之孫，文藻陸離，非久池中物。今應林錦衣之招，同遊京邸，然通家伯叔，禮當趨謁，惟進而教之……戊二月。』（《文集》册八，《上圖稿本》第四四册，第二四〇——二四一頁）

按：杉、霞兩關，即杉關、仙霞關。

作《寄江伯通》：『乙亥之秋，從王馬石令公處得遠信并佳刻之惠，閩楚雖遥，而神情未始不脉絡也。馬石政聲籍籍允矣，臺省風猷，何期忽掛吏議，左遷粤東，以十四年甲科三任煩劇，然猶不免仕路行難，不猶蜀道乎哉？然建州去思猶在口碑，未嘗一日忘賢大令耳……益陽大令施君青藜，弟之姻戚也。蓋去武陵甚邇，倘有八行見寄，施君可爲雁足耳。兹敝友陳君太樸擢滇南刺史，道經貴邑，太樸善詩，敝鄉夙稱作者，雅慕名德，行當締結知交，毋以五馬驂驔作鑿坏故事是禱。』（《文集》册八，《上圖稿本》第四四册，第二四一——二四二頁）

按：王士譽左遷，去歲十一月所作《寄郭茂荊》云：『近聞王馬石左遷廣東憲幕。』（《文集》册八，《上圖稿本》第四四册，第二三〇頁）

作《偶訪陳磐生劇談》（詩佚，題筆者所擬）。

陳衎《徐興公偶來》：『軒庭風日佳，相思寂春晝。忽聽跫然音，花氣薰袍袖。山回墻角陰，竹偃

石棱瘦。文史紛具陳，主人聯句讀。劇談夜何其，斗酒爲君壽。』（《大江集》卷二）

作《寄王東里都院》：『擬春仲作霞城遊，訪戴之興偶盡，遂弗能偕陳昌箕行……燉年來貧甚，食指轉繁，家食彌艱，不得不糊口于四方。衰朽之夫，跋涉道途，殊非得已。竊惟當今鉅公，能意表行事者，莫踰令甥顔同老中丞，且與燉頗稱臭味，意欲走歷下一訪之。冀得升斗之水，以甦涸鮒，然非台翁力爲慫慂，則不敢唐突。第開府門禁森嚴，鯫生毛刺，無繇得達，冀台翁爲我謀之，慈托昌箕代陳衷曲……近有舍親家藏《册府元龜》二百册，抄録甚整，托燉代售，三山無好書之人，不知台翁需此否？其值價較《實録》稍減也。昌箕少举孝廉，兩次副榜，蹇命不繇，且貧與燉孚，兹行，藉台翁一提挈之。』（《文集》册四，《上圖稿本》第四三册，第四六—四七頁）

按：曹學佺《送陳昌箕之清漳，謁徐雲林憲伯》，有云：『時當三月三，偕遊老吾老。』（《西峰六五草》上）知此書作於是月。

又按：顔繼祖爲王志道之甥，訪顔，至濟南城下，詳本歲冬。

作《寄林茂之》（殘缺）：『郎君至閩候試，税駕芝山。而文宗巡歷汀、漳，大都秋冬之際始歸三山，則當歲科。爾時賢郎高選，待入棘闈也。賢郎不惟文采陸離，而世故亦甚諳鍊，美如冠玉，豈長貧賤者！兄之晚福不卜可知矣！弟兒孫頗工制業，不知能附驥末否？通家子張子均同林錦衣爲京師之行，先趨白門，雅欽名德，幸賜周旋。子均早遊芹泮，且工四聲、古文詞，乞爲廣其交道，庶不負兹行也。餘（下缺）。』（《文集》册八，《上圖稿本》第四四册，第二七六頁）

按：林古度子祖直今歲入閩候試，被選入闈；次歲下第回金陵，曹學佺作《送林祖直歸金陵，寄壽其尊公茂之》(《西峰用六篇詩》),陳衎作《送林祖直還白下》,題下自注:『祖直,郡人,而家南都,就試閩闈,落第却返。』(《大江草堂二集》卷四)

作《遊浙别曹能始、陳磐生》(詩佚,題筆者所擬)。

按:避讒事不詳,疑爲與熥子家庭瑣事之糾紛。[一]

又按:《與顔同蘭中丞》:『近與曹能始商榷再四,計當今名公長者,非翁臺莫能意表行事,竊效少陵依嚴,乃不遠數千里直抵齊東。』(《文集》册五,《上圖稿本》第四三册,第二〇七—二一〇八頁)

曹學佺《送徐興公》二首,其一:『寇遠猶堪避,讒深不可幾。無言仍道路,有子即庭闈。何者爲今是,如君傍古稀。堤頭空折贈,柳絮已飛飛。』其二:『世路何其黯,無風亦自波。月華終皎潔,雨霽轉清和。荔障分閩嶺,蒲帆上浙河。幾時作長計,垂白共烟蘿。』(《西峰六五草》)

曹學佺《興公臨行,爲余竹醉亭畫壁,因再送之》:『留君無計得,繪壁寄丰神。去去山川異,飄飄雲氣新。亭無常醉竹,世有獨醒人。問答隨漁父,行歌在水濱。』(《西峰六五草》)

陳衎《送徐興公遊浙東各郡》:『真有雲山興,尊年尚浪遊。鶯聲隨短策,柳絮拂孤舟。俗軌長相避,僧廬可少留。傷時哀斷雁,體物愛輕鷗。暮靄籠槎浦,朝烟擁石樓。華陽懷舊迹,高史志前修。』

[一] 興公兄子徐莊,曾挾母告狀。興公積書,合父兄所藏數萬卷,字畫也不在少數,爲一筆不小之財産。徐莊雖然椎魯,不可能不知圖籍的價值,疑家産分割産生的矛盾,如何評估圖籍,及圖籍是要不要分割,如何分割,肯定是件麻煩事。興公視圖籍如性命,可能很難讓步。如果興公不讓步,社會可能産生種種議論、流言蜚语。

瀫水趨南住，蘭陰壓北流。樽中彤管健，花底玉笙幽。逆旅詩多妙，佳兒才更優。每篇皆卓絕，無境不殊尤。啼鴂驚鄉夢，平蕪亂客愁。嚴光曾寓越，袁粲暫依劉。磊老巖邊竹，蕭深待早秋。』（《大江集》卷五）

徐延壽有《泊小湖》（《尺木堂集·七言絕句》）。

徐延壽有《寒食道中》（《尺木堂集·七言絕句》）。

按：二月二十日清明。

徐延壽有《水吉舟中見新月》（《尺木堂集·七言絕句》）。

按：水吉，在甌寧縣（今建甌市）。（康熙）《建寧府志》卷七《公署》上『水吉驛』：『在禾吉里，宋設。』

徐延壽有《柘浦戲作》：『郎君馬上柘弓張，遊女輕衫染柘黃。偶爾相逢當柘浦，筵前還舞柘枝長。』（《尺木堂集·七言絕句》）

按：柘浦，即浦城縣，以其地有柘嶺、柘水，多柘樹，故名。李賢《大明一統志》卷七十六《福建·建寧府》『浦城縣』條：『在府城東三百三十里。本漢東侯官縣地，漢末置漢興縣，吳改曰吳興……（唐）天寶初始改浦城，宋元仍舊。本朝因之。』

又按：（康熙）《建寧府志》卷五《山川》下『浦城縣』：『柘嶺，在雁塘里……謝靈運《永嘉記》云：「柘水源出吳興縣。柘嶺以地多柘樹，故名。」』

三月，出閩省，經瀫水，遇章自炳，周旋兩日。至杭州，宿靈隱寺妙香上人房；有詩贈張遂辰；逢舒弘慈，舒將赴興化任。與武林鄭夢絲飲遂辰子齋頭，於西湖送春。

徐延壽有《姑蔑夜泊》(《尺木堂集·七言律詩》一)。

按：姑蔑，衢州舊稱。已見。

徐延壽有《信安夜訪徐鳴玉溪畔園居》(《尺木堂集·七言絶句》)。

按：信安，衢州别稱。

又按：徐國珩，字鳴玉，衢州(今屬浙江)人。叔祖徐學聚，曾任福建巡撫。

徐延壽有《蘭溪訪章無逸，不遇》《嚴灘拜謝皋羽先生墓》(《尺木堂集·七言絶句》)。

徐延壽有《宿靈隱寺妙香上人房》《湖上逢林六長》(《尺木堂集·五言律詩》一)。

徐延壽有《湖舫枕上聞黄鸝聲》《湖上送唐禪一歸蘭溪》《妙香上人約再遊靈隱，不果》《孤山訪張幼青、周天兄弟不遇，因拜其尊人青林先生墓》《陳平若侍御招飲》《西湖竹枝詞》(《尺木堂集·七言絶句》)。

徐延壽有《西湖》二首、《西湖送春》、《岳墳》(《尺木堂集·七言律詩》一)。

作《漫賦一詩贈張卿子》(詩佚，題筆者所擬)。

按：張卿子(一五八九—一六六八)，即張遂辰，號相期，祖籍江西，隨父遷居杭州。早年入國子監，後期隱居行醫。曾參訂《傷寒論》。

又按：《寄張卿子》：『去春再過虎林，深荷注念，宴款殷勤……次日即出羅剎江頭，漫賦拙詩，未遑呈覽。』(《文集》册四，《上圖稿本》第四三册，第一四七頁)

又按：此書作於崇禎十三年（一六四〇），參見該歲。

又按：《寄永覺禪師》：『爀戊寅道經虎林，來往匆匆。』（《文集》册四，《上圖稿本》第四三册，第九八頁）

又按：《續筆精》卷二『前生』條：『予以戊寅偶至杭城，逢舒君赴興化任。』

又按：舒君，即舒弘慈。天啓四年（一六二四），以禮經魁粵西鄉試，崇禎九年（一六三六）授繁昌令，十一年謫興化郡幕。

又按：徐延壽有《武林鄭夢絲，以戊寅同予先人飲張卿子齋頭，今來閩中，以詩見贈賦答》（《尺木堂集·七言律詩》二）。

又按：《寄章（怗）[岵]梅》：『歲在戊寅之夏，爀爲吴越遊，路經瀫水……偶值台駕有武林之行，維舟兩日夜，耑待旋軫，苦於長年催迫，竟不得摳侍函丈，但留一刺及曹能始一函於掌。』（《文集》册五，《上圖稿本》第四三册，第二三一—二三二頁）

五月，有書致原建安縣知縣王士譽，憶建州時情景；士譽時左遷粵東，宦海波濤，人不可測。十一日，致書江禹疏，言王士譽左遷粵東；在建州時得其照顧。

作《寄王馬石》：『憶乙亥之歲，浪跡芝城，荷老父臺用情周篤，不以不□相遺。華黄[一]山玩月，丹青閣納涼，衙齋賞玩書畫，屈指厚叨華宴。及與詹父母見招，廿有餘度……丙子掄才之後，榕城僅一

[一] 按：『華黄』當作『黄華』，黄華山，在建安（今建甌）。

晤言……閱邸報，偶得左遷之耗，何水鏡之闇沕、宦海之波濤如是，誠令人不可測識耳。近聞星軺已指粤東……兹有舍親爲令滇南，道經貴邑，聊附姓名，致之江伯通……戊寅五月。』（《文集》册四、《上圖稿本》第四三册，第三一一—三一二頁）

作《寄江伯通》：『前月陳舍親守姚州，道繇貴里，草草附八行耑候。知不作洪喬凉德，浮沉於湘流漢水間也。弟在建州，荷王馬翁用情篤摯，足稱生平知己，近聞已指粤東，遂不復致書修問。閩廣雖云接壤，而魚鴻之托孔艱。兹偶逢林舍親出宰滇中，桃花仙源，所必經之路，聊附一函於左右，爲轉寄于馬石翁……戊寅五月十一日。』（《文集》册四，《上圖稿本》第四三册，第三一一—三一三頁）

按：前月陳舍親所携書，見四月《寄江伯通》。

又按：聊附一函轉馬石翁，即上條《寄王馬石》。

又按：《寄王馬石司理》：『昨歲之夏，有舍親令滇南，始附空函，托江伯通轉致。』（《文集》册四，《上圖稿本》第四三册，第三一九頁）參見次歲。

夏、秋間，興發扁舟，抵明州訪舊。與李埈往阿育王寺隨喜。以延壽、鍾震尚無子嗣，携子延壽渡海，瞻禮定海普陀禱嗣。歸渡曹娥江。有書致許豸，言渡海由其提供舟楫，過蛟門，欽總王之羽遣舟護送；同遊者杜言上人。又致黄元公，言普陀歸舟過寧波，未及言別。又致余遂我，賀其陞閫司；言目下即往齊東，年内未必能歸。又往東山訪謝國將軍，不遇。與徐延壽過吴門。

徐延壽有《宿四明阿育王寺》《謁賀秘監祠》（《尺木堂集·七言絶句》）。

徐延壽有《出蛟門渡海遊普陀、雒迦山》（《尺木堂集·七言律詩》一）。

按：顧祖禹《讀史方輿紀要》卷九十二《浙江》四：『蛟門山，在（定海）縣東海中，去岸約十五里。環瑣海口，吐納潮汐。一名嘉門山，出此即大海洋，昔稱「蛟門」「虎蹲」，天設之險是也。』

又按：徐鍾震《先大父行略》：『歲戊寅，尚平累完，剡溪興發，扁舟抵明州訪舊，渡海禮洛迦、潮音諸勝。復遍歷齊魯之□。歸途，炙鷄絮酒，入苕川，哭昭度潘公[一]，不孝延壽侍焉。』（《雪樵文集》）

又按：《寄李公起》：『憶同阿育隨喜舍利，忽忽五年。』（《文集》册五，《上圖稿本》第四三册，第一九六頁）

又按：《寄杜言上人》：『昨歲偶至明州相遇，杯酒道故，方外情誼尤敦。蛟川信宿，洛伽同遊，更爲奇遘。』（《文集》册四，《上圖稿本》第四三册，第一七一—一八頁）

又按：此書作於次歲。

又按：《寄李公起》，作於崇禎十五年（一六四二）。

作《與許玉史》：『日者奉別，值尊恙未平，有缺晤謝，恝然於心，而感戢□私，頂踵難諼。弟年已望七，一子一孫，俱未夢蘭，兹挈豚兒特爲禱嗣計，恭禮普陀。承賜巨艦渡海，波平風便，寔□壯觀，莫非法力所庇耳。欽總王之羽者，其兄應遴，今官中翰，與弟舊交，昨過蛟門，遣舟護送，並命輿登山，叙通家之誼，情禮篤摯……戊寅。』（《文集》册五，《上圖稿本》第四三册，第二〇五頁）

[一]『哭昭度潘公』以下，旁增六字，漶漫模糊。

作《與黃元公》：『弟以初秋之望，爲普陀遊。擬歸鄮城與台丈快談而別，及返棹，值海憲行部入杭，旦暮至署，而敝鄉親□踵至，似當稍避踪跡，遂接浙而行，弗及再詣奉辭……兹因平若先生使歸，肅此布謝……戊寅。』（《文集》册五，《上圖稿本》第四三册，第二〇六頁）

按：鄮城，指寧波。李賢《大明一統志》卷四十六《浙江·寧波府》『建置沿革』條：『《禹貢》揚州之域……夏、商、周皆爲越地，秦置鄞、鄮、句章三縣屬會稽……（唐）開元中以鄮縣置明州。』

又按：平若先生，即陳朝輔。詳崇禎七年（一六三四）。

作《寄余遂我》：『台臺榮行後，又得手教，已極力與曾公圖萬全矣。弟四月中爲貴省之遊，□□□者兩月。舟過仙鄉，知台翁在□，徒瞻紫氣熒熒而已。近抵杭州，閱邸報，知台翁高陞閫司，竊爲欣忭。想九月中必回閩，以督竹崎稅務……目下即往齊東，年内未能歸賀，偶因便鴻，肅此申候，不盡。戊寅。』（《文集》册五，《上圖稿本》第四三册）

按：《寄謝寤雲元戎》：『客歲中秋，瞻禮普陀，歸渡曹江，即艤棹仙鄉，冀覿光輝，一叙十年離索，乃抵孟家洪，問太傅東山棋墅，見山原鬱抱，山巒環繞，緑野江天，儼若圖畫。及扣玄亭，閽人云台駕方入越城，徘徊久之，但望園中修篁萬挺，吟「看竹何須問主人」之句。仍鼓枻入城，猶冀可圖晤對，乃使者又云：已同遂東先生有鄉村之行。無奈舟子促發，不能少待，遂孤良晤，悵如之何！昔子猷山陰訪戴，興盡而返，今日不肖得無類是乎？』（《文集》册四，《上圖稿本》第四三册，第四五頁）

又按：此書作於次歲。

作《姚江開帆，口占贈智鑑上人》（詩佚，題筆者所擬）。

按：智鑑上人，寧波延慶寺僧。

又按：《寄智鑑上人》：『客延慶兩月，支、許之誼益深。姚江分手，真不忍別，禪兄故自多情，而弟黯然銷魂者數日也。開帆後口占一詩，今書求正。』（《文集》册五，《上圖稿本》第四三册，第二二四頁）

又按：此書作於次歲。

徐延壽有《寄内》：『離家正值晚春殘，忽爾西風動朔寒。』（《尺木堂集·七言絶句》）

徐延壽有《吴門舟中》（《尺木堂集·七言絶句》）。

八、九月間，過毗陵、瓜洲、寶應湖、露筋祠、峒峿鎮，過寶應湖，渡黄河，望岱嶽。

徐延壽有《毗陵舟中寄器之姪》：『江南行盡路三千，客裏爲家半在船。破鏡幾看初月上，寒衣誰授在霜前。酒因稱量拚微醉，夢可還鄉任熟眠。遥憶阿咸書屋畔，樹頭新摘茘奴鮮。』（《尺木堂集·七言律詩》一）

按：毗陵，今江蘇常州市。李賢《大明一統志》卷十《常州府》『建置沿苦』條：『周初屬吴……晋太康初省校尉分吴郡置毗陵郡。』

又按：霜前，八月。茘奴，龍眼别稱，龍眼成熟在八月。

徐延壽有《瓜州夜泊》（《尺木堂集·七言律詩》一）。

按：瓜州，即瓜洲。李賢《大明一統志》卷十二《揚州府》『瓜洲鎮』條：『在府城南四十五里，蓋揚子江之沙磧。其狀如瓜，居民稠密，商賈畢集。鎮有瓜洲渡以通鎮江。』

徐延壽有《過寶應湖》（《尺木堂集·七言律詩》一）。

按：寶應湖，在今江蘇寶應縣。

徐延壽有《露筋廟》（《尺木堂集·五言律詩》一）。

按：露筋廟，即露筋祠，在今江蘇高郵城南。李賢《大明一統志》卷十二《揚州府》『露筋祠』條：『在高郵州南三十里。舊傳有女子夜過此，天陰蚊盛，有耕夫田舍在焉。其嫂止宿。女曰：「吾寧處此死，不可失節。」遂以蚊死，其筋露焉。』

徐延壽有《峒峿鎮》（《尺木堂集·五言律詩》一）。

按：峒峿鎮，在今江蘇新沂市峒峿山下。

徐延壽有《渡黃河》《望岱嶽》（《尺木堂集·七言律詩》一）。

九月，過沂州、郯城、蒙陰，九日，過琅琊，徐延壽一路有詩。至濟南城下，致書顏繼祖中丞，並詩四首，先遣小力入報。濟南告急，顏氏無心留客，客亦不敢留，僅住三日，顏繼祖贈以資斧而歸；又有書答顏氏。繼而濟南失守，幾作刀下之俎。又由濟寧、閘河而歸。後經吴門，在吴度歲。南歸，徐延壽途中有詩紀程，僅存數首。

徐延壽有《宿沂州城内》：『地入琅琊郡，飛沙暗古原。』（《尺木堂集·五言律詩》一）

按：沂州，治所在今山東臨沂。李賢《大明一統志》卷二十三《山東·兖州府》『沂州』條：『在府城東三百六十里，本齊、魯二國之境，秦、漢、晋皆爲琅琊郡地……後周改沂州。』

徐延壽有《剡城道中》：『風來刀刮面，沙起幕籠身。』（《尺木堂集·五言律詩》一）

按：郯城縣，在今山東臨沂市南部，地處魯、蘇交界。李賢《大明一統志》卷二十三《山東·兗州府》『剡城縣』條：『在州城東南一百二十里，古剡子國地。漢置剡縣。』

徐延壽有《過蒙陰古顓臾地》（《尺木堂集·五言律詩》一）。

按：蒙陰縣，臨沂市下轄縣，在山東中部。李賢《大明一統志》卷二十三《山東·兗州府》『顓臾城』條：『在費縣西北九十里。魯附庸國，季氏將伐顓臾即此。隨置顓臾縣，屬沂州。』

徐延壽有《琅玡九日》（《尺木堂集·七言絶句》）。

按：琅玡，古郡名，今山東臨沂市。

徐延壽有《歷下曉行》（《尺木堂集·七言律詩》一）。

按：歷下，山東濟南別稱。

作《齊東途中四首寄顏中丞》（詩佚，題筆者所擬）。

按：詳下條。

作《與顏同蘭中丞》：『㓨奉教於大君子有日，雖雲泥迴隔，荷翁臺不以某爲樗朽，注之交藉之末。知己之感，永矢弗諼。然某沉冥草澤三十餘載，足跡不履江湖，兹年且衰暮，尚有一二因緣，力弗克了。近與曹能始商榷再四，計當今名公長者，非翁臺莫能意表行事。竊效少陵依嚴，乃不遠數千里直抵齊東，自淮北登陸，輿馬浹旬，委頓殊甚，夜來暫憩□舍莊，尚離半日程，即欲入城，恐城内旅舍無駐足之所，耑遣小力奉聞，乞先賜居停，然後晋謁。知高誼隆篤，不終棄也。途中偶成四詩，情見乎

辭。』(《文集》册五,《上圖稿本》第四三册,第二〇七—二〇八頁)

作《又復[顔同蘭中丞]》:『某向晦跡山林,北方未曾履歷,日者到此,正恐翁臺有不便接見,遂止于三十里外。頃承手教,曲盡真情,某豈有胸無心而不體諒尊諭。又承台賜隆渥,足供還鄉資斧。阮途中不敢不拜,近從郯城、山洛而至,今則由濟寧、閘河而歸。』(《文集》册五,《上圖稿本》第四三册,第二〇八—二〇九頁)

按:《寄邵肇復》:『某從别後,食貧不堪。去夏出遊吴浙,落落不稱意,妄想山東開府有舊雅,間關數千里往訪之。正值虜氛告急,灾切震鄰。開府無心留客,客亦不留,僅住三日,贈我資斧而歸。若稍稽延,必作刀下之俎。此又大幸也。』(《文集》册四,《上圖稿本》第四三册,第二二頁)

又按:《寄王馬石司理》:『至齊東,一聞虜警,即策騎南歸,抵吴門度歲。詎知濟南失守,青齊一帶,勢如潰水。』(《文集》册四,《上圖稿本》第四三册,第三九頁)

又按:《寄邵肇復》《寄王馬石司理》作於次歲,即崇禎十二年,參見該歲。

又按:《寄吴光卿》:『吴越淹留數月,至臘前方抵歷下,值虜氛熖熾,顔中丞無暇留客,𢤱睹景色不佳,遂不入城,急索資斧而歸。至吴門,便聞歷城失陷,中丞竟以法死。若稍淹留,必犯虜鋒,無生理矣。』(《文集》册五,《上圖稿本》第四三册,第二四七—二四八頁)

又按:《寄吴光卿》作於崇禎十四年(一六四一)。

又按:《寄林茂之》:『弟去歲孟浪出遊,歸來仍復故吾。老年間關道路,豈得已哉!』(《文集》

册四，《上圖稿本》第四三册，第一〇八頁）

又按：《寄林茂之》作於崇禎十二年（一六三九），詳該年。

又按：《寄杜言上人》：『弟孟浪至齊東，值虜氛報警，遂爾奔歸，至吴門度歲。』（《文集》册四，《上圖稿本》第四三册，第一七頁）

又按：出行青齊干謁，實不得已，形勢吃緊，顏氏自顧不暇，輿公狼狽南還。

徐延壽有《濟寧登太白酒樓》（《尺木堂集·七言律詩》一）。

按：太白酒樓，在今山東濟寧市。李賢《大明一統志》卷二十三《山東·兖州府》『李白酒樓』條：『在濟寧州南城上。唐李白客任城時，縣令賀知章觴之於此。今樓與當時碑刻俱存。』

徐延壽有《淮陰夜泊》：『水接河流色盡渾，南歸重此泊黄昏。明宵何地孤舟宿，衰柳陰中又一村。』（《尺木堂集·七言絶句》）

徐延壽有《漂母廟》（《尺木堂集·七言絶句》）。

按：漂母廟，在今江蘇淮安市。李賢《大明一統志》卷十三《淮安府》『漂母墓』條：『在府城西四十里，舊淮陰縣北。《寰宇記》：（韓）信爲楚王，立塚以報漂母，即此。』

徐延壽有《揚州旅夜》（《尺木堂集·七言絶句》）。

徐延壽有《京口夜泊》（《尺木堂集·五言絶句》）。

按：京口，今江蘇鎮江舊名。李賢《大明一統志》卷十一《鎮江府》『建置沿革』條：『三國吴初都于此，及遷都秣陵，乃置京口鎮。』

徐延壽有《京口》(《尺木堂集·七言律詩》一)。

冬,歲寒,歸途未趨金陵,於途中兩致書冒起宗,叙往歷城原委始末;並言有文及雜著各三十餘卷,請其爲沙縣知縣閻汝梅説項,爲刻文集,並乞七十壽詩。又作一詩題扇頭贈蔡熙陽元戎(今佚),請冒起宗轉致。致蔡熙陽書言,曹學佺輯《石倉十二代詩選》,向蔡氏提供之詩集,業已采摭付梓;又乞索《狼山志》。在姑蘇,邂逅詹兆恒,别去後有書致之,言歸閩後,決計買山終老,不能再垂耄役役風塵。又致何九雲,賀其榮晋民部。又致黄居中,言有《續筆精》四册,日後録副本呈之。客姑蘇,子徐延壽同林雲鳳於閶門敗肆中覓得元袁士元《書林外稿》,題之。爲林雲鳳作《像贊》。過嘉興,嘉興守贈資斧,僅得免。爲毛晋編《元人十種詩》撰序。歲末,兩致書李衷純,遣一力渡江,問訊,贈牙筯、束香、海粉、薇露、詩扇、《筆精》。又致陶雲從,言自别後已五年,一水盈盈,未能趨訪。

作《寄冒辟疆二律》(詩佚,題筆者所擬)。

按:詳下。

作《寄冒嵩少》:『令親羅參軍去歲抵閩,荷華函遠寄,重以金玉之章,披諷再三,宛若面質。今春參軍過里,曾附小札并拙作,恭和嚴韻,兼致公郎辟畺兄二律,區區鄙懷,已悉前牘矣。某落魄無似,晦跡山林,頗以柔翰自娱。向所請教《鼇峰詩集》,前撫閩大中丞南公已爲授梓,尚有蕪文三十餘卷,雜著稱是。兹馬齒衰暮,竊念一生苦心,後世必有相知定吾文者,限于力微,莫辦剞劂,近與敝友曹能始商榷,以今齊東顔撫軍與某有夙契,不自揣度,間關六千餘里,始達歷城。值撫軍臺署祝融,旱蝗作祟,又因疏糾前撫,正在飲冰茹蘗、憂讒畏譏之際,不便爲馮驩幸舍之留,但捐廉俸爲贈,覘其景象如斯，遂不敢淹滯東土，信宿而返。昨過廣陵……今暫趨秣陵，貸資斧爲歸計，敬遣小力直詣龍門，兩有所請。今親閻和陽父母，方宰沙邑，蓋其尊公立翁先生向守樵川日，曾下孺子榻者兩月，久抱知己之感。爾時令君已登賢書，亦知賤姓名……某南歸，順途擬一相訪，僭懇吹噓，乞發一矢，雖樗櫟朽材，不足爲臨邛重，寧不承台命爲兢兢哉？且沙稱善地，似可助梨棗之費，倘徼惠于令君，以終厥事，即翁臺餘波之所及也。更敝邑曹老父母莅任以來……惟有一子延壽，一孫鍾震，俱厠青衿，頗解操觚，書種可繼，并藉鼎吕收桃李于公門，若得九方一顧，駑駘之價自倍耳。某明年政七十，初秋二日爲生朝，辱吴浙名公各有贈言，求鴻筆一律，書諸掛幅，爲蓬蓽之光，辰下未敢叠煩子墨，或寄曹父母便鴻亦易達耳。能始選梓《十二代詩》，太翁老先生及佳作俱已刊行，然淮海英靈收之未盡。』（《文集》册五，《上圖稿本》第四三册，第二〇九—二一二頁）

按：閻和陽，即閻汝梅。汝梅，江都（今揚州）人。時爲沙縣知縣。

又按：立翁先生，即閻士選。士選，汝梅父，江都（今揚州）人。萬曆八年（一五八〇）進士，授蘄水知縣，陞邵武知府。有《禮記指南》。

作《題扇頭寄蔡熙陽元戎》（詩夫，題筆者所擬）。

按：詳下條。

作《又寄冒嵩少》：『羅參庫以解餉遇流寇，跋踕良苦，尚虧六百餘金，某與敝友周章甫司理極力斡旋，始得結局……更淮上蔡熙陽元戎，向宦敝省都閫，與某最善，近往訪之，方出鎮狼山數日，只尺相失途中，賦一詩題扇頭寄懷，無由得達，知通州去貴邑不遠，煩覓便鴻致之爲荷。某此歸，順途至吴興訪烏程令劉君，乃敝鄉瓜葛也。偶閱除目，李公瞻麓正令歸安，蓋李氏有諱思訓字于庭者，與某舊知。而貴同年解伊人公祖亦與某有金石契，皆歸安公至戚，倘可爲屋上烏，并借先容，或稍助歸資，此亦阮途不得已之計也。』（《文集》册五，《上圖稿本》第四三册，第二一二一—二一一三頁）

按：李思訓，字于庭，維揚（今揚州）人。有《粤遊草》等。

又按：解伊人，即解學尹。詳崇禎八年（一六三五）。

作《寄蔡熙陽元戎》：『自節鉞離我閩南，屈指將十星霜……敝友曹能始觀察，年來編輯《十二代詩選》，而本朝尤盛，老祖臺向見教諸集，業已付之授梓行世。往往稱祖臺文事武備兩相優長。匪諛，匪諛！憶不肖馬齒六十時，承雅念殷篤，賜詩賜賀，至今刻之肺肝。近有齊東之行，道經淮陰，修刺奉候，冀得一叙闊悰，乃旌旆方出鎮狼山者數日。只尺河漢，信人生良晤之難也。舟中偶成小律奉懷，題之扇頭，請政。兹再返淮上，無繇寄將，偶遣力至如皋候冒嵩老，因托代致……不肖明秋又當七袠，横槊之暇，乞惠華衮，勝于桃棗之祝。向見狼山有《志》，便間寄一部何如？臨楮神往。』（《文集》册五，第四三册，第二一一四—二一一五頁）

作《寄詹月如侍御》：『金閶邂逅，舊誼宛如建州之黄華、丹青間，恨匆匆分携，若勞燕東西之不相及……某初擬浪遊白門，再奉教於左右，兹以歲逼，還家爲買山終老計，不能垂亳而役役風塵耳。正發櫂於吴閶，偶逢舍親林生銓有留都之行，附此脩候。林生，世家子，工於四聲，在敝鄉有名於時。』（《文集》册五，第四三册，第二一一五—二一一六頁）

按：詹兆恒，甌寧（治今建甌市）知縣。黄華，黄華山；丹青，丹青閣，均在建甌。

作《寄何兄悌》：『憶台兄初蒞任留都，過榕城，枉顧蓬蓽，一見如平生歡。隨即趨候，未獲面譚爲悵。次日賦詩題扇頭奉送，而台旌已發，遂不及致。丙子之秋，令兄訪弟山齋談及，曾亦索觀，今台兄榮晋民部，則前詩似爲陳言，無庸贅呈，尚容嗣寄以布區區。弟浪遊齊魯，兹税駕金昌，初擬趨秣陵爲三山二水遊。歲逼天寒，買櫂南歸，偶逢舍親林六長有建業之行，附候興居。林生世家子，工於四聲，在敝鄉有名於時。』（《文集》册五，第四三册，第二一六—二一七頁）

又按：林銓，字六長，侯官人。有《林六長集》。

作《寄黄海鶴》：『自邵肇復從白門還，某連年客建州，未獲聞問于長者……某今秋偶爲齊魯之行，擬順途趨秣陵躬候起居，叙四十年契闊，緣天氣漸寒，老人不耐，遂返櫂抵姑蘇，爲申清門方伯留寓兩旬，辰下束裝南歸，偶逢舍親林六長有留京之遊，附申遠懷。至于區區近況，林生悉知，不足述也。某年來又著《續筆精》四册，隨筆而書，尚未排纘，容録副本求正。明夏爲期耳。』（《文集》册五，《上圖稿本》第四三册，第二一七—二一八頁）

按：黄海鷗，即黄居中。此篇略有缺文。

又按：《筆精》爲黄居中所刻。

徐延壽有《〈書林外集〉識語》：『崇禎戊寅冬，予侍家大人客姑蘇，偶同友人林若撫於閶門肆中得《書林外集》一册，不署姓名，前缺序文，而卷末復脱數版。細閲其詩，知爲元人，鄞産也。及携歸，考《寧波府志》，士元載于《文學傳》。因録於卷端。徐延壽識。』（《書林外集》卷首，福建省圖書館藏）

崇禎十一年戊寅（一六三八） 六十九歲

按：《答黃帥先》：『至嘉禾，嘉禾守乃亡兒同研席友，頗贈資斧。』（《文集》册四，《上圖稿本》第四三册第一一三頁）

又按：此書作於次歲。

作《〈元人十種詩〉序》：『夫詩以唐爲宗。自蘇、黃諸公一變唐調，别出格律，南轅以後，競趨道學，恒以義理入四聲，去風人之旨遠矣。迨夫勝國之世，雖以腥膻而主中華，其間修詞之士蜂起，盡洗陳腐羽氣，冲恬者師右丞、襄陽，濃麗者媲義山、用晦，奇峭者邁長吉、飛卿……海虞友人毛君子晉，博雅鏡古，凡人間所未見之書，殫精搜索。雲間眉道人擬之縋海鑿山以求寶藏，誠然哉。向於宋人詞調及金人選詩，咸付殺青，近又取元人十種，手自讎訂，布諸宇内。如雲林、子虚、仲瑛、伯雨、虚中、南邨輩，皆吴浙英靈，抽毫掞藻，譬之雕陵藴玉，合浦孕珠，其所産者裕，烏足稱奇。至於天錫、易之，崛起窮髮不毛之域，乃能變侏儷之音，流商刻羽，含英咀華，駸駸闖作者之室……子晋家富宛委之藏，所收當不止此，此十種乃先行之。予性癖眈書，亦喜搜先代遺稿，尚有元集五十餘家，不敢自秘帳中，期與子晋公之同好，是則予之志也夫。崇禎戊寅長至，閩都徐𤊹書於吴門之華蓮庵。』（馬泰來整理《新輯紅雨樓題記　徐氏家藏書目》，第一六六—一六七頁）

按：《元人十種詩》，明毛晉輯。崇禎刊本。

又按：毛晋（一五九九—一六五九），字子晋，常熟人。藏書甚富，多宋元善本，建汲古閣以貯之。校刻《六十種曲》《元人十種詩》等，著有《隱湖題跋》。

又按：徐𤊹論詩宗唐抑宋，以爲元詩跨邁兩宋，直接唐音。

又按：參見崇禎十三年（一六四〇）。

作《林若撫像贊》：『三十年前，與君神契，詩筒往來；三十年後，與君把臂，杖屨追陪。詩吟萬首，酒飲千杯。陶陶然，類伯倫之任達；纚纚然，若子建之多才。當今詩道漸靡，非君力追正始，何能挽風俗之頹哉！』（《文集》册十二，《上圖稿本》第四五册，第三一七—三一八頁）

按：萬曆三十六年（一六〇八），㶿作《送林肩吾還吴兼寄令郎若撫》，或爲神契詩筒往來之始，至今歲過吴，歷三十一年；『三十年前』，舉其成數。

按：徐㶿携子延壽至吴，上條徐延壽與林雲鳳訪書肆，亦必於此時重會到林雲鳳，因作此《像贊》。

又按：數十篇《像贊》，偶有論詩，如此篇言及當世詩風者則不多。

作《寄李玄白運長》：『自熊軾離閩邦，歲已五易……近抵禾城，訪郡二千石，留寓祥符蘭若者半月矣。到日，即詢姚叔祥先生，知仙居去郡三十餘里，初與叔祥相約奉訪，因其久在當湖未返，一水盈盈，有孤良晤……特遣一力渡江，用訊興居。』（《文集》册四，《上圖稿本》第四三册，第三四—三五頁）

按：禾城，即嘉禾，今浙江嘉興市。

又按：熊文燦去閩在崇禎五年（一六三二），徐㶿撰《大中丞熊公平遠臺勒功碑》。參見該歲。

作《又［寄李玄白運長］》：『㶿自少日，即侍教於海内大方君子，屈指四十餘年……近過鄭鄉，擬奉色笑，飫領大教，緣有一水之隔，未能登堂叩首，反辱華篇見和，重以腆貺稠叠。客邸屠蘇有色矣，歲已迫除，必迎春後，方得啓行，或能候台駕一晤言也。』注：『牙筯、束香、海粉、薇露、詩扇、《筆精》。』

（《文集》册四，《上圖稿本》第四三册，第三四—三五頁）

作《寄陶龍見》：『文駕涖我閩都，獲侍壇坫，荷長篇見贈，燦若貫珠……烏石山樓別後，又五歷星霜，美人之思，時廑夢寐。近抵兕央湖上，訪二千石，留寓祥符蘭若，到日，即詢動履於姚叔祥先生，云尊居在王江涇，去城三十里而遥，一水盈盈，未能趨訪。』（《文集》册四，《上圖稿本》第四三册，第三六頁）

按：陶龍見，即陶雲從，詳崇禎八年（一六三五）。自崇禎八年別後至今五年。

十一月，致劉魯庵，言十七日長至，至湖州，吊潘曾紘。在湖州致書茅元儀，謝數年前贈《十賚堂集》，言及曹學佺選明詩，並爲之乞吴夢暘（允兆）詩。

作《復劉魯庵》：『建溪蕭寺，辱承枉顧，始挹春風，深感先施，徒慚疎節。近入苕中，耑爲吊潘昭度公祖，以酬向時特達之知，故不遠千里而至。臨行，曹尊老雅念，爲削牘通于左右。』（《文集》册四，《上圖稿本》第四三册，第三六—三七頁）

作《寄茅孝若》：『弟自弱冠至馬齒七旬，而精神嚮往於左右者，五十年矣……數年前承教《十賚堂集》，知高明不棄愚陋。弟在病中，未能裁書報謝，至今用以爲歉。每與能始聚首，輒興玄度之思。吾儕俱在桑榆之境，安可生同時而不把一臂乎？長至之日，抵苕霅間，耑修炙絮于潘昭度中丞，以酬向日特達之知。擬趨淥溪一通姓名，苦于嚴寒，思歸念切，僅在菰城信宿，遂扁舟南還。生平願見之私，又付之東流而已。奈何，奈何！能始鋭意選詩，而於我朝廣蒐，於朋友尤置力。吴允兆先生集，閩地絶無，既屬高誼殺青，必有副本，乞寄二部，一予能始，一予不肖。急覓便鴻寄將，不啻南金、竹箭也。弟行矣，謹托報恩觀道士潘致虛轉致。』注：『已送到。庚辰有回書。』（《文集》册四，《上圖稿本》第四三册，第三七—三九頁）

徐延壽有《吴興後林村哭大中丞潘昭度先生》，自注：『公以虔臺勤王，卒于道。』（《尺木堂集·七言律詩》一）

徐延壽有《登烟雨樓》（《尺木堂集·七言律詩》一）。

按：烟雨樓，在浙江嘉興。李賢《大明一統志》卷三十九《浙江·嘉興府》『烟雨樓』條：『在府城東南湖濱。宋方萬里詩：「樓壓重湖壯矣哉，樓前圖畫若天開。」』

十二月，徐延壽于吴市購得盛時泰《牛首山志》，興公爲作題識。

按：題《牛首山志》：『盛仲交輯《山志》二卷，但採近代詩文，而先朝著作概未及收。至于仲交自言，國初袁景文、高季迪、劉子高皆有刻集，亦不見傳，又楊東里、解春雨、吴匏庵集俱不能獲。是知仲交家鮮藏書，草草據目前所見者而録之，譬之三家村設賽［廟］大會，動輒弗備。甚矣，著書必資於博雅，□必資於載籍耳。予兒有書癖，行經吴市，見而購之，正在除夕之前，客邸闃寂，細爲按閲，漫識。崇禎戊寅，七十翁徐興公書。』（馬泰來整理《新輯紅雨樓題記　徐氏家藏書目》，第八九頁）

按：《牛首山志》，明盛時泰撰，萬曆七年刊後人增補本。

又按：盛時泰（一五二九—一五七八），字仲交，號雲浦，上元（今南京）人。此則言盛氏著書之草率，不可取。

又按：參見次歲二月。

徐延壽有《客况》：『齊國吴郡兼兩浙，夏殘秋盡復三冬。客中細記天邊月，一度團圞一處逢。』（《尺木堂集·七言絶句》）

是歲，曾孫汝寧（一六三八—一六七六）生。

按：《寄余鵬先》：『弟今年七十，昨歲已得曾孫，差娱目前。』（《文集》册四，《上圖稿本》第四三册，第四三頁）

又按：《復李子山》：『去秋得一曾孫，差可娱目前耳。』（《文集》册四，《上圖稿本》第四三册，第一一七頁）

又按：以上二書作於次歲。

又按：《荆山徐氏譜·世系考》：『汝寧，字允康。行一百十二。鍾震公長子，生崇禎十一年戊寅四月二十一日戌時。』

又按：汝寧卒於康熙十四年乙卯八月十七日，年三十九。

是歲，曹學佺爲張經詩集作序。

曹學佺《張襄愍公詩集序》：『予里先時科名頗盛，而求其爲内贊助機務、外制七省，以一手而障半壁之東南，則惟襄愍張公獨也。然不但一鄉，即天下亦無之也。予儹選《明詩》，物色於鄉，在昔先正，固自寥寥，得公之詩而捧讀之，志意和平，音律鏗鏘，步唐作矣。』（《西峰六五文》）

按：張經，字廷彝，侯官洪山人。有《半洲集》。

崇禎十二年己卯(一六三九) 七十歲

曹學佺六十六歲,林古度六十歲,徐鍾震三十歲,徐延壽二十六歲

正月,繼續逗留吴地。友人陳衎有詩懷之(衎尚不知興公已南返)。携子延壽訪錢謙益于拂水,搜所藏書,並相約讀書山中。錢謙益有詩相贈。廿二日,携延壽同林若撫訪毛晉,蠡口阻風,父子唱和成《阻風唱和卷》;隨後在毛晉家見宋板許氏《説文》。廿三日,延壽與毛晉觀燈寶月堂。

陳衎有《懷徐興公自越中作客青齊》:『宛羽樓高客未回,春光淡蕩碧桃開。聊城箭在迷芳草,北渚亭空繡緑苔。師摯適齊音樂廢,陶朱去越伯圖灰。盈盈狄水誰能渡,且釀甘泉醉濁醅。』(《大江集》卷六)

按:錢謙益《尺木堂集序》:『崇禎己卯,存永侍尊甫興公徵君訪余拂水。』(鈔本《尺木堂集》卷首)

又按:錢謙益云:『崇禎己卯,(興公)偕其子訪余山中,約以暇日,互搜所藏書,討求放失,復尤遂初、葉與中兩家書目之舊。能始聞之,欣然願與同事。』(《列朝詩集小傳》丁集下,第六三四頁)

又按:錢謙益《閩中徐存永、陳開仲亂後過訪,各有詩見贈,次韻奉答四首》其二自注:『存永侍其尊人興公訪余拂水,屈指十二年矣。興公別時有山中讀書之約。』(《牧齋有學集》卷二)

又按:陳濬,字開仲,陳衎次子,閩縣人。

錢謙益有《晋安徐興公過訪山中有贈》：『哀衣應杖到松蘿，清曉柴門散雀羅。古磵寒生流水静，閒庭客到落花多。偉長舊著推中論，孝穆新聲入艷歌。興公子存永能爲艷詩。聞道五車仍插架，載書何日許重過？』（《牧齋初學集》卷十五《丙舍詩集》上）

按：錢謙益本年五十八歲。

徐延壽有《同林若撫遊虎丘》（《尺木堂集·七言絶句》）。

作《己卯正月廿有二日，携壽兒同吴門林若撫訪毛子晋，舟至蠡口，阻風夜泊，得蒲字》：『烟水茫茫接五湖，相傳此地過陶朱。春回遠岸千條柳，風阻輕帆一幅蒲。粉黛昔年思越艷，榜歌中夜聽吴歈。欲尋何處毛公隱，雲樹連天望海虞。』（毛晋《和友人詩卷》）

按：范成大《吴郡志》卷八《古蹟》：『蠡口，在齊門之北……相傳鴟夷子乘扁舟下五湖潛過此，以出招大夫種，因以名之。』

又按：李賢《大明一統志》卷八《蘇州府》『蠡口』條：『在長洲縣界，一名「蠡塘」。《郡志》：范蠡扁舟泛五湖，首經此。』

又按：此詩興公集不載。

毛晋《和（徐延壽蠡口阻風夜泊）》：『看罷梅花又泛湖，船窗堪卷喜研朱。三山雪滿忙携屐，百里風高怯掛蒲。鄉思未須傳楚奏，橈歌猶自識吴歈。相逢快讀連床句，流别殷勤問摯虞。摯虞有《文章流别論》。』（毛晋《和友人詩卷》）

徐延壽《正月廿三夜，觀燈寶月堂》：『月光不惜下弦殘，剩有華燈滿座看。燭散青烟杯照影，花

凝香霧座生寒。托交敢附忘年誼，拌醉偏宜卜夜歡。一夕論文當萬户，識君方信重如韓。』（毛晉《和友人詩卷》）

毛晉《和（徐延壽正月廿三夜觀燈）》：『今歲燈華帶雪殘，快逢佳士又重看。杯非琥珀猶堪醉，屏豈琉璃亦畏寒。余病寒。百里阻風傳秀句，存永父子見貽《阻風唱和卷》。三更坐雨磬交歡。莫嫌病思偏蕭索，剪燭題箋漫學韓。』（毛晉《和友人詩卷》）

按：《續筆精》卷一『許氏説文』條：『予近歲于常熟毛子晉家見宋板許氏《説文》，與今世所傳者大異，今本用沈約韻編次，則非漢人故物，明矣。』

又按：《續筆精》所載諸事，最晚者爲崇禎十四年（一六四一），前此三四年遊吴越，僅本年一次，故可推知于毛晉家見宋本《説文》在本年。

二月，書寫《牛首山志》題識。花朝，在吴門，致書王士譽，士譽已榮晋潯陽，贈《書譜》一册並題詩扇。

題《牛首山志》：『崇禎戊寅，七十翁徐興公書。』（馬泰來整理《新輯紅雨樓題記　徐氏家藏書目》，第八九頁）

按：《牛首山志》，明盛時泰撰。參見去歲十二月。

作《題扇頭寄王馬石司理》（詩佚，題筆者所擬）。

按：詳下條。

作《寄王馬石司理》：『自星軺東指羊城，山川遼邈，未遑修候興居。昨歲之夏，有舍親令滇南，始附空函，托江伯通轉致……閱邸報，知法□榮晋潯陽……爀舊冬訪顔中丞，至齊東，一聞虜警，即策騎南歸，抵吳門度歲。詎知濟南失守，青齊一帶，勢如潰爪，寔切敖憂。所差偷安者，江浙閩粵而已……偶值吳友林君雲鳳三十年知交，有江州之役，聊附八行，用申契闊……小詩題扇頭寄懷，並《書譜》一册奉公郎清玩……花朝寓吳門。』注：『未達。』（《文集》册四，《上圖稿本》第四三册，第三九—四〇頁）

三月，抵建州，逢鄭有鴻，同往潯陽，汪使君不待客，王士譽居冷曹，遂往遊廬山，遍探洞壑。有書致潯陽司理王士譽並贈題詩扇。孫鍾震爲趙迪《鳴秋集》作跋，是本爲興公命孫鍾震手録之本。抵家，落魄不堪。[一]

按：《答黄帥先》：『弟去歲無端出遊，遇虜氛，奔歸……建州與濟南會，遂偕兄往潯陽，汪使君不待客，王司理居冷曹，始知交道之薄，遊道之難若此。惟是禮匡君，遍探洞壑，亦不孤一番遠涉耳。』（《文集》册四，《上圖稿本》第四三册，第一一三頁）

[一] 此行爲興公一生中最後一次出閩遠遊。徐鍾震《先大父行略》：『足跡半天下，諸凡山水之勝，窟宅之奇，無不形之題詠。日從賢豪長者遊，服古者，欽其博洽；通今者，賞其風流；主持騷雅者，復重其高才逸韻。』（《雪樵文集》）興公歷次出閩遠遊依次如下：萬曆二十年（一五九二），往吳爲父乞銘、傳。萬曆二十三年（一五九五），往湖州訪謝肇淛，遊吳越，次歲歸。萬曆二十九年（一六〇一），往遊越東，次歲歸。萬曆三十三年（一六〇五），往遊吳越、金陵，訪曹學佺，次歲歸。萬曆三十五年（一六〇七），往粵東。萬曆三十七年（一六〇九），往杭州，又往遊江西南昌等地。萬曆四十六年（一六一八），送謝肇淛參藩滇南，送至南昌。萬曆四十七年（一六一九），往雲南訪謝肇淛，行至湖南而返，次歲歸家。天啓六年（一六二六），往江西崇仁訪崔世召，次歲返。崇禎十一年（一六三八），往山東訪顏繼祖，次歲歸。

又按：參見下月『寄崔玉生兄弟』條。

作《又［寄王馬石司理］》：『往歲薄遊建州，荷老父臺盛情有加……去歲有舍親令滇南，道經貴邑，業附空函，托江伯通轉致，諒不浮沉。今春偶趨吴門，逢友人林雲鳳有溢浦之行，又附八行，恭訊興居，并侑小詩墨搨奉寄，未知此生果行否？歸抵建州，又逢敝通家鄭有鴻同黄茂才師正謁汪仙老於行部，謹將前作再題扇頭，用見區區之情。鄭生乃青衿鄭有惠胞弟，雖遊江湖，而精于博古，多携書畫于米家船……槖中更携建中諸門下士書儀，仰惟垂眄。』（《文集》册四，《上圖稿本》第四三册，第四〇一—四二頁）

按：《寄王馬石司理》及小詩、墨搨見二月。

徐鍾震《〈鳴秋集〉跋》：『集爲趙景哲先生所著，先生與林膳部同時酬倡，海内翕然稱之。先生厥嗣偉壯，登宣德乙卯鄉薦，令南海，嘗梓斯集以行。嗣是，孫昆寖散，傳本散失，歲久莫可考。近于先正雜抄中得一百五十首，家大父命予手録之。雖非全豹，然尚喜先生之作未盡没于人間也。近于《文翰大成》中删其重，又得其半，合之，各體俱備，醇乎其醇。然得此亦足以徵先生格調之高，天才之儁者矣。所謂「雖無老成人，尚有典型」，其斯集之所謂歟！並得南海令詩十四首，附之。片鱗隻羽，亦自罕覯，寧必連篇纍牘，始見先輩源流之美也哉？録成，漫識始末，崇禎己卯暮春。』（徐鍾震《雪樵文集》）

按：徐鍾震《鳴秋集》另一跋語，見康熙六年（一六六七）。

四月，初二日，即立夏前二日社集靈山，曹學佺作詩志喜輿公歸；感嘆時事。與曹學佺、陳衎、陳肇曾、陳鴻、王穎如等十三人追和洪武間朱克誠《轅門十咏》。崔世召卒，有挽詩及書致世召子崔淶兄弟；祭文記世召生平並叙交誼。

曹學佺有《社集靈山，吴采心至，徐興公歸志喜》四首，其一：『客自吴門入我閩，子從吴返跡如新。新交舊社同時集，伐木丁丁駐暮春。時立夏前二日。』其二：『不分晴雨濕簾櫳，漏日啼鶯覺有風。雲樹四圍俱遠去，此身纔得近山中。』其三：『攻城破邑遍胡塵，身世于今嘆不辰。把酒豈無京國恨，朝來邸報捷書新。』其四：『對客楸枰時較奕，逢人檀板復聞歌。但須保守東山業，安石蒼生奈爾何。』（《西峰用六篇詩》）

按：立夏，四月四日。

又按：靈山，舊有芝山寺、靈山寺，并入開元寺，王應山《閩都記》卷八《郡城東北隅》『靈山堂』條：『在芝山之東。舊爲開元寺經院。』曹學佺《同王而弘集芝山草亭，次訪徐興公鼇峰別業，和其來作》自注：『靈、芝二山名，今俱并入開元。余小構亭，乃靈山地。』（《西峰六三草》）

作《追和先輩朱克誠轅門十咏》（詩佚，題筆者所擬）。

曹學佺有《追和先輩朱克誠轅門十咏》分咏水、塵、霞綺、霜花、飛燕、睡蝶、梅魂、白雁、無弦琴、遊絲：

《水》：『上善從來莫與争，千皛匹雁任縱横。高唐夜裏人過市，歐冶池邊月浸城。遠勢欲趨山響集，微波不動海塵生。蓬萊幾度能清淺，祇覺盈盈牛女情。』《塵》：『君平注易漫垂簾，名利場中不識嫌。佛喻世緣原有六，文驅筆陣已無纖。涼生雨過猶堪斂，熱甚年來祇覺添。若使終南成捷徑，紅埃直上翠微尖。』《霞綺》：『晨昏雲日映空輝，過眼繁華頃刻非。但道仙人餐作液，那知天女剪成衣。赤城千仞從標起，南浦孤踪帶鶩飛。戍婦流黄空有怨。天邊誰問七襄機。』《霜花》：『瓊葩艷質自成胎，漫道天寒隕草荄。戲以神仙開七七，驚看青女色皚皚。朝榮夕瘁須臾變，菊葉梅英次第催。但使微陽消息準，東風何事嫁成媒。』《飛燕》：『銜泥巢屋咏成雙，掠水占風逐去艭。駛是春秋成兩社，長因南北剪分江。夫君别思如衣帶，戍婦含情在瑣窗。獨有厲嫣成決絶，莊姜相送未能降。』《睡蝶》：『南園初過復東墻，倦極寧知午夢長。物化莊生終是幻，情躭春色不知忙。輕魂藉草風吹穩，重粉迷花露浥香。若使墨丘終可托，滕王榻上任尋芳。』《梅魂》：『枝似堅剛魄似柔，壽陽宫裏傍人羞。返時尚覺奩香在，落處寧教笛怨幽。千點弄珠依漢渚，幾村迷月在羅浮。若逢驛使能攀寄，却憶銷殘送别愁。』《白雁》：『鳥曰隨陽足帶霜，迢迢繫帛上林旁。因風柳絮深時見，映水蘆花淺處藏。鉅野無雲迷古塞，清秋乘月下三湘。白衣大士皈依切，獨向空門禮塔王。』《無弦琴》：『柴桑擁膝有陶公，不用聲傳意自通。直以冥心窺太始，了無頭緒訴幽衷。隔窗有客來聽曲，祇覺先生目送鴻。正是讀書何必解，寧須嫋嫋問絲桐。』《遊絲》：『輕盈飛絮共浮烟，斷續遊揚四月天。有意流鶯何事織，無心野馬不須牽。網疑蛛處仍孤立，箔吐蠶時未及眠。金谷緑珠遺恨在，至今猶憶墜樓前。』（《西峰用六篇詩》）

曹學佺有《〈轅門十咏〉小引》：『國初朱克誠，中衛百户也。能詩，與陳探花景著、陳侍讀叔剛、陳僉憲輝、洪會元英相唱和。兹《轅門十咏》者，克誠首倡，而同時屬和久九人：曰羅泰、曰谷宏、曰林坦、曰秦善、曰李溥、曰朱琪、曰鄧善、曰郭廙、曰余旭。其咏物概有佳句，可知國初吾鄉作者之盛，不獨十子爲善鳴也。羅宗讓自有集，谷仲宏選詩祇一首，茲復見於此編者五。余因喜而並録之。徐興公纂《烏石山志》又得克誠諸公以宣德甲寅歲大會於鄰霄臺，冠裳韋布，名僧武弁共十九人同勒于石。』（《石倉十二代詩選·明詩一集》卷又八十朱晟《轅門十咏》卷首）

又按：朱晟，字克誠；羅泰，字宗讓；谷宏，字仲宏；林坦，字惟道；秦善，字思舜；李溥、朱琪、鄧善、郭廙、余旭，字均不詳。

又按：鄭杰《注韓居書目·集部》三：『《轅門十咏》二卷上下卷　洪武中朱成等十人咏物，徐𤊹等十三人追和。』

陳衎有《轅門十咏之八有引》：『國初千户朱晟，字克成，有文學，工詩，與其友林惟道、羅宗讓輩讌會轅門，以十物命題，各賦近體詩一首。近日都護安蓋卿得其稿，索諸君和之，於是徐興公、曹能始、陳昌箕、陳叔度皆有作，而昌箕且令予續貂。夫咏物詩號最難，即唐人亦少見，獨勝國以此相尚，然謂之工巧，則可於風雅大旨固無關也。』《水》：『晴光瀲灧漫悠悠，萬派千支遶九州。秦地山川經渭曲，漢家宮闕帶河流。人間涓滴歸滄海，天上恩波出御溝。何日乘槎銀漢上，黄姑渡口泛清秋。』《塵》：『如霧如烟入絳幃，隙駒光裏望輕微。麻姑東海頻頻見，庾亮南樓冉冉飛。紫塞風前高太白，翠衢花下暗斜暉。雕梁欲動歌聲杳，不厭飄來墜舞衣。』《睡蝶》：『尋芳無力枕花叢，栩栩繁英夢落紅。粉翅乍消春思倦，桑林雖遠暗魂通。古詩：蝴蝶胡高飛，暮宿桑林間。獨從宿鳥閑清晝，不共遊蜂罣午風。客至山家松葉下，方驚人語出籬中。』《飛燕》：『舊時王謝豈尋嘗，下上翩翩遶畫堂。杏蕊啄殘雙翼健，芹芽銜過一身香。春分故壘梁塵暗，秋色他鄉海路長。回首漢宮芳草歇，誰人重著舞衣裳。』《梅魂》：『東閣傷心溪路漫，南枝落盡北枝殘。美人何處風前步，詞客他時雪裏看。紙帳夢回香霧遠，江城寫入笛聲寒。壽陽妝罷嬌無力，漠漠幽情繞畫欄。』《白雁》：『雁門關上朔風沉，湘浦寒雲萬里心。歷亂蘆花迷淺渚，朦朧月色隱疎林。字從飛白銀爲管，調寫哀鳴玉是琴。雪裏斷群看不見，弋人矰繳漫追尋。』《無弦琴》：『新聲俗耳亂紛紛，古調如今久不聞。雁柱永抛沉渌水，嶧桐依舊鎖玄雲。蝸涎洗去空横膝，蛛網牽來驗斷紋。聖代自然能解愠，無須重與鼓南熏。』《遊絲》：『絓住春光春日遲，吐從蠨蛸午風吹。林亭細雨懸花片，苑路輕烟曳柳枝。金彈過時連復斷，玉釵纏處落還垂。雖無經緯難成匹，却現天機別樣奇。』（《大江草堂二集》卷六）

按：衍詩今存此八首。

徐延壽有《睡蝶》：『薔薇架暖午偏晴，采罷芳叢倦態生。魂化却驚持扇影，夢酣猶逐賣花聲。都忘露滴沾衣重，似怯風吹展翅輕。晝盡蘧然誰與醒，緑陰深處有啼鶯。』《飛燕》：『差池玄羽任迴翔，巢裏銜泥落絮香。十載空樓難獨宿，一春深院爲誰忙。歸迷王氏烏衣國，閑殺盧家玳瑁梁。昔日掌中人不見，風前猶學舞昭陽。』（《尺木堂集·七言律詩》一）

按：延壽同咏集僅存此二首。

作《挽崔徵仲》（詩佚，題筆者所擬）。

按：詳下條。

作《寄崔玉生兄弟书》：『不肖三月中抵舍，陡聞尊公凶問，不勝驚愕……尊公今春至三山，与同社盤桓罍月，精神强壯，無異平時，胡乃倏然物化……先賦輓詩一章，生芻一束，薄申哀忱，而同社諸公，僉謀舉奠。但邇時閩俗多循虚套，往往反擾喪家。弟爲概辭，只相知數君合作祭文一軸，名香百炷，省昆玉欒欒之際，又增一番酬應也。尊公壽不滿德，然尼山聖人、考亭夫子，皆年七十三而化，以大聖大賢，但符此算，而尊公自有不朽大業，流芳百世，生榮死哀，夫何尤哉！』（《文集》册四，《上圖稿本》第四三册，第四三—四四頁）

按：徐㶿亦七十三而化。

作《祭崔徵仲同社合祭》：『神廟中年，風雅大盛。翁起霍童，少嫻賦咏。主盟藝苑，結社三山。詩筒文牘，不問往還。筮仕西江，政聲籍籍。忽罹璫殃，被逮褫職。今皇御宇，鑒翁樸忠。特旨召用，仍令桂東。再晋司鹺，宦遊兩浙。修葺湖山，名垂豐碣。一麾出守，拜命連州。踟躕五馬，繼軌韓、劉。投牒乞休，棲遲秋谷。元亮高風，允追芳躅。年來九老，會締耆英。翁年逾七，力健神清。飲酒賦詩，不减少壯。樜境優遊，善飯無恙。今春乘興，脂轄會城。倡予和汝，舊好尋盟。無何告歸，形色無異。二豎忽侵，倏然仙逝……己卯四月。』（《文集》册二，《上圖稿本》第四二册，第二五〇—二五一頁）

按：崔徵仲，即崔世召。世召家寧德，興公訪之於問月樓，並爲其《問月樓詩集》撰序。世召天啓五年（一六二五）至七年爲江西崇仁令，興公訪之，協助編《華蓋山志》，三越月而歸。世召母卒，爲作《祭寧德崔太母文》（《文集》册十，《上圖稿本》第四五册，第四〇—四一頁）。『年來九老，會締耆英』，即『耆舊社』，曹學佺《耆舊社詩敬述·附記》：『崔徵仲刺史年七十一……崇禎丁丑八月之十三日。』（《西峰六四草》）據此推算，世召生於隆慶元年（一五六七），卒時年七十三。

又按：謝肇淛有《崔徵仲像贊》：『君于余有一日之長，徵仲與余同年同月，而先一日。而余于君有知音之賞。余已白首爲郎，君且青雲獨上。自此以往，王事鞅掌，亦復憶龍井縋藤摩霄策杖，姑志君之像，作丘壑間想。』（《小草齋文集》卷二十三）

又按：謝肇淛卒於天啓四年（一六二四），《像贊》定作於此前，作年不詳，附於此。

五月，與陳衎、陳肇曾緑野亭觀漲。

作《同陳磐生、昌箕緑野亭觀漲》（詩佚，題筆者所擬）。

陳衎有《同興公、昌箕緑野亭觀漲》：『亂山浮欲動，極目水茫茫。始覺江門狹，因知溪路長。氣先占日暈，灾或驗年荒。不是登臨樂，姑携酒一觴。』（《大江草堂二集》卷四）

按：端午前後，福州多發大水。

六月，望後，致書杜言上人，憶去歲同遊普陀之事；又言姑蘇堯峰寺了然上人入閩募化杉木，爲之區畫，購得大木一船，創造經閣。致書林如周，言如周贈所作歌行，爲之略作調整。十五日，致書楊德周，詢其於建州刻書之事；又言延壽補考優取入場，鍾震就試遺才，成敗猶難逆料。

作《寄杜言上人》：『弟老矣，久不出户庭，昨歲偶至明州相遇……蛟川信宿，洛伽同遊，更爲奇遘。弟孟浪至齊東，值虜氛報警，遂爾奔歸。至吴門度歲，初夏到家，囊空如洗，惟有青山篆竹，固無恙也。歸時正逢楊南仲先生出閩都，復扳留一日，快談而別……姑蘇堯峰寺道場大興，了然上人入閩募化杉木，留滯五年，機緣不湊。及弟返舍，始爲區畫，得曹能老提挈，購得大木一船，創造經閣，路由定海趍吴。聞海上有税務甚嚴。此中給有文引照身免税官票，諒司税者必不苛求。誠恐不肯破例，又費税錢，曹公有書托，邵宫保公爲之周旋，但孤衲無引進者，求禪兄力爲從臾，俾不納税……兄近草法尤妙，去年匆匆，未曾乞得，有便，作懷素體書一二幀見惠，不啻牟尼寶珠耳。六月望後。』（《文集》册四，《上圖稿本》第四三册，第一七—一八頁）

按：至明州，孟浪齊東，參見去歲。

作《答林道魯》：『連歲過建州，叠承厚雅，深抱感戢。無端走齊東，遇虜，驚竄，回至西甌奉訪，值文旆有松源之行，徒懷耿耿，然與戎談，亦足當阿翁晤言也。承華翰見及，重以新篇，垂教語語典實，駸駸入作者之室。惟是歌行，稍爲調劑，未審可當他山之石否也……六月。』（《文集》册四，《上圖稿本》第四三册，第一一五頁）

作《復楊南仲》：『公還越，我返閩，咫尺不相失，誠良緣之弗偶。但仙舟已艤，江滸不能淹留爲信宿談，至今用以爲歉。蘧使至，獲接台札，知尊夫人於暮春仙逝……小兒給假出遊，近補考優取入場；小孫歲試二等，昨科試落三，今就遺才，成敗猶難逆料耳……《升庵》《杜詩》如命，更有《杜通》《詹言》《解頤新語》《書林集》四種，曾付之建州否？不然，一起寄還無妨也。』注：『弔。六月十五，書到即答。』（《文集》册五，《上圖稿本》第四三册，第二一九—二二〇頁）

六月或稍後，致書李封若，言錢謙益藏《袁清容全集》十册，又言三十年前客新安見宋本《鄮峰真隱漫録》，價高未購，悔之莫及。趙士駿贈《臨雲新草》，書前有興公序，答之，言連同其父世禄之詩已交付曹學佺，入選《明詩》。又致李堎，言濟南城下，若繼續淹留，必爲刀下之鬼。有詩贈寧波延慶寺智鑑上人，言去歲浪遊齊東，幸生還故里，幸有普陀之遊，頂禮大士，佛力之所訶護。

作《復李封若》：『弟歸閩之日，逢南仲公正出關，淹留一日始發棹……六長抵明州度歲，必能述弟近況。弟今春到海虞謁錢牧齋先生，其家有《袁清容全集》十册，弟已白之象三先生，必往借焉。三十年前客新安，見有史丞相《鄮□〔峰〕真隱集》六册，宋板也，以其價高未購，至今抱歉，後來並不曾逢，詢之藏書家，皆云未見，不知世間尚有此集乎無也？』（《文集》册五，《上圖稿本》第四三册，第二二〇—二二一頁）

按：史丞相，即史浩。史浩（一一〇六—一一九四），字直翁，號真隱。明州鄞縣（今浙江寧波）人，紹興十四年（一一四四）進士，官至太保，封魏國公。光宗朝進太師。有《鄮峰真隱漫録》。

作《李封若像贊》：『二十年前，曾與君神交，讀君聲詩；二十年後，始與君晤語，覩君鬚眉。既投分之有素，寧恨相見之晚，把臂之遲。君其吾之鮑子，吾其君之惠施？君之才情詞藻，已大振于海内，無庸圖像，一一而贊之。』（《文集》册十二，《上圖稿本》第四五册，第三一五—三一六頁）

按：李封若，除《像贊》，僅《復李封若》書一見，故繫《像贊》於此。

作《復趙西星》：『客明州，荷仁兄盛情有加，不以老朽見擯，屢辱華篇題贈，一展仁風，真同寤對。南仲公自閩返越，猶及相見。歸來百冗交集，求如舊歲此時與貴鄉諸公分韻賦詩，情境了不可得耳。捧誦《臨雲新草》，若濯魄冰壺，清涼襲人，但以拙文弁首，得無着穢之誚乎！枯梨重榮，寔爲異瑞。容賦詩紀實。楊使行急，弗能辦也。尊翁詩並佳什，弟歸即付曹先生，業已選梓竣事矣。偶曹君有事於困江，未及印呈，總俟異日寄覽。拙稿全部附呈請正。《百穀集》與《曹集》具未便統，容嗣致。不

宣。』(《文集》册五,《上圖稿本》第四三册,第二二一一—二二二二頁)

按:趙士駿,字西星,世禄之子,鄞縣(今浙江寧波)人。有《臨雲閣草》。曹學佺采趙氏父子詩入《石倉十二代詩選》。

又按:趙世禄,字文叔,士駿父,鄞縣(今浙江寧波)人。萬曆二十九年(一六〇一)進士,官蘇州知府。有《玉芝集》。

作《趙西星像贊》:『翩翩好客,有田禾公子之風;楚楚摛詞,有洛陽少年之工。坐依片石,目盻新桐。昔稱樂令冰清,衛郎玉潤。美哉!君之才具將無古人之與同。』(《文集》册十二,《上圖稿本》第四五册,第三一一六頁)

作《復李公起》:『廿年寤寐高賢,去歲得一把臂,神交既已投漆,見面寧不醉心!别後走齊東爲衣食計,不意虜警還至,在濟南僅三朝,即忙奔歸。至姑蘇,始知齊境傷殘可憐。若弟於彼淹留,必爲刀下之鬼矣。豈非仁兄福庇所及耶!還家之日,逢南仲公出城,尚及扳轅,聚談一日……豚兒給假遠遊,近歸補考,已叨入場。弟筆硯荒疎,恐孤殷望,又辱華札下及,深荷記存。小兒《普陀記》並《四明遊稿》業已殺青,正在印行,而楊使不能待,容後請正。』(《文集》册五,作《上圖稿本》第四三册,第二二二一—二二二四頁)

作《李公起像贊》:『孰謂口有相如之吃,耳無師曠之聰,而靈臺一竅,實智巧而玲瓏。孰謂足跡不履户外,棲遲一畝之宫。而聲稱遍於海宇,盡交當代之鉅公。咦!正可名爲天下士,莫教錯認管家翁。』(《文集》册十二,《上圖稿本》第四五册,第三一一六頁)

又按：《復李封若》《復趙西星》與《復李封若》同時作，三篇《像贊》在《文集》中排列在一起，疑與三書同時作，並由楊使携往。

作《寄智鑑上人》：『客延慶兩月，支、許之誼益深……弟無端浪遊齊東，幾不免虎口，幸生還故里。回思去歲普陀之遊，頂禮大士，豈非佛力之所訶護乎！』（《文集》冊五，《上圖稿本》第四三册，第二二四—二二五頁）

七月，秋熱，與曹學佺等納凉靈山，王志道亦至。七十誕辰，曹學佺作《奉賀興公社長七十誕辰序》，錢謙益有贈詩。致書申紹芳，言曹學佺《咏檜詩序》業已撰成。延壽《潮音草》初成。爲堯峰僧區畫使購杉木千根，繇海而返。又致李岳，感嘆已老，恐不能再見太平之日。又致蘇霞公，言秋杪到漳州經泉州將過訪。又致張燮，言去冬自濟南南還，至初夏抵舍，僅餘一蒯緱而已；又言秋杪到漳州看其萬石山房，商榷張氏父子所著《山史》。十五日，致董應舉，論萬歲塔與文運之關係。二十四日，致書楊德周，言閩杉爲吴浙商販孔多，未免涌貴；又言孫鍾震以遺才録取，附贈延壽《潮音草》。二十八日，同安楊宗玉贈《崇禎新集》，答之，感嘆同輩凋零，又論曹學佺《明詩》泛漫無統，附贈《潮音草》。

作《靈山納凉，喜而弘兄至，同能始賦》（詩佚，題筆者所擬）。

曹學佺有《靈山納凉，喜而弘兄至，同興公賦》：『滿地皆秋色，此中無熱風。即看塵世異，聊喜與君同。老更交情好，狂容酒盞空。有山俱可隱，漫擬會稽翁。』（《西峰用六篇詩》）

曹學佺有《奉賀興公社長七十誕辰序》：『初，興公六十時，佺已屬文賀之。兹又過一旬，爲七十，而余年亦六十六矣……興公與余言，年來坎壈不得意，堅不欲受賀。同社以爲此舉必不可闕，而仍以文屬余，余爲之廣其説如此。興公世于《易》者也，而亦將老于《易》者也。夫子曰：「假我數世，五十以學《易》，可以無大過矣。」噫！聖人之五十，其吾徒之六七十者乎？余與興公，不敢不勉。』（《西峰用六篇文》）

錢謙益有《長句爲興公詞丈七十初度》：『鼓篋傳經閲歲年，枕書應笑腹便便。王維自愛詩中畫，蘇晋兼逃酒後禪。鳴磬鳥分停午食，拂琴鶴應半床弦。吴門近説麻姑過，擲得丹砂莫浪傳。』（《牧齋雜著·苦海集》）

按：據錢仲聯標校，此詩《外集》卷一目録作《王異公七十》，卷内題作《長句爲興公詞丈七十初度》。按：本歲興公年七十，是春過虞山，故錢氏有是作，在情理中。

作《寄申清門》：『兩過吴門，荷老祖臺不替舊［好］，解衣推食，無所不用其情。又辱惠台［函］達左伯公，而［豚兒］名列二等觀場，愚父子叠受恩庇，感［戢］之私，豈寸管［所］能罄哉！歸家，與曹能始相朝夕，《咏檜詩序》業已撰成。［兹］因堯峰僧了然寄上，此僧入閩募化，因緣不凑，留滯五年，及㶿還家，始極力爲之區畫，僅購杉木千根，繇海而返……豚子、小孫久叨桃李，雖逐隊棘闈，而門祚衰薄，恐不能副師門殷望耳，肅此申謝，尚容嗣布。七月。』（《文集》册四，《上圖稿本》第四三册，第一一五—一一六頁）

按：曹學佺《申維烈咏檜詩序》：『申維烈有《咏檜詩》若干首寄予，讀之。其思深，其色古，肖諸柏葉、松身之物，經風霜而不變者，堅可以舟，而能涉險；文可以翰，而能飾哀矣……文忠不死，而徘徊惠、儋，以至于召用；維烈亦不死，而編管尤近，涵濡乎聖恩，古今人之一致也。』（《西

峰用六篇文》)

作《復李子山》:『弟去年浪遊浙東,因朝南海,遍觀洛伽之勝。至冬初,又走齊東,遂值虜報,中丞無暇留客。今年四月抵家,食貧猶故,不堪詳道。但去秋得一曾孫,差可娱目前耳……天下已多事,亂離景象,弟于江北目擊之。流寇充斥,了無靖日。弟老矣,恐不能再見太平也。承示,章(怙)[岵]梅公祖,去歲候之于家園,竟不相遇。始知此公多情如此。直指考課想在初冬,爾時可以與兄晤對,盡所欲言。廻文詩構思極巧,敢不載筆爲序?其如筆花凋落何?弟藏書甚富,苦乏狸奴守護,大金所產□良。歸時求惠一隻,以當序文潤筆,如何,如何!己卯七月。』(《文集》册四,《上圖稿本》第四三册,第一一六—一一八頁)

按:朝南海,遍觀洛伽,即遊普陀。參見去歲。

作《寄蘇霞公》:『與台翁不相聞問者有年。歲月如流,人生易老,犬馬齒今已七十,桑榆景迫,百務俱廢,老樹婆娑,生意頓盡矣。每逢温陵客來,輒詢起居清勝……秋杪擬爲漳南之遊,剌桐城内必所經過,爾時可圖傾倒,不知高齋能下孺子一榻否?兹有門下書役蘇季者,祖籍晋江,隸梅花所,征操宗人,例有貼役,今因其便,附此耑候……己卯七月。』注:『有回書。』(《文集》册四,《上圖稿本》第四三册,第一一八頁)

按:蘇霞公,泉州人。

作《題扇奉答張紹和》(詩佚,題筆者所擬)。

按:詳下條。

崇禎十二年己卯(一六三九) 七十歲

作《答張紹和》：『去歲，陳昌箕至漳與兄商弟齊東之行者，蓋年來蕭瑟之極，不得不糊口于他方。秋月至明州，禮補陀，差足自快。冬杪抵濟南，時虜已迫京畿，荷中丞贈四十金，飄然南還，一路淹留，至初夏抵舍，僅餘一蒯緱而已。七十老人，不能在家安坐，奔走風塵，但存皮骨，非得已也。兄肝膽相勉，敢不佩服。弟非欲求富，惟是一兒一孫，俱親筆硯而拙謀生，桑榆之境，難以度日。貴郡朱別駕與弟有夙雅，去歲書郵頻及。秋杪擬到霞城，借爲地主，兼看兄萬石山房，商［榷］《山史》，兄許之［乎］？弟三十年前客太末，與徐觀我中丞［交］最歡。爾時［雲林公］祖尚青衿也，及爲莆令，再晋海憲，宦閩不爲不久，弟弗敢以名姓相聞……承尊教，將謂式廬，其然豈其然乎？小詩題扇奉答，《龜山記》，弟有《弋陽縣志》，得其全文，今抄上。王東老、徐子雲寓與寒家相近，可朝夕侍教。聞蔣元實不禄，令人慨嘆耳。先此布復，尚容嗣陳。己卯七月。』（《文集》册四，《上圖稿本》第四三册，第一一九——一二〇頁）

按：蔣元實，蔣孟育子。

作《與董見龍》：『閩庠從來文運大興，舊以萬歲塔爲文筆。嘉靖甲午，雷火焚燬，先正龔大司成、張大司馬二公極力重建，至己酉年冬，塔工始竣。越三載爲壬子，吾郡中鄉榜者二十九人，内閩庠九人，而陳宫諭聯登鼎甲。又越乙卯，中鄉榜者二十六人，而閩庠七人。不知何年塔頂生樹，枝梢撇撇，自是閩庠科目漸稀。直至萬曆辛卯，祗台翁一人高捷，爾時咸訝塔頂之樹不利文筆……近荷台翁捐貲徙尊經閣于學後，移文昌閣于西湖，斡回氣運，全在斯日。但塔樹幾于一抱，若不預爲剪伐，恐風水未必全收。况今去科場，尚有月餘，倘早議及此，今歲必有多薦賢書大魁天下者。台翁向在閩庠出身，乞主張是事，命工伐木，所費不奢……己卯七月十五日。』注：『司空捐貲伐去，次年庚辰登進［士］十人。』（《文集》册四，《上圖稿本》第四三册，第一二二—一二三頁）

按：此則言萬歲塔（俗稱白塔）有關閩庠文運，事涉勘輿，然亦見興公及會城人士對文運的急切關注。

又按：龔大司成，即龔用卿；張大司馬，即張經。

又按：陳宮諭，即陳謹。謹，閩縣人。嘉靖三十一年壬子（一五五二）舉人，次年癸丑科廷試第一人。

又按：董見龍，即董應舉，萬曆十九年（一五九一）舉人。曹學佺雖爲同榜，然出自府學而非閩庠。

作《寄楊南仲》：『使者來，在六月之望，即時作報書。因買木，留滯四十餘日。近歲閩杉爲吴浙商販孔多，未免涌貴，此番所購，似未得便宜，惟是較之貴鄉，則稍不昂耳。文衡公秉公閲文，小孫又以遺才録取。雖兒孫逐隊入棘，其成敗乃聽之天，弟何敢殷望焉。使者乏資斧，不得不貸之磐生。磐生硜硜人……費父母處已領借書四種矣。張群玉聞遺戍之耗，遂爾遘疾，手足拘攣爲苦，高才既無貴仕，且淪落不偶若此，命也如何！小兒《潮音草》授梓初成，奉求郢正……七月廿四日。』（《文集》册四，《上圖稿本》第四三册，第一八頁和第二一頁）［一］

［一］『……此番所購似』爲第一八頁尾，第一九—二〇頁爲《留侯邑來父母上院道啓》文，第二一頁首爲『未得便宜……』，經仔細辨認，『……此番所購似』下正好接續『未得便宜……』。此爲稿本收藏者裝訂錯亂之一例。

按：『即時作報書』，即六月《復楊南仲》。四十餘日之後，當在七月末八月初。

作《懷楊能玄》（詩佚，題筆者所擬）。

按：詳下條。

作《答楊能玄》：『讀《崇禎新集》，舊遊風景，宛然在目，十年之間，同社中陳泰始、陳惟秦、高景倩、林茂禮、黄三卿，先後凋喪，人生蜉蝣，言之可嘆。前歲晤直夫先生于三山……弟去春走吴越齊魯之墟，今夏始歸，世路艱危，難以盡述。七十老人，碌碌風塵，不能寧處，殊可嗤耳。擬杪秋爲漳南之行。惟是路過同魚，爾時或得晤言也。《歲紀》諸集，何日梓成？吾輩著作，必生前手自經理，布之通都。能始先生選刻資無措，不得不因循歲月，弟亦遭此病耳。神光社後，三卿夭折，板已久湮，無可奉覽。能始先生選《明詩》，泛漫無統，又無捉刀人扶助，至今未行。尊作容致之，當效區區也。台兄歲晚杜門……所懷詩扇一執，兒刻二册附呈。己卯七月廿八日。』（《文集》册四，《上圖稿本》第四三册，第一一二〇—一一二一頁）

八月，中秋，曹學佺、王志道、陳肇曾、陳衎來集宛羽樓；陳衎畫竹緑玉齋。題《文心雕龍》，書付鍾震。

作《中秋，王東里、曹能始、陳昌基集宛羽樓》（詩佚，題筆者所擬）。

曹學佺有《同王東里、陳昌基集徐興公宛羽樓中秋日》：『群書擁榻床，密樹蔭岩房。但有納凉地，便爲娱老方。雲行知月皎，塔立想燈光。細話中原事，能無樂太康。』（《西峰用六篇詩》）

陳衎有《興公緑玉齋畫竹，是日秋望無月》：『一年月色幾回明，每到高齋待晚晴。半畝篔簹看不盡，更將紈扇寫秋聲。』（《大江草堂二集》卷八）

按：《大江草堂二集》收崇禎十二年（一六三九）至十七年（一六四四）作品，此詩列於卷八第四首，當作於是本年。

又按：疑此詩與曹學佺《緑玉齋早秋》同日作。

題《文心雕龍》：『此本吾辛丑年較讎極詳，梅之庚刻於金陵，列吾姓名於前，不忘所自也。後吾得金陵善本，遂捨此少觀。前序八篇，半出吾抄録，半乃汝父手書，又金陵刻之未收者。家藏書多，此紙易蛀，當倍加珍惜，時取讀之，可資淹博也。崇禎己卯中秋，書付鍾震。』（馬泰來整理《新輯紅雨樓題記　徐氏家藏書目》，第一六九—一七〇頁）

按：《文心雕龍》，梁劉勰撰。

又按：梅慶生，字子庚，南城（今屬江西）人。萬曆三十七年己酉（一六〇九）刊音注本《楊升庵先生批點文心雕龍》，曹學佺隨後爲之序，參見《曹譜》。

又按：是歲再題《文心雕龍》：『萬曆己卯雲間張之象序一首，未録，又有都穆跋一首，朱謀㙔跋一首，刻本梅慶生本。』（馬泰來整理《新輯紅雨樓題記　徐氏家藏書目》，第一六九—一七一頁）

又按：徐𤊹父棉早年藏有舊本，少學時取披覽。𤊹于萬曆二十九年（一六〇一）、三十五年（一六〇七）、三十七年（一六〇九）、四十六年（一六一八）、四十七年（一六一九）、崇禎十二年（一六三九）多次校訂《文心雕龍》。其子陸曾參與抄録。徐𤊹又手書令孫鍾震珍惜。自棉至鍾震，校藏《文心雕龍》，經四代，歷時超過五六十年，使用版本亦多。參見相關各歲。

八、九月間，爲將樂蕭廣文撰傳，有書致將樂蕭起龍孝廉。

作《蕭廣文遺事》（文佚，題筆者所擬）。

　　按：蕭廣文，蕭起龍之祖。

作《答蕭孝廉》：『三華去三山僅一水之隔……去歲偶爲齊魯之遊，承瑶函先施……乃小孫代效微勞，履承腆貺，尤佩明德。某今夏抵舍。始讀令祖廣文公遺事，令人興仰止之思，敬撰小傳，附悼節之殿，文理荒陋，不勝慚愧……豚兒小刻二種附正。』（《文集》册四，《上圖稿本》第四三册，第二一一—二二三頁）

　　按：三華，將樂縣有玉華、寶華、南華，稱『三華』。〔弘治〕《將樂縣志》卷一《山川》『玉華洞』條：『在玉華都。相傳赤松子採藥處，因名「玉華洞」……洞之陰曰「寶華洞」，其中僅容周旋，一石穴泉寒而冽，不涸不盈。其陽曰「南華洞」，石室方平，景物尤勝。昔人稱爲「三華」。』

　　又按：崇禎十六年（一六四三）春、夏之交，徐鍾震遊三華，所作詩結集爲《三華遊草》。

　　又按：蕭孝廉，即蕭起龍，崇禎十二年（一六三九）舉人，將樂人。南安教諭。

九月，初一日、初九日，兩次作書致邵捷春，歷叙出遊艱辛，並希冀捷春爲之刻《鼇峰文集》；乞捷春爲搜蜀中秘笈碑刻；叙及前巡按御史張肯堂爲其室廬題曰『坐擁書城』。有書致楊宗玉，言延壽、鍾震鄉試落榜，附贈《墓録》等書數種。

作《寄邵肇復》：『草澤中人，一聆節鉞重鎮全蜀，欣喜倍常，吾郡當積衰之運，久不聞擁八騶車聲……某從別後，食貧不堪。去夏出遊吴浙，落落不稱意，妄想山東開府有舊雅，間關數千里往訪之。正值虜氛告急，灾切震鄰。開府無心留客，客亦不留，僅住三日，贈我資斧而歸。若稍稽延，必作刀下之俎。此又大幸也。今夏方抵舍，馬齒衰遲，僅存皮骨。謀生無策，譬之牽牛入庖，步步近死所，無足爲知己述也。弟生平落魄，無所比數，惟是詩文一道，自幼至老，寔所究心，荷台翁見賞，無不耳而目之。南二太公祖，既爲弟梓詩，又承台翁爲鍥《筆精》，皆行于世。然四十年中，更著雜文二十卷，貧人安能備梨棗之資？意欲以此再累台翁，付之剞氏，雖蕪陋陳言，不足醒人心目，自揣生平，既無爵位，困窮到老，不甘草木同腐，倘有遺言，傳于後世，博一身後名，差足了一生。不藉台翁位高金多，終無梓日矣。若蒙許可，嗣當寄呈，并乞玄晏一序也。何如，何如？今年秋榜，合郡僅十三人，其一乃泉産，所薦皆未甚知名之士，真不可解耳……九月初一日。』（《文集》册四，《上圖稿本》第四三册，第二二—二二四頁）

按：參見去歲。

又按：是歲兒孫落榜。

又按：《明史·邵捷春傳》：『（崇禎）十二年五月，宗龍入掌中樞，即擢捷春右僉都御史代之。』『鎮全蜀』，指此。

作《又［寄邵肇復］》：『老人無所事事，日惟擁書以消餘年。然痼癖未除，猶喜蒐羅秘册。前按君表吾廬曰：「坐擁百城」。從來考蜀中布、按二司蜀府刻板，諒必可印。若兄臺命工刷回，爲弟各置一部，不啻金玉之賜。更有歷代古碑，儘多妙筆，行文該邑摹搨，可朝發夕至也。另具目録附覽，雖未必盡有，亦未必盡無。兹舉必兄臺雅尚，方喜搜括，捨此便無從置耳。蜀楮甚佳，間有一種易蛀，須慎擇之。必用砒霜入糊裱皮。往年曹能始帶回者，一年便蠹壞。不然，衹擇厚綿紙，勿裱，更妙。蓋下僚

承奉上臺，多用青皮裝釘，最惡，最易蠹壞也。九月九日。』（《文集》册四，《上圖稿本》第四三册，第二四—二二五頁）

作《答楊能玄》：『初秋裁書奉候之後，而令姪始垂顧，覯小阮丰神，便想嗣宗逸韻也。弟去冬走齊東，正值震鄰之際，僅留三日，踉蹌奔歸，如華不注、趵突泉，皆不能一履其處。又途乏資斧，落落還家，羞爲故人道耳。兒孫頗親筆硯，差勝五柳先生。今秋咸叨入棘，惟是制業弗售。徒服子衿，何益于吾櫨境。杜少陵有云「詩是吾家事」，不若兼學四聲，聊免俗耳。能始先生選《明集》，泛濫之極。尊兄既托叔度，又有犒資，必能爲力也。弟擬陽月爲丹霞之行……歸日方能到晃岩，令直夫奉邀，當不孤良晤耳。小稿已荷南中丞公授梓，久已竣事。又梓有《筆精》四册，路遥帙繁，無因寄將，容嗣呈。外附先集一册，《先墓録》一册，潘友詩一册，《社稿》一册，求正。』（《文集》册四，《上圖稿本》第四三册，第二二六—二二七頁）

按：『初秋裁書』，見七月《答楊能玄》。

又按：丹霞之行，延到十一月。

秋，又題周玄《宜秋集》。

題《宜秋集》：『王孟揚《挽微之》詩，未嘗言其無嗣，而趙景哲《哭微之》詩云：「可恨傳家無令子，空憐許國有孤忠。」又云：「幽薊一官成永訣，東甌三載慕清風。」則微之無後而卒於官矣。惜夫！崇禎己卯杪秋，興公又識。』（馬泰來整理《新輯紅雨樓題記　徐氏家藏書目》，第一五三頁）

按：《宜秋集》，周玄撰。明鈔本。

又按：參見崇禎四年（一六三一）。

十月，致書黄儀先，言在南州時曾與黄國琦同賦詩。初一日，致書黄瀓之，言兒孫入場，名落孫山，意興蕭瑟；又言陳繼儒年齒踰耋，筆硯懶親，凡有求文者，非十數金不落草。林古度來書，並《白兔賦》《六十自述詩》，答之，並爲作壽詩；乞贈《七十壽序》。致陳調梅，言建陽鄭君收藏名畫法書、商彝周鼎甚富。致書米良崑，並詩扇及延壽《潮音草》。

作《答黄儀先》：『黄石公父母向在南州，曾同賦詩。未幾，弟歸，交情甚淡。别後都不通問。今令貴邑，擬會晤有期。但初以入棘避嫌，場後匆匆言旋，弟老且懶，竟缺一拜。聞兄有國士之知，深爲色喜……十月。』（《文集》册四，《上圖稿本》第四三册，第一一二—一一三頁）

按：黄儀先，黄瀓之（帥先）兄弟，建陽人。

又按：黄國琦，字石公，號五湖，新昌（今屬江西）人。崇禎十年（一六三七）進士，建陽縣知縣，曾刻《册府元龜》。有《和西極詩》。

作《答黄帥先》：『弟去歲無端出遊，遇虜氛……禮匡君，遍探洞壑，亦不孤一番遠涉耳。弟去冬過吴中，值申公祖遣戍初歸，又值司馬公初薨，僅一晤言而至嘉禾。嘉禾守乃亡兒同研席友，頗贈資斧，僅免阮途之哭。至家空囊，百事蝟集，幾不欲生。兒孫入場，名落孫山，意興蕭瑟不可言……兄吴遊之轍，千萬勿行，或同濟南繇豫章，泛長江，至秣陵，彼中廣道交賢豪，事體又不可料耳。眉公先生年齒踰耋，筆硯懶親，然聞此公，凡有求文者，非十數金不落草。《武夷志》尚未定良工，安可示人以樸耶？饒得渭、戴叔度俱與弟善，此時必赴春官矣。愚見如此，惟高明裁奪。十月朔日。』（《文集》册四，

《上圖稿本》第四三册，第一一三—一一四頁）

按：濟南，即鄭濟南。

又按：眉公，即陳繼儒。詳萬曆四十二年（一六一四）。

作《寄林古度六十初度，聊見遠情》（詩佚，題筆者所擬）。

按：詳下。

作《寄林茂之》：『弟去歲孟浪出遊，歸來仍復故吾。老年間關道路，豈得已哉！近況不可問耳。令郎久在故鄉，期望得雋，乃復落第，令人扼腕。大抵功名鑄定，而相貌尤足憑，以郎君英英照人，自然高舉，不獨文章可博青紫也。翁自修至，拜手札及《白兔賦》《六十自述詩》，筆花猶然燿燦，足徵神王，漫賦一詩爲祝，聊見遠情。弟今年七十矣，兄能贈我一篇乎否？顔同老竟灑血西市，真不若布衣老死牖下。忝在故知，能不仰天殞涕耶？自修全倚能始爲長城，近來意興□減，非昔之能始。想郎君能道之。郎君隸籍故土，離秣陵殊遠，明年歲試，又當再來，往返資斧，將何措辦乎？前次承命刻書事，弟老懶相仍，加以遠行，遂不及致詳，有負知己之托。奈何，奈何！王元直在京，想日相見，何無桑梓之思？兄勸之歸可也。「三山買白兔」，成一笑柄，兄尚操觚而賦之乎？試問郎君真堪捧腹耳。餘不一一。己卯十月。』（《文集》册四，《上圖稿本》第四三册，第一〇八—一〇九頁）

作《寄陳調梅》：『丁丑歲，小婿康生從粵東歸，承瑶函遠及並貽腆貺……今秋幸晤公郎于昌箕孝廉處，每接戎談，益信芝蘭玉樹生于庭堦也。羡之，羡之。兹建安鄭君有白門之役，附此奉候。鄭君收藏名畫法書、商彝周鼎甚富。閩人弗售，欲售之兩都，敢借台翁齒牙餘論……詩扇一握、《潮音草》一

册求正。伏惟兹炤。己卯十月。』(《文集》册四,《上圖稿本》第四三册,第一〇九—一一〇頁)

作《寄米彦伯》:『丙子歲,舍親林文絅自貴鄉歸,荷瑶函見貽,且拜扇頭佳句……鄭君橐携秦漢鼎彝、宋元書畫,因與使君交最歡,特削一牘,令其達於左右。倘卧理之暇,賞玩品題,亦足以鼓吹三異,何如,何如……林文絅舍親去歲成古人矣。附知。外詩扇一執、小兒《潮音草》《詩選》各一册求正。己卯十月。』注:『未送。』(《文集》册四,《上圖稿本》第四三册,第一一〇—一一一頁)

按:崇禎九年(一六三六)三月所作之《寄米彦伯》言林文絅携往見米氏,與公叮囑林文絅回鄉,請附八行,此書『瑶函見貽』,即爲前書之回復。

十一月,携其孫鍾震入漳州吊顔中丞,曹學佺、陳衎有送行詩。途中泛莆田木蘭陂,於洛陽橋看蔡襄碑,同安訪池顯方。至漳後,訪陳正學於灌園。陳文煬招同陳正學、孫鍾震飲宅中。陳文煬、張燮分别招飲。十六日,與張燮、陳正學、張瑞鍾、孫鍾震等集陳文煬城西園。十七日之後,王志道都憲見招,同張燮、陳正學、孫鍾震觀宋元書畫。長至前,與陳文煬、陳正學、孫鍾震集張燮藏真館。張瑞鍾招飲南郊蔚園。二十七日,陳文煬將軍携酒。二十八日冬至,徐子雲招同張燮宴集巖園。原擬欲往潮陽,因漳浦寇起小刀,不果行。在漳州滯留至次歲春。

作《往潮陽别曹能始》(詩佚,題筆者所擬)。

按:《寄楊南仲》:『𤊹以長至前入漳州吊顔中丞。』(《文集》册四,《上圖稿本》第四三册,第一三四頁)

又按:此書作於次歲。

又按：《寄吳光卿》：『庚辰之冬至漳州，哭吊中丞，去潮陽不遠數舍，因念與老祖臺爲別十稔，欲效山陰訪戴故事，先遣一力通問於別駕，黄元常賴爲地主，便與祖臺作平原十日歡，詎漳浦寇起，小力行至閩粵交界，遭强寇截路，盡劫衣服行李，匍匐至潮，而所寄祖臺之書刻詩扇盡歸緑林之手。』（《文集》册五，《上圖稿本》第四三册，第二四八頁）

又按：此書作於次歲。

又按：此書『庚辰』應作『己卯』。𤊹己卯冬至漳州，次年（庚辰）春返，此書誤記。下條曹學佺贈詩，可證𤊹本擬往潮陽。曹學佺《西峰用六篇詩》，此歲年六十六。

曹學佺有《送徐興公之潮陽、陳叔度之豐縣》：『世蹔無寧宇，家貧舍故林。更分南北路，難定別離心。海際潮陽闊，雲迷芒碭陰。祇餘茅屋裏，抱膝歲寒吟。』（《西峰用六篇詩》）

按：潮陽、義安，皆潮州府舊名。李賢《大明一統志》卷八十《廣東·潮州府》『建置沿革』條：『（晋）義熙末又分立義安郡……唐武德中復爲潮州，天寶初改潮陽郡……元至元中改置潮州路，本朝洪武二年改路爲府。』

陳衎有《送徐興公之義安、陳叔度之豐邑、林異卿之金陵、陳昌箕上春官一同祖道，二珩美人度曲》：『驪歌新調合梁州，南北離亭客繫舟。諸子一時俱載道，鄙夫何處獨登樓。吳山楚水還無恙，瘴雨蠻烟豈久留。祇有長安人最遠，不妨沉醉曲江頭。』（《大江草堂二集》卷六）

徐鍾震有《泛木蘭陂》（《徐器之集·丹霞紀遊》）。

按：李賢《大明一統志》卷七十七《興化府·莆田縣》『木蘭陂』條：『在府城南木蘭山下，其水自泉之德化、永春及仙遊三邑西南而下，合澗谷之水三百有六十而會流至此。宋熙寧中，侯官有李長者叠石築陂，溉田千餘頃。莆人至今賴之。』

徐鍾震有《丹霞道中》《洛陽橋看蔡忠惠碑》《同安訪池直夫先生留飲夜話，同陳賓門憲副作》《堆雲寺少憩》（《徐器之集·丹霞紀遊》）。

作《初入霞城，訪陳貞鉉灌園》（詩佚，題筆者所擬）。

按：灌園，陳正學園名。正學有《灌園草木識》，詳萬曆三十一年（一六〇三）。

徐鍾震有《初入霞中，東郊訪陳貞鉉先生，留宿灌園兩晨夕，賦贈》（《徐器之集·丹霞紀遊》）。

作《陳子潛參戎招飲宅上》（詩佚，題筆者所擬）。

徐鍾震有《陳子潛參戎招飲宅上，客爲張紹和、陳貞鉉兩先生》：『買得瓜田種一區，暫抛黄石舊兵符。罰來觴政嚴金谷，談出文心暎玉壺。簾外霞光流翡翠，堂前燈影暖氍毹。九溪元是龍遊處，授簡誰探頷下珠。』（《徐器之集·丹霞紀遊》）

作《張紹和先生招飲霏雲居》（詩佚，題筆者所擬）。

按：霏雲居，張燮居所之一，建成於萬曆三十五年（一六〇七）。

又按：張燮《霏雲居記上》：『室旁有地數畝，稱貸鬻之，買山之後，家如懸罄，不能恃畚挶者二年餘。丙午暮春，余欲示世以無復出理，乃趣治工，不暇計其貧儉也。迨乎寒孟，家大夫竟驅之使行，時已就緒，然尚未告竣。丁未返自燕，續營之，而畢功於送秋云，題曰「霏雲居」。蓋取平子賦中「雲霏霏兮繞子輪」也。』（《霏雲居集》卷二十八）

徐鍾震有《張紹和先生招飲霏雲居，同張熞叔、鄭兆中賦時以新刻〈群玉樓集〉見示》二首，其一：『新苔生徑曲，古樹壓階前。龍德初潛日，鴻儀可則年。簾窺山月迴，盤鱠海潮鮮。細話千秋事，文心老益堅。』其二：『窮年躭著述，群玉又成篇。問字穿雲入，攤書枕石眠。履辭公府辟，不上孝廉船。博物稱君子，無須侈茂先。』（《徐器之集·丹霞紀遊》）

作《望後一日，同張紹和、陳貞鉉、張勖之及孫器之集陳子潛城西園》（詩佚，題筆者所擬）。

徐鍾震有《望後一日，同張紹和、陳貞鉉、張勖之集陳子潛城西園，漫題》：『步出城西尺五天，池光蕩漾蘸華筵。樓環亂木連蒼壁，徑繞孤峰入紫烟。竹裏敲棋消日晷，花間覓句寫霞箋。坐深不覺斜陽暝，香動梅梢月正圓。』（《徐器之集·丹霞紀遊》）

徐鍾震有《客中憶故園籬菊》《魏元方以新刻詩箑見貽，賦此答之》（《徐器之集·丹霞紀遊》）。

作《王東里招同張紹和、陳貞鉉及孫器之觀宋元書畫》（詩佚，題筆者所擬）。

徐鍾震有《王東里都憲見召，同紹和、貞鉉二先生觀宋元書畫，即席賦呈》：『砥柱中流屬老成，謙謙君子道方亨。燕居此日瞻風度，真諫當朝重姓名。畫展宋元船可載，林招嵇阮酒頻傾。帝心簡在環堪賜，殿上還聞曳履聲。』（《徐器之集·丹霞紀遊》）

作《長至前，同陳貞鉉、陳子潛及孫器之再集張紹和藏真別界，共用真字》（詩佚，題筆者所擬）。

徐鍾震有《長至前，同貞鉉、子潛再集紹和先生藏真別界，共用真字》：『披帷欣再入，花徑靜無塵。禮以文心厚，交繇世誼真。金杯頻沃雪，玉琯欲飛春。坐待前山月，清光冷照人。』（《徐器之集·丹霞紀遊》）

按：藏真，藏真館，張燮别業。

又按：張燮《家居四銘·藏真館銘》：『峰腰濺翠，洞罅涵虚。花事拂簷，禽語上除。叢篁歷落，古木扶疏。蕉間拚鹿，濠上泳魚。仙踪採藥，佛奴摘蔬。徑滿求羊，座遍應徐。輕飈窺檻，小月侵裾。有千歲計，無兼日儲。大地羲軒，白晝華胥。蒙谷盧敖，焉知所如。』（《群玉樓集》卷四十九）

作《張勖之招同張紹和、陳子潛及孫器之出飲南郊蔚園》（詩佚，題筆者所擬）。

徐鍾震有《張勖之招同張紹和、陳子潛出飲南郊蔚園，分得十三覃》：『隔溪雲水净拖藍，書卷堆床坐一龕。松響濤聲環舍後，梅含香意動枝南。漏深金井從投轄，酒薦銀罍喜盍簪。商略儘多千古秘，寧如晋代侈清譚。』（《徐器之集·丹霞紀遊》）

徐鍾震有《冬至前一夕，子潛將軍携酒對酌，坐雨》：『一歲行將暮，羈離片刺存。候鐘黄應律，臘酒緑當樽。雨劇棲孤館，霜寒憶故園。消殘銀燭影，半醉更忘言。』（《徐器之集·丹霞紀遊》）

作《冬至日，徐子雲、子素招同張紹和、徐晋斌、鄭兆中及孫器之宴集巖園，共用雲字》（詩佚，題筆者所擬）。

按：冬至，十一月二十八日。

徐鍾震有《冬至日，徐子雲、子素招同張紹和、徐晋斌、鄭兆中宴集巖園，共用雲字》：『邀客開三徑，雕欄曲曲分。梅香纔破臘，柏翠欲凌雲。繞户清泉冽，當庭怪石紛。銀杯光鑿落，葭琯氣氤氲。入坐咸圭璧，堆床盡典墳。佳晨欣聚首，勝地樂爲群。北海將摶翼，南山正蔚文。丹霞新結社，差

勝舊榆枌。』(《徐器之集·丹霞紀遊》)

十二月,初一及此後一兩日,興公在漳州與孫鍾震訪張燮萬石山房;遊虎硿巖,觀曹學佺壁上詩。初四,陳文煬招集向日堂。初五至十四日,長泰楊叶瑶見訪,集徐晋斌用晦堂;叶瑶贈鍾震《秋雨堂新集》。晤黄道周。題詩扇頭贈黄道周,又致書詩黄道周,言讀《黄子》及《擬騷》,可謂當代文宗;讀《榕壇講業》,始知希聖希賢,闡發理學;又以兒孫所著書數種附贈黄道周。又致黄元常,言擬有潮陽之行。十五日,集徐子雲巖園看梅。十六或十七日,過芝山寺聽琴。十八日,同陳文煬、洪尊光、張鎮樸、孫鍾震過張瑞鍾蔚園看梅。除夕,陳文煬招集向日堂守歲;同日,曹學佺作詩懷之。期間,至海澄訪周劍華;又有書致周氏,請代購土産,要求價平物善。又有書致錢謙益,薦漳州高元濬;以《閩南唐雅》、徐延壽《潮音草》附贈錢謙益。

徐鍾震有《先大父行略》:『庚辰,抵丹霞,訪張紹和徵君于萬石山,與王東里、黄石齋、何玄子、陳貞鉉、陳子潛諸公倡和度歲,不孝鍾震侍焉。其間山川之險阻、人情之變幻、文章之奇正,咸語不肖以其故,曰:「一時事大棘矣,爾小子毋□情直行也。」又曰:「聖賢面目,寧須向故紙求之?」不孝等佩服無斁。』(《雪樵文集》)

按:抵丹霞在是歲,度歲後方入庚辰。

作《季冬朔日,同徐晋斌、吕而德、張勖之訪張紹和于萬石山,留酌》(詩佚,題筆者所擬)。

徐鍾震有《季冬朔日,同徐晋斌、吕而德、張勖之訪石户先生于萬石山,留酌,漫成八韻》:『客爲探奇至,孤峰一徑穿。洞虚窺日月,巖古繡雲烟。先世精靈托,前朝姓名鐫。啼猿山寂静,穴虎寺毗連。青鳥來蓬島，丹霞燭海天。梅開冬暖候，松老歲寒年。搗藥留遺碾，烹茶引細泉。巢谿成大隱，不用買山錢。』（《徐器之集·丹霞紀遊》）

按：張燮自號石户農。

作《遊萬石山呈張紹和》（詩佚，題筆者所擬）。

徐鍾震有《遊萬石山呈汰沃先生》二首，其一：『遥望霞光片片明，參差峰勢儼天成。欲窮開闢巖中勝，都向嶔崎洞裏行。剔鮮摩崖過谷口，支笻倚樹聽泉聲。山靈秘惜今朝剖，正藉先生大隱名。』其二：『仙人窟宅半遊踪，絶磴斜連碧萬重。縹緲巖亭邀月上，玲瓏石户倩雲封。殺青遍種千竿竹，滴翠新添五粒松。襆被携來應信宿，霜風寒送上方鐘。』（《徐器之集·丹霞紀遊》）

按：張燮，一字汰沃。

徐鍾震有《舒節居拜張凱甫像》：『穉年曾把臂，今日拜新祠。雖赴丹丘約，難禁玉樹悲。名山成信史，異代讀新詩。落木蕭蕭下，英靈儼在兹。』（《徐器之集·丹霞紀遊》）

按：舒節居，張于壘生前所居。于壘生前曾撰《舒節集》。

作《遊虎硿巖觀曹能始壁上詩》（詩佚，題筆者所擬）。

徐鍾震《遊虎硿巖觀曹能始先生壁上詩》：『我遊萬石山，隔巖纔百武。雲磴步嶔崎，杉松蔭庭户。危峰劍戟攢，側身入微俯。甘泉灑鹿潭，峭壁題名古。鐘磬隱平林，院静日卓午。來啓巖下扃，猊像香縷縷。大師法力弘，跏坐能馴虎。斷臂飼其飢，寧比凡身苦。如此異見聞，郡乘渺無譜。試讀曹公詩，神僧堪與伍。』（《徐器之集·丹霞紀遊》）

按：曹學佺壁上詩，即《虎硿即無隱禪師道場》（《天柱篇》）。

徐鍾震有《萬石山雜咏》十四首（《徐器之集·丹霞紀遊》）。

按：十四首細目：宿意蕊宮、蜚遯齋、咀芳亭、竹廊、澄院、縹緲亭、龍泉庵、青烏棲、宛委深處、煉藥臺、石隱書巢、石帆洞、步虚壇、大隱屏。

作《朔後三日，陳子潛宴集向日堂，共用名稱字》（詩佚，題筆者所擬）。

徐鍾震有《朔後三日，陳子潛招同皖城齊員倩、豫章王仲美、温陵蔡無能宴集向日堂，共用名字》（《徐器之集·丹霞紀遊》）。

徐鍾震有《武安楊瓊夫見訪寓中，出〈秋雨堂〉新集見示，賦答》（《徐器之集·丹霞紀遊》）。

按：武安，長泰縣別稱。〔萬曆癸丑〕《漳州府志》卷二十三《長泰縣》：『長泰縣，本隋泉州南安縣武德場……（唐）文德元年，改爲武勝，尋改武安……南唐陞爲永泰縣。』

又按：楊叶瑶，字瓊夫，長泰（今屬福建）人。有《秋雨堂集》。學佺采其詩入《石倉十二代詩選》。

作《集徐晋斌用晦草堂》（詩佚，題筆者所擬）。

徐鍾震有《集徐晋斌用晦草堂，客爲張紹和、徐子雲、吕而德》：『一徑列修竹，跫然空谷音。榕根蟠屋裏，梅影入庭陰。蠹食神仙字，龍雕作者心。潛居當用晦，不受片塵侵。』（《徐器之集·丹霞紀遊》）

作《贈黄石齋詩》二首（詩佚，題筆者所擬）。

徐鍾震有《寓中晤黄石齋宫詹，賦此奉謁》：『召對忠言翊聖皇，暫辭帷幄出宫坊。六經脈接千年

統，一片腸成百煉剛。不厭野人争坐席，肯容弟子立門墻。漢廷此日方垂拱，會見曹參趣治裝。』（《徐器之集·丹霞紀遊》）

作《寄黄石齋》：『憶自神皇壬子之歲，得侍明公大教。次歲又在霞中把臂論心，𤊹雖不才，荷注交籍之末，非一日矣……先是讀《黄子》及《擬騷》之文，祗謂明公胸羅二酉，當代文宗也。邇來讀《榕壇講業》，始知希聖希賢，闡發理學，以文周孔孟之道術，布皋夔稷契之事功……日者，偶訪張紹和先生，寄跡霞城，用踐范、張鷄黍之約，陟萬石崒嵂之巖，興盡將歸，遥望海上紫氣熒熒，咫尺千里，漫賦二詩，題之扇頭，聊抒舊雨之情。𤊹愧荒陋，自少而壯而老，所著《詩文膚説》等書，亦忝數十萬言，自揣蕪雜可厭，茲行輕裝，都未挈來，尚容他時投之車前，擲之户外耳。𤊹一兒一孫，年將及壯，頗知嚮學，不揣附以小刻數種，乞賜垂教……己卯十二月。』注：『有回書。』（《文集》册四，《上圖稿本》第四三册，第一二一四—一二一五頁）

按：《贈黄石齋詩》二首今佚。[一]本年黄道周年五十五，告假歸漳浦北山墓廬（據侯真平《黄道周紀年著述書畫考》，厦門大學出版社，一九九四年，第二二九頁）。

作《寄黄元常》：『前歲得侍壇坫，足慰平生。因送直指，留建州，遂致間闊。幸芋江一遇，恨夕陽在山，匆匆分手，黯然如何！載閲除目，始知佩刀已蒞潮郡……𤊹近抵漳南，爲故交相留浹月。言念翁

[一] 徐𤊹與黄道周交往，各種黄道周年譜均付闕如。萬曆四十年壬子（一六一二）徐𤊹結識黄道周，次年又在漳州相晤。崇禎七年（一六三四），作《黄幼玄太史道周》二首。今歲在漳州晤黄道周，題詩扇頭贈之；作此書致黄道周，附兒孫所著書數種。次歲正月，再次相晤，道周有贈言，𤊹孫鍾震拜道周爲師；又有《復黄石齋》致道周。

臺，不遠數舍，望衡對宇，寔切願見之私。且潮陽吴光卿先生向年兩宦閩中，與㘞最稱莫逆，因而趨候，惟是翁臺懸魚之署，未必聞馮生之歌而遷幸舍。倘不忘車笠舊誼，當裹數日糧圖一晤言，何如？臨楮瞻企。十二月。』注：『有回書。』（《文集》册四，《上圖稿本》第四三册，第一二六頁）

作《臘望，集子雲巖園看梅，賦短歌》（詩佚，題筆者所擬）。

徐鍾震有《臘望，集子雲巖園看梅，同張汰沃、徐晋斌共賦短歌》：『兩河列種花如雪，十二雕欄行曲折。河水漣漪遶碧窗，寒林掩映蟾光潔。遥望中天一鏡飛，巡簷索笑暗香微。粉蝶紛紛入閑幔，玉鱗片片沾人衣。山石巉巖同庾嶺，枝北枝南流素影。招客來看醉綺筵，清談不覺中宵永。刻燭還吟何遜詩，滿身風露夜歸遲。他時異地如相憶，驛使殷勤寄半枝。』（《徐器之集·丹霞紀遊》）

徐鍾震有《月夜過齊員倩芝山寺寓聽其彈琴有感》（《徐器之集·丹霞紀遊》）。

作《臘月十八日，同陳子潛、洪尊光、張鎮樸過勖之南郊蔚園看梅》（詩佚，題筆者所擬）。

徐鍾震有《臘月十八日，同陳子潛、洪尊光、張鎮樸過勖之南郊蔚園看梅，次家大父韻》：『香霧晴陰聚一園，消閒徐步過南村。風飄白玉吹長笛，雪滿青山接斷垣。倦向林中眠素影，興來花下倒芳樽。畫眉閨閣添清韻，吟對簷間月半痕。勖之內人能詩。』（《徐器之集·丹霞紀遊》）

作《己卯除夕，子潛招集向日堂守歲》（詩佚，題筆者所擬）。

徐鍾震有《己卯除夕，子潛招集向日堂守歲，次家大父韻》：『風物何曾別異鄉，南天得暖獨清漳。嚴城夕漏今宵盡，旅館春醪此夜嘗。竹簡閑披孤燭影，椒盤尤憶故園香。惠而好我情何極，藏却中心永不忘。』（《徐器之集·丹霞紀遊》）

按：曹學佺有《歲除日，集陳伯綸、吴仲闇、吴二辰、蘇啓先、過百齡、戴實伯、吴尊生三石亭，因懷徐興公、陳叔度、陳昌基、周章甫、林異卿》（《西峰用六篇詩》）。

作《寄錢牧齋》：『海澨野人，才疏識淺，自甘草木同腐，且年已衰遲，老樹婆娑，無復生意。今春快登龍門，飫領鴻誨，始知學海無窮，難以蠡測，虚往實歸。足償生平大願矣。緬惟台翁養重東山，著作日富，不朽大業，海内宗依。恨某天隔一方，弗能□□壇坫，飽窺宛委、二酉之藏。若造化假我數年，更當□□［相］從耳。別後仰懷明德，永矢弗諼。兹有漳州高生元濬，乃前太史朿荃公之仲子，劉鬱林之内弟也，隸籍諸生，而博綜墳典，且善于詩。欽承雅望，積有歲年，特叩門墻……承委查覈《徐騎省集》缺板，某所藏本，亦同此缺。惟是楊大年《武夷新集》，寒家有之。容命工抄録嗣寄也……外《南閩唐雅》四册、豚子《潮音草》一册附呈。』注：『有回書。』（《文集》册四，《上圖稿本》第四三册，第二七—二八頁）

按：今春訪錢謙益于拂水。

又按：高克正，字朝憲，號朿荃，海澄（今龍海市）人。劉鬱林，即劉履丁。

又按：此書薦漳州高元濬，疑作於漳州，當在十二月時。

作《寄林若撫》：『敬之以八月晦前抵閩中，得兄七夕書……兒孫虽逐隊入闈，竟俱落第。不知何日公道開也。尊集抄來，細讀愈妙。曹能始去歲已從小孫索《咏梅》諸刻，先選授梓。兹將再增數十篇，成一家言耳。漳州高君鼎，乃太史朿荃先生之子，博學工詩，久知吴門有若撫先生……弟之近況，君鼎能道之，更有一函，爲介于錢宗伯公，惟從臾之。前月，堯峰僧了然歸，弟已有啓謝申方伯公，并致能始《咏檜詩序》，見爲致聲。維志先生詩，已選入梓矣……雙美畫大□□□，尤荷名公過獎。』注：『有回書。』（《文集》册四，《上圖稿本》第四三册，第一二八—一三〇頁）

按：林若撫，即林雲鳳。詳萬曆三十六年（一六〇八）。

作《答周劍華》：『闊别多年，渴欲領教，承遣役見邀……惟是初到霞城，方拜朱别駕，而道臺、郡尊俱未摳謁，未暇作海上遊。俟此中事竣，或趍澄邑，購求諸貨，可得握手談心也。』（《文集》册四，《上圖稿本》第四三册，第一二九頁）

按：周昌儒，字劍華，宜興（今屬江蘇）人。崇禎元年（一六二八）進士。分巡漳南道。

又按：澄邑，海澄縣，今龍海市海澄鎮。此書爲剛至漳州不久作。

作《又［答周劍華］》：『奉違大教，歲月屢更，台旌出蒞漳南時，辱軒車枉顧，有失迎晤，至今用以爲歉。弟今春過吴門，主于新安程君處，近程君復至三山，携得台翁家信二封，值弟正來漳郡，遂見付轉致；程君雅慕高風，亦附一函以通殷勤……』（《文集》册四，《上圖稿本》第四三册，第一三〇頁）

作《又［三答周劍華］》：『近承雅召，得叙十五年契闊，良慰夙懷，且過辱厚款厚貺，尤佩注存，感謝曷既！弟尚寓此度歲，計燈節後始整歸驂，未暇再趨澄邑。兹欲購數色土物，敢煩代爲交易，要求精善，且價輕平，勿爲澄人所欺可也。』（《文集》册四，《上圖稿本》第四三册，第一三〇—一三一頁）

按：《文集》第四三册致周劍華書連續四通，第四通在元夕後，作於次歲。第二通有『今春過吴門』，此通有『尚寓此度歲』，均作於是歲。

十二月，陳元綸招集陳衎、徐延壽、林匯、孫昭、高子安等往越山庵看梅。

陳衍有《陳長源招集越山庵看梅，同林賓王、孫彦回、徐存永、外甥高子安，得一先七陽》：『地氣冬猶暖，疎林薄有烟。寺門移舊徑，山色入殘年。幽事聊沾醉，佳懷數擊鮮。梅花隨處好，今夜月還圓。』又：『尋梅兼晝夜，衣袂欲生香。覓句暮山紫，閑行霜葉黄。林寒人跡少，歲歉寺糧荒。明日遊何地，相期在竹房。』（《大江草堂二集》卷四）

按：孫昭，字彦回，連江人。有《竹谿集》。

又按：據《大江草堂二集》所載，數日間陳衍先後往西湖、薛老莊、烏山石梁、北山等地看梅，延壽亦有可能同往。

是歲，有書詩致新安余鵬先，附贈延壽集二册。又致謝國元戎，並詩扇，言不忘大將軍舊好。

作《題扇頭寄余鵬先》（詩佚，題筆者所擬）。

按：詳下條。

作《寄余鵬先》：『歲在丙子，於貴鄉官閩幕者，傳翁丈手札，并詩扇見懷，三十餘年知交，至桑榆晚景，猶爾神王若此，足占百齡可期。書中云，先有一函見寄，然不審所寄何人，則浮沉久矣。倏忽又復三週，近敝友陳道掌自新安歸，述翁丈髩皓然，顔童然，眸炯然，詩篇爛然，堦前玉樹森然。弟屐齒屢折。又云翁丈有書見貽，索之，因在途中失一篋，則此札飛去矣……前貽扇頭佳什，當即奉和，無繇致將。今有泉友郭懋荆，托其送上……弟今年正七十，昨歲已得曾孫，差娱目前。餘不足道也。臨楮神馳。小兒荒刻二册求正。』注：『未送。』（《文集》册四，《上圖稿本》第四三册，第四二一—四二二頁）

作《題扇頭寄謝寤雲元戎》（詩佚，題筆者所擬）。

按：詳下條。

作《寄謝寤雲元戎》：『客歲中秋，瞻禮普陀，歸渡曹江，即艤棹仙鄉，冀覲光輝，一叙十年離索。乃抵孟家洪，問太傅東山棋墅，見川原鬱抱，山巒環繞，綠野江天，儼若圖畫，及扣玄亭，閽人云台駕方入越城……漫賦一詩，聊寫衷曲，因乏便鴻，未遑寄將。兹遇令親王渾伯之便，特托代致，庶幾知昔日堂前揖客，不忘大將軍舊好甚也。去歲曾投刻稿，想入台覽，兹不贅呈。小詩題扇頭，請正。方今虜寇頻仍，朝廷拊髀思頗、牧，老祖臺可堅卧青門乎哉？』注：『謝云未到。』（《文集》册四，《上圖稿本》第四三册，第四五—四六頁）

是歲，有書致王志道，言朱謀㙔宗侯《水經注箋》較之舊刻尤精詳，而無訛誤。

作《寄王東里》：『《水經注》金陵板，方子及作序者無處可覓，惟㶿所儲豫章朱鬱儀宗侯《注箋》較之舊刻尤精詳，而無訛誤也……未幾督兵去，藩伯拮据兵餉，未遑及此。近始托曹能始書達藩伯中。』（《文集》册七，《上圖稿本》第四四册，第一二八—一二九頁）

是歲，爲曹學佺《鳳山鄭氏詩選》作序。

作《〈鳳山鄭氏詩選〉序》：『卷首有崇禎己卯徐㶿序，稱：「孔道之孫惟嘉，命序簡端。」則刊版者光裔，編次者實惟嘉也。」閩縣有鳳凰山，鄭氏聚族於是。題曰鳳山，蓋從所居也。』（《四庫全書總目》卷一百九十三引）

是歲，惠安知縣葉初春考績最，興公代人爲作《賀序》。

作《賀惠安邑侯葉公奏最序代》：『若惠安邑侯匡涔葉公種種，有足述哉？夫侯以名進士蒞惠三載，政通人和，上恬下熙。績用既章，奏最考成，函致闕下……予又聞侯之尊人，以文學齒德重于潯陽，而昆季亦登桂籍。侯之家世，甲于江以西……聊掇蕪詞爲賀，因以勖諸孝廉，共勉之。』（《文集》册一，《上圖稿本》第四二册，第五七—六〇頁）

按：邑侯葉公，即葉初春。初春，號匡岑（又作洿），湖口（今屬江西）人。崇禎元年（一六二八）進士，九年（一六三六）任惠安知縣。〔乾隆〕《泉州府志》卷三十一《名宦》三：『（初春）知惠安，冰蘗皭然，案無滯牘。仁民造士，剔弊更新。值海上告警，晝夜乘城，折衝無患。士民德之。陞監察御史，祀名宦。』可與本文相發明。

又按：時初春三年考績，在是歲。

是歲，徐延壽與父過虞山訪錢謙益。錢謙益以孝穆期之，並記其能爲艷詩。

徐延壽作《三過虞山訪牧齋先生》：『憶昔己卯春，龍門登陸始。小子將父車，躋堂拜夫子。時有林逋翁，殷勤相導指。拂水啓山莊，醉卧梅花裏。』（《尺木堂集·五言古詩》）參見順治七年（一六五〇）、十六年（一六五九）。

按：范成大《吴郡志》卷十五《山》：『虞山，在常熟縣。海虞縣西六里，有虞山，山上有仲雍冢。海虞，即常熟也。』

又按：錢謙益《徐存永〈尺木集〉序》：『崇禎己卯，存永侍尊甫興公徵君訪余拂水，存永方綺歲，才藻麗逸，余以孝穆期之。』（《牧齋有學集》卷十八）

又按：錢謙益《晉安徐興公過訪山中有贈》自注：『興公子存永能爲艷詩。』（《牧齋初學集》卷

十五《丙舍詩集》上）

是歲，命徐鍾震代作《〈歐浴溟醫刻〉序》。

徐鍾震代作《〈歐浴溟醫刻〉序》：『己卯春初寓省中，望聞問切者趾交錯，予耳其名，亦造而訪之，一見如平生。其言論則藴藉，其節操則聖潔，其意氣則遒上不塵，有儒者之風，且樂善不倦，予深敬服之……刻彙成全帙，予爲序其始末，且識予一時相得之雅云。』（《雪樵文集》）

按：歐浩，原名海，字有天，號浴溟，福清人。少困舉子業，鬱鬱不得志，其從兄以醫業授之。由是鋭於此道。

又按：鍾震時年三十，以閲歷及資質，尚無能力爲老成者《醫刻》撰序，故推斷此文爲代興公作。

是歲，董應舉卒，年八十三。

曹學佺有《挽董司空》：『辛卯同年壽者三，予今形影忽悲殘。天邊南極星光掩，海上孤城保障單。老眼看書惟有淚，直心醫世奈無丹。祇留一片精忠在，渺寞泉臺未覺寒。』（《西峰用六篇詩》）

是歲，顔繼祖卒。

按：山東兵敗，山東巡撫顔繼祖下獄，今歲八月初被殺。《明史·顔繼祖傳》：『十一年，畿輔戒嚴，命繼祖移駐德州。時標下卒僅三千，而奉本兵楊嗣昌令，五旬三更調。後令專防德州，濟南同此空虛。繼祖屢請敕諸將劉澤清、倪寵等赴援，皆逗留不進。明年正月，大清兵克濟南，執德王。德祖一人不能兼顧，言官交章奏劾繼祖，繼祖咎嗣昌，且曰：「臣兵少力弱，不敢居守德之功，不敢不分失濟之罪。請以爵禄還朝廷，以骸骨還父母。」帝不從，逮下獄，棄市。』

崇禎十三年庚辰（一六四〇） 七十一歲

曹學佺六十七歲，林古度六十一歲，徐鍾震三十一歲，徐延壽二十七歲

正月，客漳州。十三日，陳文煬招同楊澹華及孫器之宴集宅上，觀舞龍燈。十五夜，吕而德招同晋斌及孫器之集宅上，觀迎神；是夕，延壽未隨至漳州，招陳衎等集宛羽樓，陳衎有詩懷興公。有書答海澄周劍華，言臨近離漳，再往海澄購物。二十日，致書楊韻仙，憶建州芝山社事。又致顔繼祖四弟顔紘祖，言得便往府上借觀珍玩。二十四日，致書楊德周，談及登萬石山，及張燮議梓《唐賢七十二家》，己亦預校讎。二十五日，有書答宗室朱肇鄣，附詩扇一握、延壽書三種。同日，又致喻應夔，言應夔弟應益已卒之事；又言甥謝肇淛、婿康守廉過雩都，投刺奉謁，歸來述盛情有加；又言延壽、鍾震雖能讀書，而屢試不中，株守一經，不能爲養。又致書何楷，附錢謙益所托《徐騎省集》。又致黄道周，憶二十多年前曾晤，並謝其收鍾震爲弟子。又致陳養默，言前年過四明，適養默北上，未晤。又致林如周，言此行到漳爲吊顔繼祖，又言王志道家小阮王子植，僑居三山之水西，交最歡；又言漳郡縉紳好客，士友多習古文詞。

徐鍾震有《庚辰元日》《贈李質夫》（《徐器之集·丹霞紀遊》）。

作《上元十三夜，陳子潛招同楊澹華及孫器之宴集宅上，觀舞龍燈》（詩佚，題筆者所擬）。

徐鍾震有《上元十三夜，陳子潛招同楊澹華及家大父宴集宅上，觀舞龍燈，分得一先》：『堂啓華燈夕，雙龍燭綺筵。鱗飛千點火，舌吐九微烟。戰血疑於野，探珠或在淵。何殊延水上，化劍入青

天。』（《徐器之集·丹霞紀遊》）

徐鍾震有《陳子潛宅上觀迎春》：『入春纔十日，草色滿堂前。』（《徐器之集·丹霞紀遊》）

按：是歲立春在正月初二。

作《十五夜，吕而德招同晋斌及孫器之宴集宅上，觀迎神》（詩佚，題筆者所擬）。

徐鍾震有《十五夜，吕而德招同晋斌及家大父宴集宅上，觀迎神》：『佳景夜煌煌，千枝燭一堂。朱簾褰瑞靄，寶鼎爇沉香。火樹重重燦，星橋處處張。沿街燈架彩，賽社鼓成行。閃爍追風騎，招摇踏月妝。賓筵傾蟻緑，男鬟雜鴉黄。共識歌童狡，誰憐鮑老狂。金吾方不禁，坐咏九微光。』（《徐器之集·丹霞紀遊》）

陳衎《徐存永招集宛羽樓，得庭字，時興公客遊未歸》：『重重幽磴叩巖扃，尚有殘梅落户庭。春色天涯芳草緑，年華風景遠山青。行厨竹裏開銀甕，秘笈樓中勘石經。元夕雖當荒歉後，家家簫鼓不曾停。』（《大江草堂二集》卷六）

作《又［四答周劍華］》：『弟從來客遊，咸在吴浙度歲，而漳中風俗頗極繁華，元宵燈火尤盛，且酒杯酬應無虚日，荷郡伯、别駕二公見留，尚羈此中，越閏月之半，始得言旋。言念高情，曷其有極！貴署鰲山駕海，韶景可娱，恨一水之隔，未能涉渡，雅情但心醉而已。購來諸物俱佳，可供兒輩文房之需……臨别親至海上，再市牙物，庶幾重擾庖厨，然未敢必耳。』（《文集》册四，《上圖稿本》第四三册，第一三一——一三二頁）

按：此書作於元夕之後。

作《寄楊韻仙》：『去秋榜發，兄與珂臣、宇珍諸君，皆落孫山，深爲惋惜，如豚子、小孫，文之弗售，固其宜也……弟長至前偶爲漳遊，邂逅桐城齊君員倩，同此度歲，賦詩鼓琴，朝夕相樂也。今弟尚留漳中，而齊君先別訪建安令公……芝山之社，授簡分題，合執牛耳，惟仁兄廣其交道……庚辰正月廿日。』（《文集》册四，《上圖稿本》第四三册，第一三二一—一三二三頁）

作《復顔旦紅》：『企仰名德，積有歲年，愧未接塵而遊，幸過鄭鄉，自慶侍教有期，乃仁兄抱鴒原之痛，而弟亦切嚶鳴之悲。日前始一覿清光，然匆匆晤語，未罄所懷，正擬偵駕稍暇，再拉令舅過尊齋，借觀珍玩。弟雖鑒乏茂先，頗識一二，不審何日可副鄙願否？春初既拜隆惠，兹復辱貺，愧感交集，敬登二品，用佩雅情。』（《文集》册四，《上圖稿本》第四三册，第一三二三頁）

按：顔紘祖，字旦紅，繼祖四弟，龍溪人。鴻臚寺卿。紘祖兄顔繼祖巡撫山東，濟南失守，下獄死；徐𤊹漳州之役，爲吊中丞。

作《寄楊南仲》：『舊歲仲秋，使者還鄞，具八行奉候。未幾，颶風大作，所運杉木遂阻不達，停在海濱，以待風信。此陳磐生對𤊹之言如斯也，不知何時可到耳。𤊹以長至前入漳州吊顔中丞，因以台函授于曹履垣郡伯；次辰先賜枉顧，一見平生，皆仗老父臺齒牙餘論……漳中多長者交，見留度歲，筆硯應酬無虚晷。登紹和萬石山，讀尊咏四律，足爲山靈增色。敬服，敬服！閩遊佳句及箋註杜詩，幸乞垂教。郡伯與紹和議梓《唐賢七十二家》，允爲盛典，𤊹亦預校讎。此集行，亦大愉快也。偶聞貴鄉王參軍還里，紹和作書奉寄，附布區區。外新梓《王忠文全集》、薔薇露二瓶侑函。伏惟台炤。庚辰正月廿四日。』（《文集》册四，《上圖稿本》第四三册，第一三三三—一三三五頁）

作《寄肇鄗宗侯》：『歲在戊辰，建人鄭生自盱水歸，拜手教遠貽，十年夢思，恍如晤對，每讀《防露》諸詩，又恍如遊西園授簡時也。匆畢高隱故山，足跡不越里閈，差自愉快。楚黄樊山圖先生尚客藩邸乎……友人王子植有豫章之役，道經建武，欲作麻姑遊，托其通一札于左右。王生温恭雅飭，詩畫有名……詩扇一握、兒刻三種附呈。正月廿五日。』注：『有回書。』（《文集》册四，《上圖稿本》第四三册，第一一二七頁）

按：朱肇鄗，明宗室。

作《録舊作呈喻宣仲》（詩佚，題筆者所擬）。

按：詳下條。

作《寄喻宣仲》：『向歲，舍甥謝肇淛、小壻康守廉過雩都，投刺奉謁，歸來述盛情有加……弟與兄同庚，愈老愈困，一兒一孫，雖能讀書，而屢試皆不中程。株守一經，不能爲養。將奈之何？向曾賦一詩奉寄，道遠莫致，今亦録呈，以見鄙人之情。詞之蕪陋，勿論也。偶有友人王生子植往謁郡二千石，托其致一函……令弟叔虞久矣長往，聞令姪文藝楚楚，久青其衿，可慰九原季布……詩扇一握、兒刻三種附呈。庚辰正月廿五日。』（《文集》册四，《上圖稿本》第四三册，第一一二八—一一二九頁）

作《與何玄子》：『昨領小孫叩謁，未獲瞻侍。末學何知，乃辱長者先施……客次無所事事，但願見所未見之書，台翁金石之藏，一時未能盡窺，惟是單本小册，市所不鬻者，敢借數種，易於繕録。客囊雖薄，但有秘册携歸，重于陸生裝也。《徐騎省集》並付，一查脱落，此乃錢牧齋宗伯所托耳。』（《文集》册四，《上圖稿本》第四三册，第一一三五頁）

作《復黄石齋》：『爲别已踰廿年，晤言僅得半餉，然精神相依，匪一朝夕，固不必同堂比肩，乃稱交譜已。㘞留滯霞中，忽忽數月，承賜贈言，十分過奬。㘞以垂老之齒，沐此芳馨，一諷一吟，毋待服食昌陽，自堪引年矣。小孫愚蒙，素欽壇坫，兹厠弟子之列，深慰夙心。㘞久甘廢棄，不無望以制藝，用繼書香五字之業，寔所遊戲，尚容録呈時文，就正函丈，惟毋以後進相遺，則愚祖孫良爲厚幸也。寄能始書，敬爲轉致。草後不肅。』（《文集》册四，《上圖稿本》第四三册，第一三五——一三六頁）

作《寄陳養默》：『向年瓊河避暑，奉擾之後，遂未獲晤。前歲之夏，弟至四明，晤黄楚白，知老舅翁北上。抵杭，正擬於六橋三竺間一聆色笑，及渡錢唐，而星軺先發數日矣，悵如之何！今春爲清漳之遊，偶值陳平人先生新拜虔南兵憲，時時聚首，始聞翁臺榮擢興國，同鄉同事，正合相助爲理……兹有蜀僧浄道者亦在漳城，開壇講經，與弟萍逢，稱方外交，今結茅於寧都修浄，不敢他有所望，但得鄰邦宰官一加禮之。』（《文集》册四，《上圖稿本》第四三册，第一三六——一三七頁）

按：黄石齋，即黄道周。

作《寄林道魯》：『去秋匆匆晤言，情禮莫盡，放榜後走謁，而文駕已渡江，竟阻瞻對……弟以長至前到清漳吊顔中丞，而郡伯郡倅，皆屬舊知，相留度歲。漳郡風俗繁華，大類建州，而縉紳皆好客，自喜士友多習古文詞，差不落莫。適逢漳友王子植，乃司徒虞石公、都憲東里公小阮，僑居三山之水西深處，與弟及曹尊老交最歡，工于四聲，温然可掬。兹赴陳弓甫觀察招入虔幕，道經芝城，又有相知者薦于建安令公處，想必見重于臨邛。』（《文集》册四，《上圖稿本》第四三册，第一三八——一三九頁）

按：陳弓甫，即陳士奇。士奇（一五八七——一六四四），字弓甫，號平人，漳浦人。天啓五年（一六二五）進士，歷禮部主事，官至四川巡撫。張獻忠攻陷重慶，不屈被殺。隆武朝贈尚書，謚『忠節』。

又按：徐鍾震有《南行九哀詩·巡撫四川右都御史贈兵部尚書陳公士奇》。

閏正月，在漳州。閏元日，同陳正學、徐鍾震飲鄭龍正應嘉堂。六日，有書致黄宇珍。十日，陳文煬招泛舟梅溪，暮抵楊參知别業。十五日，在漳州題浦源《浦舍人集》；又作宋唐庚《〈唐眉山集〉序》。徐延壽由福州往古田困關，擬前往江西；發洪江，徐延壽在古田訪曹學佺。

作《庚辰閏元日，同陳貞鉉、孫器之飲鄭肇中應嘉室》（詩佚，題筆者所擬）。

徐鍾震有《庚辰閏元日，同陳貞鉉、家大父飲鄭肇中應嘉室》：『百年纔一閏，此日喜相親。書卷堆今古，樽罍辨贗真。聽君談曆日，忘客歷冬春。嘉節長堪應，盤猶獻五辛。』（《徐器之集·丹霞紀遊》）

作《寄黄宇珍》：『一别顔色，徂秋復春……弟以長至前抵漳城，郡伯郡倅，皆所知交，留連幸舍，未得言旋。偶逢漳友王子植謁建安令公，附問起居。王君，名家子，温恭恬雅，工于四聲……皖城齊君員倩行，弟已削一牘達韻仙，兄想必投分。建安公爲齊君尊人門生……《文肅公集》，久頓高齋，既已抄完，須托謹恪人寄還，勿致損壞。顒切，顒切！諸不一一。閏正六日。』（《文集》册四，《上圖稿本》第四三册，第一三九—一四〇頁）

按：『已削一牘達韻仙』，即《寄楊韻仙》，見正月。

作《閏正月十日，初晴，陳子潛招同楊參和、陳貞鉉、孫器之及美人順姬，泛舟梅溪，暮抵參知别業，共用流字》（詩佚，題筆者所擬）。

作《閏正月十日，初晴，陳子潛招泛舟梅溪，暮抵楊參知别業，共用流字》（詩佚，題筆者所擬）。

徐鍾震有《閏正十日，初晴，陳子潛招同楊參和、陳貞鉉、家大父及美人順姬，泛舟梅溪，暮抵參知别業，共用流字》：『乘興同移郭外舟，元正逢閏任遨遊。數聲啼鳥春容淡，千迭盤螺兩氣收。碧草芊綿依短渚，紅妝妖艷影中流。酒酣更訪高人宅，棹入深溪雲水幽。』（《徐器之集·丹霞紀遊》）

徐延壽有《夜出洪江訪曹長生，留同林賓王酌》：『柴扉同扣石倉前，且向沙頭暫繫船。客路乍行纔十里，君家重醉忽三年。山村緑酒冬初熟，江市黄魚晚更鮮。今夜孤帆眠柳岸，半洲寒水盡籠烟。』（《尺木堂集·七言律詩》一）

按：曹長生，曹學佺二弟，侯官人。能詩。

徐延壽有《曹能始先生新闢嵩溪三峽亭，孫獻吉邀飲》：『兩峰危夾衆流奔，涷瀑千尋晝夜喧。亭取佳名同楚峽，座聞長嘯是蘇門。水横斷壁尋橋路，竹引他山辨水源。臺榭高低如棧道，耳邊惟少一聲猿。』（《尺木堂集·七言律詩》一）

題《浦舍人集》：『《題辭》：浦源，字長原，别號東海生，常州無錫人。洪武中爲晋府引禮舍人。入閩，以詩謁林員外鴻……浦詩在昔時同鄉已自難覓，矧今日乎。𤊹輯諸選並先輩雜抄，共百五十首，視俞本已增其三矣。淘沙揀金，業自見寶，不必連篇纍牘也。偶與子潛談及前輩騷雅風流，欣然付諸剞劂，遂簡以授之。崇禎庚辰歲閏正月望日，三山後學徐𤊹興公撰。』（馬泰來整理《新輯紅雨樓題記　徐氏家藏書目》，第一四六頁）

按：《浦舍人集》，明浦源撰。崇禎刊本。

又按：興公另有《浦源詩跋》，詳萬曆二十五年（一五九七）。

又按：『俞本』，指俞憲編《盛明百家詩》。《浦舍人集》實則爲徐𤊹重輯重編之集。

又按：陳文煬，字子潛，參將，曾鎮南澳。與徐𤊹、張燮、曹學佺、徐鍾震多有倡酬。

作《〈唐眉山集〉序》：『今歲抵清漳，晤何元子給諫，家有抄本二十卷，遂録之。先生與東坡所産鄉同，先後以文被謗同，其謫居地同。今坡公祠廟高峙峰巔，春秋享祀，過客憑弔；而先生文章風節，不減坡公，一區故宅，湮没于冷烟蔓草間，誰復有過而問者。至於撰著孔繁，什九散逸，僅僅若斯，又不能廣傳於後世，良可慨也。集中别有《三國雜事》二卷，尤爲評史斧鉞。致堂、雪航又不足論矣。庚辰閏正月徐𤊹題。』（馬泰來整理《新輯紅雨樓題記　徐氏家藏書目》，第一三〇頁）

按：《唐眉山集》，宋唐庚撰，鈔本（鈔自何楷家藏鈔本）。

又按：何元子，應作何玄子。『元』，後人避清聖祖諱擅改。何楷，字玄子，鎮海衛（今龍海市）籍，晋江人。天啓五年（一六二五）進士，曾任刑科給事中、工科都給事中。是歲，曹學佺作有《送何玄子之任南京少儀》（《西峰六七集詩》），又爲作《詩經世本古義序》（《西峰六七集文》）。

又按：此則書序兼評價作者唐庚。

二月，告别漳州高元濬、張紹科諸友，啓程歸會城。二十五日，致書楊宗玉，言海上逢永嘉包幼白，包氏詩畫名家，手談高手，並請宗玉爲作壽詩文。次泉州洛陽，鍾震有詩懷延壽。

作《别高君鼎》（詩佚，題筆者所擬）。

徐鍾震有《別高君鼎先生》（《徐器之集・丹霞紀遊》）。

作《別張烴叔》（詩佚，題筆者所擬）。

徐鍾震有《次韻別張烴叔先生》（《徐器之集・丹霞紀遊》）。

按：次韻，當次興公詩韻。

徐鍾震有《春夜寓中與郭中孚對酌時爲予作畫》（《徐器之集・丹霞紀遊》）。

作《寄楊能玄》：『客歲令姪入閩，具書奉復，想致掌記久矣。弟以一陽之月，浪遊清漳，承郡公下孺子榻，不減陳仲舉寵禮，淹留數月，今且歸矣。漳達鷺門僅一潮汐，弗能扁舟破浪，一訪知己道故……弟去年政七十，海內諸名公咸有詩文見祝，仁兄可靳一言乎？馬首將發，逢永嘉包幼白有海上行，防海將軍是其瓜葛，詩畫有名，且高于手談，在橘中老叟之上，敢爲介于左右……二月廿五。』（《文集》冊四，《上圖稿本》第四三冊，第一四二—一四三頁）

按：據『漳達鷺門僅一潮汐』，則楊宗玉居住在鷺島（今厦門本島）。

徐鍾震有《歸途次洛陽有懷存永叔》：『潮回見淺沙，極目海天涯。劇雨秧田足，輕風柳絮斜。孤身猶在道，殘夢已歸家。大阮添吟興，春園待看花。』（《徐器之集・丹霞紀遊》）

三月，歸自漳，雨中泛木蘭陂，過福清漁溪，瞻禮戊寅坐化之僧。初六抵舍，百事叢脞，曹學佺喜賦其歸。致書擬邀難名師主鼓山，已以詩訂之。致書建陽曾存恒，憶及建州、建陽舊友，贈詩及畫。與曹學佺送王堯臣。又與曹學佺、鄭龍正等集安國賢送春。曹學佺來宿宛羽樓信宿，並林玄度携酌邀李長甫、汝大、熙伯與諸友小集。作《〈日鑑篇〉小引》。十五日、二十五日，兩致書陳文煬，聞張燮卒，燮名重一時，千秋事業，足以不朽；家貧子幼，將來難以支撑。十五日，致書陳正學，感嘆張燮所編《唐七十二家集》不能竣事。又致劉中藻，預測此科必能進入鼎甲。二十五日，致書魏倩石，聞張燮之訃，仰天號慟。又致書張卿子，問《鶡林》《蜂經》《茗談》是否授梓，及刻《説郛》《續説郛》事。二十七日，致周鑣，叙周方伯崇祀名宦祠事。

徐鍾震有《雨中泛木蘭陂》（《徐器之集·丹霞紀遊》）。

按：《續筆精》卷二『僧坐化』條：『崇禎戊寅中秋日，福清縣漁溪有僧……自壘土作一龕，坐其中，囑其母曰：「吾將西歸，死後當封固土龕，至次年中秋開驗，若肉身不壞，則爲造成庵奉吾像；若稍有壞，則掘一坎而瘞吾骨。」鄉里如其言，封之。至乙卯中秋，開視宛然如生，鄉人異之，爲創庵焉。年才三十有三。予以庚辰春過斯地，一瞻禮之，齒舌手足但乾縮而已。』

作《敬邀難名法師主鼓山涌泉寺》（詩佚，題筆者所擬）。

按：詳下條。

作《東王東里》：『日者借得《玄亭翁集》，披閲中有《員峰公傳》引《村居》一詩，乃元人月泉吟社所賦者，當是誤入。近吴門好事者重梓之。𤊹《筆精》第三卷亦摘其二句，非漫説也。僭以奉聞。難名法師，乃當今之名宿。𤊹歸，商之曹能老，邀主鼓山。已賦一詩訂之。』（《文集》册四，《上圖稿本》第四三册，第一四〇頁）

作《題扇寄懷曾存恒》（詩佚，題筆者所擬）。

按：詳下條。

作《寄曾存恒》：『憶從潭陽一挹清範，得厠交譜之末。未幾，榮擢晋中，顧我敝廬，承佳篇見貽，重沐梨酒雅惠，屈指十有六秋。言念高情，未嘗稍置，第閩粤相隔七千餘里，魚鴻乏絶，無因削牘一候興居，此衷脈脈可知也。近客漳南，喜值令親虞廣文先生振鐸龍溪，晤間即詢老父母動定……某年已踰七，幸齒髮未衰，而一兒一孫，俱列黌序。近狀無似，不堪爲故人道耳。建、潭舊友袁曦臺、詹調宇、江仲譽、魏君屏、丘文舉、李君實諸君俱已謝世……并附小詩題之扇頭寄懷，仰惟加餐珍重，以膺封典。臨楮曷任瞻依。小畫并附。』（《文集》册四，《上圖稿本》第四三册，第一四〇—一四二頁）

按：『屈指十六秋』，則曾存恒贈佳篇在天啓五年（一六二五）。

作《歸自清漳，和曹能始，因柬曹元宰太守》（題爲筆者所擬）：『老去誰憐客路貧，懶將長鋏遠依人。歌殘杕杜思陽月，落盡餘花值暮春。更約故交重結社，已逢賢守肯留賓。山居喜與仙臺近，千叠雲山當四鄰。』（曹學佺《喜徐興公歸自清漳，因柬曹元宰太守》附，《西峰六七集詩》）

按：曹荃，字元宰，無錫（今屬江蘇）人。崇禎元年（一六二八）進士，除南京刑部主事，歷漳州知府，纍遷福建副使。有《守潼稿》。

曹學佺有《喜徐興公歸自清漳，因柬曹元宰太守》：『今時遊道合逡巡，君到清漳未離閩。不是吾宗名太守，更求東道主何人？緇衣咏切風猶美，縞帶酬將誼已伸。歸到家林花落後，子規猶似惜殘春。』（《西峰六七集詩》）

作《與曹能始集宛羽樓，送王堯臣》（詩佚，題筆者所擬）。

曹學佺《徐興公樓上送王堯臣》：『龍江祖道出無車，借得鼇峰片石餘。客子慇懃題扇別，仙人縹

緲上樓居。半林鷺影翻濤外，三月鶯聲入夏初。漫説吟詩慳子固，少游山谷可能如。』（《西峰六七集詩》）

作《安藎卿招集蔣弢仲、鄭肇中、曹能始送春》（詩佚，題筆者所擬）。

曹學佺有《安藎卿招集蔣弢仲、鄭肇中、徐興公諸子送春》：『令節那容心賞違，天涯有客喜相依。似因歲閏遲遲別，不道春光黯黯歸。閣下鈴籤稀報漏，坐中單袷屢更衣。漫言白社凋殘甚，掩暎榴花杏子肥。』（《西峰六七集詩》）

作《曹能始過宿宛羽樓，林玄度携酌邀李長甫、汝大、熙伯諸子小集》（詩佚，題筆者所擬）。

曹學佺《宿興公宛羽樓，林玄度携酌邀李長甫、汝大、熙伯諸子小集》：『樓居躭素尚，訪友傍仙臺。爾更携樽到，余因信宿回。鶯聲林際密，山色雨中開。更有登臨客，江干咏遡洄。時千峰頂觀漲。』（《西峰六七集詩》）

作《〈日鑑篇〉小引》：『人生百年，三萬六千朝，等白駒之過隙，得百年者幾何？至於一歲之中，應事接物，所不能免，弗有登載轉盼遺忘，是故佛氏有紀功紀過課程，用自黽勉。東萊吕氏自少讀書，必有日録，以證學問之淺深，遂成大儒，良有以也。斯録年分十二月，月分三十日，精粗巨細，過事輒書，瞭如懸鏡。若夫蹉跎歲月，躭玩日時，非佛非儒，請毋載筆。崇禎庚辰春，三山徐興公題。』（《文集》册十，《上圖稿本》第四五册，第五頁）

按：此《引》當作於自清漳歸後。

作《寄陳子潛弔》：『客漳半載，荷盛情有加，倍於夙昔，絲毫之獲，莫非兄翁之所從臾，歸裝稍不蕭瑟，此之爲感，非筆舌所能罄也。還家百事叢脞，瘡痍不能滿，仍復食貧，不足爲知已道耳。弟初六日抵舍，未幾，聞紹和之訃，爲之仰天悲號。紹和名重一時，千秋事業，足以不朽。弟家貧子幼，將來之事，作何支撑，念之愴然。陳法瞻，弟歸時已斃於獄半月矣。此乃前生宿業，故受慘報，一死足以了不結之局，亦不累及家人也。偶建陽楊叔炤兄入漳，代人求文于黄石老……尊函及曹公祖書，俱致之。能始先生種種見委之事，容另覓鴻專布，匆遽中尚未遑耳，不一。三月十五日。』注：『未送。』（《文集》册四，《上圖稿本》第四三册，第一四三—一四四頁）

作《又［寄陳子潛］》：『日前建陽楊君有漳遊，曾附尺一致謝。不復多贅，第恐楊君途次淹留，未能即達也……又知東老四郎，與紹和同日仙逝。别後未及半月，遂有如許之變，人生蜉蝣，益增悵惘……曹尊老已選佳作入梓，計二十餘葉，今俟竣工，即同尊大人詩一并印呈……三月□五日。』（《文集》册四，《上圖稿本》第四三册，第一四三—一四四頁）

按：日前附尺一致謝，即上條十五日由楊叔照所送之《寄陳子潛》；楊氏果未送達。

又按：『□五日』，疑爲二十五日。

作《寄陳貞鉉》：『客漳數月，朋情敦於夙昔，寸管莫輸鄙衷，到家百事蝟集，始知爲客之樂。曹公祖禮賢若渴，爲仁兄刻集，寔千秋盛舉也。惟是紹和兄病竟不起，唐集不能竣事，文人百六之遭，不覺涕之無從耳。建陽楊叔炤，原是滄洲社中人，工詩善畫，與弟交最早，真長厚君子，今將謁黄石老至梁山，仁兄稍爲廣其交道……三月十五日。』注：『未送。』（《文集》册四，《上圖稿本》第四三册，第一四五—一四六頁）

作《寄劉薦叔》：『日下傳臚之報，尚未到閩，想鼎甲必屬先登。山中故人，不知屐齒如何其折也。預慶，預慶！偶舍親陳石南同倪輝諸入京謁選，陳君携有伽楠香帶，兄翁腰下銀魚必需此而綰……暮春廿日。』注：『不送。』（《文集》册五，《上圖稿本》第四三册，第一五一頁）

按：是歲劉中藻成進士，未進入鼎甲，爲三甲一百三十四名。

作《復魏倩石弔》：『浪跡仙鄉，過荷寵禮，雅情高誼，寔等雲天。還家即聞汰沃之訃，仰天號慟，奪我良友，鳥啼花落，無非助我悲懷也。承示，爲周方伯公崇祀宦祠，即令小孫謀之同社，候月朔僉呈文宗，諒必批行勘結……三月廿五日。』（《文集》册四，《上圖稿本》第四三册，第一四六—一四七頁）

按：周方伯，即周賢宣。賢宣，字仲舍，萬安（今屬江西）人。嘉靖三十二年（一五五三）進士。歷延平知府，擢海道副使，屢敗倭寇，擢布政使。罷官。

作《寄張卿子》：『傾慕廿年，無繇荆識，去春再過虎林，深荷注念，宴款殷勤，且得與仲脩、玄龍、夢絲晤言，良慰夙心。次日即出羅刹江頭，漫賦拙詩，未遑呈覽。弟去秋復有漳遊，近始抵舍。偶逢舍親張時祚有西湖之役，敬裁尺一，耑候興居，并問《鵲林》《蜂經》《茗談》曾授梓否？倘已竣工，求惠一帙見示。《説郛》既成，閩中尚未有售，何耶？寒家更有小説數種，可助台兄一臂，但恐既有而犯重。《續郛》目録，乞見教，嗣寄上也。李我存先生曾刻宋《陳長翁集》，弟至漳中始見，今托舍親代購，惟台兄指示，以必得爲主耳。仲脩、玄龍晤間爲弟致聲。《潮音草》一册、詩扇一握附正。』（《文集》册四，《上圖稿本》第四三册，第一四七—一四八頁）

按：《鵲林》《蜂經》《茗談》未見《續説郛》；《荔枝譜》見該書卷四十一。

作《寄周仲馭膳部》：『初誦老先生發解雄文，弟以爲當世舉業宗匠耳。及覽《請建文朝忠節》三疏，力陳閹尹之禍，侃侃直言，不避鱗爪，清風勁節，百代可師……近者浪跡漳城，謁錫山曹履垣郡伯及黄石齋宫詹、魏倩石給諫，皆老先生交籍中之契厚者。每談尊翁太老公祖轄閩時事……遂以崇祀名宦見委。某桑榆末炤，無能爲役，乃命兒孫廣集青衿，具呈文宗吴公，而長樂夏彝仲父母慫慂甚力，蒙批送主入祠，正舉事間，值敝社友陳昌箕孝廉自京抵舍，虔修俎豆之儀，謹擇孟冬朔旦啓請郡邑大夫展拜成禮，而某挾兒孫及衆青衿駿奔祠下，用妥尊翁太公祖之靈與唐常觀察衮、宋蔡端明襄，歷代八十餘公會聚一堂，共享蘋藻於千百世矣。前後呈詞并各勘語彙刊成帙，昌箕遺力賫上。數千里神交，竊附壇坫之末，漫賦小詩，題之扇頭，並拙稿二種、兒孫荒刻請正……三月廿七。』注：『有回書。』(《文集》册五，《上圖稿本》第四三册，第二二五—二二七頁)

按：夏允彝，字彝仲，號瑗公，完淳之父，嘉善籍，華亭(今上海)人。博學工文，與陳子龍結幾社。崇禎十年(一六三七)進士，除長樂知縣。南都破，賦絶命詞，自沉於河。

春夏間，陳衎爲題畫馬於扇頭。

陳衎有《走筆題畫馬於興公扇頭》：『汗血驪駒淺草原，西風回首主人恩。如今天子驅夷狄，好控金羈出玉門。』(《大江草堂二集》卷八)

四月，初一日，致書徐際亨，問所重修《玉華志》事。十四日，致書張燮弟紹科，附所作張燮祭文。十六日，致書邵捷春，感嘆紅巾連亘數千里，師老財費，竟未殄滅，未必能老死于太平之世。

作《寄徐際亨》：『憶萬曆庚子歲，不佞客寓延津時，令祖師孔公同敝友劉占白枉顧天寧蘭若，定交莫逆，盤桓者旬餘……玉華爲吾閩最奇洞府，恨未躡屐其間，良爲缺典。茲有舍親鄭玉生，少年雅尚，善楷書篆刻，挾此技而遊三華，且探洞壑之勝，知仁丈好客如田禾公子，敢一光之，惟毋以未同而厭棄爲幸。《玉華志》向年應按君命，不佞重修，想已授梓，至今尚未得覩，便間爲寄一部，勝百朋之錫也……四月初一日。』（《文集》册四，《上圖稿本》第四三册，第一四八—一四九頁）

按：徐際亨，將樂人。

作《寄張烴叔弔》：『弟歸前一日，與令兄辭別，見其委頓之甚，不意即已長往。聞訃傷慟，如天喪予。今附薄奠并祭文一通，情見乎詞矣。禮七十不能越鄉而弔，我弔也歟哉！曹能老奠儀附上。餘不一一。四月十四日。』注：『有回書。』（《文集》册五，《上圖稿本》第四三册，第一五一—一五二頁）

作《復邵見心》：『去歲使者入蜀，附八行奉賀。私心以開府尊榮皆可意表行事，故所言多不切時務。近承台教，則知戎馬倥偬，移鎮赤甲白鹽之地，然紅巾連亘數千里，師老財費，竟未殄滅……承念老朽，重以兼金厚賜，寔拜隆情，感何云喻。方今四方雲擾，獨吾閩稍稍偷安。弟年已七十矣，不知能老死太平乎否也……四月十六日。』（《文集》册五，《上圖稿本》第四三册，第一五二—一五三頁）

五月，題宋啓承《事物紀原》。十五日，致書崔嵸，憶其父崔世召，言耆社九人，已去其五；附寄延壽近作兩種。又致黄宇珍，言老眼觀書，旋展旋忘。又致陳調梅，附延壽近刻四種，已作詩集一種；《勉齋公集》，苦原稿未還。二十日，致蔡玉少，促其取回《梨岳集》板。二十四日，致李赤存；薦上杭丘衍箕，答其求曹學佺作《祠記》事。又致丘衍箕，言請曹學佺撰《祠記》之事。致書陳文煬並贈書扇，言曹學佺爲其選詩；驚駭緹騎往逮黄道周；又詳言贖屋五間官司事及構宴客大堂之設想。二十五日，致書張紹科，談張燮萬石山房易主及初唐四傑已刻三集，唯《駱賓王集》未刻，燮生前托代寫，今將原集退還，恐難終局。

題《事物紀原集類》：『此書國朝正統間，趙祭酒始傳之，門人南昌閻敬梓而行之，逸作者姓氏。予細覽玩，篇中述事至宋仁宗而止，仁宗之後，殿閣原始不載，乃有神宗熙寧太一宮，則熙寧中人所著也。崇禎庚辰仲夏，七十一翁興公書於綠玉齋。』（馬泰來整理《新輯紅雨樓題記　徐氏家藏書目》，第一一六頁）

按：《事物紀原集類》，宋高承輯。成化刊本。

又按：此條考證該書成書年代。

作《寄崔殿生》：『尊公化一年所矣，每每於夢寐見之，儼然生前笑語，不知有幽冥之隔也。耆社九人，已去其五，芝焚蕙嘆，能無惧哉！去秋偶作漳遊，吊顔中丞，即於漳中度歲。四月始抵舍。有爲我作曹丘於署州王公處，擬爲太姥遊，方值炎蒸，不能遠度白鶴。或秋凉後過秋谷，拉兄同作遊侣，一傾倒耳。倚玉曾歸否？聞薛當世客死虎林，令人感悼不已。豚兒近刻二種，附呈教正。秋時或偕曹尊老行，相晤不遠也。餘不一。五月望日。』（《文集》册五，《上圖稿本》第四三册，第一五三——一五四頁）

作《寄黄宇珍》：『王子植遊建，有小札奉候，想把臂入林。弟初夏始從漳歸，科頭竹陰中，差足愉快。惟是老眼觀書，旋展旋忘，且易因書而打渴睡……《勉齋公集》，此中當道有議梓者，苦原稿未還，空言無當，幸即封付甌庠林廣文舍親，可朝發夕至，不至於疎虞。』（《文集》册五，《上圖稿本》第四三册，第一五四頁）

按：徐𤍠於三月六日自漳歸會城。此條與下條言『初夏』，不準確。

作《寄陳調梅》：『去歲十月，有建州鄭濟南抵留都，竊意星軺已莅司城之任，漫寄一牘一扇，奉候興居。遂往漳州，初夏返舍，始知台翁讀禮在家，前書竟付石頭城下水矣……豚子小刻四種，拙詩一種附正。因克何令弟之便，附候台報。不盡覼縷。五月十五日。』注：『濟南書、扇不送。』（《文集》册五，《上圖稿本》第四三册，第一五六頁）

作《寄蔡玉少》：『前歲張雲泉歸，荷尊函見念，兼拜絺綌之惠，深感隆情。時弟客吴越一年，去夏言旋，候文駕踏槐入棘，竟不聞車音賁止……向年所梓《梨岳集》，板置之刻人之家，恐日久散失，辜負仁兄一場盛舉，須速索取……角梳檀筯侑緘，千里毫毛，見意而已。統祈慈炤。五月廿日。』注：『有回書。』（《文集》册五，《上圖稿本》第四三册，第一五四——一五五頁）

作《答李赤存》：『敝閩雖稱荒僻，而山水頗擅幽奇，海錯荔香，亦堪適口……昔昌黎潮陽，東坡儋耳，皆以謫籍垂令名，至今過化之地，因以不朽。台翁今日得無類是邪？前月苦雨，匆匆未展鄙忱，然快聆高談，真若披雲見天，朗瀅心目。海上之役，知已□然，當與丹霞諸公把臂入林，允爲千秋盛事，蘧使至省，荷華翰見存，深感隆誼。又聞將有上杭之遊。杭有丘生衍箕，隸籍膠庠，長於古文詞。今客霞城，曹郡伯留之幸舍，或一物色之，抵杭時亦可與晤言也。秋風薦爽，尚候賁止三山，爲平原十日歡。曹能始有水口之行，尚未返舍……五月廿四日。』（《文集》册五，《上圖稿本》第四三册，第一六四——一六五頁）

按：李存赤貶閩，故慰藉之。

作《復丘克九》：『霞城邸中，良晤爲快，近得手教云，求《祠記》于曹尊老，來役祇托人投尊札，竟不知踪跡何處，想親到囦關見曹公，或徑歸漳，皆不相聞也。尊老雅重漳郡公《祠記》，必慨然泚筆，況重以仁兄之命，其何敢辭！更云，皖城吴公到省，未曾相聞。近尊老囦溪信至，始知在溪上留連數晨夕也。偶陳將軍使便，附復。不盡。五月廿四日。』注：『又有回書。』（《文集》册五，《上圖稿本》第四三册，第一六八頁）

按：曹學佺集未見此篇《祠記》，或曹學佺未見求札，或見而未作。

又按：丘衍箕，字克九，上杭人。隸籍膠庠，長於古文詞。

又按：陳將軍，即陳文煬。

作《答陳子潛》：『楊叔照尚未到漳乎？前差役何以久不歸乎？李赤老行匆匆，附紹和軸像，甚勞部署，感之。近又有永嘉陳友至平和訪劉郡幕，弟亦附一信，不知得達左右否？陡聞緹騎往逮石齋，並逮薦者，令人驚駭。弟擬遣小价賫壽軸至漳，因价病未能行，今當别委，六月中旬可抵霞城也。曹能老爲兄選佳作，并有書扇奉答，先附貴使往。承惠鹿觔、柔魚，敬拜明貺。』（《文集》册五，《上圖稿本》第四三册，第一五七頁）

按：據此條，至是歲，曹學佺選《明詩》的工作仍然在進行中。

作《又［答陳子潛］》：『弟臨行，承王東老以長泰生員鄒（墇）［璋］贖屋事求太公，已蒙鼎諾，遂先拜三十之數，兄所見而知也。弟原約總贖五間之屋五十金，兹求兄力爲從臾，必斷回五間，弟更得二十之數；外有五金，許謝王管家、張姓者小价二星。此張力任之，彼老成曉事人，決不負也。須于審前先達太公，審後則不及事矣。惟兄留神。小齋後門，可通平遠臺，今已開闢，但鄰舍更有數間破屋求售，可構宴客大堂，必百金方能措手。今姑待之耳。五月廿五日。』（《文集》册五，《上圖稿本》第四三册，第一五七—一五八頁）

作《答張熤叔》：『近楚中李赤老行，薄申令兄一奠，乃反惠及厚胙《王集》，謝謝！萬石山經營十數載，一旦棄去，未免傷情，但令姪年幼且貧，若得多價，可以資生，不妨易主，且又是素相知者，已付托得人。昔摩詰輞川，乃宋之問舊業，故詩云：「來者復爲誰？空悲昔人有。」不無感慨係之矣。愚意以爲棄之良是也。《駱集》令兄臨行付弟代寫，不崇朝即聞哀訃，知此局必不能終。姑緩之，今仍附還。「三傑」已完，不可少一，即郡公不終事，而兄力爲梓之，成四家，可單行也。曹能老往囦溪，尊札歸當致之。日前魏倩老托舉周方伯名宦，係小孫首事宗師批府，府批二縣會同看結，縣復行學，此中胥史紙筆、酒席之費甚多，小孫已代出三金湊用，今祇待府公看語出，日内可以詳道，必批從祀無疑也。惟是製主、送主禮儀，非得三十金不可。不知倩老何以策之？去歲諸生爲潘廉憲侯侍御舉呈，皆已批行，因送主之費無出，故至今未享馨香耳，便間幸商之倩老，何如？草草奉復，尚容嗣布。五月廿五日。』（《文集》册五，《上圖稿本》第四三册，第一五八—一六〇頁）

按：《文集》册五，《上圖稿本》第四三册，第一六七—一六八頁又有《答張熤叔》，落款爲『五月廿四日』，與此篇重複，前半札僅個别字有異；此篇後半『日前魏倩老』至『商之倩老如何』，『五月廿四日』書無。疑『五月廿四日』書爲初稿。

五、六月間，致書林雲鳳，言及蘇州承天寺古井拾出鄭思肖鐵函《心史》，歷數百年遺文不泯，亦大異矣。

又言不久有舍親王瓊玉至吴販書。

作《答林若撫》：『高君鼎歸，得手教……叔度歸，述動履甚悉。弟與敬之同去不同歸，何耶？弟去冬爲漳遊，今夏始返，落落猶故。偶逢蔣弢仲先生謫戍入閩，聚首數月，於其歸也，寔難爲情。因聞承天寺古井拾出鄭所南鐵函經，忠義之士，歷數百年遺文不泯，亦大異矣。陸封翁除夕祭硯，誠千秋佳話。向年枉顧，未及晤對，至今抱歉。弟有拙作，幸轉致之。登江都司夢墨樓，即時已成小作，行迫，弗及呈，并爲送去，不另通書也。子晋《詩箋》刻完，爲求一部。前托抄《楊仲弘詩》，諒不爽信，并爲促之。《甘石星經》，弟查舊本，乃陶隱居重訂者，非舊文也，顛倒不能補其逸……不久有舍親至吴販書，另有所布。』（《文集》册五，《上圖稿本》第四三册，第一六〇——一六二頁）

按：興公自漳返會城在三月。已詳上。

又按：舍親，即王瓊玉，王毓德之侄。向以鬻書爲業。參見下月。

六月，與曹學佺、陳叔度、劉熙伯集安國賢邸舍。致書邵捷春，言嘗修有《武夷志》十二册，廣蒐今古題咏文章，較之舊《志》精善，冀馳書新拜建寧太守汪桂，爲刻之；初八日，再致，討論四川形勢（時邵遊宦四川）。二十日，致書張瑞鍾，言黄道周被逮事。同日，又致書陳正學，言張燮生前才名太盛，身後家貧子幼，萬石山居即屬别姓，不勝愴然。同日，又致漳州知府曹荃，討論其祖邵武舊祠之事。致書高元濬，言曹荃經紀張燮喪事，此誼當於古人中求之；又言陳鴻從齊東歸，解裝三百餘金；又言程敬之與陳鴻到齊，聞張君利民登第，往京訪之。二十日，致書毛晋，言王瓊玉携閩版圖籍鬻江右、金陵抵充，并收舊書歸鬻閩人；又言苦于地僻海濱，縹緗鮮遇；謝毛晋贈唐集許渾、羅隱、李嘉祐、李中四種。同日，又致寄林白門，言漳遊之後，惟杜門課兒。同日，又致張卿子，言王毓德之侄王瓊玉，向開書坊，今携敝閩所梓書，谿江右、金陵、吴門以渡錢塘，雅慕尊塾所梓如《説郛》之屬，欲購以歸，請指示之。又致書喻應夔，言王瓊玉往江右，如《水經》《端明集》諸書，亦欲購回，祈請指示。又致林古度，言君遷卒，古度撫養其子事，又言王子植白下販鬻載籍，求兄指引而購之。又致王志道，感慰四公郎之逝（與張燮同日）。又致陳冲虚，贈彈弓、螺瓢之類。又致書楊參知，感慨今日可稱『書簏』『書橱』者無多。論宋本陶集與坊本之異。[一]

作《集安蓋卿邸舍，同曹能始、陳叔度、劉熙伯》（詩佚，題筆者所擬）。

曹學佺《集安蓋卿邸舍，同徐興公、陳叔度、劉熙伯》：『此際風勝日，常時夏亦秋。葛衣寧復采，蓮幕可曾收。但覺賓僚曠，何嘗肉食謀。冥鴻信高舉，弋者更焉求。』（《西峰六七集詩》）

按：此詩下二首《壽曹大令公鉉》注：『時立秋先十日。』是歲閏元月，立秋在六月。徐𤊹七月初二生日，學佺有《贈徐興公》，此詩仍繫於六月。疑興公亦有是作。

作《又［寄邵見心］》：『汪仙友新拜建寧太守，尚未到任。此公與林異卿京中有交。乙亥來遊武夷，小兒同異卿至武夷倍侍杖履一月，朝夕聚歡，有詩畫贈小兒，甚相得也。弟雖未曾晤言，而有書信相通，臭味頗合。今剖符鄰郡，想不至河漢。知翁臺必有聞問，求薦小豚及小孫爲門墻桃李，或再遇考試等事，借其吹噓，他無所干。至于弟之老朽，杜跡山林，不曳長裾而謁當道也。惟是弟嘗修有《武

[一] 六月二十日所作尺牘，明確標明日期者，多達十一通。

夷志》十二册，廣蒐今古題咏文章，較之舊《志》尤爲精善。向無詞人□守，故秘篋中。仙友固醉心九曲者，希談及之，以太守公援梓《山志》，誠爲易易，亦吾閩一部不可少之書也。然必翁兄方敢語此耳。使行再布，幸恕煩瑣之愆。』（《文集》册五，《上圖稿本》第四三册，第一六三—一六四頁）

按：徐延壽侍汪桂，徐𤊹詩、書，參見崇禎九年（一六三六）。

作《再寄邵見心》：『貴使洪一急索回書，業已草草作答。五月中有邸報，知逆賊張獻忠已碎首于夔封。叛黨殲除無遺，此大功皆翁臺所經畫而成……前歲得曾孫，今已三齡。孩笑可提抱，差慰目前之樂。惟是食貧，無以□生，葭莩蠶叢，又遠在天外，且景迫桑榆，不知何日可聚首快譚也……六月初八日。』（《文集》册五，《上圖稿本》第四三册，第一六二—一六三頁）

按：『草草作答』，即上條《又[寄邵見心]》。

又按：前歲，即崇禎十一年（一六三八）；生曾孫，參見該歲。

作《寄張勗之》：『客霞中，過承顧眄，情誼非尋常交譜中可並，老人感念，寔不可諼。歸來杜門掃軌，頗以柔翰自娱。忽聞黃石老有意外之禍，不勝驚駭，因薦而反被逮，平地風波，夢想亦不到此。萬里之行，誰能爲伴長途？資斧誰能爲貸？仁兄誼切高弟，必爲擘畫萬全，尚賴聖明，素知汲黯鯁直，或不至作蠶室之遷、梁獄之陽耳。前借《閨秀詩》一册，兹小价行便，附返掌記，乞简入。餘容嗣布。六月廿日。』注：『有回書。』（《文集》册五，《上圖稿本》第四三册，第一六九頁）

按：黃石老意外之禍，即黃道周被逮。

作《寄陳貞鉉》：『孟浪客遊，荏苒半載，尊兄雅情篤摯不替。四十餘年舊誼，真同異姓骨肉。別後夢魂，猶在灌園花竹陰中也。還家三閱月，歸囊盡罄，仍復苦貧，不足道耳。弟辱曹太公特達之知，當末世澆風，輕視韋布，求如郡公之下榻禮賢，海內所稀，愧無以報。今乞曹能始一文，爲其太夫人壽，知太公素重能始，必欣然而納之，見時爲弟致謝私也……太公爲兄刻集，想當竣事矣！願領大教。紹和生前才名太盛，身後家貧子幼。萬石山居即屬別姓，不勝愴然。山陽之笛，殆不可聞耳。草草修候，不盡衷曲。六月廿日。有回書。』(《文集》册五，《上圖稿本》第四三册，第一六九—一七〇頁)

作《寄曹履垣》：『浪跡霞中，荷老祖臺特達之知，刻骨之感，非寸穎可盡。歸家掩關避俗，聊以簡編度餘日而已。令祖汀州公既祀名宦，㓜因蒐出邵武舊志，並龔司成、王給諫文集，載文數篇，足爲信史，俱録呈覽。然則，樵川懷棠之祠雖廢，尚可按米公之《記》修復……恭惟太夫人華誕在邇，鯫生忝在通家，無以爲賀，因求曹能始祝言書之小軸，薄效區區之忱，惟毋訝其褻，幸甚！外附真宋硯一方，敬充文房之需，統祈鑒存，並申謝悃。所委印書已得其半，餘容續完……六月二十日。』注：『有回書。』(《文集》册五，《上圖稿本》第四三册，第一九〇—一九一頁)

按：曹荃，字履垣，無錫人。崇禎元年(一六二八)進士。漳州知府。

作《寄高君鼎》：『五十餘年年誼，二十餘年交誼，及至霞中，誼尤加篤。歸來夢魂尚依依左右也。到家數日，即聞紹和先生之訃，齎咨涕洟不能已已。生前才名太盛，身後遺孤太貧，萬石棄去，未爲失策，否則他日必爲蝸角之爭，反不若受價資生之爲得耳。聞郡公經紀其喪，此誼當於古人中求之，斯世鮮有其儔也。叔度已從齊東歸，解裝三百餘金，楚人報德之厚亦斯世所無也。茲遣小力致賀太公……程敬之與叔度到齊，聞敝郡春榜張君利民登第，即往京訪之。敬之與張最善，必候選同南歸也。新安吴尊生善詩畫，今爲漳遊，惟兄廣其交道。』注：『有回書。』（《文集》册五，《上圖稿本》第四三册，第一九一——一九二頁）

按：此則言及陳鴻遊幕，收穫頗豐，雖爲特例，亦可見晚明遊道之所以成風之一斑。

又按：張利民，字能因，侯官人。崇禎十三年（一六四〇）進士，除桐城知縣，張獻忠來攻，百計不克。鼎革後，披緇入山，自稱『田中和尚』。有《野納詩略》。

作《寄毛子晉》：『浪跡吴閶，幸逢大雅，及登龍門，問奇玄閣，荷延款周摯，且携秘册而歸，每一披覽，而神情未嘗不依依左右也。弟素負蠹魚之癖，苦于地僻海濱，縹緗鮮遇，求如鄴架之宋板諸書，真世間所希覯者耳。中晚唐詩，承惠許渾、羅隱、李嘉祐、李中四種。邇來復有續梓否？弟舊冬有漳郡之遊，今夏始返，久乏便鴻，未獲謝候。兹有舍親王瓊玉，名家之裔，向以鬻書爲業，今携得敝鄉所梓載籍谿江右、金陵抵兖，又欲廣販汲古閣中新板，并收舊書歸鬻閩人，敢爲介紹于門下，幸毋秦越視之，弟均拖感戢矣。若撫既墜水，又罹鼓盆，才士坎軻，令人扼腕。《甘石星經》，弟簡抄本乃陶隱居重訂者，細考之，亦非全文矣。楊仲弘詩曾抄完否？不啻飢渴也……六月廿日。』（《文集》册五，《上图稿本》第四三册，二二三五——二二三六頁）

作《寄林白門》：『客吴門，兩度承知己爲我居停，教誨飲食，無所不至。愚父子受惠孔多。歸來即期修謝，聞道駕有粤西之行，遂不復致書。近陳叔度歸，道佳況甚悉，良慰遠懷。弟年老一年，意興蕭索。去秋作漳遊，今夏始歸。惟杜門課兒，他無所事事也……六月廿日。』注：『王瓊玉帶去。』（《文集》册五，《上圖稿本》第四三册，第二二三六——二二三七頁）

作《寄張卿子》:『春暮舍親張時祚入虎林,附一函一扇,奉候興居……舍親王瓊玉,向開書坊,今携敝閩所梓書,繇江右、金陵、吴門以渡錢塘,雅慕尊塾所梓奇編,如《説郛》之屬,欲購以歸,惟翁丈指示之。弟與兄翁皆居省會,書郵易通,尚容嗣布。六月廿日。』(《文集》册五,《上圖稿本》第四三册,第二三七—二三八頁)

作《寄喻宣仲》:『新春有漳友王子植爲南州遊,附一函奉候起居……茲舍親王瓊玉,乃敝友王粹夫之侄也,向以鬻書爲業,今携得敝鄉載籍,繇大江抵金陵,令其先謁兄翁,廣爲吹嘘,知名邦富文獻,必有收爲鄴架之藏者,貴鄉如《水經》《端明集》諸書,亦欲購回,并祈一指示之。贛州兵備使者陳弓甫,弟石交也,赴任時問豫章人物,弟首以兄翁對。不知曾式段干之廬乎未也?弟與兄翁同庚,年來頓覺衰邁。交知惟能始尚健,餘皆在鬼籙矣。言之可驚。草草布候,不盡欲言。』(《文集》册五,《上圖稿本》第四三册,第二三八—二三九頁)

作《寄林茂之》:『令郎行,草草一函奉復,未盡所懷。近叔度歸,知兄近況良佳。且聞令兄長往,令人痛悼。然兄之撫育猶子,又增一重負矣。奈何,奈何!令郎學業想日長進,且眉目朗瑩,英英照人,蛟龍得雨,只在轉盼,非久池中物也。舍親王瓊玉乃粹夫之猶子也,今至白下販鬻載籍,求兄指引當今易行者而購之,惟毋惜吹嘘爲感。巽卿久客都下,胡不歸?豈復走山之東乎?六長尊人老矣,兄當勸之歸也。餘不盡言。六月廿日。』(《文集》册五,《上圖稿本》第四三册,第二三九頁)

作《寄王東里》:『客霞城半載,荷隆情有加,解衣推食,無所不周,此之爲感,非毛穎可盡,惟有刻之肺腑而已。還家不數日,即聞四公郎與紹和同日仙遊,知翁臺素奉大慈氏之教,一死生爲虚幻,必如東門之達，不抱西河之痛，且蘭堦群玉，聯翩並茁，一枝霜隕，莫非定數也……石齋先生忽罹意外之變，時局如此，安在爲太平景象乎？令人驚駭無地矣。外附松蘿茶一觔侑函，深愧菲薄，伏惟炤存。六月廿日。』注：『有回書。』（《文集》册五，《上圖稿本》第四三册，第二四〇頁）

作《又［寄王東里］》：『臨行干瀆曹公祖：長泰諸生鄒璋贖屋事，經貴官家之手，先領台翁卅金之贈，近聞事尚未審。原約總贖五間，更有廿五金合湊，曹公祖已許矣。若臨審時，求台翁一函再囑。』（《文集》册五，《上圖稿本》第四三册，第二四〇—二四一頁）

作《寄陳冲虛》：『郡公乞曹能始壽文，書之小軸，質樸之甚，不比貴郡用天鵝絨繪繡，麗而奪目見問，爲致簡褻之罪。前所云周方伯送主事，衆議不同，昨請教于長樂夏父母，謂周公無人在此，不妨僅僅了事，虛費無益。再有十金，便可成禮矣。倘魏石老未行，當即聞之，何如？外附懷素二端，乃定織者，聊表一芹之敬，伏惟麾存。彈弓二張，螺瓢六個，俱附往，正遣小力行。有新安吴尊生者，雅擅詩畫，乃近謫貴郡幕，雪厓先生之姪也。有書薦之于郡公。能始丈亦有啓達左右……六月廿日。』注：『有回書。』（《文集》册五，《上圖稿本》第四三册，第二四一—二四二頁）

按：陳冲虛守漳州，故贈彈弓之類。

作《寄楊參和》：『客漳數月，飫領教言，如入武庫，真所謂虛往實歸矣。［今］人嘗有書簏書橱之誚，乃責備賢者之過。輓近之世，求其如簏、如橱者，幾何人哉……承教小兒《集陶》，按：宋板作「息交逝閒卧，起坐弄書琴」。今坊刻諸本作「息交游閒業，卧起弄書琴」。小兒欲叶音調，故依宋板也。然宋板與今板互異甚多，不獨此一句耳。《家語》，弟有王肅註古本，缺數板，今借尊家藏本，乃經近代人摘註者，比對不同。原本返璧，乞炤入。諸容嗣布，不一。六月廿日。』注：『有回書。』（《文集》册五，《上圖稿本》第四三册，第一六五五—一六六六頁）

七月，初一，有書致池顯方，以爲張燮於二氏之學，未窺一斑，故病來未免恐怖顛倒；叙説《説郛》刻印及體例，及謝顯方鴻筆；稱贊池氏《金剛演説》，較之宗泐、如玘所注，尤爲頂門一針。初二，誕辰，心中似有不平者，曹學佺贈詩慰之。二十二日，致書致楊宗玉，並附次韻詩；言曹學佺選明文，纔及洪、永之季。高氏從姑年七十五，爲作《壽圖引》。

作《答池直夫》：『夢寐晃岩，來往匆匆，不能一眺洞壑之勝，徒付神遊，俗可愧也。還家三日，即聞紹和之訃。仰天太息，奪我良友。生前才名籍籍，身後家事寥寥。萬石雖佳，以一孱弱孤兒當之，後來必爲蝸角之爭，不如售與他姓，得價以資衣食，未爲失計也。一氣不來，四大委之泡影，况山中頑石、窗下殘編乎？紹和生平記問淵博，獨於二氏之學，未窺一斑。今春病來，未免恐怖顛倒，此去當作才鬼，烏能解脱而生天哉！周方伯名宦……至于批允之後，送主舉祭，郡邑行禮，又須繁費，尚無措辦。弟與仲馭公無平生，不敢獻諛，若苟簡從事，恐方伯公在天之靈，有所不歆……《説郛》刻在杭州張君遂辰之家，張與弟善，又自輯《國朝小説》續之，如弟之《荔支譜》《蜂經》《茗談》等，一册者亦附其内。尚在廣蒐，以足五百種之數，兄翁有雜著小本者，不妨寄與之，若連篇纍牘，則不入梓矣。此中尚未有售，近始命人往携，秋盡可爲兄置一部。《荔譜》附覽，所梓皆如此式也。承委能始書，久已搦管，今附往……昌箕尚未抵家，道掌閉門著書，祇是苦貧而已。《金剛演説》，此乃兄翁蒲團上功夫，較之宗泐、如玘所注，尤爲頂門一針矣。佳刻新詩，尚未領教，并《神仙傳》各惠一部，付小力挈歸尤便。外附《詩選》一册、兒孫雜刻四種求正。先墓乞鴻筆闡揚，百世之感也。餘不一。七月初一日。』（《文集》册五，《上圖稿本》第四三册，第一七一—一七三頁）

按：張燮卒于本年。據『還家三日，即聞紹和之訃』，知書作於是歲。

作《答曹能始》（詩佚，題筆者所擬）。

曹學佺有《贈徐興公》：『七十古云稀，君復逾其一。予曾觴片詞，以年而論易。克者能爲生，亦惟乾主逆。主逆不主順，易數斯可悉。君應解此理，生生妙無迹。夫子曰從心，志學功始畢。衛武及耄齡，初筵方秩秩。賢聖固焉殊，漸者爲君必。』（《西峰六七集詩》）

按：以年論《易》，參見上年七月。

作《答楊能玄七夕見懷》（詩佚，題筆者所擬）。

按：楊宗玉有《七夕見懷》（詩佚，題見下條）。

作《答楊能玄》：『春莫客漳，逢包幼白往鷺水，附一函奉候，弟即北歸。幼白至今踪跡杳然，承惠壽言，未之覩也。近得《七夕見懷》佳什，巧奪天孫雲錦，漫次一律求正，不足報瓊，自知江郎才盡矣。向見委選詩，能始先生久已授梓，兹書郵行迫，弗及印呈耳。今方選文，纔及洪、永之季，近代名篇，尚需異日。草復，不盡所懷。七月廿二日。』（《文集》册五，《上圖稿本》第四三册，第一七四頁）

按：包厥初，字幼白，永嘉人。弈、書、畫、篆刻俱佳。

作《高氏從姑壽圖引》：『吾徐世居荆山，弘、正中㘭高祖始遷城居，曾伯祖别駕公孝廉、嵩西公大令、少荆公亦遷城居。自國朝以來，代有顯者，至於嫁女，必擇名門。中表高右公之母，乃太令公之季女，㘸之從姑也……今歲壽躋七衮有五……並乞孫、曹、周三君子祝言爲壽。㘸忝姑姪之親，至愛無文，不敢賦詩。敬引其端，惟偕右公跪進霞觴而已。崇禎庚辰初秋壽日，侄㘸謹書。』（《文集》册十，《上圖稿本》第四五册，第四頁）

八月，崔嵸遊武夷，與曹學佺、陳衎、曾異撰、徐延壽、林垐等分別有詩送之。初一日，致書黄瀓之，談及汪仙友不果守建州，卒，年不到四十；又談及毛晋刻《十三經註疏》等書，用紙甚鉅，不妨至閩定製，陸續運回。欲買武夷常庵一區爲終老之地。崔嵸往遊武夷，有詩送之。同日，致書張蚩蚩道人，並贈詩，言思買常庵一區爲終老計，苦乏山資。同日，分別致書一丘道人、周爾因道人，崔嵸遊武夷，紹介之。同日，分別致黄宇珍、楊韻仙，言崔嵸往遊武夷，請把臂入林。[一]初八日，致書徐國珩，其叔祖徐學聚，謂通家之好，並附曹學佺聯及己書法。同日，又致章無逸，附《王忠文公全集》《王子安集》及眼鏡一枚，並求《全浙唐詩》《大事續記》《國朝野史》《少室全集》諸書。同日，又致張遂辰，介紹孫昭游浙，言托其携回浙所刻《説郛》《續編》《建安七子集》諸書，言如《蜂經》《鵲林》小著諸種，急欲一見也。同日，又致張石宗，並贈詩扇、延壽詩二册。中秋，宛羽樓看月。陳衎有詩柬徐鍾震。

作《寄黄帥先》：『曇明上人至，不得兄書，衹出一單見示，列弟首名，以與兄相厚，送寓萬歲寺。所同行梁君亦令親也，曾道臺已延接上人……惟是汪仙友不果守建，如此人不得四十，誠天道之不可知也。郭松野今在何處，小兒意欲遊蜀，苦於途遠無可伴者。不知松野於蜀道閒熟否？倘肯同行，祈

[一] 八月朔日，所作尺牘有六通。

一見示，當分餘潤以酬之。中丞公駐節夔府，路差近耳。弟去歲客吴門，交毛子晋，此君家梓古書甚多，苦於買紙之難。一遇紙商到，價貴又不勾用。與弟議論，欲遣一力至閩，携千金定製，陸續運回，歲以爲常。弟答云：必彼中有誠確朋友，方可相托。昨見令親梁君，談紙槽事甚悉，不知可托否？毛君近又梓《十三經註疏》，費紙甚鉅，此生意亦不薄也。異卿客金陵未歸，橐中甚裕。克廣二月中已作古人矣。弟老且貧，欲訪潭令黄公，又聞客集如雲，皆落莫而去，未必念及故人也。爲我酌之。不日崔殿生至潭，謁令公，訪貴昆玉，另有以報耳。中秋朔日。』（《文集》册五，《上圖稿本》第四三册，第一七四—一七六頁）

按：克廣，即龔懋壑。詳萬曆四十七年（一六一九）

又按：崔殿生遊武，詳下。往武夷，潭城（建陽）是必經之地。

作《題扇頭贈張蚩蚩道丈》（詩佚，題筆者所擬）。

按：董天工《武夷山志》卷十七《隱逸》『張蚩蚩』條：『明季寓武夷冲佑觀，偉幹修髯，能詩善書。旋居虎嘯廿餘載。卒年九十五，葬一曲會真觀左。』

作《寄一丘道人》：『兄隱碌金岩十餘年，不惟道成，他日冲舉，即所作諸詩，真如神仙餐沆瀣，腸胃非人間服烟火者可匹也。弟無眼鏡不能作字，而兄蠅頭小書寸楮列數千言，仙凡之隔，此足徵矣。聞張蚩蚩道丈久居天遊，與兄朝夕倡和，必是異人。弟私心嚮往，今賦一詩書之扇頭寄贈……崔殿生乃徵仲先生季子，高才天授，海内重其文詞。今慕三十六峰之勝，裹糧遍遊，弟教之尋兄，一叙通家之誼。知兄一見野鶴，必重憶嵇公耳。弟思買常庵一區爲終老計，苦乏山資，蹉跎歲月，倘如所願，則與兄結爲老伴，勝於逐逐紅塵以死矣。弟於金丹大道，頗窺其旨，但不能一意不散，結成胎仙，故欲於深山中了此一段工夫也。餘嗣布。中秋朔日。』（《文集》册五，《上圖稿本》第四三册，第一七六——一七七頁）

按：崇禎八年（一六三五），興公有詩贈一丘道人，一丘有詩次之，參見該歲。

作《寄張蚩蚩》：『㘓生長閩中，去武夷僅一衣帶水，少年時屢撰杖屨。歲乙亥復履斯地，則山川如故，而景色大非，往時舊日所交道流，無一存者。近讀一丘兄詩，知與道丈倡和爲多，令人有天際真人之想。《參同》《悟真》之旨，必妙透玄詮，愧㘓塵俗未拋，弗能趨侍左右，然結茅九曲深處，此念常在也。一丘與弟投分五十餘年，今乃道念堅決，十載岩居，自甘澹泊，非内有所得而能然乎！且有道丈相與晨夕，即玉蟾、翠虚，不啻過矣。漫賦一詩，題之扇頭，聊見向慕之私，惟毋哂焉。兹因崔殿生之便，附通姓名，並小兒《遊草》求正。崔君少年負奇雅，有山水癖，兹行欲遍三十六峰之勝，寫之詩歌，非若凡人草草泛一艇，聊寓目而已。崔之尊人與一丘最善，惟是碌金地僻，祈一指引之……中秋朔日。』注：『已送未答。』（《文集》册五，《上圖稿本》第四三册，第一七七——一七九頁）

作《寄周爾因道人》：『去秋惠我壽言，并佳茗之賜，足仞厚誼。弟即有漳南之遊，今春莫始還家，老懷蕭瑟，不足道也。兹崔殿生特爲三十六峰之遊……惟道兄向導之。崔君興復不淺耳。餘容嗣布。中秋朔日。』（《文集》册五，《上圖稿本》第四三册，第一七九頁）

作《寄黄宇珍》：『日者刻手張雲泉歸，接華札，知尊公抱疴，十分縈念……友人崔殿生乃徵仲刺史之季郎，少年負才，事事摽奇，今挾一蒼頭、一杖一屨，欲遊遍三十六峰，寫之詩記而返。雅慕芝城近來雅道蔚興，知必把臂入林，無庸弟贅揚也。《文肅公集》付林道魯先生寄還，此中需之甚切耳。毋忘，毋忘！餘不具。中秋朔日。』（《文集》册五，《上圖稿本》第四三册，第一七九—一八〇）

作《寄楊韻仙》：『崔殿生將遊武夷，先過建州謁孫令公，久欽高名，欲把臂入林，聞近來芝城雅道大興，皆屬仁兄倡率，愧弟老矣，不能續向日之遊爲快耳。殿生行迫，草草不多及。中秋朔日。』（《文集》册五，《上圖稿本》第四三册，第一八〇—一八一頁）

按：孫令公，即孫以敬。以敬，太倉（今屬江蘇）人。崇禎十年（一六三七）進士。時爲甌寧（治今建甌市）知縣。

又按：崔嵸往遊武夷，以上數書、詩，托友朋導往。

作《送崔殿生遊武夷》（詩佚，題筆者所擬）。

曹學佺有《送崔殿生遊武夷》：『何來鷄骨向床支，唯有尋真不礙衰。爲問霍童岩洞勝，何如玉女翠鬟姿。客舟溪上鶩鴻早，仙奕亭前步鶴遲。媿我遊宗今寂莫，因君却憶少年時。』（《西峰六七集詩》）

陳衎有《送崔殿生遊武夷》三首，其一：『支提雲一片，携訪武夷君。兩地俱名勝，重崖各勒文。心清多韻事，道大得真聞。應有相思處，停舟看夕曛。』其二：『千山環一水，巧石共玲瓏。俗駕去何益，幽人詩轉工。船行雲影外，幔捲月明中。玉女妝初罷，嫣然下碧空。』其三：『宿昔曾棲托，多年勝賞違。夢魂驚鐵笛，聲夾水簾飛。黄鶴驕人静，紅桃隔洞肥。許多奇絶處，都付謝玄暉。』（《大江草堂二集》卷四）

徐延壽有《崔殿生遊武夷》：『春水盈盈上建灘，茗爐詩卷一船寬。千尋鐵纜攀梯險，百道珠簾掛壁寒。明月在天看彩幔，白雲迷路導黄冠。君家海畔乾魚美，珍重携來薦祀壇。漢武帝以乾魚祀武夷君。』（《尺木堂集·七言律詩》一）

曾異撰有《送崔五竺遊武夷，癸酉春，予過山下留題，曾于大王諸峰有約也庚辰七月》：『名山坐卧如求友，豈慕其名把臂休。便道還過非我意，扁舟宿諾又今秋。絶奇丘壑人難稱，潦草登臨願易酬。三十六峰峰十日，送君也是一年遊。』（《紡授堂二集》卷六）

林埅有《送崔殿生遊武夷》，其《序》：『予庚辰七月十五日觀海至五虎山，再歷百洞，諸舊遊上玉華、陟鼎石峰頭，望連邑而歸。崔殿生亦自海上來，示我以《遊支提記》一卷，且言有武夷之行，欲向諸山作一品語，蓋自負其亮眼，能作好文字記載耳。余戲謂殿生：「名山大澤與掌上丘壑，原自不異，但看遊人心情所入幾許，若生較量心，恐往不得其情，祇見笑耳。」殿生是之。因歌以送。』詩云：『七月西風吹片暑，秋雨洗雲歸海溆。我從海上拾明月，擲向玉華峰頭與共語。腹中五虎未可平，百洞猿聲亂秋緒。懷抱美人在遠天，月上夢逐海波眠。相思端如海上月，相逢猶帶秋海烟。兩袖翛翛何所存，示我一卷支提魂。烟濕月寒花露語，開之秋風動柴門。殿生乎，山海上，君胸腑青爲何，眉目之上復有溪山痕。殿生視余笑指雙芒履，去踏秋山自此始。武夷之水山爲湄，武夷之山水中起。此中應有三百萬斛秋，秋既中矣月應美。試問太姥雄奔支提幽峙，百洞海眼五虎地肺。次第功臣位第一，山川快然以爲是。子將一言而送之，余曰唯唯而否否。人心不同如其面，山川之於天地亦猶此。荆公之學欲使天下同，黄茅一色而千里。茫茫全唐求壓卷，至今猶笑濟南李。入眼和同山類山，誰能食之水濟水。殿生乎，子但上山據高松，入澤搴蘭芷。一片閒心托山水，胸中莫留一物理。清溪淺棹撥蒹葭，空中倒照芙蓉花。寂寞芙蓉照寒水，石上流泉日未斜。東山之月未肯上，詩以招之聲莫嘩。諸峰月上遲下渚，水色天光發清喜。水色天光虛滉切，一聲靜盡秋彌彌。峰峰曲曲坐孤清，便爲山水真知己。』（《居易堂詩集》七言古）

作《寄徐鳴玉》：『前歲過太末秉炬奉謁，得叙通家之誼……弟少時曾荷令叔祖中丞公之知，而方伯雲林公寔有通家之好，自起家莆田，以至方岳，不敢以姓名相通，寔野人疏懶成性也。前歲承令弟諱章者枉顧，時弟方在姑蘇未歸，遂孤良晤，至今負歉。他日再過三山，當掃榻以候，幸爲致聲，不肖兒孫皆厠青衿，頗親燈火，或有家信之便，乞吹噓于方伯公，一曳長裾，弟則不敢以韋布溷入公府也。何如，何如？承命求曹能始聯字，今附往。前委拙筆，爾時即托蘭溪章無逸先生寄上……八月八日。』注：『不知彥回送否，記問之。』又注：『有回書。』（《文集》册五，《上圖稿本》第四三册，第一八一—一八二頁）

按：徐鳴玉，即徐國珩，其叔祖徐學聚，曾任福建巡撫。

又按：『叔祖中丞公』，即徐學聚。詳萬曆三十一年（一六〇三）。

作《寄章無逸》：『兩度過瀫溪，荷盛情無已。廿年積想，一旦膠投漆中，牢不可解矣。去歲到家，正值楊南仲先生發棹，猶及一日周旋……弟杜門削跡，惟耽書之癖未除，近敝鄉新梓《王忠文公全集》，劂手精善，家藏一部，寄充鄴架，此貴郡先正遺編，知兄翁所樂覩者也。又《王子安集》一部，眼鏡一枚奉用，兄翁閃閃岩電，或尚未需此耳。舍親孫生彥回，少年攻詩，爲敝鄉後來之秀，偶有事之虎林，道經瀫上，令其摳謁代謝……所梓《全浙唐詩》諒已竣工，并《大事續記》統惠一部，不啻珠玉之賜也。孫生頗有杖頭錢，石樓公所編《國朝野史》及《少室全集》，惟指引于坊間購之，甚便耳……八月八日。』注：『有回書。』（《文集》册五，《上圖稿本》第四三册，第一八三—一八四頁）

作《［寄］張卿子》：『春暮舍親張時祚至虎林，致一函奉候，并詩扇、小刻，想達記曹久矣。夏杪，又有王瓊玉販書入浙，再寄八行，或尚在秣陵未返。茲孫生彦回，少年能詩，乃敝鄉後來之秀。每于小齋見尊塾梓書，神嚮往之，雅切登龍，聿觀鄴架之藏。《説郛》竣事，托其購歸，《續編》倘就，并乞垂示。如《蜂經》《鶡林》小著諸種，急欲一見也。杭城舊本之書頗多，祈指教而收之。陳長翁者，不知可得否？《建安七子集》諒必行世，孫生有杖頭錢，統爲市之……八月八日。』注：『有回書。』（《文集》册五，《上圖稿本》第四三册，第一八四—一八五頁）

按：三月、六月分别有書致張遂辰，已見前。

作《寄張石宗》：『湖上相逢，過承厚款，屈指流光，忽復兩載。去歲展閲浙省賢書，不覩芳名入彀……舍親孫生彦回，少年攻詩，寔敝鄉後來之秀，久慕鴻名，托其奉候顔色……陳道掌既已落第，復病未能遠遊耳……外詩扇一執，豚兒小刻二册附教，外一扇致華茂先生。八月八日。』注：『有回書。』（《文集》册五，《上圖稿本》第四三册，第一八五—一八六頁）

作《中秋宛羽樓待月，共用一先》（詩佚，題筆者所擬）。

陳衎有《中秋宛羽樓待月，共用一先》：『高樓臨絶壑，新霽婣輕烟。塔影交雲杪，燈光占月先。秋中原皎潔，雨後倍鮮妍。韻事分曹理，同人坐履遷。』（《大江草堂二集》卷四）

陳衎有《中秋柬徐器之》：『高樓俯瞯墨雲横，竹塢蕉林盡雨聲。謾説銀蟾秋皎潔，半生幾度月華明。』（《大江草堂二集》卷八）

九月，初九日，此前與曹學佺、陳鴻約登靈山，重九日却與陳元綸、林匯另登城中于山，曹、陳遲興公不至，賦詩記其事。望日，致書鄭龍正，介紹新安程叔承往遊漳州。又致喻應夔，言宦遊有新篇，請寄；其弟應益已卒，應刻其文集。十五日，又致朱幼晋，薦蒙古包厥初，厥初弈、書、畫、篆刻俱佳，工手談。二十一日，致書山木上人，附香餅百片，桔餅十枚。

作《次曹能始九日靈山登高，遲余不至》（詩佚，題筆者所擬）：『秋光已逐雁行來，城裏登高步石臺。木葉未經霜落染，菊花偏爲雨催開。陶公結社招三隱，王粲憂時賦七哀。我也尚書期不顧，兩山相望獨遲徊。』（曹學佺《九日靈山登高，遲徐興公不至》附，《西峰六七集詩》）

曹學佺有《九日靈山登高，遲徐興公不至》：『佳名勝地集賓來，此地靈山自有臺。舊侶奈分新社飲，朝陰猶喜暮烟開。兵戈塞北真多難，水潦江南漸可哀。漫道吾閩差不惡，登高能得幾徘徊。』（《西峰六七集詩》）

陳衎有《同陳叔度坐龍首亭，聞徐興公、陳長源、林賓王却在于山，賦咏悵然有寄》：『清樽疏林隙，歡情山景長。奈何二三子，跬步猶參商。高臺暢遐矚，飛鴻坐相望。兩地界烟雲，同人隔杯觴。緬想黄花叢，佳句入幽芳。邈矣無羽翼，胡能到君傍。此中亦云樂，予方端景行。』（《大江草堂二集》卷二）

作《寄鄭兆（肇）中》：『兄約即入會城，耑候日久，車音竟杳然，何耶？吴尊生行，業附一函奉候……

吳雪厓公祖又陞貴郡司理，則尊生際會頗佳也。茲有新安程生叔承，工四聲而善畫竹，雅慕霞城風雅之盛，徒步往遊，冀仁兄爲一吹借……九月望日。』(《文集》冊五，《上圖稿本》第四三冊，第一八六—一八七頁)

按：鄭兆(肇)中，懷魁子，龍溪人。天啓七年(一六二七)省試第三名。

作《寄喻宣仲》：『今春修一函附漳友王生子植，耑候起居……茲永嘉包幼白，工詩、畫、篆刻，且工手談，弟述台兄林下佳況，幸進而與遊……兄歷年宦遊必有新篇，倘已梓行，并乞垂教。令弟叔虞遺稿，向未授劂，兄當任之。』(《文集》冊五，《上圖稿本》第四三冊，第一八七頁)

作《寄朱幼晋》：『金昌邂逅，廿年之別，足稱奇遘，每讀退翁新刻，便如挹清風于左右也……茲有永嘉包幼白，爲蒙吉先生從孫，世繩家學，善詩畫，且工手談，今作豫章遊，先謁長者，幸進而教之……九月望日。』注：『未必到。』(《文集》冊五，《上圖稿本》第四三冊，第一八八頁)

作《寄山木上人》：『弟去秋偶作漳遊，初擬即歸，不意留連度歲，至三月望抵舍……近會劉薦老，始知尚客九潭勝處，把臂有期，喜可知也。薄附香餅百片、桔餅十枚，聊助清供。尚容嗣布。九月廿一日。』注：『劉薦叔帶去。』(《文集》冊五，《上圖稿本》第四三冊，第一八八—一八九頁)

按：山木上人，武夷山僧。

又按：劉薦老，即劉仲藻，字薦叔。

十月，十日，致書楊德周，追悼亡友張燮，感慨其所刻唐集未能終事；詢其《杜詩箋注》曾否殺青；又敘及曹學佺編選《明文集》已刻洪、永三十家。同日，又致趙士駿，言其父世祿及士駿詩已刻入曹學佺《明詩選》，附去單印書二册。同日，又致周爰燦，叙及曹學佺散財爲鹽商，今秋颶風，沉鹾船八九隻，失數千金。十七日，致書漳州知府曹荃，言周方伯入名宦祠之事。同日，又致魏倩石，附贈《名宦録》二册。與陳肇曾、周道士、林匯、陳元綸及徐延壽過陳衎齋頭。曹學佺、應皋、過文年、陳肇曾等過宛羽樓，曹因宿焉，有詩紀其事。跋高棅所畫《漢陽雲樹圖》，曹學佺、陳衎題之。

作《寄楊南仲》：『𤊹去年在漳度歲，紹和善飯無恙。今春偶嘔血升許，三月三日遂爾長往。萬石山莊已屬他人，言之短氣。所梓唐人文集纔竣，王楊盧駱四家，餘則不能終事耳……知道駕已從秣陵歸，想著作當滿縹囊，《杜詩箋注》曾殺青否？予日望之。平若先生所梓《建安七子集》，便中爲求一部，勝百朋也……𤊹卒歲無資，不得不就食于仁祖，辰下將有建州之行，先附八行……曹能始又選國朝名文，洪、永之世已梓三十家。知令祖梅、讀二公，亦有遺稿，乞抄一部，應其選入。更慈溪陳文定公聞有刻集，敝郡從來未見，能覓一部備選，此乃能始命𤊹轉達者也。餘容嗣布。十月十日。』注：『寄仲鵠去。』（《文集》册四，《上圖稿本》第四三册，第七二—七四頁）

按：建州之行，詳下月。

作《復趙西星》：『尊公詩章并仁兄佳作，曹能始久已選梓行世。今單印二册奉覽。嘗鼎片臠，自知全味。捧讀新編，瑩如夜光。惟是冠以拙序，應愧着穢矣。能始著集浩繁，詩文、《五經解》、佛法諸刻，計百餘册，一時未能備。《百穀集》板，尚在曹宅，統容嗣致。紹和先生今春已作古人矣。弟辰下有建州之行，先此布復，俟楊叔英歸，再布。區區不盡。十月十日。』注：『寄仲鵠去。』（《文集》册四，《上圖稿本》第四三册，第七四—七五頁）

按：『尊公』，趙世禄。詳崇禎十二年（一六三九）。

作《復周爰燦》：『王參軍至，獲接手教，恍若挹清風于左右。弟自明州别後，遊齊東，遇虜，踉蹌而返。且老且貧，詘於生計，言念仁兄，亦同此病。何日再至三山，一傾倒之爲快也。能始先生爲狡親所鼓弄，散財爲鹽商。此時國課嚴督，鹽策凋敝，費數千金莫能收拾。今秋颶風又沉其鹺船八九隻，又失數千金，日下掣肘之甚，未免有戒得之愆。惟仁兄通家知己，敢私布之。向歲普陀之遊，豚兒有《潮音草》附呈教正。餘容嗣布。十月十日。』注：『寄仲鵠去。』（《文集》册四，《上圖稿本》第四三册，第七五—七六頁）

按：踉蹌返，參見去歲。

作《寄曹履垣》：『小力漳回，荷台札殷勤兼拜隆貺，愧謝何極。夏間魏倩老傳台命見委，周孟岩方伯公名宦事業已具呈，近日□蒙宗師批允。值敝社友陳孝廉肇曾京歸，向與仲馭［先］生友善，慨然任送主之勞費，擇于是月朔旦，郡公祖、邑父母主祭行禮，已妥方伯公之靈矣。其先後呈詞已梓成帙，謹附台覽，庶幾可以復仲馭先生之托也。辰下有建州之役……十月十七日。』（《文集》册四，《上圖稿本》第四三册，第七六—七七頁）

又按：周鑣（一五五九—一六四四），字仲馭，金壇（今屬江蘇）人。崇禎元年（一六二八）進士，授南京户部主事，後改禮部主事。奏救言官黄道周、華允誠，被削職。結交東林黨人，讀書茅山，起爲禮部主事。明亡，馬士英執政，迫其自盡。著有《遜國忠記》。

又按：陳肇曾下第歸在是歲。

作《寄魏倩石》：『去歲斯時，正客霞城，荷翁臺盛情有加，轉盼忽一周星，而矯首雲天，高誼真與歲月俱積矣。夏間，承委周方伯公名宦事，上下結勘，及批允，不覺三閱月，正乏送主之費，值敝友陳孝廉昌箕京師歸，向與仲馭先生友善，慨然任費，擇于是月朔旦送神主入祠，而郡公祖、邑父母駿奔行禮……不負所托也。茲因徐子雲之便，草草附復。不盡。《名宦録》二册呈。十月十七日。』（《文集》册四，《上圖稿本》第四三册，第七七—七八頁）

又按：去歲冬客漳州，參見去歲。

作《與昌箕、存永、周道士過陳磐生齋頭，賓王、長源繼至，時昌箕歸自長安》（詩佚，題筆者所擬）。

陳衎《病中興公、昌箕、存永、周道士過齋頭，賓王、長源繼至，時昌箕歸自長安》：『鞠華未謝酒方醇，幽竹山窗聚小春。獨喜楸枰銷晚景，可憐團扇委秋塵。世情欲逐黄冠老，天意空悲白髮新。不盡朋來還卜夜，樽前萬里乍歸人。』（《大江草堂二集》卷六）

按：陳肇曾，天啓元年（一六二一）舉人。

作《曹能始、應仲鵠、過百齡、陳昌基同集宛羽樓，能始因宿焉》（詩佚，題筆者所擬）。

曹學佺有《應仲鵠、過百齡、陳昌基同集宛羽樓，余因宿焉》：『過此即應宿，非關風雨留，平臺迷遠景，閉室自清幽。茗燭皆成致，詩書皆倡酬。人生真樂矣，此外復何求。』（《西峰六七集詩》）

作《跋高漫士〈漢陽雲樹圖〉》（文佚，題筆者所擬）。

曹學佺有《題興公跋高漫士〈漢陽雲樹圖〉》：『國初高漫士，曾寫漢陽津。玩爾題新句，知爲别故人。烟光述薄畫，樹色藹長春。浩渺千層浪，何嘗着片塵。』（《西峰六七集詩》）

陳衎有《徐興公索題〈漢陽雲樹圖〉，爲高漫士筆》：『楚客今何在，楚山墨未乾。紙浮巖影潤，畫出水光寒。漁父操舟去，鄰翁展卷看。長留幽絶地，相對碧琅玕。』（《大江草堂二集》卷四）

十一月，訪曹學佺。初九日長至之後，致書曹汝珍，贈小扇一執、刻書四種。十五日，致書王季重，求作《七十壽序》，附《題扇頭詩》及延壽《武夷》《潮音》《集陶》三集。致書謝國，求壽言。又致趙孟遷，言耳目未昏聵，手足猶康强，須鬢尚黑，肝腸未枯，附刻書四種。隨即有建州之役：先至劍津、富沙，後往建州、建陽，次歲八月歸。參見次歲。

作《訪曹能始》（詩佚，題筆者所擬）。

曹學佺有《答徐興公見訪》：『漫論身世似飄蓬，甘作青山皓首翁。不使浮雲長蔽日，任教樓閣坐凌空。微言絶處誰當繼？遊道行時尚未窮。耐得歲寒冰雪後，依然桃李笑春風。』（《西峰六七集詩》）

作《寄曹汝珍》：『乙亥之冬，建州邂逅，緣寔非偶。蘭若賡詩，紅樓對酒，景色猶在目前。戊寅聞道駕遠涖清漳，而某方走齊魯吴越之境，經歲始歸……因敝友陳昌箕遺力詣周仲馭先生，附候興居……周儀部尊公孟岩公祖崇祀宦祠，某偕昌箕協成闕典。但向未荆識儀部，惟翁臺爲致向往之私。幸甚！小扇一執、拙刻四種求正。南鴻不乏，莫靳德音。臨楮瞻企。庚辰十一月長至後。』注：『小刻四種。回空帖。』（《文集》册四，《上圖稿本》第四三册，第七八—七九頁）

按：長至，十一月初九日。

作《題扇贈王季重》（詩佚，題筆者所擬）。

按：詳下條。

作《寄王季重》：『當神皇丙午之歲，得侍大教於金陵。爾時翁臺與曹能始亭亭玉立，而㓜以瓦礫厠於座側，倏忽三十五秋……前歲之秋，偶禮普陀，道經山陰，值翁臺偕謝元戎乘舟遊泛，耑候兩日，冀覿清光，無奈長年催促，不能久留。及過虎林，又不相值，但以能始一函寄上……漫賦一詩，題之扇頭求正。拙作頗繁，敝友陳昌箕使者不便携挈，先以能始所選一種遥擲户外，不足博大方一粲耳。某今年七十有奇，去歲辱海内名公多惠壽言。敢求鴻筆一律書之側釐，俾某張之堂皇，增榮馬齒，惟毋靳子墨，何如，何如？臨楮瞻企。十一月望日。』注：『《武夷》《潮音》《集陶》附。有回札。』（《文集》册四，《上圖稿本》第四三册，第七九—八一頁）

按：王思任，字季重，號謔庵，山陰（今浙江紹興）人。萬曆二十三年（一五九五）進士，曾任九江僉事。清兵破紹興，絕食死。王渾伯，王思任侄，崇禎十一年（一六三八）遊閩，次歲歸。

又按：謝元戎，即謝國。

又按：丙午（一六〇六），三十五年後，即崇禎十三年庚辰（一六四〇）。『七十有奇』，本歲年七十一。曹學佺所選，疑爲《石倉十二代詩選》中詩；另，《鼇峰集選》一卷，清順治間有陳氏刊本，不知是否據曹氏所選。

作《寄謝寤雲》：『去歲令親王渾伯歸越，曾附一函并詩扇求正，必入掌記，十年爲别，竟孤良晤，至今不無天際真人想也。老祖臺退隱村居，山川奇秀，水木清華，足供吟嘯，著作當滿緗帙。且梨園子弟紛然成行，彈棋對酒，遊墨揮毫，何樂如之。方今南北多事，豈容終老瓜田哉！某去秋七十，辱海内名公多惠壽言，彙付剞劂，敢求鴻篇，增榮馬齒，倘不忘舊誼，請抽毫而賦之，寔所願望也……十一月望日。』附注：『小刻四種。有回札。』(《文集》册四，《上圖稿本》第四三册，第八一—八二頁)

作《題扇寄趙孟遷》(詩佚，題筆者所擬)。

按：詳下條。

作《寄趙孟遷》：『戊寅之秋，弟自普陀歸，直趨孟家洪，訪謝寤翁，不遇。至越城訪仁兄，又聞遠遊……弟今年七十有一，耳目未昏聵，足手猶康强，鬚髩尚黑，肝腸未枯。去年辱海内名公遠貽壽言，吴門、四明各贈卷册，弟已彙授梓，敢求鴻篇一律，增光馬齒，仁兄得無意乎？弟亦有書乞寤翁、遂翁一言。惟仁兄從臾之。小詩題扇頭求正……小刻四種附正。十一月望日。』(《文集》册四，《上圖稿本》第四三册，第八二—八三頁)

按：《寄裴翰卿》：『戊寅小婿奉訪，承兄篤念，通家情禮周至且完舊券，足見季諾。謝謝！弟以是歲走齊東，遇虜警，奔回。己卯冬，又至漳南，庚辰浪遊建州。蓋緣食貧，不得不馳驅道路，然此時遊道甚艱。』(《文集》册四，《上圖稿本》第四三册，第八九頁)

又按：是歲十月《寄曹履垣》云『辰下有建州之役』(詳上)，知遊建州在是冬。

又按：《寄裴翰卿》作於次歲。

是歲，從何楷家鈔《唐子西集》。

按：《四庫全書總目》卷一百五十五：『此本乃明崇禎庚辰福州徐𤊹從何楷家鈔傳。』

是歲，爲謝兆申作《〈謝耳伯初集〉序》。

按：參見次歲。

是歲，毛晉憶及前歲許以秘本五十種見寄事。

毛晉《存悔齋詩題記》：『余家藏元人集未逮百家，意欲擇勝授梓。閩中徐興公許以秘本五十種見寄，奈魚雁杳然，惄如也。』［馬泰來整理《新輯紅雨樓題記　徐氏家藏書目》『元人十種詩』條（箋校）引，第一六七頁］

按：《元人十種序》：『予性癖耽書，亦喜搜先代遺稿，尚有元集五十餘家，不敢自秘帳中，期與子晉公之同好。』（馬泰來整理《新輯紅雨樓題記　徐氏家藏書目》，第一六七頁）

又按：參見崇禎十一年（一六三八）。

是歲，林古度之兄林懋卒。

按：詳六月《寄林茂之》。

是歲，龔懋壂卒。

按：詳八月《寄黄帥先》。